AF452164

COUR DES PAIRS.

AFFAIRE

DES

MINES DE GOUHENANS.

PRIX : 1 FR. 50 CENT.

PARIS

AU BUREAU DU *SIÈCLE,*

Rue du Croissant, 16.

1847

COUR DES PAIRS.

AFFAIRE DES MINES DE GOUHENANS.

MISE EN ACCUSATION

DE MM. TESTE ET CUBIÈRES, PAIRS DE FRANCE, ANCIENS MINISTRES, PELLAPRA ET PARMENTIER.

PRÉLIMINAIRES.

Le 1er mai, les journaux judiciaires rendirent compte d'un procès porté devant le tribunal civil de la Seine par M. Parmentier, avocat à Lure (Haute-Saône), contre MM. Despans-Cubières, pair de France, van Gobbelschroy, Pinto de Arau-Jo, Henri, Mellet et Renauld, et firent connaître plusieurs lettres imprimées par M. Parmentier comme lui ayant été adressées par M. le général Cubières.

Ces lettres contenaient les passages suivans :

« Tout ce qui se passe doit faire croire à la stabilité de la politique actuelle et au maintien de ceux qui la dirigent. Notre affaire dépendra donc des personnes qui se trouvent maintenant
au pouvoir... Voici à ce sujet un mot de M. Leg... : « Quand nous
» étions direction générale, les droits des tiers étaient suffisam-
» ment garantis par notre impartialité... mais aujourd'hui il n'en
» est plus ainsi : nous tenons à un ministère, et par conséquent
» à la politique... Une concession peut être l'objet d'une décision
» du conseil des ministres. Je vous engage donc à prendre vos
» précautions... » Je n'ai pas voulu tarder à vous communiquer
cet avis, si important et si grave dans la bouche de celui qui me
l'a donné : il n'y a pas un moment à perdre ; *il n'y a pas à hésiter
sur les moyens de nous créer un appui intéressé dans le sein
même du conseil. J'ai les moyens d'arriver jusqu'à cet appui ;
c'est à vous d'aviser aux moyens de l'intéresser... N'oubliez pas
que le gouvernement est dans des mains avides et corrompues,
que la liberté de la presse court risque d'être étranglée sans bruit
l'un de ces jours, et que jamais le bon droit n'eut plus besoin de
protection.*
» Je passe ma vie au milieu des députés, je vais chez la plupart
des ministres, dont je crois utile au succès de notre affaire de cul-
tiver l'amitié... Des paroles qu'on m'adresse, des conversations
que j'écoute, il résulte que M. K... (député) a pris *l'avance des
sollicitations*, et qu'il a un espoir mieux fondé que *celui qui reposerait uniquement dans notre bon droit.*
» ... La convocation (de la société de Gouhenans) doit avoir aussi
pour objet de fixer *le nombre d'actions qui devra être mis à notre
disposition pour intéresser, SANS MISE DE FONDS, les appuis qui
seraient indispensables au succès de l'affaire.* »

La lecture de ces lettres, publiées à la suite du procès de corruption électorale intenté à M. Drouillard et de celui plus récent dirigé contre M. Boutmy, produisit une profonde impression.

Le lendemain, ces lettres étaient portées à la tribune de la chambre des députés par M. Muret de Bord, et M. Dumon, ministre des travaux publics, annonçait avec solennité que les faits SERAIENT ÉCLAIRCIS ET PRODUIRAIENT LEURS CONSÉQUENCES LÉGALES.

Le 4, M. Teste, ancien ministre des travaux publics, président de chambre à la cour de cassation, demandait la parole à la chambre des pairs et s'exprimait ainsi :

Messieurs, je me dois à moi-même, comme pair de France, comme ancien ministre du roi, comme magistrat, de devancer tout
appel à la tribune sur un fait qui, dans une autre enceinte, a été
l'objet de récentes interpellations.

Bien que mon nom ne fût pas écrit dans les documens qui ont
obtenu le déplorable honneur d'une publicité judiciaire, ces documens se rapportent à un acte de mon administration dont la responsabilité m'appartient tout entière. D'ailleurs, mon caractère
n'est pas fait à l'incertitude en pareille matière, et la chambre elle-
même me saura gré, j'en suis sûr, de l'empressement que je mets
à interrompre un moment, un seul moment, ses travaux réguliers,
et de suspendre moi-même l'accomplissement de mes devoirs pour
repousser péremptoirement devant elle les insinuations ou les doutes dont pourrait être touché, en ma personne, l'honneur d'un de
ses membres, qui n'a cessé et ne cessera jamais d'attacher le plus
haut prix à son estime, et, permettez-moi d'ajouter, de la mériter.

La correspondance publiée dans les journaux judiciaires, et à laquelle je fais allusion, signalait l'existence de certaines pratiques
qui auraient été employées pour arriver à l'obtention d'une concession de mine de sel gemme, accordée en 1842 par une ordonnance royale que j'ai contresignée.

Mon premier besoin est de désavouer nettement, énergiquement,
je ne dis pas toute participation (ma conscience s'en indignerait),
mais la plus légère connaissance de ces pratiques, si elles ont eu
l'ombre d'une réalité.

En effet, le cadre qu'on leur a donné en exclut non-seulement
la vérité, mais même la vraisemblance. On l'a dit ailleurs, mais je
suis conduit à le répéter ici, il n'y a pas un seul acte de la vie ministérielle qui implique plus complètement, plus nécessairement
l'absence de toute volonté, de toute influence de la part des chefs
de l'administration.

Tout le monde sait, et les intéressés eux-mêmes n'ont pu l'ignorer, que ces sortes de demandes sont assujetties à des épreuves
successives, à des formalités sévères, auxquelles il n'a été dérogé
qu'une seule fois depuis vingt ans, et qui, en même temps qu'elles
ne laissent de place qu'à la justice, absorbent complètement la responsabilité du ministre.

Après une longue instruction, ces sortes d'affaires sont portées
d'abord devant le conseil général des mines, dont la composition
serait seule une haute garantie ; ensuite, sur l'avis de ce conseil,
un projet d'ordonnance est rédigé dans les bureaux et transmis
avec toutes les pièces au conseil d'État, qui l'examine en comités,
puis délibère en assemblée générale ; et ce projet, converti en ordonnance royale, est alors soumis à la signature du roi.

Cependant il pourrait se présenter de ces cas fort rares où le
rôle du ministre responsable deviendrait moins neutre et moins
passif ; si, par exemple, l'avis du conseil d'État était contraire à celui du conseil des mines, le ministre aurait à faire un choix, et
son avis pourrait alors avoir un caractère décisif. Si les deux avis
étaient conformes entre eux, mais contraires à l'opinion personnelle du ministre, il pourrait arriver que le ministre crût devoir
consciencieusement s'en écarter. Mais ces suppositions ne sont heureusement que des hypothèses ; la seconde de ces suppositions ne
s'est même vérifiée qu'une seule fois depuis l'accomplissement du
régime constitutionnel, et, de plus, dans un cas tout à fait excep-
tionnel, qui a été expliqué hier à l'autre chambre par mon honorable successeur, et qui est d'ailleurs de beaucoup antérieur à mon
administration.

Mais, messieurs, dans l'affaire spéciale dont le sentiment public s'est ému, depuis l'ouverture de la demande de concession jusqu'à la consommation de l'œuvre par l'ordonnance royale, il n'y a pas eu même l'apparence d'un conflit d'opinions; tout le monde, ingénieurs, autorités locales, conseil des mines, conseil d'État, ont été d'avis que la concession devait être accordée à ceux qui l'ont obtenue, et, ce qu'il y a de remarquable, c'est que les limites en ont été considérablement restreintes.

Dans cette série d'opérations qui s'accumulent et se contrôlent mutuellement, on cherche vainement la place où la faveur pourrait s'exercer, où des motifs mauvais pourraient se faire jour, et où le droit et la justice pourraient être méconnus. La chambre comprend que pour mon compte, et dans l'état actuel des choses, je n'ai pas d'autres explications à lui fournir. Il ne m'appartient pas de rechercher ici quel est le sens, quel a été le but de la correspondance qui vient d'acquérir une si triste publicité. Je n'ai sur ce point d'autres lumières que celles de tout le monde, et je ne suis pas même arrivé à former des conjectures. J'ai dit la part, toute la part qu'a eue dans cette affaire l'administration que je dirigeais à cette époque. Chacun de ses pas a été marqué par la stricte observation des règles et par le respect du droit.

En dehors et au delà règne une obscurité qui se dissipera sans doute, et sur laquelle, je l'espère, l'attention du gouvernement n'aura pas été inutilement appelée.

Le 6 mai, M. le garde des sceaux portait à la chambre des pairs une ordonnance tendant à la saisir d'une accusation contre M. Despans-Cubières, comme inculpé de tentative de corruption et d'escroquerie, crime et délit prévus par les articles 179 et 405 du code pénal (1). Cette ordonnance était ainsi conçue :

« Louis-Philippe, roi des Français,

» Considérant que M. le lieutenant général Despans-Cubières, pair de France, se trouve en ce moment inculpé, à raison de faits qualifiés crimes et délits par les articles 179 et 405 du Code pénal;

» Vu l'article 29 de la Charte constitutionnelle;

» Sur le rapport de notre garde des sceaux, ministre secrétaire d'État au département de la justice et des cultes;

» Nous avons ordonné et ordonnons ce qui suit :

» Art. 1er. La cour des pairs est convoquée.

» Les pairs absens de Paris seront tenus de s'y rendre immédiatement, à moins qu'ils ne justifient d'un empêchement légitime.

» Art. 2. Cette cour procédera sans délai au jugement de M. le lieutenant général Despans-Cubières, inculpé de faits prévus et punis par la loi pénale;

» Art. 3. Elle se conformera, pour l'instruction et le jugement, aux formalités qui ont été suivies par elle jusqu'à ce jour.

» Art. 4. M. Delangle, notre procureur général près la cour royale de Paris, remplira les fonctions de procureur général près la cour des pairs.

» Il sera assisté de M. Glandaz, avocat général en la même cour, faisant fonctions d'avocat général et chargé de remplacer le procureur général en son absence.

» Art. 5. Le garde des archives de la chambre des pairs et son adjoint rempliront les fonctions de greffiers près notre cour des pairs.

» Art. 6. Notre président du conseil des ministres et notre garde des sceaux secrétaire d'État au département de la justice et des cultes seront chargés, chacun en ce qui le concerne, de l'exécution de la présente ordonnance, qui sera insérée au *Bulletin des lois.*

» Donné à Paris, au palais des Tuileries, le 5 mai 1847.

» Signé : LOUIS-PHILIPPE.

» Par le roi,

» Le ministre secrétaire d'État au département de la justice et des cultes,

» Signé : HÉBERT. »

M. le général Despans-Cubières, présent à la séance, montait, aussitôt après la lecture de cette ordonnance, à la tribune et s'exprimait en ces termes :

Messieurs, éloigné de vos séances par une assez longue indisposition, je devais attendre avec une vive impatience le moment de reparaître devant vous. Je regrette de n'être plus à temps de porter à cette tribune quelques explications sur les faits graves qui ont occupé et qui occupent encore l'attention publique. Mais en présence de la communication qui vient de vous être faite, je n'ai pas à devancer les informations que vous ordonnerez de prendre.

Personne n'est plus intéressé que celui qui vous parle à ce que la vérité se fasse connaître, à ce qu'elle apparaisse dans tout son jour. Dans cette enceinte, elle n'a pas à surmonter les clameurs des passions. Vous rechercherez la vérité avec l'impartialité, avec le calme qui caractérisent la sagesse de la chambre des pairs. Vous

---

(1) Article 179. « Quiconque aura contraint ou tenté de contraindre par voie de fait ou menaces, corrompu ou tenté de corrompre par promesses, offres, dons ou présens, un fonctionnaire, agent ou préposé de la qualité exprimée en l'art. 177, pour obtenir, soit une opinion favorable, soit des procès-verbaux, états, certificats ou estimations contraires à la vérité, soit tout autre acte du ministère du fonctionnaire, agent ou préposé, sera puni des mêmes peines que le fonctionnaire, agent ou préposé corrompu.

« Toutefois si les tentatives de contrainte ou corruption n'ont eu aucun effet, les auteurs de ces tentatives seront simplement punis d'un emprisonnement de trois mois au moins ou de six mois au plus, et d'une amende de 100 fr. à 500 fr. »

Art. 177. « Tout fonctionnaire de l'ordre administratif ou judiciaire, tout agent préposé d'une administration publique qui aura agréé des offres ou promesses, ou reçu des dons ou présens pour faire un acte de sa fonction même juste, mais non sujet à salaire, sera puni de la dégradation civique et condamné à une amende double de la valeur des promesses agréées ou des choses reçues sans que ladite amende puisse être inférieure à 200 fr.

« La présente disposition est applicable à tout fonctionnaire, agent, ou préposé de la qualité ci-dessus exprimée qui par offres ou promesses agréées, dons ou présens reçus, se sera abstenu de faire un acte qui entrait dans l'ordre de ses devoirs. »

Art. 34. « La dégradation civique consiste, 1° dans la destitution et l'exclusion des condamnés de toutes fonctions, emplois et offices publics;

« 2° Dans la privation du droit de vote, d'élection, d'éligibilité et en général de tous les droits civiques et politiques et du droit de porter aucune décoration.

» 3° Dans l'incapacité d'être juré, expert, d'être employé comme témoin dans des actes et de déposer en justice autrement que pour y donner de simples renseignemens;

» 4° Dans l'incapacité de faire partie d'aucun conseil de famille et d'être tuteur, curateur, subrogé-tuteur ou conseil judiciaire, si ce n'est de ses propres enfans et sur l'avis conforme de sa famille.

» 5° Dans la privation du droit de port d'armes, du droit de faire partie de la garde nationale, du droit de servir dans les armées françaises, de tenir école ou enseigner et d'être employé dans aucun établissement d'instruction à titre de professeur, maître ou surveillant. »

Art. 35. « Toutes les fois que la dégradation civique sera prononcée comme peine principale, elle pourra être accompagnée d'un emprisonnement dont la durée fixée par l'arrêt de condamnation n'excédera pas cinq ans.

Art. 405. « Quiconque, soit en faisant usage de faux noms ou de fausses qualités, soit en employant des manœuvres frauduleuses pour persuader l'existence de fausses entreprises, d'un pouvoir ou d'un crédit imaginaire, ou pour faire naître l'espérance ou la crainte d'un succès, d'un accident ou de tout autre événement chimérique, se sera fait remettre ou délivrer des fonds, des meubles ou des obligations, dispositions, billets, promesses, quittances ou décharges, et aura, par un de ces moyens, escroqué ou tenté d'escroquer la totalité ou partie de la fortune d'autrui, sera puni d'un emprisonnement d'un an au moins et de cinq ans au plus, et d'une amende de 50 fr. au moins et de 500 fr. au plus.

« Le coupable pourra être, en outre, à compter du jour où il aura subi sa peine, interdit, pendant cinq ans au moins et dix ans au plus, des droits mentionnés en l'art. 42 du Code pénal, le tout sauf les peines plus graves, s'il y a crime de faux. »

saurez l'apprécier aujourd'hui comme toujours, et c'est avec la plus grande confiance que j'attends le résultat des informations que vous aurez prescrites et l'effet de vos résolutions.

Le 7 mai M. le procureur général Delangle présenta à la cour des pairs son réquisitoire portant plainte contre M. Despans-Cubières et par voie de connexité contre tous autres auteurs ou complices des crime et délit dont M. Cubières était inculpé.

Par un arrêt du même jour, la cour des pairs a ordonné qu'il serait procédé à une instruction sur les faits énoncés audit réquisitoire. M. le chancelier délégua aussitôt, pour l'assister dans cette instruction, dix membres de la cour, MM. le duc de Broglie, le duc Decazes, le comte Portalis, le vicomte Dode, le baron Girod (de l'Ain), le duc de Fezensac, Barthe, Persil, le président Legagneur, et Renouard.

Dès le lendemain, cette commission se réunissait et procédait à l'instruction de l'affaire déférée à la cour ; elle entendit d'abord M. Despans-Cubières, puis MM. Pellapra, Parmentier, divers intéressés des mines de Gouhenans, et M. Teste, ancien ministre des travaux publics.

Dans le cours de l'instruction, M. Cubières fit paraître le mémoire suivant :

OBSERVATIONS POUR M. LE GÉNÉRAL CUBIÈRES.

Arrivé au terme d'une laborieuse et honorable carrière, le général Cubières se voit tout à coup en butte aux plus odieuses inculpations. On élève contre lui une accusation à double face d'escroquerie ou de corruption, et on tente de l'enfermer dans ce dilemme accusateur : Des valeurs vous ont été remises : *ou vous avez voulu vous les approprier, ou vous en avez fait un instrument de corruption !* comme si entre ces deux hypothèses ne pouvait s'en placer une troisième qui, dans l'affaire, est la réalité : *la remise volontaire et spontanée de ces valeurs à leurs légitimes propriétaires.*

Le général Cubières avait le droit de croire que sa vie tout entière, que quarante années de services militaires et administratifs suffisaient pour repousser des calomnies qui partaient de si bas. Il avait le droit d'espérer qu'on n'élèverait pas à la hauteur d'une accusation contre lui une odieuse spéculation tentée à l'aide de la diffamation et du scandale.

Cependant, puisque de prétendues révélations inspirées par la haine et par la cupidité déçue ont pris le caractère d'une accusation, il faut bien qu'enfin la vérité se fasse jour et que M. de Cubières en appelle au jugement impartial de ses pairs : il se bornera d'ailleurs, pour toute justification, à raconter sommairement les faits.

Dès 1839, M. de Cubières avait acquis une part d'intérêt dans une association formée pour l'exploitation des houillères de Gouhenans, situées dans le département de la Haute-Saône. Parmi les autres membres de cette association, se trouvait un sieur Parmentier, avocat à Lure, possédant à lui seul la moitié de l'établissement

Un banc de sel gemme découvert dans les masses exploitées par la compagnie fit naître la pensée d'ajouter une nouvelle industrie à celle qui faisait la matière des premières opérations. La loi du 10 juin 1840 ayant fait cesser le monopole de la compagnie des salines de l'est, les propriétaires de Gouhenans sollicitèrent une nouvelle concession pour l'extraction du sel dans le périmètre de la concession houillère dont ils jouissaient déjà.

M. de Cubières dut naturellement prêter son concours aux démarches entreprises pour arriver à ce résultat.

Ce fut dans ces circonstances qu'une correspondance éminemment confidentielle s'engagea entre lui et le sieur Parmentier, représentant la compagnie. Plus tard le sieur Parmentier crut trouver dans les lettres à lui écrites par M. de Cubières le moyen d'arracher à celui-ci, par l'intimidation et la crainte du scandale, d'énormes sacrifices d'argent. Pendant deux ans il ne cessa de menacer M. de Cubières de publier ses lettres, s'il ne consentait à lui acheter, au prix de 2 millions et demi, sa part d'intérêt dans la société de Gouhenans.

Plusieurs lettres ont été dans ce sens écrites par le sieur Parmentier à M. et même à Mme de Cubières. Cette odieuse capitulation ayant été toujours énergiquement repoussée, le sieur Parmentier, à propos d'un procès imaginé par lui pour servir de prétexte à cette déloyale manœuvre, à ce véritable abus de confiance, publia, en effet, les lettres de M. de Cubières.

Déjà le tribunal de première instance de la Seine a fait, autant qu'il était en lui, justice de cette misérable combinaison, en repoussant la demande du sieur Parmentier, et en supprimant, comme calomnieux et diffamatoires, les mémoires publiés par lui.

Mais de là est née contre M. de Cubières, et à propos de ces lettres si déloyalement produites en justice, la double accusation sur laquelle il va s'expliquer.

Les démarches entreprises pour obtenir la nouvelle concession sollicitée par les associés de Gouhenans n'obtinrent pas immédiatement le succès que semblait leur assurer la légitimité de leur demande. Une concurrence redoutable par la position et le crédit des adversaires qu'on avait rencontrés inspirait même, sur le résultat de ces sollicitations, de graves inquiétudes.

Ce fut alors que des hommes bien plus expérimentés que M. de Cubières dans les grandes opérations industrielles, cherchèrent à lui faire comprendre que le concours de personnes influentes pouvait seul assurer le succès de la compagnie de Gouhenans, et que ce concours ne pourrait s'obtenir que par l'abandon d'une part d'intérêt dans l'entreprise projetée.

Ce n'est pas le lieu d'examiner, à un point de vue politique et général, jusqu'à quelle limite ce langage tenu souvent et en diverses circonstances pouvait être fondé, ni quelle influence il put exercer sur M. de Cubières, lorsque, admettant éventuellement la nécessité d'un sacrifice à faire par la compagnie, et communiquant à un de ses membres les renseignemens qu'il recueillait, il laissa échapper cette phrase : « Le pouvoir est dans des mains avides et corrompues. »

Il suffira, quant à présent, de faire remarquer que cette pensée était énoncée dans une lettre particulière destinée à demeurer secrète, adressée à un associé, et qu'il est douteux qu'une opinion plus ou moins mûrie, plus ou moins éphémère, confiée à la discrétion d'un correspondant présumé honnête homme, puisse ainsi changer soudainement de caractère, perdre celui d'une conversation privée, et devenir le document prépondérant, non pas même d'une simple enquête, mais d'une action juridique devant le plus élevé et le plus imposant des tribunaux, la cour des pairs.

Quoi qu'il en soit, M. de Cubières crut qu'il était de son devoir d'informer la compagnie des éventualités auxquelles on la disait soumise, et ce fut là l'objet des lettres par lui écrites au sieur Parmentier en janvier 1842, lettres dans lesquelles il indiquait la nécessité de réaliser à l'avance les moyens de satisfaire à des exigences si elles se produisaient, de faire face à des sacrifices s'ils devenaient inévitables.

La correspondance de M. de Cubières ne va pas au-delà ; ni alors ni depuis il n'a demandé à être constitué l'intermédiaire de ces sacrifices ; jamais il n'a demandé qu'on lui confiât les valeurs qui devaient être tenues en réserve pour subvenir aux nécessités qui pourraient se révéler.

Retenu à Paris, tandis que le siège de la société et presque tous les intéressés étaient dans le département de la Haute-Saône, il ne pouvait même pressentir le mode que la compagnie adopterait pour réaliser ces valeurs.

Ce mode fut conçu et proposé par le sieur Parmentier, dont la moralité ne recula pas alors devant l'emploi des moyens qu'indiquait la correspondance de M. de Cubières.

Le sieur Parmentier prépara un acte qui devait être signé par tous les intéressés, acte qui substituait à la division alors existante de l'intérêt social en cent portions, une subdivision en cinq cent vingt-cinq parts ou actions ; les cinq cents premières devaient appartenir à chaque associé dans la proportion de son intérêt primitif, c'est-à-dire que chaque propriétaire d'un ancien centième avait droit à cinq actions nouvelles ; quant aux vingt-cinq actions de surplus, complément des cinq cent vingt-cinq qu'on allait créer, elles devaient être mises à la disposition de *M. Parmentier*, qui s'en servirait pour le bien et l'amélioration des établissemens, sans être obligé d'en rendre compte. Ce projet d'acte fut, en effet, réalisé et converti en pacte social, le 5 février 1842, par contrat passé devant Me Lamboley, notaire à Vesoul.

Mais il est essentiel de faire remarquer avant tout que M. de Cubières, alors à Paris, n'y concourut pas personnellement, et qu'il y fut représenté par le sieur Parmentier, qui n'avait pas sa procuration, mais qui se porta fort pour lui.

Quant au projet du sieur Parmentier, il subit un amendement notab'e. Le rédacteur de ce projet s'était en effet proposé *seul* comme dépositaire et dispensateur souverain des
vingt-cinq actions. Les associés ne jugèrent pas convenable
de l'investir *seul* de ce mandat de confiance et de s'en rapporter exclusivement à lui. Ils voulurent que M. de Cubières, absent et ne sollicitant assurément pas cette mission,
lui fût adjoint.

Aussi l'acte définitif du 5 février 1842 porte-t-il que les
vingt-cinq actions sont mises à la disposition de M. de Cubières et de M. Parmentier, qui s'en serviront pour le bien
te l'amélioration des établissemens, sans être obligés d'en
rendre compte, et qui sont autorisés, pour rendre ces vingt-
cinq actions plus disponibles, à créer eux-mêmes vingt-cinq
titres au porteur.

Il fut toutefois convenu verbalement et en dehors de l'acte
qu'ils ne pourraient disposer des vingt-cinq actions que
d'accord avec deux autres associés, MM. Renauld et Lanoir,
qui seraient chargés d'en surveiller l'emploi. Ce fait est établi par la déclaration des divers associés, et notamment par
celle des sieurs Renauld et Grillet.

Ainsi, d'une part le mandat confié à M. de Cubières, non
seulement n'avait pas été sollicité par lui, mais lui était
donné *en son absence et à son insu* ; et de l'autre, ce mandat
en apparence illimité, ne lui permettait cependant de rien
faire sans le concours du sieur Parmentier, et hors la surveillance de deux intéressés.

Il est donc impossible de voir dans les lettres écrites par
M. de Cubières en 1842 l'indice d'un projet de spoliation
au préjudice de la société, puisqu'elles n'avaient pas même
pour but de solliciter une confiance dont il se serait proposé
d'abuser, et qu'enfin, si cette confiance lui a été spontanément accordée, elle ne lui fut cependant que sous des conditions qui rendaient cet abus impossible.

Loin de chercher à se débarrasser des conditions qui lui
étaient imposées et à conquérir une liberté que les conventions de février 1842 ne lui accordaient pas, M. de Cubières
donna plus tard et très spontanément à ses coïntéressés
des garanties nouvelles, et que probablement ils n'auraient
pas demandées.

Au mois de juin 1842, M. Parmentier vendit à M. Pellapra, riche capitaliste, et dont le crédit pouvait être très utile
à la compagnie de Goulaenans, vingt-cinq actions de cette
compagnie, mais en se réservant, pendant deux ans, un droit
de réméré ; la vente était faite moyennant 100,000 fr. dont
l'acte portait quittance. Mais, en réalité, les 100,000 fr. n'a-
vaient pas été payés.

Aussi, le 18 juin 1842, jour même où la vente à réméré
était consentie par M. Parmentier, un acte sous seing-privé
intervenait entre ce dernier et M. de Cubières.

Par cet acte, fait double entre les deux parties, M. de Cubières se déclarait d'abord dépositaire de 100,000 fr. formant le prix des vingt-cinq actions au porteur appartenant
à la compagnie, à la charge par lui de les employer à l'usage
convenu entre lui et M. Parmentier ; et de plus, M. de Cubières se chargeait également, et pour en faire le même
usage, d'une autre somme de 100,000 fr. formant le prix de
la vente à réméré des vingt-cinq actions de M. Parmentier.

Ainsi, avec une facilité qu'on a peine à s'expliquer aujour-
d'hui, M. de Cubières se constituait comptable de *deux cent
mille* francs qu'il n'avait pas reçus et dont en définitive il
ne pouvait être déchargé qu'en justifiant de l'emploi des cinquante actions, soit à Parmentier lui-même, soit aux deux
associés, MM. Renauld et Lanoir, surveillans institués lors
de la convention du 5 février 1842.

Ce sont là assurément d'étranges garanties données par
un homme qui aurait médité de s'emparer frauduleusement
de ces cinquante actions !

Au moins faudrait-il pour que l'accusation de fraude, d'escroquerie (puisque M. de Cubières en est réduit à se défendre contre une semblable accusation), il faudrait au moins,
disons-nous, pour que l'accusation d'escroquerie eût quelque vraisemblance, que depuis ces actes signés par lui, M. de
Cubières eût cherché à en éluder l'exécution, à en décliner
les conséquences, à s'approprier, sous un prétexte quelconque, les actions dont il était dépositaire.

Rien de semblable ne peut être allégué contre lui, et les
documens les plus positifs démontrent qu'il a spontanément
restitué les actions de la compagnie, et que M. Parmentier
est rentré dans la possession des siennes.

L'ordonnance royale concédant l'exploitation de la saline
fut rendue le 28 mars 1843, et dès à présent il n'est pas
inutile de faire remarquer que cette concession qu'on dit

être le fruit de la corruption renferme la compagnie dans
un périmètre beaucoup plus resserré que celui qu'elle avait
demandé (6 kilomètres au lieu de 20).

Dès le 16 février 1843, M. de Cubières avait renvoyé les
vingt-cinq actions mises à sa disposition en 1842 au directeur de la saline, en demandant leur annulation.

Dira-t-on qu'il avait été contraint à cette restitution ? Ce
ne serait assurément pas par le sieur Parmentier, car celui-
ci, prévenu par M. de Cubières du renvoi des actions, lui
écrivait le 20 février pour se plaindre de ce renvoi et s'opposer à l'annulation des actions jusqu'à la première assemblée générale, à laquelle M. de Cubières pourrait assister.

Ainsi, à supposer que M. de Cubières eût cherché un prétexte pour retenir ces actions, la lettre de M. Parmentier
lui en fournissait un, et lui permettait de se perpétuer dans
la possession de ces titres. Il n'en fit rien cependant. Le renvoi des actions avait été volontairement effectué par lui, et il
persista dans sa première détermination ; leur destruction
eut lieu en effet plus tard à la convenance de la compagnie ;
mais, dans tous les cas, les titres étaient, dès le mois de
février 1843, entre les mains du directeur de la saline, et
ils n'en pouvaient plus sortir qu'avec le consentement de la
société.

Ainsi, quant aux actions fournies par la société, il ne les
a pas demandées ; il en a donné récépissé en les recevant ;
il les a restituées spontanément aussitôt que le dépôt entre
ses mains en est devenu inutile, aussitôt qu'il a reconnu que
l'emploi n'en était pas nécessaire. Comment donc et sous
quel prétexte pourrait-on l'accuser d'avoir voulu se les approprier, et n'a-t-il pas le droit de repousser avec indignation une accusation aussi calomnieuse ?

Sa conduite a-t-elle été moins franche, moins loyale, sa
bonne foi est-elle moins évidente à l'égard des actions de
M. Parmentier ?

Ces actions ne lui ont jamais été remises ; c'est à M. Pellapra qu'elles ont été vendues à réméré par un acte authentique du 18 juin 1842 ; et M. de Cubières n'est intervenu
dans cette opération que pour se reconnaître dépositaire du
prix de 100,000 fr., qui cependant, et en réalité, ne lui avait
pas été remis.

Ainsi, son premier acte est de s'engager à rendre une
somme qu'il n'a pas reçue ! Singulière préparation à une escroquerie ! Certes, s'il y avait un danger pour une des parties dans une combinaison semblable, ce danger ne pouvait
menacer que M. de Cubières et non M. Parmentier.

Comment, en effet, celui-ci pouvait-il courir le risque
d'être dépouillé de ses vingt-cinq actions ? D'un côté M. Pellapra, acquéreur à réméré, était obligé de lui rendre ses titres dans un délai fixé par l'acte authentique contre la restitution du prix de 100,000 fr., et de l'autre, M. de Cubières,
s'étant constitué dépositaire de ces 100,000 fr. au profit de
M. Parmentier, ne pouvait se soustraire à l'obligation de les
lui représenter. Ainsi, M. Parmentier était assuré d'obtenir,
à l'expiration du réméré et sans bourse délier, la restitution
de ses actions.

Après cela, n'est-il pas absurde et odieux tout à la fois
d'entendre cet homme crier à la spoliation et à l'escroquerie
lorsqu'il se trouvait ainsi placé entre M. Pellapra, obligé
par le contrat authentique à lui rendre ses actions, et M. de
Cubières tenu par sa déclaration du 18 juin 1842 de représenter les 100,000 fr., prix du réméré, soit à M. Pellapra,
soit à M. Parmentier, selon que le réméré serait exercé ou
abandonné !

Que M. Parmentier ne dise pas que la garantie résultant
de la reconnaissance de dépôt donnée par M. de Cubières
pour les 100,000 fr. du réméré était illusoire parce que
l'acte du 5 février 1842 dispensait de rendre compte de l'emploi des actions. Nous ferions d'abord remarquer que cet
acte ne concerne que les vingt-cinq actions fournies par la
société et non celles qui provenaient du réméré, attendu
que la vente à réméré eut lieu le 18 juin 1842, c'est-à-dire
cinq mois plus tard que l'acte du 5 février 1842.

Mais en outre, la dispense insérée dans cet acte n'existe
qu'à l'égard des associés en faveur de M. de Cubières et de
M. Parmentier, constitués dépositaires collectivement, mais
n'aurait pu être opposée par l'un des deux dépositaires à
l'autre.

Ainsi, à supposer même que l'acte du 5 février pût être
appliqué aux vingt-cinq actions vendues à réméré au mois
de juin suivant, il ne mettait pas M. Parmentier à la merci
de M. de Cubières pour les 100,000 fr., prix du réméré, et
celui-ci devait inévitablement, et en ce qui concernait M. Parmentier, ou représenter les 100,000 fr., ou les employer dans

l'intérêt de la société, mais concurremment avec M. Parmentier. L'abus était donc absolument impossible; et il faut être, comme M. Parmentier, aveuglé par de bien mauvaises passions, par la haine, par la cupidité, pour tourner l'accusation d'escroquerie contre celui qui par sa déclaration du 18 juin se trouvait avoir, pour ainsi dire, payé d'avance ce qu'il n'avait pas reçu et ce qu'on lui reproche d'avoir voulu garder, contre celui enfin que cette déclaration exposait à devenir victime de l'excessive facilité avec laquelle il avait signé de semblables engagemens!

Que serait-il arrivé en effet si, la valeur des actions ayant baissé, M. Parmentier n'avait pas voulu les reprendre et exercer son droit de réméré? N'aurait-il pas pu, dans ce cas, en abandonnant les vingt-cinq actions à M. Pellapra, réclamer de M. de Cubières les 100,000 fr. dont celui-ci s'était déclaré comptable? et n'est-il pas vrai de dire que dans tout ceci le danger n'existait que pour M. de Cubières, hors d'état de lutter d'habileté et d'adresse avec un homme aussi habile, aussi fin que M. Parmentier? Au surplus ce danger s'est réalisé au préjudice de M. de Cubières; car il lui a fallu subir les conséquences de son aveugle confiance et de sa trop grande facilité : M. Parmentier, abusant de la situation que les actes faisaient à M. de Cubières, a laissé peser sur lui les frais considérables auxquels l'acte de réméré et l'acte de rétrocession avaient donné lieu; de sorte que, loin de s'être enrichi aux dépens d'autrui, M. de Cubières a subi un préjudice dont M. Parmentier a profité. Et cependant c'est M. Parmentier qui accuse M. de Cubières de fraude et de spoliation!

En définitive, quel a donc été le sort de ces vingt-cinq actions? Ont-elles été perdues pour M. Parmentier? A-t-il même été contraint à employer les moyens judiciaires pour en obtenir la restitution?

Le délai du réméré expirait au mois d'octobre 1844. Après quelques pourparlers qui avaient pour seule cause le désir qu'on aurait eu de conserver dans l'affaire un capitaliste aussi considérable, aussi influent que M. Pellapra, la rétrocession des actions a eu lieu par acte authentique passé devant Roquebert, notaire à Paris, le   octobre 1844.

Et enfin, par un acte sous seing privé en date des 14 et 17 novembre 1844, entre MM. de Cubières et Parmentier, ceux-ci, après avoir rappelé le dépôt des vingt-cinq actions de la Société, la vente à réméré d'un pareil nombre de titres par M. Parmentier, la double reconnaissance donnée par M. de Cubières pour les 200,000 fr , déclarent n'avoir rien à réclamer l'un de l'autre, et spécialement *M. Parmentier reconnaît que M. de Cubières ne pourra être recherché par qui ni de quelque manière que ce soit, à raison du dépôt de 200,000 francs dont il s'était déclaré nanti, attendu que, faute d'avoir eu à en faire l'emploi convenu, il a rendu à la compagnie et à M. Parmentier leurs cinquante-cinq cent vingt-cinquièmes.* (Voir les pièces à la suite.)

Et c'est deux ans après avoir librement, volontairement signé un pareil acte, que M. Parmentier a le courage de crier à la fraude et à l'escroquerie, à propos de ces mêmes actions qui lui ont été rendues en 1844!

Il serait indigne de M. de Cubières de faire remarquer que dans tous les cas cette restitution, faite avant qu'aucune réclamation eût été formée en justice, rendrait impossible tout reproche d'escroquerie, alors même que la restitution eût été d'abord refusée. Il aurait honte de recourir à de pareils moyens; c'est déjà bien assez pour lui d'avoir été réduit à la triste nécessité de s'expliquer sur les faits mêmes qui lui sont imputés par le sieur Parmentier.

Ces faits, cette pensée coupable de s'approprier le bien d'autrui, il les repousse avec indignation, il les repousse avec les actes du procès, avec les documens les plus positifs. Il lui eût suffi même, il le droit de le dire, de les repousser par sa moralité personnelle, par quarante années d'une vie pure et sans tache; et certes, s'il ne mettait pas un si haut prix à l'estime des membres de la chambre des pairs, s'il n'avait eu à cœur de ne pas laisser planer sur sa tête le plus léger soupçon de fraude, il ne serait pas entré dans ces minutieuses explications qu'il ose croire surabondantes pour ceux qui le connaissent.

S'arrêtera-t-il maintenant à l'autre branche de l'accusation portée contre lui? Se défendra-t-il d'avoir corrompu ou voulu corrompre un fonctionnaire public? Mais, en vérité, il ne saurait à quelle objection, à quelle induction même il lui faudrait répondre!

Qui donc a été corrompu? qui a-t-on tenté de corrompre? Ce serait d'abord, avant tout, la question à laquelle l'accusation devrait répondre; ce serait là le corps du délit qu'il faudrait établir, avant de chercher quel est le coupable, quel est le corrupteur?

Or, à cet égard, l'accusation ne pourra jamais rien prouver, parce qu'il n'y a rien de vrai, rien de possible même.

Quels auraient été les moyens de corruption employés? apparemment les vingt-cinq actions de la compagnie et celles du réméré ou le prix de ces valeurs.

Mais s'il y a une vérité établie dans cette affaire, c'est d'une part que la compagnie a reçu la restitution de ses vingt-cinq actions, même avant l'ordonnance de concession, et qu'elle les a annulées; et de l'autre, c'est que la vente à réméré a été anéantie, et que M. Parmentier a, sans rien débourser, repris possession de ces vingt-cinq actions.

Cette double vérité a été établie déjà en ce qui concerne la société par le renvoi de ses actions en février 1843 et par un procès-verbal qui constate l'annulation de ces actions. Quant à M. Parmentier, on n'a pas oublié l'acte authentique contenant rétrocession du réméré, ni l'acte sous seing privé du 14 novembre 1844, par lequel il reconnaît que ces vingt-cinq actions lui ont été rendues; et certes, après les odieuses tentatives d'extorsion faites par M. Parmentier contre M. de Cubières, on ne peut supposer que sa déclaration de novembre 1844 soit un acte de complaisance ou de collusion.

Comment donc et avec quelles valeurs aurait-on corrompu, puisque les cinquante actions n'ont pas été employées à ce coupable usage, et qu'on n'allègue pas même que d'autres valeurs auraient été remises?

Quant à la tentative de corruption, nous nous abstenons d'en parler; elle semble écartée des débats, n'étant indiquée par aucun témoignage.

Faut-il ajouter aux preuves positives et certaines qui viennent d'être exposées, qu'on chercherait encore vainement le résultat, le produit de la corruption?

Que demandait la compagnie de Gouhenans? une concession à laquelle la concession première lui donnait des droits incontestables. Un concurrent s'était d'abord présenté; mais il s'était lui-même écarté de la lutte en ne remplissant pas les conditions exigées par les réglemens.

La concession ne semblait donc pas pouvoir être refusée à la compagnie de Gouhenans. Une seule question restait, celle de l'étendue du périmètre à concéder.

Ce serait donc pour faire trancher cette question qu'on aurait corrompu le haut fonctionnaire qui pouvait avoir sur la décision une influence à peu près irrésistible. Eh bien! cette question a été tranchée contre la compagnie, et le périmètre que l'ordonnance lui abandonne est renfermé dans les plus étroites limites (6 kilomètres)!

Ainsi, sur la question de corruption, l'accusation n'est pas seulement dénuée de preuves, elle manque de base, et, par un hasard heureux, les prétendus corrupteurs peuvent prouver l'emploi des valeurs qui auraient, disait-on, servi à la corruption.

La cour des pairs sera donc heureuse de reconnaître que dans cette affaire où une double accusation avait été portée contre un de ses membres, non-seulement aucun des reproches allégués d'abord n'a été vérifié, mais que même ils ont été démentis par les explications les plus positives; elle reconnaîtra surtout que M. de Cubières, si longtemps poursuivi par les diffamations intéressées du sieur Parmentier, non-seulement n'a jamais trahi les intérêts de ses coassociés pour s'enrichir aux dépens d'aucun d'entre eux; mais qu'après avoir consenti à subir, dans l'intérêt de tous, des nécessités contre lesquelles il se serait révolté s'il ne se fût agi que de sa fortune personnelle, il a supporté seul les frais considérables occasionnés par des actes devenus inutiles, de telle sorte que seul il est victime dans une affaire où cependant on a voulu faire de lui un coupable.

Grâce au ciel, les faits sont aujourd'hui clairement expliqués, et ils ne peuvent plus laisser subsister aucun soupçon dans des esprits attentifs et dégagés de prévention.

DESPANS-CUBIÈRES,

Lieutenant-général, pair de France.

PIÈCES A LA SUITE.

Le 3 novembre 1844, M. Parmentier écrivait à M. Cubières :
« Je n'ai pas reçu le prix de mon réméré, vous ne l'avez pas reçu
» vous-même, quoique vous vous en soyez déclaré dépositaire ; il
» faut donc que, par un acte authentique à faire le plus tôt pos-

» ni me faire rechercher en aucune façon, soit à raison de ce
» que vous vous êtes déclaré dépositaire du prix stipulé dans ma
» vente à réméré, soit à raison de ce que vous auriez pu dire dans
» l'acte Roquebert, de telle sorte que l'un de nous ne puisse ja-
» mais rien réclamer à l'autre. »

Acte des 14 et 17 novembre 1844.

MM. de Cubières, lieutenant général, et Parmentier, propriétaire à Lure, sont convenus de ce qui suit :
MM. Cubières et Parmentier étaient chargés par la compagnie
» sible, il soit reconnu et déclaré que nous ne pouvons ni vous
de Gouhenans d'employer, pour le bien et l'amélioration des établissemens de la saline, 25 cinq cent vingt-cinquièmes de l'intérêt
social, sous forme d'actions au porteur. Dans ce but, les titres furent créés et cédés à M. Cubières pour cent mille francs, dont il
resta dépositaire.
Dans le même but, M. Parmentier vendit à réméré 25 autres
cinq cent vingt-cinquièmes pour cent mille francs, dont M. Cubières se déclara encore dépositaire. Ces deux sommes de cent
mille francs chacune n'ont pas été employées. En conséquence,
M. Cubières a exercé, comme fondé de pouvoir de M. Parmentier,
la faculté de réméré, et a fait remettre M. Parmentier, par acte
authentique, en possession de ses 25 cinq cent vingt-cinquièmes ;
d'autre part, il a chargé le directeur de l'établissement de Gouhenans de détruire les vingt-cinq actions au porteur qu'il lui avait
renvoyées, à l'effet desquelles il a complétement renoncé et renonce. M. de Cubières déclare donc qu'il ne pourra jamais, lui
ni ses ayants droit, rechercher d'une manière quelconque ni
M. Parmentier ni la compagnie de Gouhenans, attendu que la
somme dont il s'était déclaré dépositaire a suffi pour le couvrir de
tous ses débours, et que ces débours n'ont point entamé la
somme stipulée pour prix des vingt cinq actions de la compagnie.
M. Parmentier déclare de son côté que M. Cubières ne pourra
jamais être recherché par qui ni de quelque manière que ce soit,
à raison du dépôt de deux cent mille francs dont il s'était déclaré
nanti, attendu que, faute d'avoir à en faire l'emploi convenu, il a
rendu à la compagnie les cinquante cinq cent
vingt-cinquièmes ; d'où il résulte que la convention du 18 juin 1842
entre les soussignés, ainsi que les reçus qui s'y rattachent, restent
et resteront désormais de nul effet.

Fait double à Paris, le 14 novembre 1844 ; à Lure, le 17.

Signé PARMENTIER et CUBIÈRES.

Les investigations de la commission l'amenèrent bientôt à
ordonner la mise en prévention des trois personnes qu'elle
avait d'abord entendues à titre de témoins, MM. Pellapra,
Teste et Parmentier, et le 21 juin, M. Renouard, au nom de
la commission, donna lecture du rapport suivant :

RAPPORT DE LA COMMISSION.

Le journal judiciaire le *Droit*, en rendant compte, dans sa
feuille du 1er mai 1847, d'un procès porté devant le tribunal civil de la Seine, et intenté par M. Parmentier contre
MM. Despans-Cubières, Van Gobbelschroy, Pinto de Araujo,
Henri, Mellet et Renauld, fit connaître les extraits de plusieurs lettres imprimées par Parmentier, comme lui ayant été
adressées par le général Despans-Cubières.
Le général s'exprimait, dans ces lettres, comme ayant préparé des moyens de corruption à l'effet d'obtenir du gouvernement, au profit de Parmentier, Grillet et Cⁱᵉ, la concession
d'une mine de sel gemme, sise à Gouhenans, arrondissement
de Lure, département de la Haute-Saône, qui leur a été accordée par ordonnance royale du 3 janvier 1843.
Parmentier alléguait que la prétendue corruption annoncée par les lettres du général Despans-Cubières n'avait jamais
eu lieu ; et que cette correspondance n'était qu'un moyen
frauduleux employé par le général pour escroquer aux sociétaires de Gouhenans les sommes auxquelles il prétendait assigner ce coupable usage.
Une telle publication ne pouvait manquer d'éveiller la sollicitude du gouvernement, et d'affecter douloureusement l'o-
pinion publique. M. le ministre des travaux publics s'exprima
en ces termes, le lundi 3 mai, à la tribune de la chambre des
députés : « Des faits graves ont été articulés ; le public s'en
est occupé, ils ont ému la chambre, le gouvernement en a délibéré ; le gouvernement prend des mesures pour que les faits
soient complétement éclaircis, et qu'ils produisent les conséquences légales qu'ils doivent avoir. »
Le 4 mai, à l'ouverture de la séance de la chambre des pairs,
M. Teste prit la parole. Il avait été désigné la veille, dans la
chambre des députés, comme mêlé à ce débat. Mon premier
besoin, dit-il, est de désavouer nettement, énergiquement, je
ne dis pas toute participation, mais la plus légère connaissance de ces pratiques, si elles ont une ombre de réalité. »
Après quelques détails sur la marche administrative suivie
dans ces sortes d'affaires, il ajouta : « Dans l'affaire spéciale
dont le sentiment public s'est justement ému, depuis l'ouverture de l'instruction jusqu'à la consommation de l'œuvre
par l'ordonnance royale, il n'y a pas même eu l'apparence d'un
conflit d'opinion. Tout le monde a été d'avis que la concession devait être accordée à ceux qui l'ont obtenue ; et, ce qui
est remarquable, c'est que les limites en ont été considérablement restreintes, afin de réserver la matière à d'autres
concessions... Dans cette série d'opérations, qui s'accumulent
et se contrôlent, on cherche vainement la place où la faveur
pourrait s'exercer, où le droit et la justice pourraient être méconnus.
» La chambre comprend que, pour mon compte, et dans l'é-
tat actuel des choses, je n'aie pas d'autres explications à
fournir. Il ne m'appartient pas de rechercher quel est le sens,
quel a été le but de la correspondance qui vient d'acquérir
une triste célébrité. Je n'ai, sur ce point, d'autres lumières
que celles de tout le monde, et je ne suis pas même arrivé à
former des conjectures. J'ai dit la part, toute la part qu'a eue,
dans cette affaire, l'administration que je dirigeais à cette
époque. Chacun de ses pas a été marqué par la stricte observation des règles et par le respect du droit. En dehors, et au
delà, règne une obscurité qui se dissipera sans doute, et sur
laquelle, je l'espère, l'attention du gouvernement n'aura pas
été inutilement appelée. »
Une instruction judiciaire fut commencée contre Parmentier. Il persiste à accuser d'escroquerie le général Despans-
Cubières, dans son interrogatoire du 5 mai, qui fut transmis
à M. le garde des sceaux.
Le 6 mai, M. le garde des sceaux donna à la chambre des
pairs communication d'une ordonnance du roi, en date de la
veille, qui convoque la cour des pairs à l'effet de procéder
sans délai au jugement du lieutenant général Despans-Cubières, à raison de faits qualifiés par les articles 179 et 405 du
code pénal. L'article 179 punit comme crime la corruption ou
la tentative de corruption d'un fonctionnaire public, et comme délit la tentative non suivie d'effet ; l'article 405 punit l'escroquerie et la tentative d'escroquerie.
Après la lecture de l'ordonnance, M. Despans-Cubières
prononça quelques paroles, et notamment celles-ci : « Personne n'est plus intéressé que celui qui vous parle à ce que la
vérité se fasse connaître, à ce qu'elle apparaisse dans tout son
jour. »
Le 7 mai, M. le procureur général présente un réquisitoire
portant « plainte contre M. Despans-Cubières, et, par voie de
connexité, contre tous autres auteurs ou complices desdits
crimes ou délits, lesquels, est-il dit, seraient de la compétence de la cour des pairs, à raison de la qualité de la personne sus-nommée. »
La cour des pairs, par arrêt du même jour, a ordonné qu'il
serait procédé à une instruction « sur les faits énoncés audit
réquisitoire. » M. le chancelier a délégué, pour l'assister
dans cette instruction, dix membres de la cour.
M. le chancelier et les pairs chargés par lui de l'assister
n'ont rien négligé pour arriver à la connaissance des faits, et
pour en éclairer les moindres détails. De longs interrogatoires ont été subis, à plusieurs reprises, par chacun des inculpés ; des témoins ont été entendus ; de nombreuses pièces et
de volumineuses correspondances ont été déposées ou saisies,
tant à Paris que dans la Haute-Saône ; des perquisitions ont
été faites ; les ministères des finances et des travaux publics,
et le conseil d'Etat, ont mis à notre pleine disposition tous
leurs documens. La cour tout entière assistera, en quelque
sorte, aux investigations de l'instruction par la lecture des
pièces qui ont été imprimées. Comme il importe que la vérité
soit connue, et que l'impossibilité de réticences, même invo-
lontaires, demeure démontrée, il a paru convenable d'étendre
les impressions de pièces fort au delà du strict nécessaire,
afin qu'aucun détail, même parmi ceux qui sembleraient superflus, ne puisse échapper à l'attention et à la sollicitude de
personne,

La nature de cette affaire commandait d'en agir ainsi, et il importait à la morale publique, justement alarmée, que les investigations fussent portées aussi loin qu'elles pouvaient s'étendre. Une accusation d'escroquerie dirigée contre un pair de France est un sujet de profonde douleur ; une accusation de manœuvres corruptrices, auxquelles on imputerait à un haut fonctionnaire de s'être prêté, attristerait plus péniblement encore la nation tout entière, car la nation met une louable fierté à aimer que son respect accompagne son obéissance ; elle veut et a droit de vouloir que la gestion de ses intérêts soit confiée à des hommes intègres et purs.

Contre de telles douleurs, il n'existe qu'un remède vrai, c'est de les sonder d'une main courageuse, sans fausse complaisance pour personne ; l'opinion publique ne s'égare pas quand on lui dit tout. En France, pays d'honneur et de justice, on sait remplir un double devoir, celui de ne tolérer aucun méfait, de quelque part qu'il vienne, celui de ne condamner personne sans une pleine conviction de sa culpabilité.

Pour comprendre cette affaire, pour reconnaître, au milieu de nombreux documens et de détails infinis, la position véritable de chacun de ceux qui y ont été mêlés, il est indispensable de se faire d'abord une idée exacte de ce qu'est l'établissement de Gouhenans, et de la concession qui a été demandée et obtenue.

La loi du 17 juin 1840 contient les dispositions suivantes :

« Art. 1er. Nulle exploitation de mines de sel, de sources ou de puits d'eau salée naturellement ou artificiellement, ne peut avoir lieu qu'en vertu d'une concession consentie par ordonnance royale délibérée en conseil d'Etat.

» Art. 3. Les concessions seront faites de préférence aux propriétaires des établissemens légalement existans.

» Art. 4. Les concessions ne pourront excéder 20 kilomètres carrés s'il s'agit d'une mine de sel, et 1 kilomètre carré pour l'exploitation d'une source ou d'un puits d'eau salée...

« Art. 19 et dernier. Les dispositions de la présente loi qui pourraient porter atteinte aux droits de la concession faite au domaine de l'Etat, en exécution de la loi du 6 avril 1825, n'auront effet, dans les départemens dénommés en ladite loi, qu'après le 1er octobre 1841. Jusqu'à cette époque, les lois et réglemens existans continueront à recevoir leur application dans lesdits départemens. »

La loi du 6 avril 1825 est celle qui a autorisé l'Etat à concéder pour quatre-vingt-dix-neuf ans, à titre de régie intéressée, les salines de l'Est et la mine de sel gemme de Vic.

Le 1er juillet 1840, Parmentier, Grillet et compagnie déposèrent à la préfecture de la Haute-Saône une demande en concession de 20 kilomètres carrés de sel gemme sis à Gouhemans et communes circonvoisines.

Qu'étaient MM. Parmentier, Grillet et compagnie ?

Par acte du 24 juin 1826, Parmentier, Grillet, Sironvalle et Stiefvater avaient formé une société dont le capital était divisé en cent parts. Par ordonnance royale du 30 juillet 1828 cette société obtint, sous le titre de concession de Gouhenans, l'exploitation de gîtes houillers sis à Gouhenans et communes circonvoisines. L'étendue de cette concession était de 15 kilomètres carrés 78 hectares.

Cette société, en fouillant les terrains de houille, découvrit une mine de sel gemme, dont elle demanda la concession. Par ordonnance royale du 5 décembre 1828, sa demande fut repoussée comme portant atteinte aux droits assurés au domaine de l'Etat par la loi du 6 avril 1825.

Parmentier et ses associés ne s'en livrèrent pas moins à l'extraction, à la fabrication et à la vente du sel.

Parmentier fut poursuivi correctionnellement. Après de longues procédures et plusieurs arrêts de la cour de cassation, un arrêt de la cour royale de Lyon, du 16 octobre 1834, condamna Parmentier en 500 francs d'amende, ordonna la cessation de ses travaux d'exploitation de la saline, et donna acte des réserves faites au nom du domaine de l'Etat à fin de dommages et intérêts. Le pourvoi contre cet arrêt fut rejeté par la chambre criminelle de la cour de cassation, le 17 janvier 1835. La saline fut fermée le 5 février 1835, et pour exécuter les mandemens de la justice, il fallut avoir recours à l'intervention de la force armée.

Le 10 février 1835, l'administration des domaines et la compagnie des salines de l'Est demandèrent contre la compagnie Parmentier la somme de 1,500,000 fr. de dommages et intérêts. Il fut jugé qu'il n'existait entre les copropriétaires qu'une société civile, et les poursuites furent continuées individuellement contre Parmentier, Grillet et Stiefvater.

Le tribunal de Lure avait rejeté cette demande, et le jugement avait été confirmé par la cour royale de Besançon, par arrêt du 21 juillet 1836. Mais cet arrêt a été cassé le 7 août 1839, et l'affaire renvoyée devant la cour royale de Lyon.

Devant la cour de Lyon, l'Etat et la compagnie des salines conclurent à 1,609,580 fr. de dommages et intérêts. Un arrêt du 27 août 1841 condamna Parmentier, Grillet et Stiefvater, solidairement et par corps, à indemniser l'Etat et les salines de l'Est du préjudice causé par la concurrence des sels de Gouhenans. La cour se réserva de fixer ultérieurement le chiffre de l'indemnité dont elle consacrait le principe. Un pourvoi de Parmentier contre cet arrêt fut rejeté par la chambre des requêtes de la cour de cassation, le 13 février 1843. Par arrêt du 21 mai 1844, la cour royale de Lyon a réglé l'indemnité à 147,580 fr.

Ce serait détourner l'attention de la cour sur des détails superflus que d'indiquer, même par une très succincte analyse, les nombreux procès qui se sont agités entre les copropriétaires de Gouhenans. Il est une circonstance de ces procès sur laquelle on revient sans cesse dans les lettres qu'on lira à la suite du présent rapport, et qui doit être mentionnée pour l'intelligence de cette correspondance, bien que n'ayant qu'indirectement trait à l'affaire actuelle : c'est l'établissement judiciaire d'un séquestre par arrêt du 18 novembre 1834, et la nomination, à cet effet, d'un sieur Garnier, chargé d'administrer dans l'intérêt commun. Parmentier, que cette mesure contrariait fort, a toujours attaché une grande importance à la suppression de ce séquestre ; elle a été prononcée le 5 août 1842.

Un arrêt de la cour royale de Besançon, du 18 mars 1834, a fixé à quarante-quatre centièmes la part de M. Grillet. Les cinquante-six autres centièmes étaient, à ce moment, répartis ainsi qu'il suit : cinquante à M. Parmentier, cinq à M. Stiefvater, un à M. Cardot.

A l'époque où la demande de concession fut formée, le général Cubières était propriétaire d'un centième. Voici, d'après des notes de sa main et les déclarations de l'instruction, le résultat de ses acquisitions diverses, jusqu'à l'ordonnance de concession du 5 janvier 1843 :

1er mars 1839, un centième acheté de Grillet moyennant	25,000 f.
5 septembre 1841, un centième acheté de Fumerey,	20,000
6 et 28 mars ou mai 1842, deux centièmes achetés de Grillet,	54,000
15 septembre 1842, deux centièmes achetés de Grillet,	50,000
9 novembre 1842, un centième acheté de Grillet,	30,000
Total, sept centièmes achetés moyennant	159,000 f.

L'instruction administrative sur la demande de concession formée par Parmentier, Grillet et compagnie le 1er juillet 1840, avait été ajournée à raison de plusieurs irrégularités dans la forme de cette demande, qui rappelait, hors de propos, les anciennes contestations avec l'administration, et aussi dans l'attente prochaine du règlement destiné à l'exécution de la loi du 17 juin 1840, et annoncé par cette loi. De plus, le ministère des finances insistait auprès du ministère des travaux publics pour que l'instruction de ces sortes d'affaires, dans les dix départemens de l'Est, fût retardée jusqu'au 1er octobre 1841. L'ordonnance royale portant règlement a été rendue le 7 mars 1841.

Le 24 avril 1841, Parmentier, Grillet et compagnie ont renouvelé leur demande. C'est après cette seconde demande que les démarches ont été actives, et que le général Cubières y a pris un rôle.

Les demandeurs s'appuyaient sur leur double qualité d'inventeurs de la mine de sel gemme, et de concessionnaires de la houille superposée à la mine de sel. L'instruction administrative à laquelle cette affaire a donné lieu, sans leur reconnaître le caractère d'inventeurs proprement dits, et sans leur accorder la concession de la mine de sel pour toute l'étendue que couvre leur concession de houille, a cependant constaté qu'ils avaient des droits, et comme ayant atteint et mis à découvert le sel gemme par leurs travaux, et comme exploitans du gîte houiller sis au-dessus du gîte salifère.

Mais, malgré ces droits, ils redoutaient plusieurs natures d'objections et d'obstacles, qui leur faisaient prévoir que la concession ne serait pas obtenue par eux sans difficultés. Les longs procès qu'ils avaient soutenus contre l'administration devant tant de juridictions différentes, et qui n'étaient pas arrivés à leur terme, pouvaient, d'une part, inspirer contre eux défiance et défaveur, et, d'autre part, faire naître des doutes sur leur solvabilité. Le chiffre de l'indemnité réclamée par le domaine de l'Etat et par la compagnie des salines de l'Est n'était pas encore judiciairement fixé ; l'administration devait croire ses prétentions bien fondées ; et il était naturel que le recouvrement d'une somme éventuelle de 1,600,000 francs lui parût difficile et lui commandât des précautions.

Les jugemens et arrêts rendus dans les procès qui avaient divisé les copropriétaires de Gouhenans faisaient naître sur la nature et les conditions de leur société, des doutes qui ont toujours arrêté le ministère des finances ; qui lui ont, jusqu'à la fin, paru si graves, qu'ils ont été le principal motif d'une opposition formée par ce ministère devant le conseil d'Etat à l'adoption de l'ordonnance de concession ; qui, enfin, ont décidé le conseil d'Etat, ainsi qu'on le verra ci-après, à modifier, en un point, le projet d'ordonnance préparé par le ministère des travaux publics.

Trois autres demandes de concession sur le territoire de Gouhenans avaient été formées, l'une, le 1er août 1840, par M. Lissot, propriétaire d'une concession houillère à Athesans ; une seconde, le 8 août 1840, par M. Prinet ; une troisième, le 24 janvier 1841, par M. Kœchlin.

Les demandeurs paraissent avoir quelque temps redouté la possibilité d'une autre concurrence. On leur faisait craindre que le domaine de l'Etat, dont le monopole sur les salines de l'Est devait expirer le 1er octobre 1841, n'élevât la prétention d'obtenir lui-même une concession, comme le pouvaient faire des particuliers.

Restait enfin un point important. La concession était demandée pour vingt kilomètres carrés, c'est-à-dire pour le maximum d'étendue fixé par la loi de 1840. La compagnie de Gouhenans avait à l'obtention d'un aussi vaste périmètre le double intérêt d'agrandir son exploitation et d'empêcher ou d'éloigner les concurrences. Elle s'attendait à une réduction de sa demande ; mais elle insistait pour obtenir les 14 kilomètres qu'embrassait sa concession houillère. Elle avait à craindre que l'administration supérieure ne donnât la préférence au système des petites concessions.

Les hommes probes appuient leurs prétentions sur leurs droits. Les consciences faciles étendent très loin la maxime que le bon droit a besoin d'aide, et n'ont, sur les questions même de justice, une ferme confiance que dans la faveur. Ceux à qui la faveur ne suffit pas, et qui demandent aide à la corruption, sont justiciables du Code pénal. La Cour aura à rechercher s'il est vrai que Parmentier et le général Cubières ont eu recours ou tenté de recourir à la corruption pour triompher des difficultés qui pouvaient empêcher le succès de leur demande en concession.

Le général Cubières s'accuse d'en avoir conçu le projet. Son système de défense consiste à prétendre que ce projet n'a point été mis à exécution ; que, trompé par de faux rapports et par les erreurs de ses jugemens, il a eu le tort de rassembler les moyens d'accomplir ce projet, mais qu'il y a volontairement renoncé ; qu'aucune tentative de corruption n'a été essayée auprès d'aucun fonctionnaire public ; que les moyens de corruption mis à sa disposition par Parmentier et par la société de Gouhenans ont été pleinement et intégralement restitués par lui à ceux qui les avaient confiés entre ses mains, sans que lui-même en ait rien employé, rien versé à qui que ce soit, rien gardé pour son propre compte.

Parmentier soutient n'avoir jamais cru à la sincérité des projets de corruption annoncés par le général Cubières. Suivant lui, le plan du général était de s'emparer, sans bourse délier, d'un dixième de l'intérêt social, afin de l'ajouter aux parts qu'il possédait déjà ; c'est pour y parvenir que le général s'est fait remettre ce dixième en deux fois, feignant de le destiner à des dépenses de corruption. Lui, Parmentier, n'osait pas déjouer ces manœuvres ; il craignait que le général, abusant de sa connaissance des affaires de Gouhenans, n'en livrât le secret à des concurrens et ne leur portât le secours de son crédit et de son influence.

Parmentier déclare avoir imaginé une autre feinte pour combattre celle-là ; il faisait semblant de croire aux projets de corruption, de les favoriser, d'y participer ; mais il avait grand soin d'insérer dans les actes certaines clauses à double sens, dans lesquelles le général croirait lire que des sommes ou des parts d'intérêts lui seraient confiées avec dispense d'en rendre compte, tandis que leur signification réelle l'obligerait à des comptes qu'il ne pourrait jamais rendre, puisqu'il n'aurait rien dépensé ; ce qui le constitue-

rait débiteur personnel de tout ce qu'il aurait reçu, et le conduirait à la nécessité d'une restitution.

L'un de ces systèmes est-il vrai, ou sont-ils faux tous les deux ? Contiennent-ils un mélange de vrai et de faux ? La corruption, dont tous les deux repoussent et la tentative et l'exécution, a-t-elle été exécutée ou tentée ? Y a-t-il lieu d'examiner la conduite de personnes autres que MM. Parmentier et Despans-Cubières, et d'étendre le cercle des inculpations ?

Ce n'est point à l'aide de simples conjectures que l'on doit résoudre ces questions. La Cour voudra en chercher la réponse dans un examen attentif des faits, des actes, des correspondances, des témoignages.

Comme cette affaire est chargée de détails, il est bon, pour plus de clarté, d'en diviser l'étude en plusieurs époques correspondantes aux actes les plus importans qui distinguent et caractérisent ses diverses phases.

Première époque.

Depuis la seconde demande de concession, du 24 avril 1841, jusqu'à l'acte authentique du 5 février 1842.

Au début de cette affaire, tout s'explique légitimement.

MM. Parmentier et Cubières ont un intérêt commun. Ils se concertent pour le succès de la demande en concession ; ils se communiquent leurs observations et les résultats de leurs démarches.

Le général Cubières n'est encore propriétaire que d'un centième. M. Parmentier s'emploie de son mieux pour lui faire acquérir d'autres parts d'intérêt. Un centième est acheté de M. Fumerey, le 5 septembre 1841, moyennant 20,000 fr.

Les ministres auprès desquels des démarches semblent nécessaires sont MM. les ministres des travaux publics et des finances. Tous les deux reçoivent le général Cubières avec la bonne grâce et les égards qui devaient naturellement résulter de leur situation respective.

M. le ministre des travaux publics reçoit M. Parmentier, qui use, en se présentant à lui, du droit appartenant à tout administré de défendre ses intérêts auprès de l'administration supérieure. M. Parmentier avait, d'ailleurs, un titre particulier à un accueil bienveillant de M. Teste, qui avait eu occasion, lorsqu'il était avocat, de rédiger, à sa demande, une consultation.

M. Teste, s'il faut en croire la correspondance, est favorable à la demande de concession. Il n'avait nul mystère à faire de ses bonnes dispositions, ni aucun motif de se refuser à des indications sur la marche à suivre. M. Humann fait des objections.

Les lettres de M. Parmentier au général Cubières, des 7 et 24 septembre 1841, indiquent un premier écart de la voie droite. Il y est dit, en parlant de M. Humann :

« Je crois qu'il désire une alliance avec nous : vous savez que j'ai prévu cette éventualité, et vous vous rappelez ce que je vous en ai dit. Je crois maintenant qu'il serait utile pour nous de conclure cette alliance, alors tout s'aplanirait devant nous. Les négociations mêmes, dussent-elles ne pas finir par cette alliance, nous seraient très utiles. Connaissant sur ce point, comme sur tous les autres, le bon esprit de nos principaux associés, je crois utile de les prévenir de ma démarche actuelle. Elle a pour objet, si vous pensez comme moi, de vous prier de sonder les dispositions de M. Humann, de lui demander, le cas échéant, un rendez-vous pour vous et moi, le plus rapproché possible, et de me mander aussitôt. »

» Quoi qu'en dise M. Humann, et vous l'avez bien vu, nous ne pouvons pas compter sur sa franchise. Il restera encore assez au pouvoir pour nous nuire s'il le veut, et, n'y fût-il plus, son hostilité serait encore à craindre. Je persiste donc à penser qu'une alliance avec lui serait éminemment utile, et qu'un négociation commencée dans ce but, ne dût-elle rien produire en définitive, suspendrait au moins les effets de son mauvais vouloir, et pourrait même assurer notre avenir. Si donc vous jugez à propos et sans inconvénient de tenter une nouvelle démarche, afin de lui faire rompre son prudent silence, il me semble que vous pourriez réussir. Je crois qu'il désire notre alliance, et peut-être que la seule cause qui l'a empêché de vous en parler à votre dernière entrevue, c'est qu'il pensait vous en avoir assez dit lors de la précédente. Pesez tout cela dans votre sagesse, et, quant à l'exécution, personne ne pourrait mieux que vous manier cette délicate négociation. »

Interrogé le 26 mai sur ces lettres, M. Parmentier a dit : « Il n'y a rien de plus simple. M. Humann était à la fois ministre des finances et l'un des plus forts intéressés dans l'entreprise de Dieuze. La saline de Dieuze avait été long temps la rivale, et la rivale heureuse, de Gouhenans. J'exprimai la pensée qu'il serait utile que les propriétaires des deux établissemens s'entendissent; il n'y a pas là l'ombre d'une pensée de corruption.

D. Lorsqu'on s'adresse à un ministre pour lui demander un concours favorable pour une entreprise que l'on forme, et lorsqu'on s'adresse en même temps à son intérêt privé pour obtenir ce concours, n'est-ce pas bien voisin de la pensée de corruption?—R. Telle n'a pas été du tout ma pensée. M. Humann n'était pas le ministre de la chose. Je ne le considérais, dans cette affaire, que comme un particulier puissant, ayant beaucoup de crédit et qui était intéressé dans une entreprise rivale. Le mot d'alliance exprimait bien clairement ma pensée. »

La suite de la correspondance montre que cette insinuation faite par Parmentier a été considérée comme non avenue, on est demeurée sans résultat. Pour ne pas revenir sur ce point, on peut se borner à citer le post-scriptum d'une lettre à lui, écrite par le général Cubières, le 24 avril 1842 : « P. S. du 25. Cette lettre n'étant pas partie hier, je l'ouvre pour vous annoncer la mort de M. Humann, d'une attaque d'apopléxie, pendant que nous enterrions le maréchal Moncey aux Invalides. Ce sera un embarras pour le ministère, mais nous n'aurons pas personnellement à en souffrir pour les sels. »

Le 15 novembre 1841, Parmentier écrit au général : « Nous n'avons pas, pour le moment, à nous occuper du fond spécialement, devant l'administration supérieure. Cependant, je crois utile de vous transmettre quelques détails, en attendant que j'aille vous dire tout ce qui ne peut pas entrer dans une lettre; ce que je ferai incessamment. »

A la fin de nombre, Parmentier vient à Paris. L'instruction ne révèle pas ce qui, pendant ce voyage, s'est passé entre le général Cubières et Parmentier; mais, après le retour de celui-ci à Lure, une lettre à lui écrite par le général, le 14 janvier 1842, appelle toute l'attention de la cour.

On lit dans cette lettre : « Tout ce qui se passe doit faire croire à la stabilité de la politique actuelle et au maintien de ceux qui la dirigent. Notre affaire dépendra donc des personnes qui se trouvent en ce moment au pouvoir ; il nous faudra agir ou faire agir auprès d'elles, et c'est ce qui doit nous préoccuper en ce moment... Il ne faut pas perdre un moment, il ne faut pas hésiter sur les moyens pour nous créer un appui intéressé dans le sein du conseil. J'ai les moyens d'arriver jusqu'à cet appui indispensable; c'est à vous d'aviser aux moyens de l'intéresser. Ce sujet n'est pas facile à traiter par correspondance ; aussi, vous jugerez que votre présence à Paris est nécessaire, indispensable même pour dresser nos batteries. Toutefois, il faudrait que vous pussiez venir ici muni des pleins pouvoirs des intéressés pour les sacrifices qu'il faut nous imposer pour échapper aux chances qui peuvent se rencontrer contre nous, et que des rivalités nombreuses pourraient exploiter à notre préjudice. La transformation de notre société entraînerait trop de formalités et de lenteurs ; cependant il faut pouvoir disposer d'un certain nombre d'actions : comment les fractionner dans la proportion de la part contributive de chacun?

» J'avais pensé que les cent actions actuelles pourraient être transformées en trois cents actions, fractionnement qui permettrait à chacun de rapporter sa part dans le fonds d'actions dont nous aurions à disposer pour assurer le succès de l'affaire. Je ne veux pas traiter à fond cette question, que je réserve pour nos entretiens, mais je ne saurais trop vous engager à combiner les choses de manière à ce que vous et moi soyons autorisés, et même nantis, pour parvenir au but sans être exposés à des délais ou à des chicanes, en raison de la négociation très secrète qu'il nous faudra suivre pour nous rendre certains et assurés de la concession à l'exclusion de tous autres. Dans l'état où se trouve la société de Gouhenans, ce ne sera pas chose aisée que d'obtenir l'unanimité et l'accord quand il s'agit d'un sacrifice. On se montrera, sans doute, très disposé à compter sur notre bon droit, sur la justice de l'administration, et cependant rien ne serait plus puéril! N'oubliez pas, mon cher monsieur, que le gouvernement est dans des mains avides et corrompues; que la liberté de la presse court risque d'être étranglée, sans bruit l'un de ces jours, et que jamais le bon droit n'eut plus grand besoin de protection. »

Le 22 janvier, le 26 janvier, nouvelle insistance du général. Le 5 février, il écrit de Paris : « La convocation doit aussi avoir pour but de fixer le nombre d'actions qui devrait être mis à notre disposition pour intéresser, sans mise de fonds, les appuis qui seraient indispensables au succès de l'affaire.

Cette fixation, vous m'engagez à vous la faire connaître, afin que vous soyez à même d'en instruire les actionnaires. A cet égard, je n'ai point de données précises, et je ne saurais vous donner qu'un aperçu basé sur des ouvertures qui ont été faites et accueillies avec une extrême réserve, et de manière à n'engager personne définitivement, et à éviter surtout que la négociation soit connue d'autres que des deux contractans et de leur intermédiaire obligé.

» Je ne consentirais pas à me charger seul de la négociation : vous êtes le principal propriétaire, le plus intéressé, par conséquent, à ce que les sacrifices soient proportionnés à l'appui obtenu, et ne dépassent point une proportion raisonnable. Je pense donc que la société devrait s'en rapporter à vous et à moi, et nous laisser maîtres d'apprécier : 1° la nécessité des sacrifices à faire pour garantir le succès de l'entreprise ; 2° l'étendue de ces sacrifices, et leur rapport avec l'appui qui nous sera donné pour l'obtention de la concession dans ses plus grandes limites... Au surplus, je crois être en mesure d'obtenir, non-seulement la concession, mais au préalable l'autorisation d'exploiter, sauf à considérer, toutefois, si cette faveur, déjà tardive aujourd'hui, vaudrait en avantages et en profits la peine de s'exposer aux criailleries de nos rivaux. »

Pendant que, le 5 février, le général écrivait ainsi de Paris, tout était préparé au siége de la société pour mettre ses propositions à exécution. Les sociétaires, réunis à Vesoul, ont, le 5 février, signé presque tous, pardevant Me Lamboley, notaire, un acte qui occupe une grande place dans cette affaire. M. Dessirier, l'un des sociétaires, entendu à Vesoul comme témoin, le 2 juin, a dit que l'acte a été rédigé chez lui, et paraissait chose déjà convenue entre les principaux intéressés.

Par cet acte, les cent parts anciennes d'intérêts ont été divisées en cinq cent vingt-cinq parts ou actions. Sur ce nombre, cinq cents actions ont été déclarées appartenir aux sociétaires dans la proportion de ce que chacun avait auparavant, c'est-à-dire que le droit à une des portions anciennes a donné droit à cinq des nouvelles.

Puis vient la clause suivante :

« Le nombre qui excède cinq cents dans les nouvelles portions ou actions est mis à la disposition de M. le général Cubières et de M. Parmentier, qui s'en serviront pour le bien et l'amélioration des établissemens, sans être obligés d'en rendre compte ; à cet effet, il leur sera délivré deux grosses de la présente convention, et un plus grand nombre s'ils le jugent convenable ; ils sont même autorisés, pour rendre ces vingt-cinq portions ou actions plus disponibles, à créer eux-mêmes vingt-cinq titres au porteur, qu'ils signeront Parmentier, Grillet et compagnie, autorisant dès ce jour M. le lieutenant-général Cubières à se servir de cette signature dans cette circonstance. »

Il n'est pas besoin d'insister sur le sens et la portée de cet acte, qui mettait à la disposition commune de MM. Parmentier et Cubières les instrumens de corruption réclamés par celui-ci.

Quel était l'appui intéressé que le général projetait de se créer dans le sein même du conseil. Quels étaient ses moyens d'arriver jusqu'à cet appui indispensable ? Qu'entendait-il en disant qu'il serait puéril de compter sur la justice de l'administration, en recommandant de ne pas oublier que le gouvernement est dans des mains avides et corrompues ? La suite de cette affaire ramènera si souvent la pensée sur ce langage et ces préoccupations de M. Cubières, qu'il devient inutile de les presser dès à présent pour en tirer les inductions qui peuvent en sortir.

Deuxième époque.

Depuis l'acte du 5 février 1842 jusqu'aux actes du 18 juin suivant.

Un grand pas venait d'être fait. Les sociétaires de Gouhenans avaient livré, plus ou moins sciemment, à MM. Cubières et Parmentier des instrumens de corruption consistant en vingt-cinq actions au porteur.

Après la signature de l'acte du 5 février, M. Parmentier se rendit à Paris. Il en repartit le 23 février, rappelé à Lure par deux nécessités : celle de faire rédiger un nouvel acte social ; celle de préparer de nouveaux sacrifices.

M. Grillet voulait venir aussi à Paris pour surveiller l'emploi des vingt-cinq actions. Ce désir inquiéta le général, qui eut grand soin de l'en détourner. (Lettres des 23 et 24 février, 1er, 10 et 18 mars.)

Voici ce qui concerne la rédaction d'un nouvel acte social. La principale difficulté élevée par le ministère des finances contre la demande de concession formée par Parmentier, Grillet et compagnie, résultait de la position particulière de Parmentier, de Grillet et de Stiefvater, que l'arrêt du 27 avril 1841 avait condamnés tous les trois, solidairement et par corps, à payer au domaine de l'État et à la compagnie des salines de l'Est une indemnité dont le chiffre restait à fixer, et que l'on évaluait à 1,599,000 francs. Quelles étaient les personnes désignées avec Parmentier et Grillet dans la demande de concession sous la dénomination collective de compagnie ? Offraient-elles une solvabilité suffisante pour rassurer contre les risques des recouvremens éventuels à exercer ? La compagnie était-elle régulièrement constituée ? Les jugemens rendus à diverses reprises entre les copropriétaires laissaient-ils des incertitudes sur la qualité et la part d'intérêt de chacun d'eux ?

Parmentier profitait de ces objections pour faire servir par le général son projet de se dégager des liens du séquestre. Le séquestre plaçait en mains tierces l'administration de Gouhenans ; il avait été établi à la demande de Grillet, toujours en guerre avec Parmentier. Celui-ci disait au général : « Vous voyez que nos dissensions intestines servent d'arme contre nous et compromettent gravement le sort de notre demande ; usez de votre influence sur la famille Grillet pour obtenir son consentement à la suppression du séquestre ; notre succès y est intéressé. »

Il fallait, toutefois, opposer aux objections du ministère des finances une défense plus directe et plus péremptoire. Ce fut alors qu'on imagina de remplacer la désignation collective de compagnie par l'indication individuelle de chacun des intéressés de Gouhenans. C'est ce que fit l'acte notarié passé à Lure, le 2 mars 1842, en vertu duquel on entreprit ensuite de remplacer, dans la demande en concession, la raison sociale Parmentier, Grillet et compagnie, par les noms de Parmentier, de Grillet, et des quinze autres copropriétaires individuellement dénommés.

Il était dit dans l'acte : « Il est bien entendu que tous les dénommés autres que MM. Parmentier, Grillet et Stiefvater, ont été toujours et restent étrangers à toutes les conséquences quelconques de la fabrication de sel antérieure au 5 février 1835. » On verra plus tard que cette substitution des dix-sept noms n'a pas été accueillie par le conseil d'État, qui y a craint un piège.

Un motif beaucoup plus sérieux rendait indispensable ce nouvel acte : le maintien de l'acte du 5 février 1842, qui, divisant la société en cinq cent vingt-cinq parts, mettait vingt-cinq parts à la disposition discrétionnaire de MM. Cubières et Parmentier, tenait fort à cœur au général ; tel était aussi le désir, au moins apparent, de Parmentier, bien qu'il soutienne aujourd'hui que, même alors, ce désir de sa part n'était déjà qu'une feinte.

Or, les observations du ministère des finances faisaient prévoir des investigations sur la constitution sociale. S'en tenir aux anciens actes qui divisaient l'intérêt social en cent parts, c'était compromettre la création des 25 nouveaux 525°. Produire l'acte du 5 février devant le conseil d'État, dont la sagacité aurait vu clair dans l'étrange destination des 25 actions, était chose impossible.

Aussi le général écrivait-il à Parmentier le 17 février 1842 : « D'après les données que nous avons acquises depuis quelques jours sur ce qui peut influer favorablement ou d'une manière avantageuse à l'égard des avis que le conseil d'État est appelé à donner sur les demandes en concession de mine, il serait imprudent, il serait même dangereux de produire la convention du 5 février courant. » Pour sortir d'embarras, il fallait un nouvel acte susceptible d'être produit. M. Parmentier alla donc à Lure, et y fit faire l'acte notarié du 2 mars 1842.

L'autre motif du retour de M. Parmentier à Lure était la demande de nouveaux sacrifices. Cette partie de l'affaire est des plus graves et exige des développemens.

A partir de l'acte du 5 février, les projets et les propositions de corruption s'étalent à front découvert dans la correspondance entre Parmentier, le général et Lanoir, aujourd'hui décédé. Le général et Parmentier agissent ; Lanoir est leur confident ; un autre confident a été M. Renauld, de Vesoul, entendu comme témoin dans l'instruction.

La correspondance imprimée à la suite du présent rapport, et dont il faut, en cette partie, peser attentivement tous les termes, expose, suivant l'ordre des dates, les incidens à travers lesquels la négociation, vraie ou fausse, de corruption aurait passé. Il est bon de rechercher ici le rôle spécial que chacun semble avoir joué, et de faire successivement connaître ceux qui ont paru comme acteurs.

Parlons d'abord de ce qui concerne le général Despans-Cubières.

Le général reçoit les propositions de corruption ; il les transmet à Parmentier, en pressant celui-ci de réunir les sommes ou les actions nécessaires à leur exécution. Déjà l'acte du 5 février venait de créer, par devant notaire, vingt-cinq actions destinées à cet usage : mais cette création ne suffit pas ; la corruption se met à plus haut prix. Il faut obtenir des sociétaires de Gouhenans le doublement de ces actions, c'est-à-dire les porter à cinquante par la création de vingt-cinq actions nouvelles. Il se pourra que l'on traite à moins, peut-être à quarante-cinq, peut-être à quarante ; mais, sans quarante, point d'affaire.

La négociation devait déjà avoir été poussée fort loin pendant le séjour de Parmentier à Paris ; car dès le 24 février, lendemain de son départ, le général lui écrit : « Maintenant, c'est moi qu'on presse ; on m'a relancé hier et ce matin ; on se montre très ardent, très désireux de terminer dans le plus bref délai. » La correspondance continue sur ce ton jusqu'à la fin d'avril, époque à laquelle Parmentier revient à Paris. Une cruelle douleur domestique, la perte de sa fille aînée, décédée au commencement d'avril, l'avait empêché pendant quelque temps de s'occuper d'affaires.

Rien n'est plus pressant que les lettres du général. Espérances, craintes, cajoleries, confidences, avertissement inquiétant sur la pensée secrète, intime des agens secondaires de l'administration, il emploie tous les moyens pour décider et hâter la détermination de Parmentier. C'est ce que démontre avec la dernière évidence la simple lecture de ses lettres.

Le général est accusé par M. Parmentier d'avoir joué une odieuse comédie pour s'approprier des actions. Les détails circonstanciés dans lesquels entre sa correspondance, quels que soient leur suite, leur précision, leur nombre, leur concordance, ne serait qu'invention pure ; ils auraient été concertés avec le prétendu intermédiaire, M. Pellapra, complice de la friponnerie du général. Le haut fonctionnaire si souvent et si nettement désigné comme allant au-devant de la corruption, a été indignement calomnié ; jamais il n'a été question de corruption que dans les mensongères confidences de M. de Cubières et dans ses conversations.

Le général repousse cette accusation. Il s'est trompé de bonne foi ; il n'a agi, ou plutôt n'a manifesté l'intention d'agir, que dans l'intérêt de la compagnie de Gouhenans. Ses lettres, il ne les dénie pas ; mais on aurait tort d'y voir la preuve d'une corruption exécutée, ou même sérieusement tentée ; il rétracte ce qu'elles pourraient, en apparence, présenter de compromettant contre M. Teste, auquel on n'a point fait l'offense d'une proposition coupable, et qu'il se reproche d'avoir, trop légèrement, paru mettre en jeu dans sa correspondance. Il déclare, dans son interrogatoire du 8 mai, avoir voulu parler, non de personnes considérables, mais au contraire de personnes placées à l'autre extrémité de l'échelle. Il convient, dans son interrogatoire du 28 mai, que quelques passages sont applicables à M. Pellapra. Ses lettres dont il s'applique à atténuer les effets et à éteindre le sens, ont du reste été écrites sous l'impression de faux rapports et de préjugés injustes. La Cour comparera ces explications avec la teneur des lettres.

Les démarches et les lettres du général, depuis le 5 février jusqu'au 18 juin 1842, offrent à choisir entre trois systèmes, en ce qui concerne l'intérêt personnel en vue duquel Parmentier l'accuse d'avoir agi. Le général a-t-il, ainsi que lui-même le soutient, uniquement agi dans l'intérêt de la compagnie de Gouhenans ? A-t-il, ainsi que le soutient Parmentier, uniquement agi dans son intérêt propre ? A-t-il agi, tout à la fois, et pour procurer la concession à la compagnie, et pour s'approprier personnellement des profits particuliers ?

Tout en poursuivant sa négociation principale, le général n'a pas un instant mis en oubli son projet d'acquérir de nouvelles parts d'intérêt dans la compagnie. Le fait, en soi, n'a rien que de licite. Parmentier et Lanoir, auxquels il s'adresse, se prêtent de leur mieux à servir ses intentions. Parmentier va même jusqu'à lui faire espérer cinq centièmes pour 60,000 francs, prix moyennant lequel il demandait qu'on lui en procurât trois seulement. Il écrivait le 24 avril à Parmentier : « Je vois par les détails que vous me donnez sur la famille Grillet que les centièmes ne leur tiennent pas très solidement aux mains, puisqu'ils en ont vendu un et qu'ils négocient pour trois autres. J'aurais désiré que M. Grillet se fût adressé à moi, car je ne vois plus à qui je pourrais m'adresser pour obtenir les cinq actions anciennes que je désirerais acquérir. Il m'importerait cependant de trouver ces actions et d'en traiter avant que la concession nous soit octroyée, car plus tard cette acquisition sera plus difficile et plus onéreuse. Je vous remets en mémoire les promesses que vous m'aviez faites à ce sujet, en vous priant de vous occuper de cette affaire de cession avant de quitter Lure. Ce serait vraiment carotter que de rester comme je suis, et j'aurais quelque honte de remuer une si grande affaire pour un intérêt si minime. Au surplus, je comprends que les détenteurs d'actions ne soient pas pressés de se dégarnir... »

Une autre spéculation était faite par le général ; il voulait obtenir la disposition de l'entrepôt de Gouhenans à Paris. C'était un avantage personnel qu'il aspirait à se procurer ; mais ses associés, qui consentaient à le lui accorder, ne pouvaient pas lui reprocher d'user en cela de dissimulation avec eux. Parmentier lui écrivait le 18 mars : « La disposition de l'entrepôt de Paris vous a déjà été promise par moi. En cela je vous ai répondu de moi-même, et du peu d'influence que je peux avoir. MM. Lanoir et Renauld sont dans les mêmes dispositions. Tout cela suffit pour que vous deviez regarder la chose comme conclue. Il ne manque qu'une délibération sociale , qui sera prise bien certainement ; mais le moment n'est pas venu. » Un grand nombre de lettres parlent de cette concession d'entrepôt.

Ce projet du général Cubières d'obtenir pour lui-même l'entrepôt de Paris, sauf à le faire gérer, était une idée à laquelle il tenait beaucoup, et dont il a longtemps poursuivi l'exécution avec persévérance. On le voit, en 1844, discuter avec M. Hézard, directeur des établissemens de Gouhenans, un traité qui le constituait personnellement entreposeur, et qui est resté en projet à cause de difficultés relatives au cautionnement.

Ce qui, dans cette promesse d'entrepôt, doit cependant attirer l'attention, ce sont les termes dans lesquels elle est rapportée en la note fort importante qui était incluse, cachetée, dans la lettre à Parmentier du 24 février 1842, non contenant les stipulations du marché de corruption. On lit dans cette note : « L'entrepôt de Paris serait à concéder d'avance, et dès à présent, en rémunération des services rendus et à rendre par... » On pourrait conclure de ces expressions que la promesse d'entrepôt faite à M. Cubières était la part que ses associés lui allouaient pour prix de ses démarches.

Interrogé, le 10 mai, sur ce passage de la note, M. Cubières n'a point avoué que la personne à qui il s'agissait de concéder l'entrepôt était lui-même ; ce qui a depuis été démontré par les lettres saisies et par l'instruction. Voici ses réponses :

D. Quelle est la personne que vous avez voulu désigner ?— R. C'est une des personnes avec lesquelles j'étais en relation, et que je ne peux pas nommer.

D. Je vous fais remarquer que la concession de l'entrepôt de Paris n'est pas seulement destinée, suivant vous, à récompenser des services à rendre, mais des services rendus. De quelle nature étaient ces services ? — R. Je crois que cette personne se donnait plus de mouvement qu'elle ne nous rendait de services réels. Je n'ai aucun souvenir de services particuliers qu'elle nous ait rendus.

Ni de la spéculation consistant en achat d'actions, ni de l'intention de se faire attribuer l'entrepôt de Paris, ne résulte aucune preuve contre M. Cubières d'avoir voulu, ainsi que Parmentier le lui impute, s'approprier les actions qu'il réclamait de ses associés pour dépenses de corruption. Une note écrite de la main du général (38ᵉ pièce imprimée) doit-elle porter à croire que l'accusation est vraie, mais en partie seulement ? Faut-il induire de cette pièce que l'intention du général, au moment où elle a été écrite, a été de s'approprier, non la totalité, mais une partie des actions ? Le général proteste contre cette interprétation.

La note commence par une évaluation des actions de Gouhenans. Chaque cinq-cent vingt-cinquième donnerait un revenu de 1,523 fr., ce qui représenterait, à 7 pour cent, un capital de 21,800 fr. L'évaluation semble fort exagérée, si on la compare au prix des actions qui ont été vendues le plus cher. Mais ce n'est pas dans le plus ou moins d'inexactitude de l'évaluation que consiste l'importance de la note.

Ce qui importe, c'est qu'on y trouve plusieurs projets de répartition de quarante actions, nombre égal au minimum d'actions sollicité de la compagnie de Gouhenans comme condition du marché de corruption. Or, on voit, dans un des projets de répartition, que, sur quarante actions, vingt-cinq seraient attribuées à M. C..., initiale que M. Cubières a reconnu être la désignation de son nom. Un autre projet de répartition porte C. pour dix actions, et P. C. pour quinze actions.

Cette pièce a été représentée au général dans son interrogatoire du 1ᵉʳ juin. Il l'a reconnue pour être de sa main et l'a visée. On lui a demandé à quelle époque il aurait fait ce projet de répartition ; il a répondu : « Il a dû être fait en prévision d'un sacrifice qui pourrait devenir nécessaire et indispensable, et par conséquent il doit remonter à l'époque où il s'agissait d'intéresser quelqu'un, et où je demandais que des actions fussent, non pas mises à ma disposition personnelle, mais rendues disponibles. » Quant à son initiale mise à côté de celle de M. Pellapra relativement à quinze actions, il ne se l'explique pas. Il dit : « La note n'indique pas si ces quarante actions devaient être cédées gratuitement ou pour une partie seulement de leur prix réel. » Il dit encore : « Quant à ce qui me concerne personnellement, et à ce qui concerne M. Pellapra, cela ne pouvait se faire que du consentement de la compagnie, au prix débattu avec elle. » Plus loin il ajoute : « J'avais pensé qu'en réduisant le nombre des actions de rémunération, il en resterait dix que je pourrais acquérir ou faire acquérir par des personnes dont le concours serait utile à l'entreprise. »

Quelle a été pendant cette même époque, du 5 février au 18 juin 1842, la conduite de M. Parmentier ?

Interrogé sur les lettres à lui écrites par M. Cubières avant le 5 février, Parmentier a répondu qu'il y avait vu trois choses : nécessité de corrompre, pouvoir de corrompre, vouloir de corrompre ; mais il n'avait pas cru le général, et s'il ne le lui avait pas dit, c'était pour ne pas le tourner contre les intérêts de la compagnie, contre laquelle il aurait agi mystérieusement.

Parmentier est le principal rédacteur de l'acte passé devant Mᵉ Lamboley, le 5 février. Il déclare avoir, dans la rédaction de cet acte, pris ses précautions pour déjouer les tromperies du général. Les vingt-cinq actions nouvellement créées, et mises à leur disposition commune, n'étaient pas négociables ; l'événement l'a prouvé : on a inutilement cherché à les négocier. Une autre clause de l'acte autorisait MM. Cubières et Parmentier à se servir de ces actions pour le bien et l'amélioration des établissemens, sans être obligés de rendre compte. Parmentier déclare s'être arrangé pour que cette clause fût à double sens. Il laissait croire au général qu'elle s'entendait des dépenses de corruption ; mais lui, Parmentier, se réservait intérieurement la faculté d'y attacher plus tard le sens que, dans son interrogatoire du 12 mai, il lui a donné dans les termes suivans : « J'entendais par là la partie matérielle des établissemens, les bâtimens et toutes les dépenses qui auraient été faites par nous dans le but de les améliorer, et de l'utilité desquelles nous n'aurions pas été tenus de justifier, tout en rendant compte du fait même de la dépense. »

Le calcul de Parmentier est-il celui-ci ? Si le général, quand il aurait fallu compter, avait entendu attacher à la clause son sens apparent, Parmentier lui aurait offert de plaider ; et il comptait d'avance sur l'impossibilité où se serait trouvé le général de soutenir un tel système devant les tribunaux.

Le système aujourd'hui invoqué par Parmentier, et que lui-même présente comme une tromperie savamment préparée de longue main, suppose nécessairement, d'après lui, qu'il croyait à une escroquerie, et s'arrangeait pour s'en défendre. Il lui a été représenté, dans son interrogatoire du 27 mai, qu'une autre explication s'offrirait non moins naturellement s'il était vrai que, tout en coopérant activement aux manœuvres corruptrices, il se serait, dès le principe, forgé des armes pour se faire restituer plus tard le prix de la corruption après en avoir profité.

Les négociations de corruption avaient été évidemment commencées pendant le séjour de Parmentier à Paris. Il écrit, le 25 février, jour de son départ : « J'ai trouvé, en rentrant hier au soir, des pièces convenues. Comptez que je vais agir activement dans le sens des données acquises, des circonstances que j'ai connues et appréciées. »

Le 24, le général lui écrit comme à un homme très au courant de tout ce qui a déjà été fait.

Le 1ᵉʳ mars, Parmentier écrit au général : « J'ai peu d'espoir d'obtenir un nouveau sacrifice et de trouver vendeur de trois actions pour vous ; et cependant je pourrais, dans un cas donné, vous procurer au prix de 60,000 fr., non pas trois, mais sIx actions (anciennes). Quant à une augmentation de sacrifices, je suis résolu, si cela devient nécessaire, d'y subvenir moi-même ; mais comme c'est dur et pas juste, vous le reconnaissez, il faut bien qu'on me donne quelques jours pour tenter de l'atténuer, et j'espère qu'on sera moins exigeant à cause de moi. Parlez dans ce sens, et tâchez surtout qu'on attende mon retour à Paris. J'y arriverai en même temps que le dossier. Agissez d'ailleurs, sous tous les rapports, dans le sens de vos deux dernières lettres, et comptez sur moi pour la manœuvre d'ici. Je vous tiendrai au courant. »

Parmentier écrit le 18 mars : « Notre affaire ne marche pas vite ici... Nous pouvons donc nous attendre à un redoublement des témoignages d'impatience auxquels vous êtes incessamment exposé, et dont vous me faites part. A vrai dire, je ne les comprends pas. Je pars de Paris le 23 février, précédé d'une convocation de nos cointéressés pour le 28; nous étions convenus que je tâcherais de les déterminer à augmenter les sacrifices déjà votés. Vous faites part de cet état de choses, de mon départ, de son but, et on ne vous objecte rien; cependant, le jour même de ce départ et le lendemain, on vous relance, on vous presse. Je vous écris, le 1er mars, que je n'ai pas encore obtenu et que j'ai peu d'espoir d'obtenir ultérieurement l'augmentation de sacrifices; mais que je suis résolu à y subvenir moi-même, si cela devient nécessaire, et que j'espère qu'on me donnera le temps de tenter de l'atténuer, et qu'on se montrera moins exigeant à cause de moi; vous ne faites pas plus mystère de cette lettre que de celle du 7; on sait donc à quoi s'en tenir; on doit regarder la conclusion comme assurée, à moins qu'on ne suspecte ma loyauté, et cependant on insiste, on presse, on harcèle. L'aboutissant de votre intermédiaire n'a rien à faire pour nous avant l'arrivée de notre dossier à Paris; vous ne demandez pas qu'il agisse plus tôt, vous demandez même le contraire, et on n'en insiste pas moins.

» En résumé, je répète ce que je viens d'extraire de ma lettre du 1er mars. J'arriverai à Paris avec le dossier, et immédiatement je consommerai les sacrifices nécessaires. Cette parole paraîtra-t-elle suffisante? Cela doit être. Si cela n'est pas, je ne peux rien dire de plus. Et d'ailleurs que veut-on que je fasse? Vous et moi, général, nous ne pouvons, en vertu de notre mandat, rien faire l'un sans l'autre; je ne peux quitter le pays avant l'envoi de notre dossier. Qu'on dise comment il faut que nous fassions pour consommer la négociation avant mon retour à Paris, et, pour peu que cela soit praticable, je ne reculerai pas.

» Vous tenez, m'avez-vous écrit, à vous faire une position inattaquable, et, en me l'écrivant, vous aviez en vue, non-seulement les gens de Paris, mais nos cointéressés dont un propos de M. Grillet vous a fait craindre la susceptibilité soupçonneuse. Elle n'est à craindre que de la part de M. Grillet lui-même; mais elle l'est tellement de sa part, et sa langue est si envenimée que j'ai compris de mon côté, que je devais me créer une position inattaquable et vous la faire partager. En conséquence, j'ai fait part de tous les élémens de notre négociation à deux de nos copropriétaires qui, plus tard, nous serviront de témoins irrécusables. Ils sont dignes de toute confiance, et l'un d'eux notamment possède la vôtre : ce sont MM. Lenoir et Renauld.

» J'espère que la présente, dont vous pourrez communiquer ce que vous jugerez utile, suffira pour apaiser les impatiences, et mettre hors de doute la conclusion qu'on se propose. »

Le 22 avril, après avoir discuté l'avertissement, il ajoute : « Je souhaite que toutes ces objections-là soient soulevées officiellement, car j'aurais bien du plaisir à les réfuter, moi qui ne suis pas au nombre des personnes qui ne peuvent méconnaître leur caractère de probabilité. Incessamment j'irai causer de tout cela avec vous, général, et arrêter nos mesures suprêmes pour passer immédiatement à l'exécution. »

La cour appréciera ces lettres; elle jugera si elles émanent d'un homme qui feint de croire aux projets de corruption, mais qui n'y croit pas réellement.

Interrogé comment il explique son langage confiant, dévoué, affectueux envers un homme dont il aurait, dès cette époque, connu les fourberies, Parmentier a répondu qu'il a pris ce ton pour mieux feindre.

Interrogé comment, s'il se défiait tant de M. Cubières, il employait ses efforts à le faire entrer plus avant dans l'affaire en lui procurant un plus grand nombre d'actions, il a répondu, le 26 mai : « Avec la crainte que m'inspiraient les dispositions dans lesquelles je supposais que M. Cubières pouvait être à notre égard, je ne devais pas craindre qu'il augmentât son avoir : au contraire, plus il aurait été engagé avec nous par son intérêt, moins il était à craindre qu'il s'unit à nos concurrens pour nous faire tort ; ainsi, sous ce rapport, je devais le pousser à se rendre acquéreur de nouvelles actions, bien loin de chercher à l'en détourner. »

Un autre personnage apparaît dans l'affaire, M. Pellapra. C'est lui que Parmentier déclare avoir désigné lorsqu'il parle de l'intermédiaire chargé d'aboutir au ministre. M. Renauld, entendu comme témoin le 14 juin, parle dans le même sens de l'intervention que Parmentier attribuait à M. Pellapra. Interrogé le 1er juin sur la pièce n. 38, relative à des projets de répartition de 40 actions, le général Cubières a déclaré y avoir désigné M. Pellapra sous l'initiale P.; mais en ajoutant que cette mention devait s'entendre d'actions à acheter de la compagnie à prix débattu. M. Pellapra, interrogé le 1er juin sur la même note, a énergiquement repoussé toute induction qu'on voudrait en tirer contre lui. Toutefois, comme le nom de M. Pellapra ne se trouve ouvertement prononcé dans la correspondance qu'à partir de la vente à réméré à lui consentie le 18 juin, il convient de n'exposer que plus tard ce qui le concerne spécialement.

Le moment est venu de commencer à entretenir la cour de ce qui concerne un de ses membres, aujourd'hui l'un des magistrats les plus haut placés dans la hiérarchie judiciaire, et alors ministre des travaux publics.

Tous les inculpés, tous les témoins, ont été unanimes dans l'instruction pour s'appliquer à écarter de M. Teste les accusations et les soupçons de corruption. Tous déclarent qu'aucune parole équivoque n'est sortie de sa bouche, qu'aucune proposition outrageante n'a frappé son oreille.

Cette tardive réserve des auteurs des lettres dont la cour prendra lecture concorde mal avec la gravité des imputations dont leur correspondance est remplie. Ce ne sera qu'en avançant davantage dans le récit des faits que l'on pourra reconnaître ce qu'il faut penser de ces confidences épistolaires. Il s'agit, en cet instant, non de les apprécier et de les peser, mais de commencer à en faire un exposé qui ne se complétera qu'ultérieurement et dans l'ordre des dates; il s'agit de les entendre sérieusement et avec patience, et de suspendre son jugement.

Dès le début de la correspondance, les bonnes dispositions de M. Teste, en faveur de la demande de concession de Gouhenans, sont annoncées.

Les premières paroles qui recèlent une imputation injurieuse, non contre les actes de M. Teste, mais contre les dispositions qu'on lui suppose, sont contenues dans la lettre de M. Cubières, du 14 janvier 1842, déjà citée, dans laquelle il parle de se créer un appui intéressé dans le sein même du conseil.

M. Parmentier écrit, le 25 février : « J'ai trouvé, en rentrant hier au soir, les pièces convenues. Comptez que je vais agir activement dans le sens des données acquises, des circonstances que j'ai connues et appréciées... M. de Cheppe est saisi des dossiers qui arrivent. Il les garde plus ou moins longtemps, et désigne le rapporteur. Pour nous, d'après les dispositions manifestées par M. Teste, il pourrait se faire qu'il indiquât lui-même le rapporteur à M. de Cheppe, et lui recommandât de saisir immédiatement ce rapporteur, et il le choisirait bien, sans doute. A ce moyen, il pourrait arriver que nos concurrens n'eussent le temps ni de bavarder, ni même de se reconnaître, et que la concession nous arrivât presque sans qu'ils s'en fussent doutés. Je vous livre ces réflexions. »

Dans la lettre du général, du 24 février, le ministre n'est pas nommé comme auteur des offres qui y sont relatées. Le général, dans son interrogatoire du 28 mai, a prétendu avoir voulu, en partie, parler de M. Pellapra. Mais, à la simple lecture de cette lettre, on voit que ce n'était pas M. Pellapra qui pouvait : « Stimuler le préfet ; faire désigner un rappor» teur selon le bien de la chose, résister au système de mor» cellement, avoir au conseil d'État un président à souhait. »

L'une des lettres qui s'attaquent le plus directement à M. Teste est celle du général, du 26 février, dont le langage suppose la présence d'un intermédiaire traitant avec le ministre. Il est parlé d'un mot que M. Teste aurait dit à MM. Cubières et Parmentier, au sujet d'un quatrième concurrent. M. Cubières demande si ce ne serait pas un épouvantail pour faire céder plus facilement aux exigences. Puisque c'est de la bouche de M. Teste que le mot serait sorti, c'est donc à lui qu'on impute d'avoir eu intérêt à faire céder aux exigences et à jeter en avant un épouvantail. M. Teste, à qui cette lettre a été représentée le 10 juin, après avoir protesté contre son contenu, a ajouté qu'il n'a jamais été question que de trois concurrens; et que le général lui-même, dans un passage de son interrogatoire lu au témoin, a indiqué, comme étant le quatrième concurrent, M. Lissot qui est un des trois concurrens dont l'existence est bien connue, ce qui démontre l'erreur.

Voici cette lettre :

« Je vous ai écrit avant-hier à Vesoul, chez M. Renauld fils. Le paquet contenait une note cachetée dans le sens de laquelle on continue à m'entretenir ici ; c'est d'après son contenu que vous devez agir et que vous aurez à conduire la négociation confiée à vos soins, et dont le succès me paraît garanti par l'influence qui vous revient naturellement dans une affaire que vous avez su créer et que vous saurez faire prospérer au milieu des plus grands obstacles. On se montre toujours très empressé de surmonter ceux qui restent à franchir pour atteindre au but définitif. On parle toujours d'en finir promptement. C'est, dit-on, une nécessité pour éviter de nouveaux concurrens ou pour les prévenir. Ceci m'a remis en mémoire le mot de M. Teste au sujet d'un quatrième concurrent qu'il appelait, s'il vous en souvient, un demi-concurrent.

» J'ai demandé positivement qu'on me fît connaître ce quatrième rival, afin que nous sachions s'il est sérieusement à craindre, ou bien si ce ne serait qu'un épouvantail pour nous disposer à céder plus facilement aux exigences que nous sommes disposés à satisfaire, mais sans sortir de certaines limites que la raison et l'équité nous défendent de franchir. On m'a promis une réponse pour demain, si on parvient à s'entretenir aujourd'hui avec la personne qui peut donner l'explication demandée.

» C'est avec une certaine affectation qu'on m'a dit, en finissant l'entretien, que le Kœchlin qui nous faisait concurrence n'était pas celui dont les affaires étaient embarrassées, mais bien un frère du même nom, fort riche et très en état de fonder un grand établissement. A cela, je n'ai pu répondre que par des doutes, que vous résoudrez par un mot dans votre première lettre, afin que je rectifie l'erreur, si elle existe dans ce qui m'a été dit.

» Dans votre première lettre, vous serez à même de me faire savoir si toutes les mesures dont l'exécution nous fut annoncée d'avance dans le cabinet de M. Teste ont reçu leur exécution, et particulièrement si le préfet a reçu des instructions propres à hâter l'expédition de son rapport et à prévenir le morcellement de l'affaire et les envois successifs des avis et pièces concernant les demandes en concurrence.

» Il m'a semblé utile de toucher quelques mots d'une association ultérieure entre la compagnie de Gouhenans et une compagnie de financiers, dans le but d'acheter Dieuze et Montras, son annexe, afin de réunir ces deux établissemens dans les mêmes mains et sous une administration commune. « Pour cela faire, il faudrait, ai-je dit, que la concession » nous fût accordée avant le 1ᵉʳ avril, jour indiqué pour la » vente des établissemens de l'ancienne saline du domaine. »

» J'ai fait entrevoir que ce plan rentrant dans les vues particulières de M. Humann, ce dernier serait par là mieux disposé à donner un avis favorable dans l'examen de notre demande en concession. On s'est hâté de répondre que M. Humann ne pouvait faire obstacle contre nous, mais on a paru donner quelque attention à la proposition. Si vous croyez que je doive revenir sur ce sujet en préparant les voies à l'exécution du projet, vous me le direz, et vous me fournirez des notes pour jeter les premières bases de cette combinaison.

» Vous comprenez avec quelle impatience j'attends le résultat de vos délibérations en commun, mais vous ne sauriez croire à quel point cette impatience est partagée par ceux qui s'identifient avec le succès de l'affaire ; si leur pouvoir égalait leur empressement et la confiance qu'ils témoignent, il faudrait ne douter en rien de l'avenir, et concevoir la plus complète sécurité, ainsi qu'eux. »

La note du général (pièce 33ᵉ), contenant des projets de répartition des actions, indique pour dix actions dans un projet, pour quinze dans un autre, M. T', initiale que M. Cubières a reconnu être la désignation de M. Teste. Le général, dans son interrogatoire du 1ᵉʳ juin, a prétendu que cette note avait été écrite pour le cas où M. Teste aurait voulu devenir propriétaire d'actions à prix d'argent, et par voie d'achat légitime. D'autres réponses de ce même interrogatoire sont moins positives sur ce point, et se rapportent au cas, qui ne se serait point réalisé, où il aurait été fait de ces actions un usage conforme aux vues et aux intentions de la compagnie, en faveur soit de M. Teste, soit de toute autre personne qu'il aurait été utile et nécessaire d'intéresser au succès de l'affaire.

M. Teste, à qui cette pièce a été représentée le 10 juin, a dit : « Je n'ai pas besoin d'examiner longtemps cette pièce pour dire à la commission que M. de Cubières seul pourrait en rendre raison. Tout ce que je puis dire, c'est que jamais, directement ou indirectement, M. de Cubières ni personne ne m'ont fait l'ombre d'une proposition ou d'une ouverture ayant pour but de me faire prendre un intérêt dans l'affaire de Gouhenans, et que ma règle de conduite inflexible a été de ne prendre aucune part non-seulement dans les affaires qui ressortissaient à mon ministère, mais encore dans aucune autre affaire. »

On a déjà cité précédemment une lettre du 1ᵉʳ mars 1842, dans laquelle Parmentier dit que, disposé à subvenir lui-même à une augmentation de sacrifices, il espère qu'on sera moins exigeant à cause de lui. Interrogé le 25 mai, sur le sens du mot on, il répond : « J'entends parler de M. Cubières et des personnes avec lesquelles il était en relation. » On lui fait remarquer qu'il ne peut pas être ici question de M. Cubières, puisque la lettre engage M. Cubières à parler à ce on. — R. Ma pensée est celle-ci : « J'espère que vous, M. Cubières, vous serez moins exigeant ; que vous parlerez dans ce sens aux personnes qu'il s'agit, d'après vous, de corrompre, et qu'elles auront égard à ma position. » Invité à préciser d'avantage, il répond : « La personne que M. Cubières me disait vouloir corrompre était M. Teste, ministre des travaux publics. Par le mot on, c'était donc lui que j'entendais désigner ; mais, par là, je n'y faisais, sans croire le moins du monde à la corruption, qu'une application de plus de la pensée qui me portait à m'en donner l'apparence. »

D. N'avez-vous pas dit dans un précédent interrogatoire que vous aviez été le client de M. Teste, et que vous auriez été en position d'obtenir de lui, sans aucun intermédiaire, le succès de ces démarches ? — R. J'ai dit que j'avais été le client de M. Teste, qu'il avait de la bienveillance pour moi, et que j'étais convaincu qu'il aurait été disposé à faire pour moi ce qui aurait été juste et dans la ligne de ses devoirs. »

Confronté le 28 mai avec le général, M. Parmentier a persisté à dire que celui-ci lui avait nommé M. Teste.

Le général, lettre du 10 mars : « J'ai témoigné que ces lenteurs me déplaisaient autant qu'à personne, et, de crainte qu'elles ne fussent attribuées à un calcul de ma part dans le but d'engager les protecteurs à des démarches décisives avant de les avoir satisfaits, je me suis hâté de déclarer que je demandais moi-même qu'on ne s'occupât en aucune manière de notre affaire avant le terme où il nous serait possible de faire une réponse définitive aux demandes dont je vous ai entretenu et que je vous rappelle ici succinctement... Je suis talonné de manière à ne pouvoir refuser les entrevues qu'on provoque tous les deux ou trois jours. Quand nous nous séparons, on me demande par quel courrier j'attends de vos nouvelles, et quand nous nous réunissons de nouveau, je ne saurais faire mystère de vos lettres. J'ai dû parler ce matin de celle du 7, qui m'a servi à communiquer tout ce qui suit :

» Dans l'entrevue précédente, je n'avais pas omis de parler de M. A. Kœchlin et de son frère dans le sens de votre note sur ces deux messieurs. Ce matin, j'ai dit tout ce que nous serions en droit de faire dans notre périmètre houiller pour contrarier les travaux de ce concurrent, auquel il nous serait facile d'ôter la houille et l'eau. Je suis entré à cet égard dans tous les détails contenus dans votre lettre, afin de faire comprendre que l'on estimait peut-être trop haut le service qu'on se disposait à nous rendre en nous donnant la préférence sur un tel concurrent.

» Aujourd'hui que des données suffisantes m'ont éclairé, non-seulement sur la situation de notre affaire, mais sur les procédés de l'administration, je ne crains pas d'affirmer que la concession ne saurait nous être refusée ; mais voici ce qui arrivera, selon le parti que nous prendrons. Ou la concession sera accordée de suite et dans sa plus grande étendue, ou bien elle se fera attendre plus que des mois et ne sera accordée que morcelée. Si le ministère des finances s'entend avec celui des travaux publics, dix-huit mois, deux ans s'écouleront avant qu'il soit statué sur notre demande ; les délais équivaudront à une fin de non-recevoir. Il est vrai que nous aurions à espérer un changement de ministère pendant ces deux années ; mais qui pourrait décider que ce changement devint favorable à notre affaire, et qu'il pût la décrocher ? Je crois fermement que l'arrangement est utile, indispensable, et qu'il ne faut pas hésiter sur le sacrifice de quarante-cinq actions ; toutefois, comme j'ai la moindre part, je me soumets d'avance à ce qui sera décidé par vous. »

Parmentier, 18 mars : « L'aboutissant de votre intermédiaire n'a rien à faire pour nous avant l'arrivée de notre dossier à Paris, vous ne demandez pas qu'il agisse plus tôt, vous demandez même le contraire, et on n'en insiste pas moins. » Parmentier, dans son interrogatoire du 12 mai, a répondu en ces termes sur ce passage : « Je devais me donner aux yeux de M. Cubières toutes les apparences d'un croyant, d'un homme convaincu. M. Cubières m'avait dit et écrit qu'il s'agissait de corrompre le ministre des travaux publics ; l'intermédiaire était je ne sais qui ; l'aboutissant, ce devait être le ministre lui-même. »

D. Enfin, quel avez-vous supposé que pouvait être cet intermédiaire? — R. Je n'avais jamais supposé, avant le 18 juin 1842, que cet intermédiaire pût être M. Pellapra, et même alors je ne me sais pas arrêté à cette idée. »

M. Parmentier dit dans la même lettre : « J'ai fait part de tous les élémens de notre négociation à deux de nos copropriétaires qui, plus tard, nous serviront au besoin de témoins irrécusables ; ils sont dignes de toute confiance, et l'un d'eux, notamment, possède la vôtre : ce sont MM. Lanoir et Renauld. » On a demandé à M. Renauld, entendu comme témoin, le 11 juin, quels étaient les élémens de la négociation dont la lettre du 18 mars 1842 annonce qu'on lui a fait part. — R. Cela rentre dans ma première déposition, quand j'ai dit qu'on devait mettre les actions à la disposition de M. Pellapra, qui annonçait qu'il les donnerait au ministre, à ce que disait M. Parmentier... M. Parmentier m'a dit que c'était M. Pellapra qui demandait un plus grand nombre d'actions pour en disposer comme des premières.

D. Je vous fais observer que M. Pellapra et M. Parmentier ont prétendu tous les deux ne s'être connus qu'à l'occasion du réméré. — R. Alors, ce serait par M. Cubières que M. Pellapra aurait fait connaître ses intentions à MM. Parmentier.

Le général Cubières, 18 avril : « Vous aurez sans doute pris connaissance d'une note que j'ai adressée à M. Lanoir, sous le titre d'avertissement. Le contenu de cette note est un reflet exact de la pensée secrète, intime, de l'administration à notre égard, ou, pour mieux dire, des agens secondaires de cette administration, c'était l'opinion de ces agens qu'il s'agissait de connaître, afin de pouvoir y puiser les règles de notre conduite et d'être fixés sur les obstacles que pourrait rencontrer le succès de notre demande en concession.

« ... Les objections de la note ne me paraissent pas toutes également fondées ; cependant elles dénotent une disposition qui ne nous serait pas très favorable, et dont il faudrait peut-être s'inquiéter si nous manquions des moyens qui peuvent nous créer une protection efficace.

» ... Veuillez me dire s'il convient d'agir ici pour que l'ingénieur reçoive une injonction de terminer son travail. Je ne ferai rien avant votre réponse.

» Je crois vous avoir fait part des inquiétudes conçues par la partie non prépondérante du ministère. Les membres non prépondérans craignent d'être mis dehors par le prépondérant, quand ce dernier sera certain du succès des élections. Ces inquiétudes subsistent encore ; elles doivent vous faire désirer que notre affaire soit terminée avant la fin de juillet. »

Une note (60e pièce imprimée) sans date ni signature a été saisie dans les papiers du général, qui l'a reconnue comme étant de sa main. Cette note contient les stipulations, les conditions des demandeurs en concession. Le général n'a pas pu ou n'a pas voulu dire à qui elle était destinée, mais c'était à un personnage assez puissant pour garantir ce que l'on stipulait. C'était l'appui de l'administration que l'on entendait faire garantir pour le procès de Lyon, au succès duquel Parmentier avait personnellement un si grand intérêt.

« Garantir : 1° La concession de 20 kilomètres demandés. Il y a de bonnes raisons pour cela, ou du moins la concession du sel dans tout le périmètre déjà concédé pour la houille. Il y a d'excellentes raisons pour cela. Entre le périmètre demandé du sel et le périmètre déjà accordé pour la houille, la différence est de 6 kilomètres 22 hectomètres ; il faudrait qu'on n'en disposât en faveur de personne, et nous en serions certains si on nous les accordait ;

» 2° L'avis favorable du ministre des finances ;

» 3° La bienveillance, l'aide, autant que possible l'appui de l'administration dans l'affaire de Lyon ;

» 4° Que les formalités seront poussées aussi activement que possible. »

On vient de voir, par les extraits qui précèdent, quelles étaient et les intentions et les paroles que l'on attribuait plus ou moins ouvertement à M. Teste. A la lecture qui lui a été donnée, M. Teste a répondu par des protestations énergiques contre leur contenu, et en a relevé occasionnellement plusieurs erreurs ou invraisemblances. On va voir que dans la correspondance ultérieure, et notamment jusqu'à l'ordonnance des concessions, les parties ont persisté dans le même langage, qu'elles démentent aujourd'hui.

Les longues négociations entreprises pour augmenter les instrumens de corruption créés par l'acte du 5 février ont pris fin par la signature des actes du 18 juin, qu'il faut maintenant faire connaître.

Voici en quels termes le général Cubières annonçait ces actes à M. Lanoir le 10 juin 1842 : « Après bien des hésitations qui nous ont fait perdre du temps, mais qui ont eu pour résultat de réduire l'importance des sacrifices que semblent exiger les circonstances, nous sommes parvenus à nous procurer la somme, dont moitié par vente à réméré de vingt-cinq actions appartenant à M. Parmentier. Il a dû vous écrire aujourd'hui même pour la procuration notariée de sa femme... Il faut aussi que madame Parmentier adhère à l'acte du 5 février... Si les pièces demandées nous arrivent en règle, nous serons vingt-quatre heures après en pleine route vers le port sans avoir rien à craindre des vents contraires. Ceci entre nous seuls. »

Deux actes ont été signés le 18 juin 1842 : l'un, pardevant Me Roquebert, notaire à Paris, entre les sieurs et dame Parmentier et Pellapra ; l'autre, sous seings privés, entre MM. Cubières et Parmentier.

Par l'acte notarié, M. Parmentier, en son nom et en celui de sa femme, a vendu à M. Pellapra vingt-cinq actions à eux appartenant. Cette cession a été faite, moyennant le prix de cent mille francs, et à charge de réméré, dont la faculté a été réservée aux vendeurs jusqu'au 1er janvier 1845.

L'acte sous seings privés rappelle d'abord l'acte reçu par Me Lamboley le 5 février. Il expose que dans le but indiqué par cet acte il fallait une somme de 200,000 fr. ; que MM. Cubières et Parmentier n'ont trouvé à négocier ni pour 200,000 francs, ni pour une somme quelconque, les vingt-cinq actions dont la compagnie Gouhenans les a autorisés à disposer. En conséquence, et pour arriver à mettre à la disposition de M. Cubières les 200,000 fr., deux opérations ont été faites : 1° les vingt-cinq actions nouvelles sont transférées à M. Cubières moyennant 100,000 fr., desquels il reste dépositaire, à la charge par lui de les employer à l'usage convenu entre lui et M. Parmentier ; 2° les 100,000 fr., prix de vingt-cinq actions vendues à réméré par M. et Mme Parmentier à M. Pellapra, sont remis à M. Cubières, qui en reste dépositaire, à la charge de les employer au même usage, et qui en donne reçu à M. et Mme Parmentier.

Ces actes, comme le général l'écrivait à Lanoir, n'ont été passés qu'après bien des hésitations et des pertes de temps. Il résulte de plusieurs notes saisies chez le général, et toutes écrites de sa main, que plusieurs projets, desquels, en l'absence de dates, il serait difficile de déterminer précisément l'ordre et la succession, ont été tour à tour essayés avant d'en venir à la combinaison qui a définitivement prévalu.

Un de ces projets (pièce 62e) était une vente pure et simple par Parmentier de vingt-cinq cinq-cent-cinquantièmes. Ce projet était rédigé dans l'hypothèse où l'on aurait pu obtenir des sociétaires de Gouhenans le doublement de vingt-cinq actions créées le 5 février. Deux autres pièces (60e au dos et 63e) montrent que la division de l'intérêt social en cinq cent cinquante parts au lieu de cinq cent vingt-cinq était une éventualité sur la réalisation de laquelle la pensée du général s'était quelque temps arrêtée.

Un autre projet avait consisté à demander à Parmentier (pièce 64e) de souscrire, pour valeur reçue, deux obligations portant intérêt à partir de la concession, et montant, l'une à 157,000 francs, l'autre à 52,500 francs.

La pièce 63e contient un projet d'acte de dépôt des vingt-cinq actions au porteur créées le 5 février. Un dépositaire les aurait reçues de MM. P. C. et X. Interrogé, le 21 mai, sur les personnes que désignent ces initiales, le général a répondu : « Ce sont MM. Parmentier et Cubières. Quant à l'initiale X., je ne sais qui elle désigne. Ceci est une note de mon écriture, que j'ai simplement copiée. C'est un projet qui n'a reçu aucune exécution. »

Quoi qu'il en soit, le projet d'acte de dépôt prévoit deux hypothèses. Ou la concession sera accordée, au plus tard le 15 août 1842, pour 20 kilomètres, ou tout au moins pour les 15 kilomètres 78 hectomètres, contenance de la concession houillère, et dans des termes tels que la compagnie Parmentier puisse y trouver un moyen d'opposition à toute demande en concession de 6 kilomètres 22 hectomètres laissés en dehors ; dans ce cas, les vingt-cinq actions seraient remises à M. X. Ou bien, au contraire, la concession n'aurait pas lieu à cette époque et suivant ces conditions ; dans ce cas, les vingt-cinq actions seraient remises à MM. Parmentier et Cubières pour être détruites.

Le 27 mai, le général écrit à M. Parmentier : « On ne peut admettre, pour point de départ, que l'acte du 5 février et la division qu'il a établie. L'autre division entacherait de nullité tous les actes qui en découleraient. On veut une procuration, non une ratification, ou plutôt on veut deux procurations spéciales notariées, l'une pour la vente de cinq actions, l'autre pour la vente de dix. C'est le dernier mot. Je vous conseille d'écrire aujourd'hui même, si vous ne voulez pas courir de chance de retard. »

On ne voit pas clairement si c'est à l'exécution de cette lettre, ou à un projet ultérieur plus restrictif, que se rapporte la pièce n° 61, contenant un projet de vente pure et simple par Parmentier de quinze cinq-cent-vingt-cinquièmes avec stipulation d'un prix de 60,000 fr. payés comptant. Quoi qu'il en soit, la lettre du 27 mai n'a pas été le dernier mot. Les deux actes du 18 juin ont été combinés autrement.

On voit par la pièce 66 qu'avant de souscrire l'acte du réméré, il y a eu des discussions sur le terme de son exercice.

On a demandé à M. Parmentier, dans son interrogatoire du 12 mai, ce qu'il avait dit à MM. Renauld et Lanoir des projets de M. Cubières. — R. Je leur ai dit que M. Cubières m'avait déclaré vouloir faire des démarches tendant à la corruption ; mais je ne leur disais pas les moyens que j'avais pris par l'acte du 5 février pour prévenir les conséquences de ces démarches. Je ne le leur disais pas, parce que le secret devait être gardé ; mais, en même temps, je les faisais profiter, ainsi que moi, des précautions que j'avais prises pour que les valeurs confiées à M. Cubières revinssent à la société.

D. Il y avait cependant un grand inconvénient pour vous dans cette manière d'opérer ; car, puisque ces messieurs savaient qu'il s'agissait d'accomplir des actes de corruption, et puisque vous ne les instruisiez pas des précautions que vous aviez prises à l'effet de prévenir cette corruption, vous vous exposiez à passer à leurs yeux pour complice des démarches de M. Cubières ? — R. Je ne leur disais pas que M. Cubières travaillait à faire de la corruption, mais qu'il le disait ; j'ajoutais que je ne le croyais pas, et ces messieurs ne le croyaient pas non plus.

D. Comment consentaient-ils à se dessaisir d'une part de leur avoir, s'ils ne croyaient pas à la corruption ? — R. Ils croyaient, comme je l'ai déjà dit, que M. Cubières voulait se faire payer lui-même !

D. Plus ils croyaient que M. de Cubières voulait se faire payer, moins ils devaient être disposés à faire ce sacrifice ? — R. Ils l'ont fait cependant. »

M. Renauld a été entendu comme témoin le 19 mai. On lui a demandé si les sociétaires, lorsqu'on leur a fait la demande de l'acte du 5 février, ont bien compris la portée de cet acte, s'ils se sont bien rendu compte de ce qu'on leur demandait. — R. Il m'est resté dans la mémoire que M. Parmentier n'a nullement dit qu'il s'agit de corrompre, il a dit qu'il nous fallait à Paris quelqu'un de puissant, d'influent, qui pourrait écarter la demande en concurrence, et qu'il fallait intéresser ce quelqu'un.

D. Savez-vous si quelque sociétaire a compris, quand on parlait de mettre des actions à la disposition de M. Parmentier pour le bien des établissemens, qu'il s'agit, par exemple, de constructions, de réparations à faire dans l'intérêt de l'établissement ? — R. Oh ! non, monsieur ; personne n'a entendu cela. Tout le monde a compris qu'il nous fallait quelqu'un à Paris pour faire les démarches nécessaires, et cela était d'autant plus indispensable dans cette affaire, qu'il y avait des demandes en concurrence, mais le mot de corruption n'a pas été prononcé, ni le mot, ni la chose.

D. Puisque vous avez été dans toutes les confidences de M. Parmentier, ainsi que cela résulte de sa correspondance, il a dû vous dire, à vous, ce qu'il n'a pu dire aux sociétaires assemblés ? — R. Dans l'origine, M. Parmentier n'a pas parlé de corruption, cela est rigoureusement vrai. Plus tard, il m'a dit que ces actions lui avaient été demandées par M. Pellapra, qui voulait en faire un usage quelconque, les donner au ministre, par exemple, mais j'ai toujours cru que M. Pellapra n'avait donné ces actions à personne, et que M. de Cubières avait été sa dupe. »

M. Renauld a aussi rendu compte de ce qui se serait passé lors d'un voyage qu'il a fait à Paris en mars ou avril 1842. A cette époque, M. Parmentier lui aurait parlé de l'intermédiaire, mais sans le nommer ; il ne lui aurait dit que plus tard que c'était M. Pellapra. Voici comment M. Renauld a déposé :

« En 1842, M. Parmentier assembla les sociétaires de Gouhenans et leur dit qu'il était important et nécessaire d'intéresser à Paris quelqu'un de puissant pour amener le succès de l'affaire ; c'était à M. Parmentier que les actions devaient être remises. M. Grillet, qui avait eu des démêlés avec M. Parmentier, ne voulut pas consentir à cette remise, et il se retira sans vouloir signer l'acte. On alla le chercher, et, pour le déterminer, on lui dit que les actions seraient remises à M. Parmentier et à M. de Cubières. M. Grillet dit que c'était dif-

férent, qu'il avait confiance dans le général Cubières, et il consentit à signer l'acte.

» Quand je vins à Paris, M. Parmentier me conduisit chez M. de Cubières : nous parlâmes de l'affaire Gouhenans, qui nous intéressait tous les trois, mais il ne fut nullement question, dans cette entrevue, de la remise des actions. Quelque temps après, M. Parmentier me dit que l'intermédiaire qui se mêlait de l'affaire demandait un plus grand nombre d'actions, et qu'il faisait prévoir des difficultés insurmontables si l'on ne faisait pas droit à sa demande ; il ajouta que l'intermédiaire avait dit que si la société ne mettait pas un nombre suffisant d'actions à sa disposition, on s'en apercevrait bien à l'accueil que ferait le ministre la première fois qu'on se présenterait chez lui. A quelque temps de là, nous allâmes chez le ministre, M. de Cubières, M. Parmentier et moi. Nous trouvâmes le ministre dans son cabinet ; il avait sur son bureau le dossier de Gouhenans ; il nous dit qu'il avait examiné ce dossier, que notre demande lui paraissait juste, mais que l'opposition du ministre des finances lui paraissait grave, gravissime (ce sont les propres expressions dont il se servit) ; que, du reste, son avis était que nous devions obtenir la concession, qu'il nous donnerait sa voix au conseil des ministres, mais qu'il n'avait que sa voix, et que c'était le conseil qui déciderait. Enfin, il nous parut être favorable à notre demande en ce qui le concernait.

» Quand nous sortîmes, ces messieurs firent la réflexion que la conduite du ministre leur avait paru toute naturelle ; que, s'il n'avait pas donné une assurance entière de la concession, c'était parce qu'il venait de prendre connaissance de l'opposition du ministre des finances. Cette réflexion conduisit à cette autre observation, que l'intermédiaire pourrait bien avoir réclamé un plus grand nombre d'actions dans son intérêt personnel ; ç'a été mon opinion dès ce moment-là. »

<h3 style="text-align:center">Troisième époque.</h3>

Du 18 juin 1842 au 3 janvier 1843, date de l'ordonnance de concession.

Pendant que les faits précédemment exposés se passaient, l'instruction administrative avait suivi son cours ordinaire, et l'affaire arrivait au conseil des mines. Voici ce qui résulte des documens administratifs et des pièces officielles.

M. Guenyveau, inspecteur général adjoint des mines, chargé de la division de l'est, déposa, le 21 juin 1842, son rapport, daté et signé de lui. Le choix du rapporteur était indiqué d'avance par les usages constans de l'administration. Dans les affaires importantes, le rapporteur se trouve désigné, de plein droit, par l'arrondissement d'inspection auquel appartient la mine qu'il s'agit de concéder.

Le rapport discute les points suivans : 1° examen géologique des terrains de la concession ; 2° quels sont les auteurs de la reconnaissance du gîte de sel gemme de Gouhenans ? 3° le gîte de sel gemme peut-il être partagé ? 4° les sieurs Parmentier et consorts sont-ils aptes à devenir concessionnaires ? Sur ce dernier point, le rapporteur élève des doutes et dit : « Il serait, je crois, permis à l'administration de commencer par se poser une question dont la solution serait nécessairement commune à la compagnie Parmentier et au sieur Prinet ; c'est de savoir si les personnes qui ont enfreint les lois les plus positives sur la fabrication du sel, résisté à toutes les injonctions légales, persisté à faire des gains illicites, et qui, en définitive, ont subi des condamnations, peuvent mériter la confiance du gouvernement à ce point qu'il leur soit accordé une concession de mines de sel, précisément aux lieux de leurs délits et pour utiliser une usine illégalement établie qui aurait dû être détruite. » Après avoir discuté cette difficulté et exposé les considérations qui permettent de passer outre, le rapporteur croit devoir conclure à la concession.

Quant à l'étendue de cette concession, le rapport dit : « La compagnie Parmentier ayant annoncé l'intention d'exploiter le sel par voie de dissolution (et il n'y a pas d'autre mode à employer quant à présent), elle se servira, toute portée à le croire, des trous de sonde qu'elle a fait creuser, et qui lui ont fourni, pendant un temps indéfini et annuellement, une quantité d'eau salée saturée double ou triple de celle que l'usine consommera, consommation qui sera fort limitée à raison de ce que la vente du sel restera toujours très bornée. D'après cela, il aurait peut-être suffi de lui accorder une concession de source salée d'un kilomètre carré de surface, car je ne doute pas que les cinq autres kilomètres carrés et quatre-vingt-huit hectares, qui lui seront vraisemblablement concédés, ne restent sans emploi et sans utilité quelconque entre ses mains, et pendant des siècles peut-être, si toutefois ils ne servent pas dès à présent à alimenter des spéculations condamnables. » Malgré ces objections, le rapporteur, se rangeant à l'avis de l'ingénieur des mines et du préfet de la Haute-Saône, estime qu'il y a lieu d'accorder la concession à Parmentier, Grillet et Cⁱᵉ, sur une étendue superficielle de six kilomètres carrés quatre-vingt-huit hectares. De plusieurs passages du rapport on doit induire qu'en nommant la compagnie Parmentier, il entend parler de la nouvelle société constituée par l'acte du 2 mars 1842.

Il résulte du dossier administratif que, par lettre conforme aux usages, et dont la formule est imprimée, les pièces furent transmises le 23 juin au rapporteur, avec indication que l'affaire serait discutée au conseil des mines le lendemain 24.

Le 24, l'affaire ne vint pas. Le conseil ne fut appelé à délibérer que le 23 juillet, et ledit jour il émit l'avis suivant : « Pense, avant de se prononcer sur la demande de MM. Parmentier, Grillet et compagnie, qu'il y a lieu de renvoyer à M. l'inspecteur Gueuyveau les pièces concernant les quatre demandes dont il s'agit, pour qu'il les comprenne dans un rapport unique et qu'il fasse sur le tout telles propositions qu'il jugera convenables. » Le procès-verbal officiel constate que la séance, ouverte à onze heures sous la présidence du ministre, a été levée à quatre heures, et que l'on s'y est occupé de deux autres affaires avant celle de Gouhenans.

Le 5 août 1842, M. Gueuyveau déposa son second rapport, daté et signé de lui, et entièrement consacré à discuter les demandes de MM. Lissot, Prinet et Kœchlin. Le rapporteur persiste dans les conclusions de son premier rapport, quant à la demande de la compagnie Parmentier ; il est d'avis qu'il y a lieu d'ajourner les trois autres demandes jusqu'à ce que leurs auteurs aient fait les justifications exigées.

Le 5 août, le conseil des mines, après des considérans longuement motivés, « adopte les conclusions du rapporteur, concernant la concession de mines de sel à instituer au territoire de Gouhenans, en faveur de MM. Parmentier, Grillet et compagnie, en faisant observer que les clauses générales de cette concession devront être les mêmes que celles qui ont été insérées dans les ordonnances de concession des mines de sel du département de la Meurthe et dans les cahiers des charges y annexés ; et pense, en outre, qu'il n'y a pas lieu de statuer, quant à présent, sur la destination à donner aux terrains autres que ceux qui seraient concédés à MM. Parmentier, Grillet et compagnie en vertu du présent avis ; MM. Prinet, Lissot et Kœchlin n'ayant pas fait les justifications voulues par les articles 4 et 5 de l'ordonnance du 7 mars 1841. » Une partie des longs motifs qui précèdent cet avis est consacrée à établir qu'il n'y a pas entre l'exploitation houillère et l'exploitation salifère liaison absolue et connexité nécessaire ; ce qui écarte l'obligation de concéder les 13 kilomètres 78 hectares affectés à la concession de houille faite en 1828. Il résulte aussi des motifs que le conseil a entendu, par la compagnie Parmentier, celle qu'a constituée l'acte du 2 mars 1842.

Le procès-verbal officiel constate que la séance a été ouverte à onze heures sous la présidence de M. le ministre. Le procès-verbal ne contient, suivant l'usage, aucun détail sur la délibération et sur la répartition des voix. Après cette affaire, il énonce que M. le ministre et M. le sous-secrétaire d'Etat quittent la séance à une heure et demie. Le conseil s'occupe ensuite d'autres affaires, et la séance est levée à quatre heures.

Ces faits officiels ont été, dans la correspondance des parties, l'objet de commentaires et d'amples détails dont il faut maintenant donner connaissance à la cour.

Les démarches auprès du ministre étaient faites par M Cubières, par M. Parmentier et surtout par M. Pellapra.

M. Pellapra, ancien receveur général, est un très riche capitaliste. Plusieurs des parties paraissent avoir pensé qu'il avait avec M. Teste des liaisons intimes. M. Teste a dit, le 10 juin, n'avoir jamais eu, soit avec M. Cubières, soit avec M. Pellapra, que des rapports de société, et ceux qui sont résultés des affaires qu'ils avaient à poursuivre auprès de l'administration dont il était le chef. C'est M. Pellapra que les intéressés, dans leur correspondance, désignaient comme l'intermédiaire aboutissant au ministre. Quels ont été la mesure de son intérêt dans l'affaire, le but, la destination de la vente à réméré à lui consentie, l'emploi des sommes formant le prix de ce réméré ? C'est ce qui s'expliquera que plus tard. Toujours est-il qu'on va le voir déployer un zèle infini, et multiplier les démarches pour l'obtention de la concession.

Voici une note dont la minute est écrite par le général, qui est destinée au ministre, et qui a été adressée le 23 juin à M. Pellapra : « L'affaire de Gouhenans devait être discutée en conseil des mines le vendredi 24 juin. Dès le matin elle fut rayée du rôle, et on assure que le conseil n'aura à s'en occuper qu'au retour du ministre, c'est-à-dire vers le 20 juillet. Nous savons aujourd'hui que, dans cette circonstance, il n'a été rien fait qui ne soit dans l'intérêt de l'affaire et pour assurer son succès. Toutefois cet ajournement nous préoccupe ; il nous cause quelques inquiétudes, et nous croyons devoir appeler votre attention sur les conséquences fâcheuses qu'il pourrait avoir. Si le conseil des mines n'est saisi de l'affaire qu'au retour du ministre, et après le temps nécessaire pour changer les dispositions du rapporteur, pour améliorer son opinion sans modifier les conclusions du rapport, il est évident que l'affaire n'arrivera pas au conseil d'Etat assez tôt pour qu'il puisse statuer avant les vacances. »

Entendu sur cette note, M. Teste a dit, le 19 mai : « Je n'ai pas la moindre idée que l'affaire ait éprouvé un retard quelconque occasionné par mon absence, ni qu'aucune note m'ait été remise pour la faire expédier par le conseil des mines avant mon départ ; et j'ai encore moins l'idée qu'il me soit venu le dessein de profiter d'un intervalle quelconque pour faire changer les conclusions du rapport, qui n'était, après tout, que l'expression de mon opinion. »

25 juin. Le général Cubières à M. Parmentier : « Vers quatre heures, j'allai rue des Saints Pères, où j'appris que le conseil des mines tenait ses séances rue Saint-Dominique. Je m'y rendis pour attendre la fin de la séance et pour savoir de M. Legrand lui-même ce qui s'y serait passé. Force fut de rester là jusqu'à près de cinq heures. Enfin M. Legrand sortit. Je l'abordai, et en quelques mots je lui fis comprendre que le ministre nous avait promis de s'occuper de notre demande avant de quitter Paris, et que je venais m'informer s'il avait pu le faire. M. Legrand me répondit ce qui suit : « Le rapporteur avait reçu l'ordre d'être prêt mercredi ; il a, en effet, ledit jour, déposé son rapport ; l'affaire était avec le nº 1 à l'ordre du jour pour la séance qui vient de finir ; mais le matin même le ministre s'est fait remettre le dossier en le biffant de l'ordre du jour. » Je ne témoignai aucune surprise et m'informai du motif de ce retrait. M. Legrand me répondit qu'il l'ignorait ; il crut pouvoir m'avouer que le rapport était favorable, mais que le ministre des finances paraissait mal disposé, bien que M. Teste eût annoncé à lui M. Legrand que les difficultés étaient aplanies de ce côté ; il ajouta que M. Teste paraissait être dans de bonnes intentions à notre égard ; que je ferais bien de lui écrire pour solliciter de lui que l'affaire fût représentée au conseil des mines. Il me dit que si l'on attendait le retour du ministre nous pourrions courir le risque de n'avoir l'avis du conseil d'Etat qu'après les vacances.

» Je sortis assez préoccupé, comme vous devez le croire. Je courus sur le quai : j'y trouvai mon homme, qui faisait courir après moi depuis le matin, et dont les exprès s'étaient présentés deux fois rue de Clichy pour me donner communication d'un billet du patron dont voici la substance : « Vendredi matin. Le rapport est loin d'être conforme à ce que je voulais qu'il fût ; il est même contraire sur un point important ; je ne veux pas qu'il soit discuté dans cette forme, et pour avoir le temps d'aviser, je retire l'affaire de l'ordre du jour. Sitôt arrivé à N..., je m'occuperai des moyens à prendre pour rentrer dans la bonne voie : c'est un retard de cinq ou six jours au plus. »

» Il résulte de tout ceci que ce qui est trouvé favorable par M. Legrand n'est pas tel aux yeux de M. Teste. D'où je conclus que le rapport est dans le sens des morceleurs. Toutefois, comme l'observation de M. Legrand sur le retard que doit occasioner le retrait du dossier et sur le risque d'arriver au conseil d'Etat au moment des vacances est d'une grande importance, comme il se pourrait que cette observation eût échappé à M. Teste ou qu'il n'eût pas calculé les chances du retard, je viens de rédiger une note qui sera expédiée aujourd'hui même au patron, afin de lui faire apprécier combien serait dommageable pour nous toute mesure ou tout empêchement qui retarderait forcément la solution de notre affaire jusqu'en octobre.

» Maintenant, ce que je désire connaître, ce sont les termes du rapport ; j'en demanderai lundi communication à M. Legrand, et si elle ne pouvait m'être accordée de ce côté, je l'obtiendrai un peu plus tard du patron lui-même. »

Entendu le 19 mai sur cette lettre, M. Teste a dit : « La commission comprend qu'après un délai de cinq ans je ne saurais me souvenir de ce que j'aurais pu écrire à telle ou telle personne, et spécialement à M. Pellapra ; car c'est à lui qu'aurait été adressé, à ce qu'il paraît, le billet auquel la lettre de M. Cubières fait allusion. Mais ce qui me confirmerait dans la pensée que je n'ai pas écrit un tel billet, c'est que ce prétendu billet me montre disposé, à l'époque de sa date, à seconder les espérances que la compagnie Parmentier avait conçues d'obtenir un périmètre de treize kilomètres au *minimum*, et attribue à cette disposition la retenue du rapport et le retard que j'aurais fait subir à l'instruction de l'affaire, dans le but d'en rendre les conclusions plus favorables à la compagnie, tandis que j'ai le souvenir précis et la conviction profonde que, systématiquement, et dans tous les actes qui se rapportent à l'exécution de la loi du 17 juin 1840, je n'ai pas cessé d'avoir pour règle de conduite que les concessions à faire devaient être morcelées autant que le permettrait une bonne exploitation.

« Ce qui ajoute à mon incrédulité sur l'existence d'un tel billet, c'est que lorsque, dans les premiers jours du mois d'août 1842, l'affaire a été réellement soumise au conseil général des mines, les conclusions du rapport n'avaient été nullement changées et limitaient toujours la concession au moindre périmètre possible, que le conseil des mines s'étant à peu près partagé sur cette question, si le ministre avait été, en effet, comme on le dit dans le prétendu billet, le patron de la compagnie, il aurait été parfaitement libre de proposer au conseil d'État celui des deux périmètres qui était le plus étendu, en se fondant sur cette grave raison qu'au-dessus du banc de sel gemme, dans ce périmètre, existaient des couches de houille concédées à la compagnie depuis 1828 ; qu'au contraire il s'est approprié les conclusions du rapport et les a transformées en projet d'ordonnance, en donnant lui-même, dans son rapport au roi, les motifs de sa détermination en faveur de la réduction ; que ces circonstances lui rendraient le prétendu billet inexplicable s'il lui était représenté en original, et à plus forte raison lorsqu'il est rapporté en substance seulement dans une lettre qui lui est étrangère et dont il prend connaissance pour la première fois ; qu'il y a d'ailleurs dans ce billet, tel que le retrace la lettre de M. Cubières, une autre invraisemblance fort grave, en ce qu'il y serait dit que la retenue du rapport par le ministre n'aurait occasionné qu'un retard de cinq ou six jours, tandis qu'on y présente le ministre partant à cette époque pour Néris, ce qui suppose une absence d'un mois au moins. »

Entendu sur cette même lettre le 21 mai, M. Legrand a dit : « Je ne vois rien là que je n'aie pu dire ; mais je déclare n'avoir conservé aucun souvenir de la conversation qui est rapportée dans cette lettre. Jamais on ne m'a demandé communication du rapport ; et, si on me l'avait demandée, je l'aurais impitoyablement refusée.

D. Je vous fais remarquer que certains détails de cette lettre, quelle que soit la source à laquelle on les ait puisés, sont exacts. Ainsi, par exemple, il est certain que le premier rapport de M. Guenyveau a été déposé le 21 juin, et que le conseil des mines n'a délibéré que le 23 juillet sur les conclusions de ce rapport. — R. Cela est vrai ; mais ce retard n'a rien d'étonnant. Quand M. le ministre ou le sous-secrétaire d'État fait une absence, et ces absences ne sont jamais longues, les affaires importantes, qui ne présentent pas un caractère d'urgence, sont d'ordinaire ajournées. »

MM. Thirria, secrétaire général du conseil des mines, et de Cheppe, chef de la division des mines, entendus les 22 et 28 mai, ont répondu, non sur cette lettre qui n'a pas été mise sous leurs yeux, mais à une question plus générale, que jamais il ne leur arrive de faire connaître à qui que ce soit les délibérations du conseil des mines, ni leur résultat. « Cela est d'autant plus nécessaire, a dit M. de Cheppe, que le conseil ne donne que des avis, et que le ministre est toujours le maître de rendre une décision contraire. »

M. Cubières, interrogé le 21 mai, après l'audition de M. Legrand, a répondu, après la lecture de sa lettre du 25 juin, qu'il croit avoir rendu un compte exact de la conversation de M. Legrand, avec lequel il n'a été que ce jour-là, accidentellement, en relations. Il ajoute : « M. Pellapra m'a communiqué les renseignemens qu'il avait eus de son côté, comme je lui ai communiqué ceux que j'avais reçus moi-même. Cette lettre n'est que le résumé de ce que j'avais appris d'un côté et de l'autre. » Interrogé pourquoi il a appelé le ministre le patron, il répond : « Je ne sais comment ce mot s'est trouvé sous ma plume. C'est ainsi qu'on désigne d'ordinaire le maître de la maison. L'expression est un peu triviale, je le reconnais ; mais on n'en saurait tirer aucune conséquence. »

D. Avez-vous vu de vos yeux le billet du patron dont vous rapportez la substance dans votre lettre ? — R. Je ne m'en souviens pas. On me l'aura montré, ou bien on m'aura dit ce qu'il contenait.

D. Mais vous êtes bien sûr d'en avoir au moins rapporté fidèlement la substance ? — R. Je dois le croire.

Enfin, M. Pellapra, interrogé sur cette même lettre, le 25 mai, a répondu : « Je ne vois pas en quoi je serais coupable pour avoir communiqué aux intéressés les renseignemens que le ministre avait la bonté de me donner. J'ai fait cela dans beaucoup d'affaires, et cela ne m'a pas mené aussi loin.

D. Avez-vous conservé le billet dont la substance est rapportée dans cette lettre ? — R. Non, monsieur, j'ai reçu plusieurs fois des lettres de M. Teste ; je les ai détruites, n'y attachant pas d'importance. Quand j'écrivais au ministre pour lui demander où en était une affaire, il me répondait ; mais je ne gardais pas ces lettres, qui n'avaient point d'autre intérêt. »

Le 28 juin, le général écrit à M. Parmentier : « Agissons-nous prudemment en pressant M. Teste de ne pas arrêter cette délibération ? En le priant de laisser l'affaire à son cours naturel, ne donnons-nous pas à M. Teste un argument contre nous-mêmes ? Ne serait-il pas fondé à nous dire plus tard : Je voulais vous faire obtenir l'ancien, périmètre houiller ; vous ne l'avez pas voulu ; contentez-vous donc de 7 kilomètres... » Viennent ensuite les détails sur la possibilité du retour de M. Teste pour le 12 ou le 13, et sur une note demandant que la décision du conseil des mines ne dépasse pas le 12 ou le 13.

On lit ensuite : « M. Guenyveau ayant appris que le conseil des mines ne s'occuperait de l'affaire de Gouhenans qu'au retour du ministre, a retiré son rapport, qu'il trouve fait trop à la hâte et manquant de développemens ; il n'en changera point les conclusions, mais il le développera davantage. M. Teste, qui en a parlé à M. Pellapra, assure que rien n'est plus facile que de réfuter les argumens favorables au système des petites concessions. Peut-être aussi se réserve-t-il de faire agir les influences connues de lui seul pour ramener le rapporteur à des conclusions qui cadrent avec notre périmètre houiller.

» Tel est l'état des choses, auquel je crois que rien n'est à changer, en attendant la réponse à une note qui n'est partie qu'hier au matin. »

Entendu le 19 mai sur cette lettre, M. Teste a dit : « Il y a une harmonie parfaite entre toutes les parties de la correspondance du général Cubières avec M. Parmentier, mais il n'y a aucune harmonie entre cette correspondance et les faits. J'y vois d'abord qu'on aurait conçu l'espoir qu'un départ de Paris pour Néris le 25 ou le 26 juin pouvait être suivi d'un retour au 12 juillet, ce qui, eu égard aux exigences du régime thermal, était matériellement impossible ; j'y vois encore qu'on se serait vanté que, grâce à ma protection, l'affaire serait, immédiatement après mon retour, soumise au conseil des mines, afin qu'elle pût passer ensuite au conseil d'État avant les vacances. Or, mon retour a été avancé de plusieurs jours, non assurément à cause de l'affaire de Gouhenans, mais parce que j'ai été rappelé par un courrier extraordinaire qui m'annonçait la mort de S. A. R. Mgr le duc d'Orléans, et cependant l'affaire n'a été soumise au conseil des mines que le 5 août, et elle n'est sortie des bureaux pour arriver au conseil d'État avec un projet d'ordonnance portant réduction à six kilomètres, que le 21 novembre suivant, et l'ordonnance royale elle-même n'a été signée que le 5 janvier 1843. Tout cela prouve que cette affaire a été traitée avec maturité, sans aucune prédilection et sans autre faveur que celle qui s'attachait naturellement à son caractère d'urgence. »

Le 30 juin, le général transmet à Parmentier, sur l'avantage du parti qu'on a pris de suspendre la discussion, des détails qu'on lui a, dit-il, fait savoir de Néris. M. Teste a déclaré, le 17 mai, n'avoir pas le moindre souvenir d'avoir écrit de Néris ; il ajoute que si on lui a écrit il a dû répondre. Il a répété le 10 juin ne pas se rappeler le moins du monde avoir écrit de Néris.

Le 2 juillet, Parmentier transmet au général, sur quelques circonstances du rapport de M. Guenyveau, des renseignemens qui proviendraient de Mme Grillet, et desquels, par conséquent, il n'y a point à s'occuper ici.

Le 5 juillet, le général rend compte à Parmentier d'une conversation avec M. Thirria, qui lui a montré des dispositions favorables, et a ajouté des réserves en faveur de deux des concurrens. Sur ce dernier point, le général fait cette réflexion : « J'ai fait mon profit de tout cela, afin que ces dispositions ne restent pas ignorées de qui doit les combattre et en triompher. » M. Legrand lui a parlé à peu près dans le même sens ; il lui offre de suivre l'affaire au conseil d'État, en lui promettant de combattre l'esprit de fiscalité que le ministre des finances ne manquera pas de réveiller et d'exciter au sein du conseil.

Entendu le 21 mai sur cette lettre, M. Legrand a dit : « Comment pourrait-on supposer que j'aie fait une offre pareille ? Je défends devant le conseil d'État l'avis de l'administration des travaux publics, jamais l'intérêt des personnes. Du reste, je ne sais même pas si j'ai assisté à la séance du conseil d'État dans laquelle l'affaire a été rapportée : mes occupations sont telles que j'assiste assez rarement aux séances du conseil d'État ; mais ce dont je suis bien certain, c'est que je n'ai pas assisté à la discussion de l'affaire dans le comité des travaux publics qui a préparé la décision du conseil. »

Le 8 juillet, Parmentier écrit au général : « Tout ce que vous me dites de M. Guenyveau et autres me fait voir que l'on comptait sans son hôte en comptant sur lui ; qu'on ne lui avait pas tracé son chemin d'avance, ou qu'il a cru pouvoir prendre la liberté grande d'en suivre un autre. Nous verrons mieux d'ici à quelque temps ; je l'espère et j'y compte.

Le 12 juillet, le général écrit à Parmentier : « M. Pellapra attend de pied ferme le retour des eaux de la personne qui doit mettre en train et suivre l'expédition de notre demande ; des notes qui m'ont été communiquées prouvent qu'on a hâte d'en finir. »

M. Pellapra a été entendu, le 14 mai, comme témoin. Il faut lire avec soin sa déposition tout entière pour reconnaître avec quel art il a cherché à s'y montrer peu au courant de l'affaire de Goubenans. En 1842, M. Cubières a voulu le faire entrer dans cette affaire. Plus tard, il lui a proposé de prêter à la société 100,000 francs, ou de lui ouvrir un crédit de cette somme. Il n'a examiné lui-même ni l'acte du 5 février, qui créait les vingt-cinq actions qu'on lui offrait, ni les titres de Parmentier aux vingt-cinq actions que celui-ci lui a vendues à réméré ; il a laissé ce soin à son notaire. Il est très facile en matière de crédit, et n'a pris aucune information sur la compagnie de Goubenans, avec laquelle il traitait par considération pour M. Cubières. Quant à la concession, il n'a su qu'une seule chose, c'est qu'elle ne pouvait pas être refusée : M. Parmentier le lui a dit la seule fois qu'il l'ait vu. Il a prêté son concours pour l'obtention de la concession, en ce sens qu'il est allé plusieurs fois au ministère, pour savoir où en était l'affaire ; ce qu'il a fait cent fois dans sa vie, dans l'intérêt de diverses personnes. Il s'est adressé, soit aux bureaux, soit au ministre, qu'il avait quelquefois l'honneur de voir. Il n'a eu aucune correspondance avec M. Parmentier ; il croit cependant lui avoir écrit deux fois pour lui dire, pendant l'absence de M. Cubières, où en était l'affaire.

Le lendemain, 15 mai, on saisissait au domicile de M. Parmentier lettres à lui adressées par M. Pellapra en juillet et août 1842 ; une autre du 26 juillet 1845, et la copie d'une lettre du 18 octobre 1844, écrite par M. Pellapra à M. Cubières, dont on verra par la suite l'extrême importance. Il a paru, en conséquence, nécessaire de ne plus entendre désormais M. Pellapra dans l'instruction que sous mandat de comparution. Lors de son interrogatoire du 16 mai, M. le chancelier lui a dit : « Il résulte des pièces qui ont été saisies depuis votre audition que vous n'avez pas dit la vérité, comme votre devoir vous y obligeait. Par suite, vous paraissez aujourd'hui comme inculpé : c'est la conséquence du peu de sincérité que malheureusement vous avez apporté dans vos réponses. »

Le général Cubières avait été obligé de s'absenter de Paris. C'est M. Pellapra qui se charge d'instruire, à sa place, M. Parmentier de tout ce qui se passe.

Le 18 juillet, M. Pellapra transmet les renseignemens qu'il vient, dit-il, de recevoir du ministre il y a deux heures. Il parle de l'avis du conseil des mines comme ayant été conforme à celui de l'ingénieur, qui concluait pour une concession réduite à six kilomètres. Il y avait là une erreur évidente, puisque le conseil n'a délibéré que le 23 juillet ; qu'il n'a émis, ce jour-là, qu'un avis interlocutoire, et n'a donné son avis définitif que le 5 août.

M. Pellapra ajoute : « Le ministre partait pour les eaux au moment de la remise de ce rapport : il a jugé convenable de le retenir dans son cabinet jusqu'à son retour. » Puis il dit que le ministre va s'entendre avec M. Girod (de l'Ain) et lui annoncer son intention de présider lui-même la séance du conseil d'État où il sera question de la concession. M. Pellapra est fort satisfait de cette disposition, les opinions du ministre étant tout à fait contraires à ce morcellement.

Le 22 juillet, M. Pellapra rectifie l'erreur de sa lettre précédente : « Je vous ai dit que le ministre avait retenu ce rapport jusqu'à son retour. Le conseil n'en est donc pas encore saisi. Aujourd'hui le conseil s'assemble pour la première fois :

il s'occupera d'abord d'une affaire portée sur le rôle sous le nº 1 ; la nôtre vient ensuite, sous le nº 2. Le ministre a convoqué le conseil pour demain ou pour lundi ; il est donc certain que son avis sera donné demain ou lundi. Le ministre présidera lundi, et même demain : il est très prononcé dans son opinion contraire au morcellement ; il veut également que tout soit décidé au conseil d'État dans la première quinzaine d'août. J'espère, en conséquence, que nous ne serons pas longtemps dans l'attente. J'aurai soin de vous faire adresser directement une ampliation de l'ordonnance, dès qu'elle sera rendue. »

Le 24 juillet, M. Pellapra rend compte de la séance du conseil des mines de la veille. La séance ordinaire du vendredi 22 ayant été remplie par une autre affaire, le ministre avait, vu l'urgence, convoqué le conseil pour le lendemain. Le 22, la discussion a commencé par la lecture du rapport. L'analyse que la lettre fait de ce rapport, de sa conclusion pour un périmètre de 6 kilomètres et demi, et de la force avec laquelle, malgré cette conclusion, les objections y sont motivées, se trouve d'accord avec le texte de ce rapport.

Il est exact aussi que le rapport ne concluait que sur la demande Parmentier, et que ses conclusions laissaient de côté les demandes des autres concurrens. M. Pellapra ajoute que le ministre voulait que la discussion finale fût ajournée au vendredi 29 : « Demain, dit-il, il verra le rapporteur et le pressera de tout mettre en œuvre pour être prêt ce jour-là. » Les souvenirs de M. Guenyveau, entendu le 20 mai, ne paraissent pas avoir été assez précis pour que l'on voie clairement si ce serait à ce fait que se rapporterait le passage suivant de sa déposition. « Je me rappelle bien qu'avec sa vivacité méridionale, M. Teste me demanda un second rapport du jour au lendemain ; je passai la nuit à faire ce second rapport. » Quant aux détails, à la délibération, à sa longueur, à sa vivacité, on verra, à l'occasion du compte-rendu de la séance du 5 août, qu'ils ont été démentis par les dépositions des témoins comme ils le sont, quant à la durée de la séance, par le procès-verbal officiel.

Le 5 août, le général Cubières écrit à M. Parmentier :

« Nous sommes maintenant à l'abri d'un remaniement ministériel, qui ne saurait avoir lieu en ce moment, et qui, dans tous les cas, ne se ferait pas avant la signature et la promulgation de l'ordonnance qui nous intéresse. »

L'ajournement au vendredi 29 juillet n'avait pas eu lieu : c'est le vendredi suivant, 5 août, que le conseil des mines a délibéré et a donné son avis définitif. M. Pellapra rend compte à M. Parmentier de cette séance par la lettre du 6 août. Il explique d'abord pourquoi la séance n'a pas eu lieu le 29 juillet. « Les circonstances calamiteuses que nous venons de subir ont empêché la réunion de ce conseil vendredi de la semaine précédente. »

M. le ministre n'a pas voulu qu'il eût lieu sans sa présence ; il aurait plutôt convoqué une assemblée extraordinaire, si le sous-secrétaire d'État, qui a été constamment pour nous très bien, ne lui avait fait observer que ces convocations extraordinaires, étant hors des usages suivis, paraîtraient entachées de partialité et pourraient mécontenter quelques membres. »

Viennent ensuite des détails sur le nouveau rapport de M. Guenyveau, exacts en ce sens seulement que, sans s'occuper de la concessionalité, il s'en référerait aux conclusions de son premier rapport sur ce point, sans reproduire les objections ; puis des détails démentis par les dépositions des témoins, sur la violence extrême de la discussion et sur les opinions émises par les divers membres du conseil. Ensuite il dit :

« On a été aux voix ; il y a eu cinq voix contre et quatre voix pour les 14 kilomètres ; le ministre n'a pas voté ; mais sur-le-champ il a fait insérer dans le procès-verbal qu'il ne votait pas, pour que le partage des votes ne gênât pas la discussion ; puis il a fait insérer la clause dont je vais vous parler, et qui nous donne gain de cause complet. Elle porte que, pour les portions du terrain dont MM. Kœchlin, Lissot et Prinet ont demandé la concession et dont ils sont déboutés, vous êtes en droit de vous présenter, en concurrence avec eux ou tous autres, pour l'obtention des concessions ultérieures qui pourraient en être demandées et accordées ; le ministre en conclut que cela vaut pour vous la concession des 14 kilomètres. Vous voilà donc avec un avis positivement exprimé par le conseil, votant pour que votre concession soit de 6 kilomètres.

« Maintenant il est bon que vous sachiez que M. Legrand a dit au ministre en sortant du conseil : « Voulez-vous me per-
» mettre de vous dire ce que je crois utile au succès de cette

» affaire au conseil d'Etat? J'ai voté, comme vous l'avez vu,
» pour les 14 kilomètres, mais cela pour vous seconder, et
» avec la conviction que ces 14 kilomètres seraient rejetés
» par le conseil d'Etat. Je crois que 6 kilomètres sont une
» concession énorme : ne l'augmentez pas ; vous échoueriez et
» vous vous exposeriez à voir ajourner le débat : réunissez-
» vous à la concession de 6 kilomètres, et cela passera com-
» me une lettre à la poste. »

» Je quitte à l'instant le ministre : il est tout-à-fait de l'a-
vis de M. Legrand, et croit qu'avec l'esprit de la clause dont
je vous ai parlé, vous obtenez le succès le plus complet. Si
vous n'y voyez rien à objecter, il nous sera possible, en me
répondant sans perdre une minute, d'arriver au conseil d'E-
tat avant les vacances. J'attends donc votre réponse courrier
par courrier. »

M. Parmentier a répondu , le 8 août, par la lettre suivante
qu'il a dit, dans son interrogatoire du 26 mai, n'être évidemment qu'un persifflage : « Je ne trouve pas à la clause qui
nous réserve le droit de nous porter plus tard demandeurs en
concurrence, en dehors de nos 6 à 7 kilomètres, autant de
portée que vous. Cependant je ne vois pas d'inconvéniens à
ce que M. le ministre n'insiste pas devant le conseil d'Etat
pour les 14 kilomètres ; j'y en vois d'autant moins qu'il dépendra toujours de Son Excellence , même après un avis du
conseil d'Etat qui conclurait aux 6 kilomètres, de comprendre
les 14 dans l'ordonnance à rendre. Enfin, je ne comprends
pas, puisqu'il faut toujours que la discussion ait lieu au conseil d'Etat, pourquoi nous serions plus sûrs d'avoir notre
ordonnance avant les vacances, dans le cas où le ministre
n'y insisterait pas, que dans le cas où il y insisterait sur les
14 kilomètres. Dans tous les cas, il me semble que nous devons espérer notre ordonnance avant les vacances ; c'est le
point capital pour nous. »

M. Teste a déclaré que, si des détails de la nature de ceux
que contiennent les lettres qui précèdent ont été donnés aux
intéressés, ce n'est assurément pas par lui. « Mes communications avec eux, assez fréquentes du reste, a-t-il dit le 17
mai, se sont bornées à leur signaler les objections dont leur
demande était susceptible, et à provoquer de leur part les explications propres à éclairer l'administration. En cela je remplissais un devoir, et je me conformais aux précédens... Les
détails dont vous me parlez seraient donc une invention et une
sorte de charlatanisme de la part de ceux qui les ont ainsi consignés dans une corresp ndance que je ne connais pas. » Lors
de cette réponse, les lettres des 24 juillet et 6 août n'avaient
pas été mises sous les yeux de M. Teste ; elles lui ont été
lues le 19 mai ; après les avoir entendues, il continue à répondre dans le même sens. Il indique quelques points qu'il
a pu faire connaître sans inconvénient, et ajoute :

« A cela près, la correspondance dont je viens de prendre
connaissance n'est pas le moins du monde conforme aux souvenirs qui me sont restés, et je crois pouvoir affirmer qu'il
n'y a eu dans les délibérations aucun des accidens de vivacité
que les lettres rapportent. La lecture des procès-verbaux et
celle du rapport donneront probablement la preuve que les
choses se sont autrement passées. La question du périmètre
n'a fait difficulté qu'à cause de la concession antérieure de la
houille de la même compagnie ; sans cela, tout le monde aurait été de l'avis de la réduction. Je me suis abstenu de voter,
précisément pour qu'il n'y eût pas un partage, au lieu de la
majorité qui s'est manifestée, et pour conserver toute ma liberté d'action. J'en ai usé en faveur de la réduction, ainsi que
le démontrent mon rapport au roi et le projet d'ordonnance.

» Il n'est pas possible que j'aie dit à M Pellapra que le
retranchement pourrait ultérieurement être repris par la compagnie Parmentier, car il était dès lors arrêté que les concurrens ajournés, en vertu de leur droit de priorité , seraient
préférés à tous autres s'ils remplissaient les conditions de
l'ordonnance. M. Pellapra s'est évidemment trompé en m'attribuant une autre pensée et un autre langage, et l'événement
l'a bien prouvé. Au surplus, cette correspondance tend à représenter M. Pellapra comme un solliciteur heureux et influent ; il ne l'a pas été auprès du ministre des travaux publics ; je pourrais citer quatre affaires dans lesquelles M. Pellapra avait un intérêt bien plus important... Dans chacune de
ces affaires, ses sollicitations ont été très actives, et n'ont
pas obtenu le résultat qu'il en espérait. Je lui dois, d'ailleurs, la justice que son rôle n'est jamais sorti des bornes
que tout solliciteur doit respecter dans ses démarches auprès
de l'autorité publique. »

Après lecture de la lettre du 6 août 1842, M. Legrand a dit,
le 21 mai : « Je ne conçois pas comment on a pu faire un tel
récit d'une délibération qui a été très calme , très paisible,
très grave, et qui n'a eu aucun des caractères qu'on lui prête.
Je n'ai pas eu avec le ministre la conversation qu'on rapporte
dans cette lettre ; ce serait M. Pellapra qui aurait rendu
compte le lendemain de cette conversation ; mais je n'ai jamais vu M. Pellapra pour l'affaire de Goubenans ; je l'ai vu
pour d'autres affaires, pour celle des terrains du Havre, par
exemple, et jamais je ne l'ai vu pour l'affaire de Goubenans. »

Tout le monde a reconnu l'exactitude de la lettre du 6 août
en ce qui concerne le vote à cinq voix contre quatre, et l'abstention du ministre qui n'a pas voté. Il est inexact que mention de cette abstention ait été faite au procès-verbal ; le procès-verbal contredit également ce que dit la lettre sur la durée
de la séance.

Quant à la clause finale, le texte en a été précédemment
cité. Elle porte qu'il n'y a pas lieu de statuer, quant à présent, sur la destination à donner aux autres terrains.

Le 14 août 1842, M. le ministre des travaux publics a communiqué à M. le ministre des finances les pièces relatives à la
demande de concession. Après avoir indiqué que deux avis
ont été ouverts, l'un pour concéder 14 kilomètres, l'autre pour
n'en concéder que 6, le ministre a dit :

« Toutefois, cette dernière opinion ne l'a emporté dans le
sein du conseil qu'à la majorité de cinq voix contre quatre,
et je me rallierais sans hésitation à l'opinion de la majorité,
si l'ajournement qu'ont encouru trois autres demandeurs en
concession (les sieurs Lissot, Prinet et Kœchlin), pour n'avoir
point fait les justifications exigées par la loi du 7 juin 1840,
ne laissait la question entière et ne permettait qu'elle soit
examinée de nouveau lorsqu'il s'agira de concéder les terrains qui se trouvent en dehors du périmètre de 6 kilomètres
88 hectares, que nul ne peut contester à la compagnie Parmentier. »

Le ministre des finances envoya les pièces à la direction des
domaines. Le conseil d'administration émit son avis le 20 septembre 1842.

Le 27 août, M. Pellapra écrivit à M. Parmentier : « Nous
sommes accrochés au ministère des finances depuis plus de
quinze jours. » Le 7 septembre, le général Cubières, de retour
à Paris, tient le même langage : « M. Teste m'a lui-même formellement engagé à rester pour combattre, par mon influence
près M. Lacave-Laplagne, cette tendance cachée vers l'ajournement. Je crois, comme lui, que c'est le plus sérieux et le
plus pressé. » M. Teste, à qui l'on a demandé le 10 juin, s'il
se souvient avoir donné ce conseil, a déclaré ne pas s'en souvenir du tout.

Le 9 septembre, le général écrit à M. Parmentier une lettre
longue et détaillée : « M. Teste, pour gagner du temps, et
croyant suivre les intentions de la loi, qui ne stipule qu'une
communication au ministère des finances, avait adressé à M.
Lacave-Laplagne un narré de l'affaire de Goubenans, rédigé
sous ses yeux ; au bout de quelques jours, M le ministre des
finances réclama le dossier entier et complet, lequel fut immédiatement envoyé. Plusieurs jours se passèrent sans qu'on pût
savoir ce qu'était devenu ce dossier ; enfin, après de longues
recherches, M. Pellapra découvrit que le dossier était à la direction des domaines, entre les mains d'un sous-chef ; mais
il était évident pour M. Pellapra que tous ces retards avaient
un but ; que ce but était d'ajourner l'obtention de la concession, de manière à ce que l'ordonnance ne fût signée ni publiée avant l'adjudication de la saline de Dieuze, fixée au
1er octobre. M. Teste en jugeait de même que M. Pellapra ; il
s'indignait de ce qu'il nomme les empiétemens des finances ;
il offrit d'en faire une question d'attribution, qui serait jugée
en conseil des ministres. M. Teste ne doutait pas que la loi
de 1840 n'y fût interprétée conformément à sa propre opinion
et à l'esprit de cette loi, qui n'a pas voulu que deux ministères concourussent ensemble, et avec un pouvoir égal, à
l'octroi des concessions, mais qui n'impose réellement aux
travaux publics d'autres obligations que celle d'avertir les
finances. Dans cette situation, M. Pellapra ne pouvant vous
consulter, attendant chaque jour mon retour, craignant une
rupture entre les deux ministres, pria M. Teste d'ajourner
la querelle qu'il voulait faire à son collègue, et de se borner
à une explication sur le ton amical. Cette explication avait eu
lieu le 5 septembre, mais elle ne se passa pas aussi doucement
que le désirait M. Pellapra...

» Voilà où en étaient les choses à mon arrivée. Le 7 au matin, M. Pellapra m'en fit l'exposé ; le même jour, à neuf heures, cet exposé m'était confirmé par M. Teste, avec lequel je
concertai la discussion que j'engagerais directement et tête à
tête avec M. le ministre des finances. Fortifié des avis de M.
Teste, et croyant avoir trouvé le côté faible, je fis une charge
à fond ..»

» Hier soir, j'ai rendu compte de tout à M. Teste, qui est persuadé que je suis parvenu à décrocher notre affaire. Voici ce qui est convenu entre nous. Je verrai Boursy demain ; si le dossier est retiré du domaine, M. Teste se contentera de presser son collègue amicalement ; si le dossier reste au domaine, il est décidé à en faire une question d'attribution et à forcer le conseil des ministres à s'expliquer. Il doit aujourd'hui même faire délibérer le conseil des mines sur la manière dont la loi de juin 1841 doit être entendue quant à la participation du ministère des finances.

» Vous reconnaîtrez, sans doute, combien il est avantageux d'avoir en tout ceci l'aide de MM. Teste et Pellapra, et quels risques nous feraient courir les défenseurs de la fiscalité, si nous n'étions éclairés sur leurs manœuvres et soutenus contre leurs attaques.

» Je ne sais si vous serez de mon avis, mais je redoute la querelle à vider entre les deux ministères ; je crains qu'elle n'occasionne de nouveaux délais ; j'aimerais mieux qu'on finît à l'amiable. »

M. Teste, à qui cette lettre a été lue le 10 juin, a dit qu'elle contient un mélange de faux et de vrai, la part de l'imagination et celle de la vérité. Expliquant la difficulté d'attribution qui s'élevait entre les deux ministères, il dit qu'il n'est pas invraisemblable, qu'il est même fort possible qu'il en ait fait part à M. Cubières. Mais tout ce qu'on allègue de son indisposition contre son collègue des finances, et des motifs personnels qui l'auraient engendrée, n'a pas pu être dit par lui.

Le général Cubières écrit, le 13 septembre 1842 : « M. Pellapra n'a pas cessé un jour d'aller aux finances, où l'on continue à travailler à la révision complète du travail élaboré au ministère des travaux publics, ce qui est inusité, contraire à l'esprit de la loi, et, par-dessus tout, fort préjudiciable à nos intérêts.... M. Teste devait voir son collègue, et, renonçant, d'après mon avis, à briser les vitres, il devait obtenir par les voies amiables le renvoi très prompt du dossier à son ministère, afin de pouvoir en saisir la chambre des vacations du conseil d'État. Malheureusement M. Teste est tombé malade avant-hier ; il est hors d'état de quitter sa chambre et n'a pu faire en personne la démarche dont nous attendions un si bon résultat. Je suis allé le voir ce matin...

» Je crois donc que nous sommes arrivés à la fin de toutes les difficultés, grâces à l'appui de nos amis, lequel était bien nécessaire pour éviter des lenteurs qui, sans leur active coopération, auraient pu nous conduire à l'année prochaine. »

Le rapport, adopté le 29 septembre par le conseil de l'administration des domaines, conclut : « 1° au rejet de la demande de concession ; 2° subsidiairement à ce que le domaine et la compagnie des salines soient reçus opposans, et à ce qu'il soit sursis à statuer jusqu'à ce que les demandeurs en concession, autres que les sieurs Parmentier, Grillet et Stiefvater, aient produit, ou aient signifié les titres justificatifs de leurs droits à la propriété des salines de Gouhenans.»

Le texte du rapport développe et explique ces conclusions. Il nie que les dix-sept personnes dénommées dans l'acte notarié du 2 mars 1842 forment une société constituée sous la raison sociale Parmentier, Grillet et compagnie. L'ancienne compagnie, dont les membres sont débiteurs personnels du domaine, a été dissoute ; la nouvelle société est purement civile et n'a qu'un nom d'emprunt ; les individus qui la composent n'ont pas rempli les formalités imposées aux demandeurs de concessions. Le rapport reconnaît qu'une concession devra être attachée, un jour ou l'autre, à la saline de Gouhenans ; que ce point ne peut faire l'objet d'un doute ; que Parmentier et autres pourront obtenir la concession ; mais qu'il faut préalablement que leur situation soit régularisée, tant vis-à-vis du domaine et de la compagnie des salines que relativement à leur constitution sociale.

Le 22 septembre 1842, le général écrit à Parmentier : « Malgré toutes les démarches entreprises auprès du ministre des finances, je ne suis point parvenu à arracher notre dossier des mains du domaine. On répugnait à retirer une affaire dont l'instruction était à son terme ; on tenait comme plus favorable à la moralité de l'affaire de ne point interrompre une marche régulière et ordinaire.

» ..... Or, vous saurez que, pour presser ainsi M. Laplagne, nous avions deux motifs : celui d'en finir plus vite et celui d'en finir plus sûrement, M. Teste ayant tout disposé pour que la chambre des vacations du conseil d'État fût saisie immédiatement de notre demande et pût faire son rapport avant le 1er octobre. M. Teste se proposait de présider en personne la chambre de vacations, de préparer le conseil de façon à tirer de lui un avis plus large, qui, appuyé de l'imposante minorité du conseil des mines, permit au ministre d'être plus généreux dans la fixation du périmètre.

» Maintenant, je me demande si nous arriverons enfin avant le 1er octobre ; j'en doute, mais je n'en désespère pas entièrement. En effet, le rapport est terminé ; il a été revu, corrigé et enregistré aujourd'hui. Il devait être adressé à M. Boursy, qui ne le gardera qu'un jour ; vendredi, il peut être, avec tout le dossier, remis à MM. du conseil d'État. S'il en est ainsi, et si le rapporteur ne perd point de temps, l'ordonnance peut être prête le 1er octobre ; ce qu'il importe, c'est que M. Teste puisse présider le conseil d'État avant son départ, qui est fixé au 2 ou 3 du mois prochain.

» L'avis du ministre des finances ne sera pas contraire à l'obtention de la concession dans sa conclusion, mais il renferme plusieurs considérans qui sont peu favorables à la société, et dont l'âcreté provient sans doute des rancunes fiscales. Je n'ai pas lieu de craindre que le conseil d'État partage tant d'humeur et tant de rancune. M. Teste croit au contraire que le conseil est bien disposé en notre faveur et que les récriminations du ministère des finances n'y changeront rien. C'est beaucoup que d'être parvenu à rendre neutres et même à peu près favorables à nos prétentions les gros bonnets de l'administration. Nous le devons aux démarches incessantes de M. Pellapra et à ce que M. Teste, pour les appuyer, n'a rien négligé, et qu'il a pris fait et cause pour nous si hautement, et je dirai si violemment, que personne n'a osé résister.

» Depuis cette lettre commencée, j'ai vu M. Teste, qui est en possession de votre demande en extension d'établissement. Il en a pris texte pour écrire, à la date d'hier, à son collègue des finances, afin de le presser d'en finir et de lui démontre que, si les finances s'arrogent le droit d'examen des affaires instruites par le ministre des travaux publics, la conséquence serait de faire concourir les deux ministères à prononcer sur les demandes en concession, alors que la loi a formellement stipulé qu'elles seraient du ressort des travaux publics. M. Teste m'a de nouveau donné l'assurance qu'immédiatement après le retour du dossier, le rapporteur serait nommé et le conseil réuni sous sa présidence.

» En le quittant, je me suis rendu aux finances, et il m'a fallu courir de tous côtés pour découvrir que notre dossier était entre les mains d'un certain M. Mercier... Il ne m'a pas été difficile de comprendre que M. Mercier, en sa qualité de domaniste rigide et très ancien dans la partie, opinerait pour qu'il ne fût donné aucune suite à la demande en concession, la saline de Gouhenans n'ayant jamais existé qu'en contravention de toutes les lois existantes ; ajoutant que, dans aucun pays civilisé, on ne pouvait se faire un droit de la contravention, et s'appuyer sur une création illicite pour obtenir de l'État la faveur de jouir tranquillement de ce qui avait été établi et exploité contrairement aux intérêts du Trésor. Sans ajouter trop d'importance aux dires du domaniste, je crois qu'il est bon d'en prévenir M. Teste ; c'est ce que je vais faire. »

Le même jour, 22 septembre, M. le ministre des travaux publics écrit à M. le ministre des finances. Il se plaint des lenteurs de cette affaire, et discute le sens du dernier paragraphe de l'article 24 de l'ordonnance royale du 7 mars 1841, ainsi conçu : « Les pièces relatives à chaque demande seront communiquées par notre ministre des travaux publics à notre ministre des finances. » La lettre ministérielle s'exprime ainsi : « Quand le moment de cette communication est venu, l'instruction est complète.

» Cette instruction a été faite par le département des travaux publics, auquel elle appartient exclusivement. Il ne peut être question de la recommencer au ministère des finances. S'il en était autrement, il y aurait déplacement d'attribution, on confondrait deux choses fort distinctes, à savoir : la question de concessibilité suivant les formes voulues, question qui est dans la compétence de mon département lui seul, et les stipulations particulières qu'il peut y avoir lieu de prendre dans l'intérêt de la perception de l'impôt. » Après d'assez longs développemens de la proposition, la lettre rappelle l'ajournement qui a eu lieu de l'instruction des demandes en concession dans les départemens de l'Est, avant le 1er octobre 1841, et se termine ainsi qu'il suit : « Un pareil ajournement, qui avait déjà donné lieu à des attaques assez vives, imposait, dans tous les degrés de l'administration, le devoir d'abréger autant que possible, après cette époque, les délais de l'instruction de toutes ces affaires. Je n'ai rien négligé, en ce qui dépendait de moi, pour atteindre ce but ; mais j'ai eu plus d'une fois à regretter que le ministre des finances ait, en suivant une marche contraire, exposé le département que je dirige à des réclamations qui n'auraient pas dû l'atteindre. Je vous prie de nouveau, monsieur et cher collègue, en me référant à ma dépêche du 14 août, de vouloir bien me renvoyer les pièces qui concernent la demande en concession de la compagnie Parmentier. »

Le 4 octobre, l'administration des contributions indirectes adresse au ministre des finances un avis favorable à la concession.

Le 6 octobre, le général annonce cet avis à M. Parmentier. Il a su, par M. Boursy, que le ministre des finances est très piqué d'une lettre de son collègue des travaux publics, qui est précisément celle dont on vient de voir l'analyse. « M. Teste, que j'ai vu en sortant des finances, ne me paraît point alarmé; il a écouté en souriant tout ce que j'avais recueilli de contraire à nos prétentions; il ne met pas en doute que le conseil d'État repoussera le système que M. le ministre des finances voudrait faire prévaloir; enfin, sa sécurité est complète. Je voudrais la partager; mais j'avoue que ma confiance n'est pas arrivée au même degré que la sienne. Je pense aussi que la concession nous sera accordée, mais que la délibération du conseil d'État sera orageuse. »

Un lettre du général, du 8 octobre, après un long récit de ses démarches au ministère des finances, ajoute : « M. Teste a eu, dans la journée, ma visite, pour lui raconter tout ce qui est détaillé ci-dessus; il persiste à ne compter pour rien l'avis qui nous est opposé. »

Le 11 octobre, la même lettre est continuée. Elle parle d'une nouvelle conversation avec le secrétaire-général du ministère des finances, et dit : « J'ai de suite donné connaissance de ces détails à M. Teste : il doit avoir vu aujourd'hui son collègue; il le pressera de faire promptement expédier le renvoi des pièces, qui seront aussitôt transmises au conseil d'État. »

Le 13 octobre, M. Parmentier écrit au général : « Je crois que j'irai à Paris dans la première quinzaine de novembre, non pour vous souffler, vous êtes loin d'en avoir besoin, mais pour alléger votre fardeau et aussi pour suivre notre pourvoi en cassation. »

Le général écrit, le 16 octobre : « Voilà M. Teste parti pour le midi; son absence durera jusqu'au 15 novembre; si, comme il le désirait et l'espérait la dernière fois que je le vis, notre dossier lui a été remis avant son départ, il aura tout disposé pour qu'à son retour le rapport soit prêt, et que le conseil d'État formule immédiatement son avis... Toutes ces lenteurs ne m'effraient pas, mais elles redoublent mon impatience, et je me dis, à part moi, que les ministères sont si casuels, qu'on ne sait jamais au juste le temps qu'ils ont à vivre...

« J'ai foi dans les élémens de succès que présente l'avenir de Gouhenans, surtout pendant les premières années. Toutefois, je n'ai pas cru qu'il fût prudent de faire sonner trop haut les profits que présente cette affaire. M. Buffaut, mon oncle, est celui qui a reçu à cet égard une confidence presque entière. J'ai été plus réservé envers M. Pellapra et surtout envers M. Teste. Avec M. Pellapra, j'ai dû approcher davantage de la vérité, car il s'agissait pour lui d'engager un capital pour lequel il voulait même exiger ma garantie personnelle. Dans mon entrevue avec M. Lacave-Laplagne, il me questionna sur son prix de revient; j'eus l'air de ne pas me le rappeler précisément.....

» Dans les conversations que je viens d'avoir avec M. Pellapra, tant sur ce qui a été fait dans l'intérêt de la demande en concession que sur ce qui reste à faire pour l'expédition de l'ordonnance, il m'a témoigné le regret de n'avoir pas dans l'affaire un intérêt permanent. Je serais très disposé à lui donner une part dans les actions de Grillet; mais il faudrait pour cela que je parvinsse à en acquérir de nouvelles, car celles dont je me trouve propriétaire ne forment pas une masse assez considérable pour que je puisse songer à les mettre en partage entre nous : c'est ce dont il est convenu lui-même. Il a pensé que vous consentiriez peut-être à le rendre propriétaire définitif des vingt-cinq actions dont vous lui avez fait la cession à réméré, mais à un prix que vous régleriez avec moi; et bien entendu que je serais de moitié dans l'acquisition, car il regarde ma participation comme le motif principal qui pourrait vous engager à vous dessaisir alors que rien ne vous y oblige et ne peut vous y porter, si ce n'est le souvenir de ce que mon intercession a présenté d'avantages, aidée qu'elle a été, cette intercession, par les démarches actives de M. Pellapra. Vis-à-vis de tout autre que vous, je n'aurais point hasardé la proposition que je vous fais aujourd'hui; car, vis-à-vis de la plupart des hommes, on est mal reçu à parler des services rendus après qu'on a cessé d'être utile; mais vous êtes accessible à telles considérations qui pourraient contre-balancer dans votre esprit le très faible amoindrissement de votre part dans l'affaire de Gouhenans. Au surplus, il y a entre nous deux assez de confiance et de liberté pour traiter un pareil sujet, et je l'ai abordé très librement, comme vous voyez, bien que je m'y trouve intéressé, persuadé que je suis qu'il n'en peut résulter rien qui ne soit d'accord avec les sentimens que nous professons l'un pour l'autre. »

On a appelé, le 10 mai, l'attention de M. Teste sur le passage de cette lettre où l'on parle de la réserve gardée à son égard sur les profits de Gouhenans. Il a répondu : « J'aime à n'y voir que l'énonciation de l'intérêt que pouvaient avoir les demandeurs en concession à dissimuler à l'autorité publique, représentée soit par le ministre des finances, soit par celui des travaux publics, les produits réels ou imaginaires de leur exploitation future; que, si une autre pensée est entrée dans l'esprit de l'auteur de la lettre, elle ne peut être, de ma part, que l'objet de la plus juste et de la plus nette réprobation. »

Le général Cubières écrit le 18 octobre : « M. Teste a eu le dossier avant son départ; il nous a fait dire d'être tranquilles, de ne point agir près du conseil d'État avant son avis de le faire; il ne veut aucune démarche auprès de M. Legrand; *à la bonne heure*, comme on dit en mer, même quand le capitaine est mort. »

M. Teste a fait, le 10 mai, sur cette lettre, une observation qui s'applique aussi à un grand nombre des lettres précédentes. « A en croire la correspondance de M. Cubières, on supposerait que je le voyais tous les jours, tandis que je l'ai vu quatre ou cinq fois dans le cours de l'instruction administrative. Si vous ajoutez à cela les visites de M. Pellapra dont il est parlé dans la même correspondance, il semblerait, en vérité, que je n'ai eu que l'affaire de Gouhenans à traiter pendant toute la période où elle s'étend. Quant au fait qui est rapporté dans cette lettre, que j'aurais engagé M. Cubières à ne pas voir M. Legrand, je le nie formellement. »

Le 19 octobre, Parmentier écrit : « Je serai à Paris du 12 au 15 novembre; alors nous causerons de la proposition que vous me faites en votre nom et en celui de M. Pellapra. Elle est trop grave pour que je puisse y répondre immédiatement. Je vous avoue même que ma première impression ne s'y prête nullement. Cependant nous verrons; on pourrait, en attendant, je n'en doute pas, acquérir tout ce qui reste aux Grillet. Ce ne serait guère que pour 10,000 francs d'actions. Quant à moi, je veux déjà vous dire que tel ne serait pas mon prix, si je me décidais à faire la cession que vous me proposez.

« Il y a dans votre lettre quelque chose que je ne comprends pas : vous dites que, dans vos conférences avec M. Pellapra, il s'agissait pour lui d'engager un capital pour lequel il voulait votre garantie personnelle; quel capital ? à quel titre ? »

Le général écrit, le 26 octobre : « M. Teste reviendra avant le 3 novembre ou le 5 au plus tard; M. de Cheppe a eu l'ordre de tout préparer pour le conseil d'État, de sorte que nous devons espérer qu'avant un mois notre affaire sera terminée. Je pense que, si vous venez à Paris vers le 16 novembre, ce sera pour assister dès votre débotté à la conclusion de cette bataille que vous livrez depuis si longtemps. » Parmentier, 28 octobre : « Nous aurons fièrement à causer quand je serai à Paris. »

Par mémoire au roi, en son conseil d'État, signé de Me Fichet, avocat aux conseils, et enregistré le 21 octobre 1842, le ministre des finances, agissant au nom de l'État et pour la compagnie de salines de l'Est, prit des conclusions tendant au rejet de la demande en concession de mine de sel formée par la prétendue société Parmentier, Grillet et compagnie; subsidiairement, au sursis jusqu'à ce que les personnes qui se présentent comme copropriétaires de l'établissement de Gouhenans aient justifié d'un titre régulier de propriété.

Le 9 novembre, le secrétaire-général du conseil d'État écrit au ministre des finances que la requête a été mise sous les yeux du comité du contentieux, lequel, considérant que les demandes en concession de mines sont hors de la juridiction contentieuse et appartiennent à l'autorité administrative, a pensé ne pouvoir en connaître. En conséquence, la requête sera transmise au comité compétent.

Le 6 décembre 1842, le comité des travaux publics, de l'agriculture et du commerce, sur le rapport de M. le conseiller d'État Réal, donna son avis sur le projet d'ordonnance envoyé par le ministre des travaux publics, et auquel le ministre des finances avaient formé opposition.

A ce projet était joint le rapport au roi. On y lit : « Dans cet état de choses, il convient, d'une part, d'ajourner toute décision sur les demandes des sieurs Prinet, Lissot et Kœchlin. L'espace resté libre, et qui comprend d'ailleurs les localités où ces derniers ont entrepris leurs premiers travaux, sauf un point que le sieur Lissot avait employé, mais auquel il a depuis renoncé lui-même, pourra ainsi devenir l'objet de nouvelles recherches; et si, comme on peut l'espérer, elles sont suivies du succès, alors il sera donné aux demandes dont il est question telle suite que de droit. » Après avoir développé les motifs qui ont porté l'ingénieur des mines de la Haute-Saône et le préfet à n'accorder que 6 kilomètres 88 hectares, le rapport ajoute : « Le conseil des mines a partagé la même opinion. Ce vote n'a point, il est vrai, été unanime. Quatre voix contre cinq s'étaient prononcées pour le périmètre de 15 kilomètres 88 hectares, par le motif qu'il serait plus avantageux pour la bonne exploitation des deux substances, la houille et le sel, que la même compagnie fût propriétaire de l'une et de l'autre. Je me serais rangé à l'avis de la minorité si l'ajournement encouru par les sieurs Prinet, Lissot et Kœrhlin ne permettait de reprendre la question à l'époque où l'on pourra s'occuper de leurs demandes. Pour le moment, il me paraît qu'il suffit d'accorder les six kilomètres quatre-vingt-huit hectares; et, en définitive, dans l'état des choses, j'adopte l'avis du conseil. »

Le projet d'ordonnance accordait la concession de 6 kilomètres 88 hectares aux dix-sept personnes dénommées en l'acte du 2 mars 1842. Le comité considéra que ces personnes n'avaient pas satisfait aux conditions de publicité portées par la loi de 1810; qu'en outre, ce qui était plus grave, ce projet tendrait à faciliter une combinaison par laquelle, dans la prévision de l'exécution ultérieure de l'arrêt de la cour royale de Lyon du 27 août 1841, on transférerait à la société nouvelle des droits que des actes antérieurs, qu'une instruction commencée, que l'esprit de la loi, que tout enfin ouvrait en faveur de l'ancienne société, dont les membres étaient présumés débiteurs personnels de l'Etat. En conséquence, le comité fut d'avis d'accorder la concession aux sieurs Parmentier, Grillet et Stœfvater.

Le 21 décembre 1842, l'assemblée générale du conseil d'Etat délibéra sur l'ordonnance, sous la présidence de M. le ministre des travaux publics, qui défendit le projet d'ordonnance qu'il avait été préparé par son département. Le conseil d'Etat, adoptant, sauf une modification de rédaction, l'opinion de son comité, fut d'avis que la concession devait être faite à MM. Parmentier, Grillet et compagnie, aux noms et qualités qu'ils ont pris dans leur demande en concession du 1er juillet 1840.

C'est en ces termes que l'ordonnance du roi a été rendue le 5 janvier 1843.

Pour terminer ce qui concerne l'ordonnance de concession, il reste à citer le passage suivant d'une lettre écrite, le 6 janvier 1843, au général Cubières par M. Parmentier : « Je ne joins qu'ici l'avis de M. Teste. Je dois vous avertir que M. Roy, qui se trouvait dans mon cabinet, a vu ledit avis, mais qu'il n'y eut nul pas malice. » On a demandé à M. Parmentier, dans son interrogatoire du 27 mai, en quoi M. Roy, gendre de M. Grillet, aurait pu entendre malice à cet avis : il a répondu que ces circonstances sont sorties de sa mémoire; s'il a écrit comme il l'a fait, c'était sans doute pour se conformer aux recommandations que M. Cubières lui avait faites en lui demandant de renvoyer l'avis du ministre.

Interrogé le 28 mai, le général a répondu ne pas pouvoir dire quelle est la portée de ces expressions : *Il n'y entend pas malice.* Il a ajouté : « Le billet de M. Teste ne m'était pas adressé à moi, mais à M. Pellapra, qui me l'avait transmis. M. Pellapra était beaucoup plus lié que moi avec M. Teste, et il avait vu souvent le ministre pour cette affaire. »

Sur la lecture à lui faite de cette lettre le 10 juin, M. Teste dit : « Si j'ai donné avis à M. Pellapra ou à M. Cubières de la signature de l'ordonnance de concession, ce doit être par une lettre du cabinet particulier, comme cela se pratique en pareille circonstance et à l'égard de toutes les personnes qui ont pris intérêt à une affaire, et qui l'ont recommandée. Mais à des lettres de cette nature, je défie qui que ce soit d'entendre la moindre malice. »

M. Capin, entendu le 11 juin comme témoin, a dit : « Après que la concession eut été obtenue, je revis M. Ch. Lanoir à Lure; il me dit qu'il s'était passé dans cette affaire, pour l'obtention de la concession, des saletés, des vilenies; que si les faits venaient à être connus du public, ils causeraient un grand scandale; qu'il existait entre les mains de M. Parmentier des lettres de M. Cubières relativement à ces tripotages, et que ces lettres étaient très compromettantes. Je ne saurais dire précisément de quelles expressions M. Ch. Lanoir se servit; mais tel fut le sens de ses paroles. » Le témoin a ajouté : « Je ne voudrais pas qu'on pût induire de mes paroles

qu'il m'est resté l'idée que M. Teste aurait été capable de céder à des tentatives de corruption ; tout ce que j'ai vu et entendu dans l'affaire me donne la conviction contraire. La seule chose qui résulte de mes réponses, c'est que M. Parmentier se trompe quand il dit qu'il m'a fait des confidences avant l'obtention de l'ordonnance de concession. »

Une seconde ordonnance royale, à l'effet d'autoriser les concessionnaires à mettre en activité et à agrandir la saline de Gouhenans, était nécessaire comme conséquence de l'ordonnance du 5 janvier 1843. Dans l'état de l'affaire, elle ne pouvait être l'objet d'aucune difficulté. Les parties étaient fort pressées de l'obtenir. M. Parmentier écrivait le 6 mars : « Il est bien temps que notre ordonnance d'usine soit expédiée. De là jusqu'à la fabrication il ne peut pas s'écouler moins d'un mois ; ce n'est pas sur de tels retards que nous avons dû compter. »

L'ordonnance du roi, de maintien et d'agrandissement, a été rendue le 28 mars 1843. La cérémonie de l'inauguration de la saline a eu lieu le 12 juin suivant.

Les longs et minutieux détails qui viennent d'être exposés permettent maintenant à la cour d'apprécier les circonstances de la concession et le caractère des démarches faites pour l'obtenir.

M. le chancelier a pensé que, dans l'état de l'instruction, il était nécessaire d'entendre M. Teste sous mandat de comparution. Cité en cette forme le 18 juin, M. Teste a persisté dans ce qu'il avait dit comme témoin. Il a dit : « Je suis porté à remercier la commission de m'avoir fait sortir du rôle passif et muet de témoin, pour me donner une situation qui me permettra d'éclairer la cour et le public sur tout ce qui m'appartient réellement dans cette déplorable affaire. Jamais l'exercice du droit de défense ne m'a paru si précieux, non seulement à cause des inductions fâcheuses auxquelles les pièces du procès pourraient donner lieu, mais encore en raison des bruits absurdes et injurieux dont j'ai été l'objet. »

<h3 align="center">Quatrième époque.</h3>

Depuis l'ordonnance de concession jusqu'au 22 novembre 1844, date de l'annulation des vingt-cinq actions au porteur.

L'acte du 5 février 1842 avait prélevé sur l'actif social vingt-cinq actions au porteur, de création nouvelle, mises à la disposition de MM. Cubières et Parmentier. L'acte sous seing privé du 18 juin suivant a constaté que ces messieurs n'avaient pu trouver à négocier ces actions pour une somme quelconque, alors que, cependant, ils annonçaient avoir tout lieu de croire qu'il leur fallait 290,000 fr. pour la destination que l'on connaît.

On a vu par quelles combinaisons l'acte du 18 juin avait mis les 200,000 fr. à la disposition de M. Cubières. Il faut rechercher maintenant si tout ou partie de cette somme a été dépensé.

Quelques jours après le 5 janvier 1843, date de l'ordonnance de concession, M. Cubières a vendu onze des actions qui lui appartenaient personnellement.

Le 16 janvier, le général vend trois actions à M. Raillard, ami de sa famille, moyennant 18,502 fr. 55 cent., ce qui porte à 6,167 fr. 43 cent. le prix de chaque action. Tout annonce que cette vente a été sérieuse. M. Raillard figure dans le nouvel acte social des 28 et 30 juillet 1846 comme propriétaire de trois actions. Le général a dit, dans son interrogatoire du 28 mai, que ce prix n'avait rien d'exorbitant ; qu'il s'approchait beaucoup de celui moyennant lequel d'autres intéressés ont vendu leurs actions.

Le lendemain 17 janvier, le général vend à M. Pellapra huit autres de ses actions personnelles. Cette vente ne se présente pas avec les caractères sérieux de celle de la veille ; son caractère, son but, son prix, donnent matière à beaucoup d'incertitudes et de doutes.

En achetant à réméré, le 18 juin 1842, vingt-cinq actions de M. et Mme Parmentier, M. Pellapra n'en avait pas payé le prix, fixé par l'acte à 100,000 fr. M. Cubières s'était déclaré dépositaire de ce prix et en avait donné reçu : mais tout le monde reconnaît que les 100,000 fr. étaient restés dans les mains de M. Pellapra.

Antérieurement au réméré, M. Cubières était débiteur envers M. Pellapra de sommes qu'il lui devait encore lors de la vente du 17 janvier 1843. M. Pellapra a dit, le 25 mai, que les sommes à lui ainsi dues personnellement par M. Cubières, montaient à environ 40,000 fr. ; que ces sommes provenaient de prêts faits à diverses époques antérieures au réméré, et à divers titres. Le général, dans son interrogatoire du 2 mai, avait dit :

« J'ai dû à M. Pellapra 50 à 55,000 fr. pour des act'ons du gaz et du chemin de fer de Rouen ; mais je ne vois pas quels rapports ce prêt peut avoir avec l'affaire de Gouhenans. Je n'ai pas reçu d'argent de M. Pellapra, mais des actions industrielles. »

Cette situation respective des parties n'a nullement été changée par la vente des huit actions ; toutes deux allèguent que cette vente a été faite contre argent indépendamment des autres comptes qu'elles pouvaient avoir ensemble. Le général croit en avoir reçu le prix en billets de banque.

Quel a été ce prix ? C'est ce qui reste obscur, malgré toutes les questions faites dans l'instruction.

Interrogé le 10 mai, le général a répondu : « J'ai vendu ces actions au-dessous du cours ; deux ans plus tard, M. Pellapra me les a revendues au même prix. J'avais touché au moment de la vente le prix de ces actions.

D. Quelle somme avez-vous touchée pour prix de ces actions ?—R. de 1,600 à 1,800 fr. par action à ce que je crois ; c'était à peu près la moitié du prix qu'elles m'avaient coûté. » En calculant, d'après cette réponse, les huit actions à 1,800 francs chacune, maximum de la moyenne indiquée, le prix total aurait été de 14,400 francs. Interrogé, le 11 mai, combien il a vendu ces huit actions, il répond : « A un prix un peu inférieur de moitié au prix fixé par l'acte du 18 juin. » Or, cet acte évaluait à 100,000 francs vingt-cinq actions ; c'était donc un peu moins de 16,000 fr. que le général disait avoir vendu les huit.

Interrogé le 14 mai, M. Pellapra, à qui l'on dit que le général déclare les avoir vendues à 1,600 ou 1,800 francs chacune, répond qu'il les a payées 18,000 fr. Ces différences dans l'indication du prix n'ont point alors frappé l'attention, et on ne les avait pas relevées. Quand, dans les interrogatoires subséquens, on a parlé au général du prix de 18,000 fr. reçu par lui, il a répondu avoir vendu les huit actions à peu près au prix de 15,000 fr. moyennant lequel il les a depuis rachetées, sauf une différence, d'ailleurs fort légère, tenant au coût des actes et à quelques frais.

Quand on s'occupa de réunir les pièces de l'instruction, on reconnut n'avoir eu encore sous les yeux que le sous seing privé du 15 mai 1846, contenant rétrocession des huit actions par M. Pellapra à M. Cubières, moyennant 45,000 fr. L'acte de vente du 17 janvier 1843, passé devant Me Roquebert, notaire à Paris, n'était point aux pièces ; il était rappelé dans l'acte de rétrocession de 1846, mais sans mention du prix. Une expédition fut demandée au notaire ; on y lut : « La présente cession est faite moyennant le prix principal de 40,000 fr., que M. le général Cubières reconnaît avoir reçu de M. Pellapra, qu'il quitte et libère entièrement du prix de cette vente. »

Interrogées sur cette énorme différence entre le prix porté en l'acte de 1843 et le prix indiqué par elles, avec les hésitations qu'on vient de signaler dans les réponses du général, les parties ont répondu qu'elles avaient porté 40,000 fr. dans l'acte pour ne pas déprécier les actions.

Cette incertitude sur le prix de vente des huit actions est d'autant plus digne de remarque, qu'on verra le général soutenir à plusieurs reprises, dans sa correspondance, qu'il les a cédées gratuitement pour rester fidèle, en partie du moins, à une promesse de rémunération qui avait passé par sa bouche. Le motif ainsi assigné à cette vente dans les lettres du général est ce qui donne une gravité considérable à l'acte du 17 janvier, souscrit quatorze jours après la date de l'ordonnance de concession. Voici, sur les motifs et le but de la vente des huit actions, les explications des interrogatoires.

M. Pellapra a dit le 1er juin : « M. Cubières croyait, à tort ou à raison, que mon nom pouvait être utile à l'affaire ; il voulait que j'y eusse un intérêt permanent, au lieu d'un intérêt purement éventuel que j'y avais par le réméré. Pendant plusieurs mois il me tourmenta pour prendre des actions ; il voulait que j'en prisse dix. Je consentis à en prendre huit. » Les explications du général sont les mêmes dans ses interrogatoires : il vendait à perte à M. Pellapra huit de ses actions personnelles, parce qu'il croyait utile pour la société de lui rattacher un capitaliste aussi important ; il espérait, dans l'intérêt de ses coassociés comme dans le sien, qu'en intéressant M. Pellapra dans l'affaire, les actions regagneraient plus tard, par l'impulsion que celui-ci lui donnerait beaucoup plus que la différence dont il faisait le sacrifice ; il croyait juste de faire supporter à la société ce sacrifice et de s'en faire indemniser par elle.

On reviendra plus tard, et à sa date, à la rétrocession de 1846.

Le 13 février 1843, le général donne à M. Hézard, directeur de Gouhenans, avis du renvoi qu'il lui fait, par MM. Mourgue et Lanoir, des vingt-cinq titres au porteur créés le 5 février 1842, et qui n'ont donné lieu à aucun transfert par agent de change et doivent être annulés : « Vous jugerez sans doute comme moi que cette affaire ne doit être traitée qu'avec ces deux messieurs, et plus tard avec M. Parmentier, quand il sera de retour. »

Le lendemain 16, il est écrit dans le même sens à M. Parmentier : « Il a été reconnu impossible d'opérer par le ministère d'un agent de change le transfert des vingt-cinq actions. Dès lors l'annulation de ces titres ne saurait être ajournée, et j'ai dû m'y résoudre. »

Vient ensuite ce remarquable passage : « Plus tard vous examinerez quel parti il y aurait à tirer de l'acte du 5 février 1842, dans l'intérêt de celui qui se trouve ainsi conduit à des sacrifices qu'il ne devait pas supporter. Mais le premier devoir est de faire disparaître des titres dont la création se trouvait à l'avance frappée de nullité. »

M. Parmentier s'oppose à cette annulation ; il écrit le 19 février : « Si les titres au porteur que nous avons créés, vous et moi, en vertu de l'acte du 5 février, ne sont pas négociables, je ne vois pas pourquoi notre premier devoir serait de les faire détruire ; pourquoi leur destruction ne pourrait pas être ajournée Je m'y oppose, et j'écris dans ce sens à M. Hézard, qui n'a nul pouvoir, nul caractère à l'effet de ce que vous lui demandez ; il n'y a que ceux-là mêmes qui ont souscrit l'acte du 5 février qui puissent en modifier l'exécution et les clauses. Je dois leur faire apprécier ma conduite et ma position ; vous savez pourquoi. Je ne le peux qu'en leur soumettant l'acte sous seing privé, fait double entre vous et moi, et les actes qui y sont mentionnés. Il ne faut donc pas qu'une partie de ces actes ait été préalablement détruite. La première assemblée où vous pourrez assister en personne est celle que je destine à ces explications. »

M. Grillet, entendu comme témoin, le 20 mai, a dit à ce sujet : M. Cubières avait renvoyé les actions à M. Hézard, en lui recommandant de les détruire. M. Hézard ayant dit à M. Parmentier qu'il avait les actions, et qu'il allait les brûler, M. Parmentier lui dit : « Du tout ; écrivez au général que vous les avez brûlées, et mettez-les de côté ; cela pourra nous servir plus tard. » J'observe que ce n'est pas moi qui ai entendu ces propos, mais ils m'ont été rapportés par ma femme et par mon fils. »

On voit que ce propos manque d'exactitude, puisque M. Parmentier lui-même écrit au général qu'il s'oppose à l'annulation. Reste à apprécier le motif qui l'a porté à s'y opposer.

Le général insiste beaucoup aujourd'hui sur ce renvoi par lui fait des vingt-cinq actions, et y puise un des principaux argumens de sa défense. Ce renvoi prouve, suivant lui, d'une part, qu'il n'a voulu s'approprier ni leur valeur ; et, d'autre part, qu'elles n'ont pas été employées à des dépenses de corruption. On vient de voir, par sa lettre du 16 février, qu'il ne renonce pas à tirer parti de l'acte du 5 février pour être indemnisé des sacrifices faits ; on verra bientôt s'il a renoncé à tirer parti des vingt-cinq actions, tant que Parmentier en a empêché l'annulation.

Le 21 février, le général consent à ce que les titres restent en dépôt dans la caisse de l'établissement entre les mains de M. Hézard.

Le 6 mars, il dit un mot d'une question qui reviendra souvent, celle de transformation de la société civile de Gouhenans en une société anonyme. Parmentier répond à ce sujet le 10 mars : La transformation de notre société ne peut avoir lieu que du consentement de tous, vous pourrez la proposer. » Une lettre du général, du 23 mars, adresse aux associés une proposition formelle à cet égard.

Le 27 mars, le général annonce à M. Parmentier sa lettre adressée aux associés, pour être lue en assemblée générale, et ayant pour objet de proposer de se constituer en société anonyme par actions. On verra, par le passage suivant, qu'il parle non-seulement de ce qu'il a payé personnellement en se dessaisissant de huit actions, mais aussi des pertes que Parmentier risque d'éprouver ; ce qui paraît pouvoir s'entendre de la part contributoire que Parmentier aurait à supporter dans les dépenses sur le fonds du réméré, et à répéter sur les sociétaires : « Vous êtes mieux que personne en état de comprendre tous les avantages que présente le changement du système suivi jusqu'à présent. Il faut mettre au premier rang de ces avantages les facilités financières et le développement rapide de la valeur réelle de l'entreprise. Il est encore un autre motif que vous et moi pourrons apprécier, ainsi que les deux amis auxquels vous avez confié nos démarches et le but où ont tendu nos efforts communs. La création des actions constituant la société anonyme donnera le moyen d'émettre les vingt-cinq actions jusqu'ici non négociables, et dont j'ai été forcé de prendre la valeur en huit actions achetées par moi, de sorte que ces vingt-cinq actions vous couvriraient des répétitions à faire sur les sociétaires, et me remplaceraient ce dont j'ai été forcé de me dessaisir.

« Si vous voulez examiner ma proposition, vous serez sans doute disposé à l'adopter et à comprendre tout le parti que vous en pourrez tirer pour nous éviter à vous et à moi les pertes que nous risquons d'éprouver. »

Les lettres suivantes, écrites par le général en juillet 1843, ont de l'importance : elles ont été saisies chez M. Parmentier, dans les papiers duquel on n'a point trouvé, pour cette partie de la correspondance, les minutes de ses propres lettres, dont les originaux manquent aussi dans les papiers saisis chez le général.

Une lettre du 1er juillet est relative aux difficultés d'un emprunt que Parmentier pressait le général de procurer à la société. Le général dit : « Je comprens parfaitement que, si l'on trouvait à emprunter les fonds nécessaires à l'acquisition de Montmorot et à la mise en bon état de cette saline, il deviendrait facile de couvrir l'opération de l'année dernière, uniquement combinée dans l'intérêt des propriétaires et dans celui de l'exploitation, qui peut seule les faire rentrer dans leurs déboursés. »

Si les 200,000 francs mis à la disposition du général par l'acte du 18 juin 1842 n'avaient pas été entamés, il n'y avait rien à régler à ce sujet; il suffisait d'annuler les vingt-cinq actions nouvelles et de faire retrait du réméré. La lettre suivante, écrite le 9 juillet par le général, suppose l'existence de motifs qui ne permettaient pas de tout terminer aussi simplement :

« J'ai trouvé vendredi votre lettre du 5 qui m'attendait à Paris. Vous y revenez sur l'opération qu'indiquait votre précédente du 25 juin, ayant pour objet un emprunt dont le but serait l'achat de Montmorot, lequel emprunt aurait aussi pour résultat la régularisation des arrangemens particuliers de 1842, régularisation qui ne saurait, selon vous, s'obtenir autrement; et, à cet égard, il vous semble, dites-vous, que je me méprends sur ma position, sur la vôtre et sur les effets de l'opération indiquée.

« Etant entré dans la société de Gouhenans depuis 1839, je me trouvais naturellement conduit à agir de concert avec vous et dans un intérêt commun, à l'effet d'assurer le succès de l'entreprise; mais si vous aviez pu soupçonner que je voulusse m'attribuer une part quelconque des bénéfices que promettait l'opération de 1842, vous devriez être aujourd'hui complétement désabusé par la cession forcée de huit de mes propres actions, en remplacement de celles qui ne purent être livrées malgré les promesses dont j'étais garant moralement.

« Il se peut, dites-vous, que dans tel cas donné, vous soyez affranchi de tout sacrifice; je le comprends en effet, car les actions restées au dépôt vous en fournissent les moyens; en vous les appliquant, vous seriez couvert; je n'ai aucun droit de m'y opposer, et, de plus, je trouverais cela parfaitement juste; mais je vous ferai remarquer que, dans ce cas auquel vous faites allusion, le sacrifice entier pèserait sur moi seul, tant pour les huit actions cédées que pour quatre autres que j'ai promises. Nous avions cru nécessaire au succès de l'affaire, pour donner plus de consistance à la société, et particulièrement pour combattre les injustes préventions du domaine contre vous et vos associés primitifs, de rechercher un capitaliste avantageusement connu et placé de manière à exercer une influence favorable à la compagnie. C'est dans ce but qu'il lui a été fait une part d'intérêt. Ce qui m'importe à moi, c'est qu'on ne puisse croire que je participe à autre chose qu'aux sacrifices que nous nous sommes imposés.

« Quant à l'opération que vous proposez, je voudrais qu'il dépendît de moi de la faire réussir; mais je ne possède pas de capitaux, et pour appeler ceux des autres il faudrait pouvoir soumettre un plan et des évaluations qui me manquent. Avec la société anonyme tout serait possible : la régularisation des actes de 1842, l'emprunt pour suppléer les cautionnemens qui ne seraient point versés ou qui seraient promptement retirés, enfin l'opération plus vaste de la réunion de l'établissement de Montmorot à ceux de Gouhenans dans une seule administration.

« Vous êtes trop éclairé, mon cher Parmentier, pour ne pas comprendre qu'une affaire comme celle de Gouhenans peut mourir de langueur et perdre tout crédit, si elle se traîne dans l'ornière des petites affaires, et que plus elle rencontrera d'obstacles à sa marche, moins on doit hésiter sur la transformation dont je ne cesse de vous parler, parce que chaque jour m'en démontre davantage l'impérieuse nécessité. Avec la nouvelle constitution, je me ferais fort de vous procurer tous les moyens dont la société pourrait avoir l'emploi, et je regarderais votre prospérité comme assurée. Cela ne serait-il pas préférable à tous autres moyens ? Je fais appel à votre amitié autant qu'à vos lumières.

Ici manquent deux lettres de M. Parmentier, des 11 et 14 juillet, dont l'extrême importance est révélée par la réponse du général, aussi fort importante, car on y voit qu'il n'a pas reçu ce dont il paraît être dépositaire, c'est-à-dire, apparemment, les 100,000 francs du réméré; qu'il y a eu un complément; que ce complément ne pouvait pas être pris sur les titres non négociables, ce qui ne peut s'entendre que des vingt-cinq actions créées le 5 février 1842; qu'il ne s'agirait pour le général de rien moins que de sa ruine en engageant les actions qui lui restent pour libérer les actions de Parmentier.

Si l'on se reporte aux faits qui précèdent, on voit que, sans parler des quatre actions que le général disait avoir promises, le nombre d'actions qui lui restaient alors était de vingt-quatre, puisqu'il faut déduire des trente-cinq actions dont il était propriétaire, trois qu'il a vendues à M. Raillard et huit qu'il a vendues à M. Pellapra. La lettre qu'on va lire est importante sous un autre rapport; on y lit ces mots, qui donnent la clef de tout le système que Parmentier va suivre désormais : « Maintenant, vous raisonnez d'après les pièces, et je réponds qu'il faut tenir compte d'autre chose. »

Voici la lettre écrite par le général le 24 juillet : « Mon cher M. Parmentier, j'ai reçu successivement vos lettres des 11 et 15 de ce mois. Malgré l'importance de leur contenu, je ne peux en ce moment y répondre avec détail. Toutefois vous devez croire que ce n'est pas faute d'y penser, mais le temps matériel me manque entièrement.... A l'idée d'acheter Montmorot vous substituez celle de négocier avec Dieuze la vente de Gouhenans, et vous y rattachez le moyen de régulariser l'opération, dont les conséquences vous paraissent ne devoir atteindre que moi. Je suis très intéressé sans doute à ce que l'opération de la vente de Gouhenans puisse s'effectuer, et j'y ferais tout ce qui pourrait dépendre de moi ; mais comment entamer une pareille négociation ? A-t-elle quelque apparence de réussite ? Voilà ce que je me demande en ce moment. Vous n'ignorez pas que je n'ai pas reçu ce dont je parais être dépositaire ; vous savez même que j'ai dû me dépouiller pour un complément qui ne pouvait être pris que sur des titres non négociables. Maintenant vous raisonnez d'après les pièces, et je réponds qu'il faut tenir compte d'autre chose.

« En résumé, ce sont les moyens de retirer votre chose qu'il vous faut, et je dis que les actions créées, si elles étaient négociables et si l'on pouvait en disposer sans en rendre compte, vous en auraient fourni les moyens, et que vous auriez pu en user sans scrupule. Vous dites qu'il en est autrement : dès-lors, restent les opérations dont vous parlez; reste une nouvelle constitution de la société, et enfin reste le moyen de mettre ma chose à la place de la vôtre, de libérer vos actions engagées par celles qui me restent. Vous voyez que je vais droit au but et que je peux envisager ma ruine aussi froidement qu'un boulet de canon. Toutefois, je n'ai pas lieu de douter de vous et de votre concours pour éviter cette extrémité. Dans le sacrifice que vous vous étiez imposé, vous comptiez que moitié serait à la charge des autres sociétaires; ce serait donc cette moitié de votre chose qu'il faudrait affranchir.

« Au surplus, je prendrai mon temps pour méditer vos lettres. »

Ici la correspondance présente une longue lacune, au moins sur les points importans du procès. On voit par une lettre de M. Pyonnier, du 4 novembre 1843, que pendant ce temps, le général offrait de vendre, moyennant 151,200 fr., les actions qui lui restaient et qui étaient, comme on sait, au nombre de vingt-quatre, ce qui eût porté le prix de chacune à 6,500 fr.

Il n'est, dans cet intervalle, question de l'acte de réméré que relativement au supplément de droits que l'administration de l'enregistrement réclamait de M. Pellapra. Celui-ci, s'adressait à M. Parmentier, son vendeur, comme devant supporter les frais d'acte. Le receveur de l'enregistrement réclamait le supplément de droit par le motif que Gouhenans n'était pas divisé en actions. Une lettre du général, du 29 juin 1845, proposait de présenter au tribunal les vingt-cinq actions nouvelles, détachées de leur souche, afin d'éviter le droit.

La correspondance reprend intérêt à la fin de juillet 1844. L'arrêt de la cour royale de Lyon du 24 mai 1844, en fixant à 147,580 fr. l'indemnité due au domaine de l'État et aux salines de l'Est, au lieu des 4,600,000 fr. demandés, avait dégagé Parmentier d'un grave souci. Il va désormais employer tous ses soins à exercer son réméré et aussi à étendre l'importance de Gouhenans et à y appeler de grands capitaux. Le général avait échoué dans ses négociations pour un emprunt; il ne peut pas non plus acheter pour son compte les vingt-cinq actions nouvelles ou en procurer acquéreur. On va marcher vers le dénouement du réméré.

Une lettre de M. Parmentier, du 15 juin 1844, manque aux pièces. Voici la réponse que le général y fait, le 28 juillet : on va voir qu'il compte toujours sur la ressource d'un emploi des vingt-cinq actions qu'il avait renvoyées pour être annulées près de dix-huit mois auparavant : « Si je n'ai pas répondu plus tôt à votre lettre du 15 juin dernier, c'est que j'avais à rechercher si ce qu'elle proposait, étant impraticable par moi, pouvait devenir exécutable par d'autres.

» Personnellement, je n'ai point de fonds que je puisse appliquer à l'acquisition des vingt-cinq actions de récente création, et dont le prix devrait servir au rachat des cinq anciennes vendues par vous à réméré. En effet, c'est l'oncle de ma femme qui a bien voulu m'avancer la plus grande partie du capital que j'ai placé dans la saline; et, de plus, sur les trente-cinq actions payées de deniers empruntés, je me suis vu dans la nécessité d'en transférer huit gratuitement pour rester fidèle, en partie du moins, à une promesse de rémunération qui, malheureusement pour moi, avait passé par ma bouche.

» Vu l'impossibilité où je me trouve personnellement de contribuer à l'arrangement conçu et proposé par vous, il ne me restait, pour vous venir en aide, qu'à trouver quelqu'un qui eût de l'argent à placer, et qui voulût le placer dans les affaires de la saline; c'est à quoi je ne suis point parvenu : d'abord, parce que les salines ne sont pas en faveur aujourd'hui, et, je le soupçonne, à cause des demandes de fonds que réitère le possesseur des salines anciennement domaniales; ensuite, parce que notre société n'est pas constituée de manière à donner confiance dans le mode de transmission de ses titres autrement que par actes notariés.

» Je ne suis donc, ni par moi, ni par d'autres, en position d'acquérir, ni de faire acquérir, les vingt-cinq actions nouvelles pour appliquer leur prix au rachat des cinq anciennes que vous avez vendues à réméré.

» Je pense, toutefois, que les vingt-cinq actions, résultant de l'acte de division reçu par Lamboley, notaire à Vesoul, pourraient servir à l'opération que vous proposez, et tout naturellement, dans le cas de la transformation de la société civile en société anonyme par actions au porteur, sauf à considérer par vous si ces actions ne devraient pas servir aussi à me couvrir de ce dont j'ai été dans l'obligation de me dépouiller, m'en rapportant sur ce point à votre droiture, à votre bonne foi et à celle des deux amis que vous avez tenus informés de tout ce qui concerne cette affaire. »

La lettre suivante, écrite le 14 août par le général, mérite attention : « Je me préoccupe, comme vous devez le croire, du sujet de votre dernière lettre, et c'est ce qui me conduit à vous poser les questions suivantes :

« 1° Pensez-vous qu'il soit possible d'opérer régulièrement la vente des vingt-cinq actions nouvelles, par acte notarié, de manière que l'acquéreur soit propriétaire réel et incommutable ?

» 2° Consentiriez-vous à garantir, de concert avec Madame, la vente des susdites actions ?

» 3° Leur prix d'achat, servant à rembourser votre réméré, pourrait-il être déposé chez un notaire, de manière à opérer sans bourse délier ?

» 4° Enfin, consentiriez-vous à venir en aide pour le sacrifice que j'ai fait des huit actions nouvelles, en affectant pour cela une partie du produit de la vente des vingt-cinq actions ? »

On voit, par la correspondance, qu'une réunion a eu lieu à Lure, le 24 août 1844, pour y arrêter les conditions du retrait du réméré. A cette réunion ont assisté MM. Cubières, Parmentier, Lanoir et Renauld.

M. Renauld, entendu comme témoin le 14 juin, dit n'avoir pas conservé des souvenirs très précis sur cette conférence, dont il n'avait pas parlé dans sa précédente déposition : « Je me souviens seulement que M. Cubières a dit à M. Parmentier que s'il voulait prendre les vingt-cinq titres au porteur qui avaient été mis à leur disposition par la société, et que M. de Cubières avait retournés au directeur de la saline, cela lui permettrait à lui, M. de Cubières, de conserver le réméré dont il s'était rendu responsable; M. Parmentier, à ce que je crois, ne voulut pas accepter cette proposition. » M. Renauld dit encore : « Je me souviens seulement d'avoir entendu dire à M. de Cubières qu'il y avait des pertes de faites, des frais d'actes et d'autres frais à payer; que ces frais et ces pertes retomberaient sur lui, qu'il serait donc victime, que l'on ferait mieux de lui laisser le réméré, pour qu'il pût en disposer, afin d'intéresser des personnes qui serviraient la société de leurs capitaux et de leur crédit. Il ne s'agissait plus, à cette époque, ni de l'administration, ni de corruption, mais de faire entrer dans la société des capitalistes qui lui seraient utiles. »

D. Comment compreniez-vous que pour faire rentrer M. Parmentier dans la libre disposition de ses actions personnelles, on ait pu proposer de lui remettre vingt-cinq titres au porteur qui étaient la propriété collective de la société ? — R. Je comprenais que cela pouvait se faire, d'après le dire de M. de Cubières, à savoir que M. de Cubières avait fait des pertes occasionnées par les frais d'actes et autres, et par cette circonstance que M. Pellapra lui aurait demandé une rémunération.

D. Remarquez que toutes les rémunérations se concevaient avant l'obtention de la concession; mais on ne comprend plus la nécessité d'une rémunération, pas plus à M. Pellapra qu'à un autre, dix-huit mois ou deux ans après l'obtention de la concession. Supposez que les frais s'élevassent au plus haut possible, à 10,000 francs, si vous le voulez, il serait par trop extraordinaire que, pour se couvrir de ces frais, M. Cubières ait voulu que l'on disposât non pas d'une ou de deux actions, mais de vingt-cinq. Il est impossible que vous ayez accepté une pareille supposition; vous avez nécessairement su autre chose, et cette chose devait être un manquement plus ou moins considérable dans les 100,000 francs restés dans les mains de M. Pellapra, et dont il avait sans doute été disposé pour le plus grand bien de la société ? — R. M. Pellapra, ayant donné ses soins à sa manière à cette affaire-là, aurait bien pu obtenir du général la promesse d'une rémunération et réclamer cette rémunération, même après la concession obtenue. Je ne vous donne là que des suppositions, mais je ne vois rien à cela d'impossible; d'autant plus que M. Pellapra, quoique fort riche, s'est montré fort serré dans cette affaire ?

En quoi s'est-il montré fort serré ? — R. En faisant demander par M. Cubières beaucoup d'actions pour sa rémunération.

D. Vous ne vous apercevez pas qu'en voulant défendre M. Cubières vous le chargez beaucoup, car M. Cubières et M. Pellapra avaient des relations intimes et fort connues; et si M. Cubières a donné les mains à une proposition aussi exorbitante que celle de la demande des vingt-cinq actions en faveur de M. Pellapra, actions qui étaient bien la propriété de la société, il aurait fait en cela une chose prodigieusement répréhensible. — R. Je ne vois rien de répréhensible en cela; il est assez simple qu'un homme qui a rendu des services veuille s'en faire payer.

D. Mais, dans cette hypothèse, M. Cubières, qui avait également rendu des services à la société, aurait pu se faire payer aussi ? — R. A ma connaissance, il n'a jamais rien demandé, puisqu'il a rendu les vingt-cinq actions mises à sa disposition.

D. Cette restitution n'a pas été considérée par M. Cubières, au moment où il l'a opérée, comme un fait accompli, puisqu'on voit que, deux ans après, il propose d'employer ces actions à un autre usage ? — R. Elles n'en étaient pas moins rendues.

D. A quoi attribuez-vous le peu de détails que, suivant vous, M. Cubières vous aurait donnés sur cette affaire ? — R. M. Cubières évitait la conversation à ce sujet, dont il paraissait assez honteux, sentant bien qu'il était dupe des deux côtés, du côté de M. Pellapra qui lui demandait trop, et du côté de M. Parmentier qui lui refusait tout. »

Trois jours après la conférence, le général écrit à M. Parmentier, le 27 août, et lui demande ce qu'il faudra répondre au détenteur des actions, s'il réclame le remboursement des frais d'actes, pouvant s'élever à deux mille cinq ou six cents francs. La réponse n'est point aux pièces; mais, le 19 septembre, le général écrit que les frais de quittance ne seront point à la charge de M. Parmentier.

Le général, 7 octobre : « Vous m'aviez parlé d'un échange d'actions pour arriver au retrait de celles qui vous concernent plus particulièrement, je remarque qu'aucune de vos lettres, depuis l'époque où nous nous entretenons de ce sujet, ne mentionne l'échange en question; c'est sans doute ce qui fait que nous ne nous comprenons point. C'était sur cette première base qu'il m'était possible d'aborder la question, et je ne vois aucun moyen de l'aborder autrement. »

Le 12 octobre, M. Parmentier écrit de Clerval la lettre suivante, dans laquelle il serait difficile de ne pas voir percer des menaces : « Posons nettement la question : Ce qui a été convenu dans notre conférence avec MM. Lanoir et Renauld l'a été dans votre intérêt tout au moins autant que dans le mien.

« Il a été convenu que vous me feriez rendre par M. Pellapra les actions que vous m'avez fait vendre à *réméré*, et cela par les moyens que vous jugeriez convenables, fût-ce par la remise que vous lui feriez des vingt-cinq actions dont les titres sont à votre disposition, quoique vous les ayez envoyés à M. Hézard; que vous les lui remettiez ou non, il faut toujours que vous me fassiez rendre mes actions libres, et si vous lui remettez les vôtres, je n'ai point à intervenir dans cette remise. Vos arrangemens une fois faits avec lui, il est censé avoir reçu de *moi-même* le prix principal, les intérêts, les frais, même ceux de la quittance à me donner. C'est ainsi que nous l'avons entendu et dit tous les quatre.

« Vous n'avez donc besoin, pour accepter cette quittance en mon nom, d'aucun autre pouvoir que celui que vous avez.

« Tout cela est clair, et la présente doit, au besoin, faire disparaître tous vos scrupules.

« Je tiens à recevoir ma quittance dans la huitaine, autrement je me croirais obligé à des démarches sur lesquelles, une fois commencées, il ne serait plus possible de revenir. »

Le général, 18 octobre : « Mon cher monsieur, je reconnais aujourd'hui que je puis me dispenser de vous porter les titres et actes relatifs à l'opération qu'il s'agit de terminer. L'idée du voyage dont je vous ai entretenu m'avait été suggérée par la lettre de M. Pellapra, dont je vous adresse copie; d'autre part, la quittance sera signée demain, assez tôt pour qu'elle puisse vous être adressée par la poste; les autres titres resteront à votre disposition.

« En prenant à ma charge d'énormes sacrifices, j'assume sur moi et les miens un poids écrasant : mais, du moins, j'aurai épargné à quelqu'un l'occasion de faire une mauvaise action.

« Avant de porter cette lettre à la poste, je passerai chez M. Roquebert, et, si je n'ajoute rien, c'est que j'aurai trouvé toutes choses prêtes à signer. »

Ces mots : « J'aurai épargné à quelqu'un l'occasion de faire une mauvaise action, » se trouveront commentés des deux parts dans la suite de la correspondance. Quant à l'énormité des sacrifices, on a vu, par les lettres qui précèdent, quel sens le général paraissait attacher alors à ces paroles, puisqu'il ne présentait la cession gratuite de ses huit actions que comme un sacrifice complémentaire, indépendamment de ce qu'il y aurait à sacrifier sur les 100,000 fr. du réméré. On a vu, par ses interrogatoires, si c'est dans le même sens qu'il s'explique aujourd'hui.

Voici la lettre écrite par M. Pellapra à M. Cubières, le 16 octobre 1844, et dont la copie a été adressée à M. Parmentier dans la lettre du général du 18 :

« Je regrette beaucoup, mon cher Cubières, que vous reveniez à la charge pour me presser d'accepter, en acquit du réméré des vingt-cinq actions de M. Parmentier, les vingt-cinq actions au porteur que j'avais refusées à l'époque du prêt que je fis, beaucoup plus par amitié pour vous, et pour concourir à ce qui convenait à vos intérêts, que par mon intérêt personnel. Vous me dites que cela vous embarrassera horriblement.

« Je déplore que vous éprouviez une pareille contrariété, mais je n'y puis rien, si ce n'est vous donner l'assurance que vous avez sûrement déjà, que tout ce qui dépendra de moi pour vous faciliter sera mis à votre disposition. Je ne suis nullement jaloux de rester dans une affaire que j'ai servie et de ma bourse et de tout ce que je pouvais exercer d'influence auprès de mes amis. Je crois qu'il y a défaut de s'entendre dans tout cela. Je vous engage à aller à Lure et à régulariser de vive voix, dans deux heures, ce qui ne finirait pas avec une correspondance. Mon notaire s'occupera de la quittance, je la signerai dès mon retour à Paris et vous remettrai les titres, en prenant les arrangemens pour les époques de remboursement que vous aurez à me faire. »

Interrogé le 16 mai sur cette lettre, M. Pellapra, après avoir demandé à se recueillir, a dit : « Il manquait 40,000 fr. sur le prix du réméré; depuis, M. Cubières me les a rendus, et je n'ai rien à réclamer de lui. » Il est revenu presque aussitôt sur cet aveu, en disant qu'il s'agissait, non de sommes avancées à la société sur le réméré, mais de sommes prêtées personnellement à M. Cubières. On lui a demandé comment il expliquait ces mots de sa lettre : qu'il avait servi l'affaire de sa bourse. — R. Par la disposition où j'étais de verser des fonds dans la société. Interrogé le 25 mai, il a dit que son acquisition à réméré était un prêt fait à la compagnie, au moyen de l'ouverture d'un crédit dont il n'a été fait aucun usage.

D. Quelle serait l'opinion que l'on pourrait avoir de votre manière d'agir, si, ayant acheté vingt-cinq actions à réméré, et ayant gardé votre prix par devers vous, vous aviez eu la prétention d'imposer à un tiers, comme condition de votre acquiescement au retrait du réméré, l'acquittement d'une dette personnelle de M. Cubières, contractée, suivant vous, à une époque antérieure au réméré? — R. Je n'ai pas dit à M. Cubières que je ne consentirais pas au retrait du réméré s'il ne me remboursait pas mes 40,000 fr.; jamais je ne lui ai dit cela. Je lui ai dit qu'il fallait profiter de l'occasion qui se présentait pour régler tous nos comptes. » Il dit encore : « J'étais alors à la campagne; je dis dans cette lettre que je signerai la quittance aussitôt après mon retour, et que nous prendrons des termes de paiement pour les remboursemens que M. Cubières aurait à me faire, et c'est ce qui a eu lieu en effet. »

A la fin du même interrogatoire, il a dit : « Quand j'écrivais de la campagne que mon notaire n'avait qu'à préparer les actes, et que je les signerais à mon arrivée, on ne peut voir là une intention de résistance à un acte que je n'avais pas le droit de refuser. Saraboudamment, j'ai dit, sans en faire une question de droit, comme cela arrive souvent, nous avons une autre affaire, réglons-la en même temps; mais jamais je n'ai eu la pensée de subordonner mon acquiescement à l'acte du 18 octobre, à la condition que M. Cubières s'acquitterait envers moi. Une telle prétention n'eût été soutenable ni en droit, ni en raison, et je ne l'ai jamais eue. Je proteste avec énergie contre la supposition que j'aurais voulu imposer, comme condition au retrait du réméré, l'acquittement des engagemens personnels à M. Cubières. »

Le 18 octobre 1844, par acte passé devant Me Roquebert, notaire à Paris, M. Pellapra, d'une part, et M. Despans-Cubières, d'autre part, comme ayant charge et pouvoir de M. et Mme Parmentier, ont dit et fait ce qui suit : « M. Pellapra donne toute quittance à M. et Mme Parmentier des cent mille francs, prix principal de la vente, ensemble des intérêts de cette somme et de tous frais. Par suite, M. et Mme Parmentier rentrent dans la pleine propriété et jouissance des actions qu'ils avaient transférées à M. Pellapra, et ils jouiront de tous les produits et dividendes y afférens, et dont M. Pellapra n'a jamais rien touché. »

M. Parmentier donne, pour explication de cet acte, les menaces qu'il a adressées à M. Cubières. Il dit, dans une lettre du 5 février 1845 : « C'est sous prétexte de la nécessité d'une corruption à laquelle je n'ai eu que l'air de croire, à laquelle je n'ai voulu, et je vous ai dit pourquoi, que paraître m'associer, que vous aviez arraché ce dixième; et vous entendiez bien le conserver, quoiqu'il ne vous coûtât pas un centime; et vous ne vous êtes décidé à le rendre que par force, quand vous avez reconnu l'imminence des révélations. A qui encore persuaderez-vous le contraire? N'ai-je pas les faits, les conventions, la correspondance? »

Il dit, dans un projet d'exposé à la chambre des pairs, envoyé par lui au général le 11 février 1845 : « Le soussigné finit par exiger formellement la restitution des actions, même de celles dont M. Pellapra était nominalement l'acheteur à réméré, et cela sans qu'il lui en coûte rien en principal, intérêts et frais. Pour se soustraire aux effets de cette exigence, M. Cubières essaya toutes sortes de moyens, dont le principal consistait à insinuer que, non seulement il avait donné les 200,000 fr., mais qu'il s'était dépouillé d'une partie de ses propres actions, par lui achetées indépendamment de celles qui font l'objet des deux actes du 18 juin 1842. Entre autres documens révélateurs, il y a ses deux lettres des 28 juillet et 18 octobre 1844. »

Dans un résumé de ce même exposé, que Parmentier adresse à Mme Despans-Cubières, on lit : « M. Cubières fit souscrire par M. Pellapra un acte notarié portant restitution du réméré, en prenant à sa charge les anciens frais et les nouveaux, qui s'élevaient à 4,000 fr. environ. Mais cet acte est fait de telle sorte que le soussigné reste exposé, de la part de M. Cubières, à une action en paiement de plus de 115,000 fr., et, sur l'observation qu'il en fit, il fut répondu par M. Cubières qu'il ne pouvait pas répondre de lui-même. » Ce dernier fait se rapporte aux soupçons que M. Parmentier, ainsi qu'on le verra, a élevés sur la forme de l'acte de retrait du réméré.

On a demandé à M. Parmentier, dans son interrogatoire du 26 mai : « Pourquoi avez-vous différé jusqu'à la fin de 1844 de rentrer dans votre réméré ? — R. J'avais laissé entendre depuis longtemps à M. Cubières que je désirais rentrer dans la libre disposition de mes actions ; ce n'est que plus tard que j'ai exigé le retrait de mon réméré, et pour l'y contraindre je l'ai menacé d'intenter une action contre lui en prenant mes moyens dans sa correspondance. Je suis allé plus loin : je lui ai déclaré que sa correspondance ne serait pas détruite, et qu'après moi elle passerait dans les mains de mon fils, pour servir de garantie et de sauvegarde.

D. De sauvegarde, contre quoi ? — R. Contre ce que M. Cubières avait déjà fait et contre ce qu'il pourrait faire plus tard. »

On a demandé le 19 mai au témoin Renauld : « A quelle époque avez-vous eu connaissance des lettres écrites par M. Cubières à M. Parmentier, et qui ont été rendues publiques par ce dernier ? — R. Je ne saurais préciser l'époque. M. Parmentier me dit qu'il tenait le général, que le général lui avait écrit des lettres très compromettantes, qu'il était perdu. Nous lui représentâmes que c'était une infamie, que ces lettres étaient confidentielles ; nous le retînmes ainsi pendant quelque temps. Nous lui représentions que M. Cubières n'avait rien gardé pour lui, qu'il avait été trompé par M. Pellapra ; mais je crois bien que son parti était pris dès lors d'user des lettres du général, et c'est ce qu'il a fait plus tard... J'ai toujours cru que, dès que M. Parmentier avait été en possession des lettres du général, il avait voulu exercer le chantage et se faire donner de l'argent. »

Le général, à partir du 18 octobre 1844, date du retrait du réméré, ne parlera plus des sacrifices qu'il dépeignait si énergiquement dans ses lettres précédentes. Il a cessé d'espérer qu'aucun consentement de Parmentier intervienne désormais pour l'indemniser, et il n'écrira que comme un homme résigné à ses pertes.

L'expédition de l'acte notarié envoyé à Parmentier commençait par ces mots : « Et le 18 octobre. » Ce début de l'acte n'avait rien que de naturel et de conforme à l'usage, puisqu'il était destiné à faire suite à deux actes précédens et à y être annexé, celui du 18 juin 1842 et celui du 24 décembre 1842 contenant rectification par Mme Parmentier de la vente à réméré. Mais Parmentier a des soupçons, et il les exprime avec insistance ; il craint que le général ne recommence plus tard à alléguer ses sacrifices ; il craint qu'on ne lui envoie expédition d'un acte plus ample, dans une partie duquel le général exprimerait avoir remboursé le réméré de ses deniers.

Le 21 octobre 1844, M. Parmentier écrit : Avant que de vous adresser la réponse que comporte nécessairement votre lettre du 18, je vous prie de m'expliquer ce que vous avez entendu par cette phrase : « En prenant à ma charge d'énormes sacrifices, j'assume sur moi et sur les miens un poids écrasant ; mais, du moins, j'aurai épargné à quelqu'un l'occasion de faire une mauvaise action. » Veuillez me dire quels sont et ce quelqu'un et cette mauvaise action. »

Le général répond le 23 octobre : « Je ne crois pas que ce soit une bonne action que de sacrifier celui qui n'a jamais retiré aucun avantage de son intervention, toute d'obligeance ; ce serait une mauvaise action que d'agir contre la personne ainsi placée en abusant de sa trop grande confiance ; voilà ce que j'ai voulu dire. Ce danger est à craindre des deux côtés ; le quelqu'un sera celui qui abusera. Jusqu'ici, je vous l'avoue, j'ai dû comprendre que, si j'étais sans défense légale, il m'était cependant permis de m'adresser à la moralité des hommes, que rien n'empêche de retomber sur moi. »

M. Parmentier, 25 octobre : « Je viens à la mauvaise action. J'ai eu, dès le principe, une conviction profonde, et que la suite a confirmée, que je ne vous ai jamais exprimée formellement, parce que la chose est pénible à dire, mais que vous m'obligez à vous exprimer aujourd'hui : c'est que vous n'avez jamais voulu faire et que vous n'avez jamais fait part à personne, si ce n'est à M. Pellapra, qui n'a pas déboursé un centime, du 16e de l'affaire de Gouhenans, dont vous avez exigé de moi l'abandon, très peu solide heureusement. Les documens probans qui ut entre les mains ne sont nullement, de votre part, une preuve de confiance. L'usage de ces documens ne serait point une mauvaise action, surtout s'il était invinciblement provoqué par votre manière d'agir. Mais, comme vous pensez tout autrement, et que vous le déclarez positivement, je vais incessamment soumettre la question à des juges compétens et, à cet effet, convoquer une assemblée de nos copropriétaires. »

Les 26, 27 et 30 octobre, le général écrit à Parmentier pour lui demander l'annulation du sous-seing privé du 18 juin, devenu désormais sans objet. Parmentier répond qu'il ne le détruira pas, que l'acte ne sortira de ses mains que pour passer en celles de son fils. Il écrit le 3 novembre. « Votre lettre du 31 octobre vient compléter mes documens. Voici donc le moment d'une explication définitive. Je n'ai pas reçu le prix de mon réméré ; vous ne l'avez pas reçu vous-même, quoique vous vous en soyez déclaré dépositaire ; il n'a été employé ni par vous ni par M. Pellapra pour le bien et l'amélioration des établissemens de Gouhenans ou pour un autre objet quelconque ; en me remettant mon réméré, vous m'avez fait une restitution qui ne doit pas me coûter un sou.

» Il faut donc que, par un acte authentique à faire le plus tôt possible, il soit reconnu et déclaré que nous ne pouvons, ni vous ni moi, nous rechercher en aucune façon, soit à raison de ce que vous vous êtes déclaré dépositaire du prix stipulé dans ma vente à réméré, soit à raison de ce que vous auriez pu dire dans l'acte Roquebert, de telle sorte que l'un de nous ne puisse jamais rien réclamer à l'autre sous ce rapport.

» Vous n'avez disposé ni du prix stipulé pour la cession à vous faite de vingt-cinq actions, ni de ces actions elles-mêmes.

» Vous n'en avez disposé ni pour le bien et l'amélioration des établissemens de Gouhenans, ni pour un autre objet quelconque ; ces actions doivent donc revenir à la compagnie.

» Pour cela, il est nécessaire que vous invitiez par lettre M. Hézard à détruire les titres que vous lui aviez envoyés, et que vous me donniez en même temps avis de cette invitation, qui doit être pure et simple ; à ce moyen, je vous donnerai décharge du prix stipulé pour la cession de ces vingt-cinq actions.

» Le tout, si vous le voulez, sera ensuite constaté par un acte authentique. La destruction des titres, dans les conditions ci-dessus, complétera la restitution, qu'il est de mon devoir autant que de mon intérêt d'exiger.

» J'aurai ainsi consommé ce que vous appelez une mauvaise action, et ce que je regarde comme une bonne action s'il en fut jamais. Pour le prouver à tous et en tous temps, s'il en est besoin, vous concevez bien que je dois garder la convention du 18 juin 1842, qui me sert d'ailleurs de garantie sous d'autres rapports, tandis que la destruction vous en est complètement inutile : vous le reconnaissez vous-même.

» Ma résolution est invariable, et je vous prie de me faire savoir si vous y adhérez.

» N. J'entends que l'acte ou les actes à faire ne me coûtent rien. »

Quelle a été la réponse du général à ces lettres si impérieuses et si dures ? La voici, à la date du 7 novembre, avec son *post-scriptum* :

» Mon cher monsieur Parmentier, vos lettres des 29 octobre et 3 du courant me sont parvenues ; j'aime à reconnaître que leur contenu, et en particulier les termes de celle du 3, sont de nature à me donner sur les faits accomplis, ainsi que sur leurs conséquences, la sécurité qui dépend de vous, et je vous en remercie.

» Je ne saurais avoir aucun motif de revenir jamais sur ce qui aurait été réglé d'accord entre nous et dans les termes que vous proposez ; je ne vois pas même de quelle pièce il me serait possible de m'armer contre vous ; mais la convention du 18 juin 1842 subsistant dans vos mains ainsi que dans les miennes, je comprends qu'une déclaration dans la forme authentique paraisse utile pour nous mettre réciproquement à l'abri de toutes recherches dans l'avenir.

» Cela posé, je n'ai aucune objection contre l'acte en question, et il ne me reste plus qu'à être fixé sur le moyen de le passer sans déplacement.

» Sauf meilleur avis, je pense qu'au préalable la déclaration dont il s'agit devrait être établie sous seing privé jusqu'au moment où vous pourriez donner pouvoir à monsieur votre fils d'en signer une semblable, concurremment avec moi, devant un notaire de Paris.

» En conséquence, je vous propose d'en dresser vous-même le projet dans le sens de votre lettre du 3 de ce mois et de me l'envoyer. Je ne fais pas difficulté de me charger des frais de la déclaration en forme authentique, laquelle mentionnerait, bien entendu, la décharge des reçus donnés par moi à l'appui de la convention du 18 juin précitée.

» J'écris aujourd'hui au directeur de la saline pour l'annulation des vingt-cinq titres au porteur que nous avons signés conjointement, vous et moi, le 18 juin 1842, en vertu de l'acte reçu le 5 février de la même année, par Lamboley, notaire à

Vesoul, titres dont la remise fut faite en mon nom à M. Hézard dès le 19 février 1843.

» Je vous donne avis de cette demande en annulation par lettre spéciale que vous trouverez jointe à la présente.

» Recevez l'assurance de tous mes sentimens.

» *P. S.* Je ne reviens pas ici sur la pensée que j'ai cru devoir traduire par ces mots de *mauvaise action*, mais il me serait facile de l'expliquer de manière à lui ôter ce qu'elle pourrait avoir eu de personnel ou de blessant à vos yeux. »

Par acte sous seing privé, signé à Paris, le 14 novembre 1844 par le général, et à Lure le 17 par Parmentier, il a été déclaré que les deux sommes de 100,000 fr. chacune dont M. Cubières s'était reconnu dépositaire par les deux actes du 18 juin 1842 n'ont pas été employées ; que le réméré a été exercé ; que les vingt-cinq actions vont être détruites ; que les parties se donnent décharge réciproque ; que la convention du 18 juin 1842 entre les soussignés, ainsi que les reçus qui s'y rattachent, restent et resteront désormais nuls et de nul effet.

Dans une de ces lettres de menaces, celle du 5 février 1843, Parmentier dit au gérant, au sujet de cet acte : « Par la convention des 14 et 17 novembre... vous avouez que les 260,000 francs n'ont pas été employés par vous. Je n'ai pas besoin d'insister sur ce que cet aveu emprunte de force, de signification, de la correspondance qui a préparé, accompagné et suivi la convention, aussi bien que de la bonté que vous avez eue de supporter pour 4 ou 5,000 fr. de frais et intérêts. A qui persuaderez-vous que vous vous seriez imposé ce sacrifice, si vous n'y aviez pas été obligé? »

Le 22 novembre 1844, M. Mourgues envoie au général le procès-verbal d'annulation des vingt-cinq actions avec une lettre où il est dit :

« J'ai reçu en son temps votre lettre du 14 courant, et aussitôt je me suis rendu, avec mon fondé de pouvoirs, auprès de M. Hézard, à la saline. Il était au lit, assez souffrant. Je lui avais donné rendez-vous chez moi aujourd'hui pour faire l'annulation des coupons d'actions dont vous m'entreteniez. Il avait été convenu avec lui qu'il me donnerait la moitié de chaque action, comme preuve à vous adresser de leur destruction. Au lieu de venir, j'ai vu arriver ce matin M. Parmentier, à qui j'ai lu votre lettre. Il s'est positivement refusé à faire ce que vous me prescriviez d'exiger, disant que, les coupons étant au porteur, la représentation même de moitiés d'actions pouvait faire titre. J'ai objecté qu'il fallait pour cela représenter toutes les parties de coupons pour avoir valeur ; rien n'a pu le déterminer. Il arguait aussi que si vous veniez à mourir, ou si on vous volait ces moitiés, la représentation en étant faite, il y aurait contestation, etc., etc. Enfin, sachant que votre but était la preuve de l'annulation de ces titres, je lui ai proposé de les brûler dans mon poêle, ainsi que les talons, d'en dresser un procès-verbal ; il y a consenti. Dès-lors, nous avons procédé à cette opération, en les comptant une à une, ainsi que chaque talon. Vous avez, inclus, ce procès-verbal. »

Cinquième époque.

Faits postérieurs au retrait du réméré et à l'annulation des vingt-cinq actions.

M. Parmentier avait recouvré sans frais ses vingt-cinq actions vendues à réméré ; les vingt-cinq actions avaient été détruites. La cour a pu apprécier, par les détails qui précèdent, si de là résultent deux preuves : l'une, qu'aucune dépense n'aurait été faite sur les 200,000 fr. destinés à la corruption ; l'autre, que, dans l'hypothèse où aucune somme n'aurait été dépensée pour la corruption, le général n'aurait élevé aucune réclamation à ce titre, et se serait borné à vouloir être indemnisé des frais d'actes et de la différence existent entre la valeur réelle de ses huit actions et le prix auquel il disait les avoir vendues à M. Pellapra au-dessous du cours.

M. Parmentier insistait toujours sur le soupçon d'une action ultérieure que le général se ménagerait dans l'avenir. Celui-ci, par lettre du 15 janvier 1843, lui fait, dans les termes les plus explicites, une déclaration qui doit le délivrer entièrement de cette crainte.

Cette déclaration obtenue, Parmentier, qui ne redoute plus d'être mis sur la défensive, va commencer ouvertement son attaque. Sa lettre du 28 janvier 1843 est une déclaration de guerre. Nous en citerons ici quelques passages, mais il faut la lire attentivement tout entière.

» Je vous vendrai, conjointement et solidairement avec ma femme, les cinquante actions ou parts d'intérêts qui nous appartiennent dans la société de Gouhenans, y compris nommément les cinq que nous avions vendues à réméré à M. Pellapra, et que vous avez retirées en notre nom et en remboursant de nos deniers. Vous vous substituerez à nous pour l'exécution de tous engagemens et traités faits pour la compagnie, et pour toutes actions rescindantes et rescisoires qui peuvent s'y rattacher. Le prix sera de deux millions.

» En outre, vous resterez chargé, en ce qui vous concerne, de toutes les suites du procès de Lyon, et vous nous serez substitué envers M. Grillet à toutes les conséquences du procès de compte encore pendant à Besançon ; vous resterez chargé de notre part dans tout ce qui est dû par l'établissement, notamment aux banquiers et aux entreposeurs à cautionnemens. Sur le prix, 500,000 francs seront payés comptant, chez moi, à Paris ou à Vesoul, à mon choix ; 700,000 francs seront payés dans un an, et 500,000 francs à la fin de chacune des deux années suivantes, aux mêmes lieux à mon choix.

» Vous me ferez en conséquence, par lettre qui devra me parvenir au plus tard le jeudi 6 février prochain, la proposition de vous vendre, conjointement et solidairement avec ma femme, sous les conditions avant dites. Nous vous répondrons, et le contrat sera formé, sauf à lui donner ensuite la forme authentique. Je n'admettrai aucune modification, aucune observation. Vous êtes parfaitement libre de vous refuser à cela ; mais je suis libre aussi de publier un mémoire auquel je travaille déjà par précaution, et qui, entre autres effets, aura celui d'éclairer le public sur la vraie position de Gouhenans et de faciliter les négociations. Si à ce premier effet, auquel je dois m'attacher, il vient s'en ajouter un autre, et c'est ce que je regarde comme certain, vous l'aurez voulu ..

» N'oubliez pas le 6 février. Vous m'avez forcé à exiger de vous la négociation dont je fixe le terme à ce jour-là, et cependant je ne l'aurais pas exigée si je n'avais la certitude : 1° qu'il vous est facile d'y subvenir par vous-même et par vos amis, qu'il ne tiendrait qu'à moi de vous nommer ; 2° que votre argent vous rapportera 15 à 20 p. 100 tout au moins. »

Le général répond, le 3 février, par une longue lettre, qui se termine ainsi : « J'arrive ici naturellement à la menace dont vous pensez pouvoir user comme d'un levier pour déplacer le fardeau qui pèse sur vos épaules.

» Vous reconnaissez que je suis libre de refuser le marché que vous me proposez en termes si ridiculement impératifs ; mais vous ajoutez que vous êtes libre aussi de publier un mémoire pour éclairer le public sur la vraie position de Gouhenans, pour faciliter vos négociations, et vous ajoutez enfin : « Si à ce premier effet il vient s'en ajouter un autre, et c'est » ce que je regarde comme certain, vous l'aurez voulu, » ce qui veut dire : Payez, ou vous serez diffamé dans mon mémoire.

» Voici ma réponse : La loi du 17 mai 1819 donne les moyens de poursuivre les diffamateurs, j'en userai. Je ne me laisserai injurier ni diffamer impunément par vous ni par tout autre. »

Loin de faire trève à ses menaces, Parmentier les redouble. Il envoie au général copie d'un mémoire par lequel il le dénoncera à la chambre des pairs. Ce n'est pas assez ; il veut frapper un coup plus décisif. Il envoie un résumé de ce mémoire à Mme Despans-Cubières.

La cour lira ces lettres. Les dernières, qui contiennent des menaces, sont des 5 et 15 mars 1843. Puis la correspondance se tait à ce sujet.

On a demandé au témoin Renauld :

D. Savez-vous pour quel motif M. Parmentier a mis dix-huit mois entre les menaces par lui adressées à M. et Mme de Cubières, et le procès qu'il a fait plus tard au général ?— R. Parce que, à ce moment-là, M. Lanoir était en négociation avec une personne qui annonçait l'intention d'acquérir l'établissement ; alors M. Parmentier n'avait pas d'intérêt à imposer au général l'acquisition de ses actions. D'ailleurs, M. Lanoir et moi avions cherché à le détourner de cette idée, en lui représentant que c'était une mauvaise action. Mais, depuis, M. Lanoir est mort, et mon influence, à moi, a été nulle.

Mme Grillet étant décédée le 30 août 1845, la vente de l'usine par licitation fut décidée, mais ce projet n'eut point de suite. Le 1er octobre, le général écrit à M. Pellapra pour lui annoncer cette résolution, et lui demande quel parti il prendra. L'instruction ne donne aucune lumière sur ce qui put être alors projeté entre MM. Cubières et Pellapra. Une lettre de ce dernier, du 25 octobre 1845, est trop vague pour qu'on en puisse tirer une induction.

On est conduit ainsi, sans autre explication, jusqu'au 15 mai 1846, jour auquel M. Pellapra fit à M. Cubières rétrocèssion des huit actions que celui-ci lui avait vendues le 17 janvier 1843.

Le prix de la rétrocession est fixé à 15,000 francs, valeur évidemment inférieure au prix réel des actions. La correspondance contient une lettre par laquelle, le 30 novembre 1844, le général offrait à M. Trichon, son ami, cinq actions, au prix de 6,300 francs chacune. On venait de souscrire, le 21 avril 1846, les conditions d'un nouvel acte social, réalisé depuis, par lequel la valeur de l'établissement de Gouhenans était estimée à 4 millions, ce qui portait chaque cinq centièmes à 8,000 francs. Quelque exagération qu'on puisse supposer dans ces évaluations, toujours est-il qu'un prix de 1,875 francs par chaque cinq-centième, au 15 mai 1846, était fort inférieur à la valeur véritable.

Quels ont été les motifs de cette rétrocession, faite à si bas prix ? Sur ce point, monsieur Pellapra a dit, le 14 mai : « Peu de temps après que j'ai eu acheté ces actions, j'ai cherché à les revendre, j'ai écrit, à cet effet, à mes collègues des départemens voisins : ils n'en ont pas voulu. Je me serais estimé, à cette époque, très heureux de les donner pour 1,200 francs; plus tard, en 1846, à ce que je crois, monsieur de Cubières espérait que monsieur de Rothschild et quelques autres personnes allaient entrer dans l'affaire de Gouhenans : il désira ravoir ses actions. Je lui revendis 15,000 francs ces actions, que j'avais payées 18,000 francs, et je le remerciai bien. Comme il n'avait pas d'argent à ce moment-là, il me fit un billet de la moitié de la somme à six mois, et un autre billet à dix mois. »

Dans l'interrogatoire du général, du 1er juin, il lui a été dit : « Tout, dans cette affaire, porte le caractère de la simulation; car, quand on arrive à l'acte de rétrocession des huit actions, en date du 15 mai 1846, cet acte, qui est sous seings privés, relate toutes les circonstances de la vente antérieure, mais il ne parle pas du prix de cette vente. Il eût été, en effet, par trop étrange de voir les mêmes actions que vous aviez vendues 40,000 francs, vous être rétrocédées pour 15,000 francs seulement par la personne qui les avait achetées. — R. Si l'acte du 15 mai renferme quelque chose d'étrange ou de blâmable, je ne saurais en être responsable; c'est le notaire de monsieur Pellapra qui l'a rédigé, et je ne l'ai seulement pas lu.

« D. Que cette réticence sur le premier prix de vente ait été commandée au notaire par M. Pellapra ou par vous, peu importe : dans le degré d'intimité où vous étiez ensemble, elle prouve un besoin de dissimulation qui vous était commun à l'un et à l'autre. — R. Je reconnais qu'il y a de la simulation dans l'acte; mais je dis que si la simulation est excusable, c'est quand il s'agit d'un acte de réparation ; M. Pellapra ne faisait que me rendre ce que je lui avais cédé. »

Ce qui est plus important que cette rétrocession réparatrice, c'est une lettre écrite à la même date à M. Pellapra par M. de Cubières, de laquelle il est bien difficile de ne pas conclure que des comptes, dont ils ne produisent point les traces, avaient existé entre eux pour toute cette série d'opérations que leurs déclarations actuelles cherchent tant à amoindrir. Elle est ainsi conçue : « Venant de terminer le réglement de nos comptes relatifs à l'affaire de la saline de Gouhenans, je reconnais n'avoir rien à réclamer à ce sujet, cette affaire se trouvant réglée définitivement, sauf l'exécution des actes intervenus ce jour entre nous. »

Cette lettre avait été lue à M. Pellapra le 25 mai ; il a dit : « J'avais payé 1,600 ou 1,700 francs au notaire; M. de Cubières me les devait. Quand il m'a souscrit des bons payables à différentes époques, ces frais s'y trouvaient compris; je crois que c'est à cette circonstance que la lettre de M. de Cubières fait allusion. Je me rappelle que quand nous avons réglé nos comptes, mon notaire, à ce que je crois, m'a dit qu'après tant de comptes et de décomptes, nous devrions nous donner un quitus définitif, et c'est ce que nous avons fait. »

On était parvenu à trouver des capitalistes disposés à verser des fonds dans l'affaire de Gouhenans. Par acte sous seings privés du 21 avril 1846, MM. Henri, Mellet, Van Gobbelschroy et Pinto de Araujo, s'engagèrent à verser deux millions pour la formation d'une société nouvelle, au capital de six millions, dans laquelle l'apport des anciens sociétaires fut évalué quatre millions. Cet acte fut réalisé, par autre acte en forme, les 28 et 30 juillet 1846. MM. Despans-Cubières et Parmentier siégeaient tous deux dans le conseil d'administration qui était formé.

On voit, par la correspondance postérieure entre MM. Renauld et Parmentier, que celui-ci cherchait à vendre sa part. On lui en offrait 1,160,000 francs. Il voulait 1,260,000 francs ; la vente n'eut pas lieu.

Dans la même correspondance, M. Parmentier se plaint du retard des versemens à effectuer par les nouveaux sociétaires.

Le 22 décembre, il écrit en ce sens au conseil d'administration, dont il critique la composition comme irrégulière.

Cette lettre était le prélude de la guerre qu'il allait entamer. Par exploit du 29 décembre 1846, il a assigné devant le Tribunal civil de première instance de la Seine, MM. Cubières, Van Gobbelschroy, Pinto de Araujo, Henri, Mellet et Renauld, aux fins d'exécution de la convention des 28 et 30 juillet 1846, solidairement et par corps, avec dommages et intérêts.

C'est dans ce procès qu'il a mis à exécution ses précédentes menaces contre le général Cubières. Il a fait imprimer trois mémoires.

Le premier, du 5 février 1847, a pour titre *Conclusions*. Il y attaque vivement MM. Cubières et Renauld, mais ne parle pas encore de la correspondance du général.

Le second factum, du 12 mars, en 51 pages, intitulé *Supplément*, donne des extraits des lettres du général qu'on a précédemment fait connaître, et qui sont celles des 14, 22 et 26 janvier, 5, 24 et 26 février 1842; la note imprimée, pièce 26e; le sous-seing-privé du 18 juin; les lettres des 27 mars 1845, 28 juillet 1844, 25 octobre, 5 et 7 novembre 1844.

Le troisième mémoire, intitulé *Note*, commente de nouveau cette correspondance; elle est datée du 3 mai.

On a saisi chez M. Parmentier la minute d'une lettre écrite par lui à M. Teste, le 17 mars 1847, en lui adressant ses deux premiers mémoires. On y lit : « J'établis que je n'ai jamais cru à cette prétendue corruptibilité, et que mon respect pour votre caractère n'a jamais subi la moindre altération. C'est pour vous le prouver que je me permets de vous adresser mes mémoires. Toutefois, j'éprouve encore le besoin de vous renouveler ici l'hommage de ce respect, veuillez bien l'agréer et me croire votre très humble et très obéissant serviteur.

» P. S. M. Capin, que je tenais au courant de mes relations avec M. Cubières et des démarches relatives à la concession, pourrait, au besoin, vous attester que mon opinion sur la prétendue corruptibilité ne fut jamais douteuse. »

M. Capin, entendu comme témoin le 11 juin, a affirmé n'avoir eu aucune conversation à ce sujet avec M. Parmentier antérieurement à l'ordonnance de concession.

D. Parmentier l'a cependant dit par deux fois dans le cours de ses interrogatoires, et il a même ajouté que c'était une précaution qu'il avait prise pour qu'un jour, si ce que M. Cubières lui avait dit et écrit au sujet de M. Teste était rapporté à ce dernier, vous pussiez témoigner que lui, Parmentier, n'avait jamais cru que M. Teste fût capable de ce que M. Cubières lui imputait ? — R. Je ne peux que persister dans la réponse que j'ai eu l'honneur de vous faire. J'ajouterai que, soit dans les voyages que j'ai faits en Franche-Comté, soit lorsque j'ai rencontré M. Parmentier à Paris, et qu'il m'a parlé de son procès avec M. Cubières, il ne m'a jamais rappelé ces circonstances-là.

Par jugement rendu le 6 mai 1847, le tribunal civil de première instance de la Seine a débouté Parmentier de sa demande envers toutes les parties par lui mises en cause ; il a constaté que le général Despans-Cubières a été complétement étranger à l'apport de deux millions stipulé dans l'acte des 28 et 30 juillet 1846; il a déclaré n'avoir point à examiner si les imputations contenues dans deux des mémoires sont ou non fondées; mais il a ordonné la suppression de ces mémoires comme contenant des imputations injurieuses et diffamatoires étrangères à la cause ; il a condamné Parmentier en tous les dépens.

Résumé.

Nous venons de parcourir devant la cour une longue série de faits affligeans. Elle les contrôlera, et en complétera l'examen par l'étude des nombreuses pièces qui sont mises sous ses yeux. C'est à elle à déclarer s'il sort de ces faits des présomptions suffisantes pour ouvrir un débat public, et contre quelles personnes existeraient des charges; ou bien si, au contraire, il n'y aurait pas lieu à suivre le procès.

De l'ordonnance du roi qui a saisi la cour résulte la nécessité d'examiner deux systèmes fort différens : celui d'une tentative d'escroquerie; celui d'une corruption ou d'une tentative de corruption contre un fonctionnaire.

Quant à la tentative d'escroquerie, si la cour pensait qu'il existât à cet égard des charges suffisantes, l'inculpation atteindrait soit M. Despans-Cubières, soit M. Pallapra, soit tous les deux.

Ont ils simulé une corruption dans l'intention de s'approprier les sommes ou valeurs qu'ils auraient feint d'y avoir consacrés ?

La création de vingt-cinq actions nouvelles, prises sur l'actif social par l'acte notarié du 5 février 1842, la vente à réméré, par l'acte notarié du 18 juin 1842, de vingt-cinq actions appartenant aux sieur et dame Parmentier, la mise à la disposition du général Cubières, par la convention dudit jour, de 250,000 francs provenant de ces deux actes, sont-elles le fruit de manœuvres frauduleuses employées pour persuader l'existence d'une corruption imaginaire, et pour faire naître l'espérance qu'au moyen de cette corruption l'ordonnance de concession serait accordée à une certaine époque et moyennant certaines conditions favorables, ou pour faire naître la crainte que le refus d'adhérer à cette corruption et d'en payer le prix aurait pour conséquence soit le rejet de la demande en concession, soit son octroi tardif et sous des conditions défavorables ?

M. Cubières et M. Pellapra, ou l'un d'eux, ont-ils, en vue de faire croire à une corruption non existante, et de s'approprier des actions ou de l'argent, multiplié les mensonges dans une longue correspondance, pour exagérer les effets de leurs démarches auprès de l'administration, et pour tromper Parmentier et ses associés sur le vrai sens des actes, des paroles, des intentions de M. Teste, en dépeignant calomnieusement ce ministre comme disposé à étendre sur eux le secours d'une protection coupable, achetée par des promesses ou des sacrifices d'argent ou d'actions ?

Le renvoi que le général Cubières a fait des 25 actions nouvelles, le 15 février 1843, avec mandat de les annuler, a-t-il été effectué, de sa part, volontairement et sans conditions ni réserves ; ou bien n'aurait-il eu lieu que sous la réserve et avec l'espérance d'être payé de prétendues dépenses de corruption qui, en réalité, n'auraient jamais été faites ?

Pendant l'intervalle qui s'est écoulé entre le 15 février 1843, date du renvoi de ces actions, et le 22 novembre 1844, date de leur annulation effective, des efforts sérieux ont-ils été tentés pour rendre inutile le renvoi, et pour employer aux fins déjà indiquées tout ou partie des actions ou de leur valeur ?

N'y a-t-il eu, au contraire, en ce point, de la part du général Cubières, que des efforts légitimes à l'effet de se faire rembourser : d'abord, les frais par lui avancés pour des actes réguliers et intéressant la compagnie de Gouhenans ; et, en second lieu, la perte par lui essuyée sur huit de ses actions personnelles vendues à M. Pellapra au-dessous du cours, dans la seule vue de procurer à la compagnie l'appui financier de ce capitaliste, à l'avantage de l'avoir pour associé ?

L'exercice de la faculté de réméré que les sieur et dame Parmentier s'étaient réservée s'est-il opéré sans autres difficultés que celles qui pouvaient résulter de la rédaction des actes ? Serait-il vrai, au contraire, que le général aurait, autant qu'il l'a pu, résisté à laisser exercer le réméré, en se fondant sur l'illégitime exigence du remboursement de dépenses fictives, attribuées à une corruption dont il aurait allégué mensongèrement l'existence ? Ne se serait-il résigné à laisser exercer le réméré, et à affranchir le sieur Parmentier de tous frais à cet égard que parce qu'il y aurait été contraint par des menaces, et notamment par celle qu'on dévoilerait ses mensonges et qu'on publierait sa correspondance ?

Existe-t-il contre M. Pellapra des présomptions suffisantes d'avoir employé les mêmes manœuvres, ou pour son profit personnel, ou pour en partager le profit avec le général, ou pour aider et assister celui-ci dans sa tentative d'escroquerie, avec connaissance de cette tentative.

Dans l'hypothèse même où des actes de corruption auraient été exécutés ou tentés, resterait-il encore des présomptions de tentative d'escroquerie ? Cette tentative existerait-elle si MM. Cubières et Pellapra, ou l'un d'eux, avaient voulu bénéficier sur un marché réel de corruption, en exagérant mensongèrement le prix de cette corruption, afin de s'en approprier l'excédant ?

L'article 179 du code pénal distingue entre la corruption ou tentative de corruption suivie d'effet, qui est un crime, et la tentative non suivie d'effet, qui est un délit.

La morale réprouve hautement, mais la loi pénale n'atteint pas les projets de corruption, même concertés entre plusieurs personnes ; il n'y a pas délit lorsque, s'en tenant à des projets répréhensibles ou à des préparatifs blâmables, on n'a fait ni l'acte, ni la tentative de s'adresser à un fonctionnaire, par promesses, offres, dons, présens, par propositions agréées ou refusées. La cour aura à examiner si ce cas est celui du procès.

On lira aux pièces les noms de beaucoup de fonctionnaires.

Dans l'intimité de cette affligeante correspondance, où certes on ne s'est pas fait faute d'allégations téméraires, de projets coupables, de licence de langage, les soupçons n'ont été versés que sur un seul. Les intéressés ont, tantôt par l'amertume de leurs plaintes, tantôt par la sollicitude de leurs précautions, rendu aux autres agens de l'administration un involontaire hommage. Ce n'est pas tout. L'instruction a fermement voulu ne laisser aucun détail sans l'approfondir.

La conduite d'un seul fonctionnaire est restée à éclaircir. La sévérité même de l'instruction suivie à son égard donne le droit de proclamer, après les investigations les plus minutieuses, que, quant à tous les agens de l'administration, depuis les plus élevés jusqu'aux plus modestes, il n'y a place à aucun soupçon ; qu'aucun soupçon non plus n'est possible contre quelque autre personne que ce soit, hors du cercle des imputations qui viennent d'être examinées.

Mais ce seul fonctionnaire, de l'appui intéressé duquel on s'est targué, est un pair de France, un magistrat, un ancien ministre.

Les espérances de corruption dirigées contre M. Teste sont écrites dans la correspondance.

Les préparatifs de corruption ont été faits par devant notaire. Ils résultent de l'acte du 5 février 1842 : ils résultent aussi de l'acte sous seings privés du 18 juin 1842, qui a mis 200,000 fr. à la disposition du général Cubières, et qui a été signé le même jour que la vente à réméré. Ces préparatifs ont-ils été suivis d'effet ?

La cour pensera-t-elle que, dès à présent, et sans l'épreuve d'un débat public, elle est suffisamment instruite des faits pour déclarer que, contre les allégations si persistantes de la correspondance, doivent prévaloir les démentis qui leur ont été uniformément et énergiquement donnés par les interrogatoires des inculpés et les dépositions des témoins ? Tiendra-t-elle pour constant, sans information plus ample, que ces allégations sont un tissu d'indignes calomnies contre un ministre dont l'unique tort apparent serait de s'être montré trop confiant, trop communicatif, trop serviable ?

Expliquera-t-elle la conduite de M. Teste par la vivacité de ses convictions et par l'ardeur de son zèle à remplir les devoirs qu'il se croyait imposés ?

Des sacrifices pécuniaires ont-ils été faits par M. Cubières, avec affectation de ces sacrifices à des actes de corruption ? Quel est le vrai sens de la vente de ses huit actions faite le 17 janvier 1843, des réclamations qu'il a élevées à l'occasion du retrait du réméré, des pertes énormes dont il cherchait à repousser le fardeau, et qui s'ajoutaient à la perte résultant déjà d'une cession gratuite de ses huit actions ?

M. Pellapra aurait-il aidé, de ses démarches et de sa bourse, des manœuvres corruptrices ? Ou bien son intervention a-t-elle été parfaitement licite et purement officieuse ? Ses opérations n'ont-elles été que le résultat permis à des calculs financiers, ou que des conséquences légitimes de son affection et de sa confiance envers le général Cubières ?

M. Parmentier a-t-il tout ignoré ? Sa participation à des actes de corruption, s'il en a existé, n'a-t-elle été qu'apparente, et qu'une précaution prise pour ne pas être trompé ? ou bien y a-t-il deux parts à faire de sa conduite ? A-t-il été sérieusement complice de la corruption jusqu'à l'obtention de l'ordonnance de concession ? N'a-t-il cessé de paraître croire à la corruption qu'après l'ordonnance obtenue, et afin de faire retomber sur d'autres tous les sacrifices qu'elle aurait coûtés ? Ou bien encore a-t-il trompé parce qu'on le trompait ? A-t-il, alors qu'on aurait voulu lui faire payer trop cher le prix de la corruption, répondu en s'arrangeant pour n'en rien payer du tout ? N'a-t-il eu entre les mains les preuves ou indices de ce qui aurait été une corruption que parce que lui-même y aurait participé ; et a-t-il voulu abuser de la possession, ainsi obtenue, de ces preuves ou indices pour extorquer des sommes du général, en le menaçant d'une publication déshonorante ?

Parmi ces questions, plusieurs sont ardues ; toutes sont tristes. Leur solution pourra mettre les sentimens de la cour à une pénible épreuve ; son impartialité jugera.

Quant à la compétence de la cour, elle est fixée par l'article 29 de la charte constitutionnelle, s'il y a déclaration de charges suffisantes, soit contre M. Despans-Cubières, soit contre M. Teste, soit contre tous les deux.

Si la cour, en retenant en cause ces deux pairs de France, ou l'un d'eux, juge en même temps qu'il y a charges suffisantes, soit contre M. Pellapra, soit contre M. Parmentier, soit contre tous les deux, elle sera compétente à l'égard de ces derniers, à raison de la connexité.

Immédiatement après la notification de ce rapport aux inculpés, MM. Teste, Parmentier, Cubières et Pellapra, publièrent chacun un des mémoires suivans :

OBSERVATIONS DE M. J.-B. TESTE,

PAIR DE FRANCE.

La commission d'instruction de la cour des pairs m'a fait sortir du rôle passif et muet de témoin. La situation nouvelle qu'elle m'a donnée, en me rendant le droit précieux de défense, me permet d'adresser à la cour les observations que je lui présente aujourd'hui dans le but d'éclairer sa justice. Mais je les destine en même temps, ainsi que j'en avais manifesté le désir, à édifier l'opinion publique, que de fâcheuses insinuations pourraient égarer sur mon compte et sur ce qui m'appartient réellement dans cette déplorable affaire.

La lecture du rapport m'a fait sentir de plus près ce double besoin.

Je ne sais encore ni quel sera mon plan, ni si j'y pourrai faire entrer toutes les impressions, toutes les idées, tous les faits qui fermentent en moi, et qui, contenus depuis près de deux mois par la modération et la réserve imposées au témoin, se pressent et débordent, et vont précipiter ma plume.

Je sais que je vais marcher avec la vérité. Je suis sûr d'éclairer, à son aide, tout ce que la lucidité même du rapport a pu laisser subsister d'équivoque et d'obscur dans ce qui me concerne.

Les considérations générales me retarderaient, je les supprime et j'aborde directement la matière.

Il existait à Gouhenans (Haute-Saône) un établissement, autorisé par ordonnance royale, pour l'exploitation du sel par évaporation des eaux salées.

Cet établissement était géré par une société formée sous la raison Parmentier, Grillet et compagnie.

Le 30 juillet 1828, cette société avait obtenu la concession des mines de houille sur une étendue de 13 kilomètres carrés 75 hectares, au centre de laquelle se trouvait l'établissement consacré à la fabrication du sel.

Le mode de cette fabrication avait engendré de longues contestations entre la société Parmentier et la compagnie à laquelle, par une loi de 1825, avait été concédé le monopole de l'exploitation des bancs de sel gemme récemment découverts dans les dix départemens de l'Est.

Ce procès n'était pas encore arrivé à son terme, lorsque, sur les réclamations redoublées des populations, le gouvernement se détermina à résilier le traité de 1825, à proposer aux chambres l'abolition du monopole et à appliquer aux mines de sel de l'État le droit commun des concessions, c'est-à-dire le régime de la loi générale du 21 avril 1810.

De là est sortie la loi spéciale du 17 juin 1840, qui (art. 1er) rend concessibles non seulement le sel gemme, mais les sources ou puits d'eau salée ; assure (art. 3) un droit de *préférence* aux propriétaires des établissemens légalement existans, et, néanmoins (art. 19), pour faciliter la transition du régime du monopole à celui des concessions, décide que ses dispositions *n'auront d'effet* qu'après le 1er octobre 1841.

Mon entrée au ministère des travaux publics suivit de près la promulgation de cette loi qui répondait à de si vives impatiences, et je compris que ce devait être pour moi le sujet d'une grave et constante préoccupation.

J'en fus, d'ailleurs, immédiatement averti par le nombre de demandes en concession qui étaient déjà parvenues au ministère, et par l'ardeur avec laquelle les demandeurs sollicitaient une prompte expédition.

La compagnie Parmentier avait donné l'exemple de cet empressement. Dès le 1er juillet 1840, elle avait formé, sous la raison sociale Parmentier, Grillet et compagnie, sa demande en concession qui comprenait une surface de 20 kilomètres carrés autour de l'établissement de Gouhenans, c'est-à-dire le *maximum* déterminé par l'art. 4 de la loi.

J'avais deux devoirs à remplir :

1° Préparer et faire rendre, de concert avec mon collègue des finances, le réglement d'administration publique destiné à assurer l'exécution de la loi ;

2° Procéder, dans les formes voulues par la loi du 21 avril 1810, à l'instruction dont seraient susceptibles les demandes en concession.

Mais, dès mes premiers pas, je rencontrai des obstacles pour l'instruction immédiate des demandes en concession. Il importe de se fixer sur la cause et la durée de cette résistance, d'autant plus que le rapport soumis à la cour ne s'en est point occupé, et que cependant il y a là l'explication naturelle d'une foule de circonstances auxquelles la commission semble avoir attaché quelque gravité.

Le monopole cessait, et les vastes établissemens de Dieuze ayant fait retour aux mains du domaine de l'État, il était nécessaire de lui conférer une sorte de priorité et un délai de faveur pour les concessions que lui-même aurait à poursuivre.

C'est ce qui explique la disposition de l'art. 19 de la loi du 17 juin 1840 ; et assurément on ne me reprochera pas de n'être pas entré pleinement dans l'esprit de cette disposition ; car, dès le 12 septembre 1841, il a été pourvu successivement à tout ce qu'exigeait la reconstitution de cette partie importante du domaine de l'État.

Mais devais-je surseoir jusqu'au 1er octobre 1841, soit à la décision, soit même à l'instruction des nombreuses demandes en concessions formées dans un intérêt privé ? Quel était, à cet égard, le vrai sens de l'art. 19 ? C'est sur ce point qu'il y eut dissentiment entre mon collègue des finances et moi.

J'avais évidemment raison en droit et en fait quand je croyais ma responsabilité engagée à ne pas suspendre, en ce qui concernait l'industrie privée, l'exécution de la loi du 17 juin 1840.

Depuis le 7 mars 1841, jour auquel la loi avait été complétée par le réglement d'administration publique, j'étais en vérité sans excuse, à mes propres yeux, de ne pas laisser un libre cours à l'instruction d'une foule de demandes dont mon administration était saisie. Et cependant le 21 août suivant, le ministre des finances renouvelait encore ses objections, insistait sur le sens qu'il attribuait à l'article 19 ; après quoi, et pour la première fois, il me rendait une sorte de liberté par un paragraphe final, ainsi conçu : « Toutefois, je ne puis que m'en rapporter à la décision que » vous jugerez devoir prendre. »

Et, en effet, par une circulaire du 9 septembre suivant, les dix préfets de l'Est reçurent l'autorisation de se livrer aux actes d'instruction sur toutes les demandes déposées en leurs mains. Mais, en réalité, la question débattue se trouvait résolue par le fait, et la stagnation avait duré, à vingt-un jours près, jusqu'à l'expiration du délai fixé par la loi.

Ce que je veux faire ressortir de cette longue contradiction, c'est qu'elle a eu pour effet d'accroître et d'exciter la juste impatience des demandeurs en concession et de condamner l'administration à réparer, autant qu'elle le pourrait, le temps qu'on leur avait fait perdre.

Au nombre des mécontens, et en première ligne peut-être, figurait la compagnie Parmentier, qui avait fréquemment insisté, de vive voix et par écrit, pour qu'on n'abusât pas contre elle de la disposition de l'article 19.

Elle avait deux motifs particuliers de se sentir blessée de ce long retard : 1° comme propriétaire d'un établissement légalement existant, elle prétendait avoir droit à la préférence et n'avoir aucune concurrence à redouter ; ce qui simplifiait, quant à elle, les épreuves exigées par la loi du 21 avril 1810 ; 2° dans le long procès qu'elle avait soutenu contre la compagnie des salines de l'État, l'existence et la fécondité du banc de sel gemme, dans les limites de la concession demandée, avaient été administrativement et judiciairement constatées ; ce qui la dispensait de remplir les préliminaires, ou les conditions imposées par l'ordonnance du 7 mars 1841.

C'est ici le lieu de fixer l'opinion de la cour sur cette position spéciale de la compagnie Parmentier.

Avait-elle, ou non, un droit à la *préférence* consacré par l'art. 3 de la loi ? Sur ce point, il n'a pu se former un doute sérieux, et moins qu'à personne, il m'aurait été permis d'en concevoir, car c'est sur un amendement proposé par moi comme député que le mot *légalement* avait été introduit dans cet article. Au surplus, le rapport fait à la chambre des députés et la discussion à laquelle l'article a donné lieu démontrent qu'on n'a pas entendu refuser le bénéfice de la loi à ceux-là même qui, pour des fraudes commises ou des contraventions préjudiciables au fisc, avaient encouru soit des condamnations, soit des interdictions de fabriquer. L'établissement de Gouhenans était autorisé ; il était donc *légal*, à la différence de cette multitude d'exploitations non autorisées et furtives qui, sur tous les points du territoire, s'exerçaient sur les sources ou puits d'eau salée, au grand détriment du Trésor. Et l'établissement n'avait pas cessé d'être *légal*, parce qu'il y avait eu abus dans la production ou la fabrication du sel. De tels faits pouvaient bien autoriser des poursuites ou des condamnations judiciaires; mais ils ne révoquaient pas le titre sur la foi duquel l'établissement avait été créé, et qui garantissait la *légalité* de son existence.

Il est certain, d'autre part, que, dans le cours du procès, les investigations ordonnées par la justice avaient mis en pleine lumière l'existence du banc de sel sous le périmètre demandé et la réalisation d'un produit énormément supérieur au *minimum* fixé par l'ordonnance royale du 7 mars 1841.

Ainsi la *préférence* ne pouvait pas raisonnablement être contestée, et les conditions principales dont la concession dépendait avaient été remplies par anticipation.

Tel était l'état des choses à la fin de 1841 et au commencement de 1842, époque à laquelle se rapportent les premiers indices d'un projet, qui aurait été conçu, d'arriver par la corruption à l'obtention d'une concession.

A cette époque, on avait déjà subi, non sans murmurer beaucoup, le sursis à toute instruction, jusqu'à l'expiration du délai de faveur accordé par la loi au domaine de l'État. La corruption ne pouvait donc pas être employée dans le but d'éviter ce long retard. Elle ne pouvait pas se proposer non plus de rendre l'administration propice à la question de *préférence* que personne encore n'avait contestée.

Qu'y avait-t-il donc, alors, à craindre ou à espérer pour la compagnie Parmentier? A quoi donc attribuer, à quel intérêt *actuel* rattacher une si coupable pensée?

A vrai dire, à moins que l'administration des finances ne suscitât de nouvelles difficultés (ce qu'il était impossible de prévoir), il n'y avait en question, pour la compagnie Parmentier, que l'étendue à donner au périmètre de sa concession. Serait-elle de 20 kilomètres, ou de 14, ou d'une moindre surface? C'était là, désormais, le seul point à résoudre, et il est essentiel de resserrer ainsi l'espace laissé à l'odieux emploi de la corruption, afin d'en faire une plus sévère et plus facile justice.

Encore une fois, la corruption était inutile pour se racheter des délais qu'on avait déjà supportés; inutile pour faire reconnaître un droit à la préférence écrit textuellement dans la loi; inutile encore pour se faire dispenser des conditions de l'ordonnance, puisque leur accomplissement antérieur se démontrait par l'autorité même de la chose jugée. Elle était inutile enfin et, de plus, impossible, pour vaincre de nouvelles résistances du ministère des finances, puisque, au temps où se réfèrent les premiers documens (de septembre 1841 à janvier 1842), ces résistances ne s'étaient encore manifestées par aucun signe et étaient en dehors de toutes les prévisions.

Je supplie les hommes d'un sens droit et d'un esprit juste de bien retenir cette circonstance, que la *pensée* de recourir à la corruption, dont on a cru trouver le germe dans les lettres de M. Parmentier au général Cubières, des 7 et 24 septembre 1841, et qui est révélée par celle du général Cubières, en date du 14 janvier 1842, que cette *pensée* se rapporte à un temps où il n'y avait aucun obstacle à vaincre, aucune rivalité à écarter, aucun mauvais vouloir à conjurer, aucune objection à combattre.

Plus tôt, c'est-à-dire quand le conflit d'opinions sur le sens de l'art. 49 de la loi existait, on aurait compris cette pensée; car il pouvait y avoir intérêt à naître avant ses rivaux et à commencer l'exploitation sans concurrence. Mais c'en était fait; le terme était expirant, ou expiré.

Plus tard, c'est-à-dire quand le doute s'est produit sur l'étendue à donner à la concession, quand de nouvelles oppositions ont surgi du ministère des finances, on comprendrait encore la *pensée* de corrompre afin d'aplanir de telles difficultés.

Mais ce n'a été ni plus tôt, ni plus tard; ç'a été précisément quand il n'y avait pas même l'ombre d'une nécessité de descendre à l'emploi de ce moyen honteux.

Et encore, si l'on admettait le sens que le rapport semble attacher à deux lettres de M. Parmentier, il est remarquable que le premier jet de cette pensée ne se serait pas dirigé vers moi, mais bien vers l'homme qui, appelé plusieurs fois par la confiance du roi à la tête de l'administration des finances, y a laissé la trace d'une intégrité à toute épreuve et d'une haute capacité.

En effet, ces deux lettres adressées au général Cubières, les 7 et 24 septembre 1841 (nos 19 et 20 du Recueil), ne vont à rien moins qu'à désarmer, par une *alliance* avec M. Humann, la résistance que le ministre des finances pourrait opposer au succès de la demande en concession.

De quelle résistance pouvait donc, à cette époque, se préoccuper M. Parmentier? Ce n'était assurément pas de celle qui avait déjà réussi à faire ajourner l'instruction de sa demande jusqu'au 1er octobre 1841? Celle-là était épuisée, et M. Parmentier lui-même savait, le 24 septembre, que cet obstacle était levé, puisque les premiers mots de sa lettre sont ceux-ci : « Les instructions sont, en effet, arrivées à la pré-
» fecture, et notre demande va enfin subir la procédure or-
» dinaire. »

Ce qui ne l'empêche pas d'ajouter : « Quoi qu'en dise M.
» H. (et vous l'avez bien vu), nous ne pouvons pas compter
» sur sa franchise. Il restera encore assez au pouvoir pour
» nous nuire, s'il le veut; et n'y fût-il plus, son hostilité
» serait encore à craindre. Je persiste donc à croire qu'une
» alliance avec lui serait éminemment utile, etc., etc. »

M. Parmentier savait aussi qu'il avait été pourvu à la délimitation des concessions à faire au domaine, et que le gisement salifère de Goubenans était resté en dehors de cette délimitation. (*Vid.* sa lettre du 7 septembre 1841, no 19.)

Et les oppositions ultérieures du domaine n'ont vu le jour qu'après la mort de M. Humann (24 avril 1842), c'est-à-dire lorsque depuis longtemps avait pris naissance dans l'esprit de M. Parmentier l'idée de conjurer, par une *alliance*, l'hostilité prévue de ce ministre.

A Dieu ne plaise qu'on puisse croire que je cherche un abri dans les prémisses d'une correspondance dont les conséquences ont si cruellement rejailli sur moi. Mais j'en signale le principe, comme un élément essentiel d'appréciation et comme une preuve de la légèreté avec laquelle on s'est attaqué aux positions les plus élevées et aux sentimens les plus purs.

Avant de toucher à la lettre du 14 janvier 1842 du général Cubières à M. Parmentier, lettre qui contient à elle seule toute la substance des nombreux documens réunis dans l'instruction, je tiens à bien fixer l'état de l'affaire, à cette époque, devant l'administration.

Toutes les pensées, toutes les actions humaines ont un objet, une cause impulsive. Et surtout quand il s'agit d'une pensée dont l'accomplissement serait un crime et la tentative un délit, on ne peut l'expliquer que par la crainte d'un péril ou l'espoir d'un succès. Encore est-il naturel de croire que, pour une corruption si hardie, il faut que le danger à éviter soit grand, que le bénéfice espéré soit considérable.

Je viens de montrer que l'*alliance* avec M. Humann ne s'expliquait, au mois de septembre 1841, par aucun motif, puisque les objections du ministre des finances étaient alors amorties et ne s'étaient pas encore ranimées. Que se passait-il donc, en janvier 1842, qui pût raisonnablement faire concevoir au général Cubières l'idée qu'il pouvait avoir un intérêt quelconque à conquérir le succès par des sacrifices?

J'avais levé, trop tard à mon avis, par ma circulaire du 9 septembre 1841, l'interdit dont avait été frappée jusque-là l'instruction des demandes en concession. Il s'en était trouvé quatre pour les terrains environnant l'établissement de Goubenans; d'abord celle de la compagnie Parmentier, et ensuite celles des sieurs Prinet, Lissot et Kœchlin.

Mais cette triple concurrence n'était pas de nature à inspirer de bien vives alarmes; non pas que la compagnie Parmentier fût fondée à se faire considérer comme ayant *inventé* la mine de sel de Goubenans, mais parce qu'elle avait un droit évident et légal à la préférence, et parce qu'aucun de ses trois concurrens n'avait rempli les conditions dont l'ordonnance royale du 7 mars 1841 avait fait dépendre l'admissibilité de toute demande en concession.

Ce n'était donc pas, ce ne pouvait pas être pour triompher de cette concurrence éphémère, que des sacrifices auraient dû être faits, bien que quelques craintes aient été manifestées (*vid.* no 22) sur l'influence qu'exercerait le dernier de ces trois concurrens, en sa qualité de membre de la chambre des députés.

Un mémoire imprimé venait d'être produit par la compagnie Parmentier, dans lequel ses droits étaient parfaitement établis.

La seule chose qui pût lui inspirer une inquiétude plausible, c'était l'étendue de la concession. Cependant l'instruction administrative se poursuivait sur les lieux, sans aucune intervention directe ou indirecte de la part de l'autorité supérieure. Rien n'a été fait qui ne fût l'exécution rigoureuse de la législation générale sur les mines, rien n'a été omis de ce que commande cette législation. Il en a été de la concession Parmentier comme de toutes les concessions auxquelles a donné lieu la loi spéciale du 17 juin 1840. Le délai des affiches et des publications était à peine expiré ; on ne savait pas quel serait l'avis des ingénieurs et du préfet de la Haute-Saône ; il était impossible de pressentir des difficultés d'aucun genre, lorsque le général Cubières a écrit la lettre du 14 janvier 1842 à laquelle se rattachent tous les documens postérieurs. Tout le système de la corruption est là en effet ; la *pensée* s'y révèle tout entière. Elle y est avec ce couronnement que : *le gouvernement est dans des mains avides et corrompues, et que la liberté de la presse court risque d'être étranglée sans bruit l'un de ces jours.*

Comment expliquer ce désespoir de toute justice et de la puissance du droit ? Certes, ce ne sera pas moi qui assumerai la tâche de résoudre ce triste problème, pas plus que je n'ai expliqué le projet d'une alliance avec M. Humann. Mais ce qui m'importe, c'est de faire remarquer qu'à la date de cette lettre, l'affaire n'était pas même rentrée au ministère des travaux publics, qu'elle était en cours d'instruction dans la Haute-Saône, et qu'à part la triple et fragile concurrence dont j'ai parlé, aucun incident ne s'était élevé qui pût motiver un tel langage, ni une crainte sérieuse.

Ce que je dois faire observer, c'est que la même lettre reproduit, sous une forme *littérale*, une conversation avec M. le sous-secrétaire d'état des travaux publics, dont ce fonctionnaire n'a pas reconnu la parfaite exactitude.

Ce qui me frappe, en outre, c'est que, dès le début de cette correspondance, et lorsqu'il y avait d'autant moins sujet de s'alarmer que *la liberté de la presse n'était pas encore étranglée sans bruit*, déjà on provoquait la transformation de la société, la création d'actions destinées à des rémunérations illicites, l'application d'un certain nombre de ces actions à l'aplanissement de difficultés à naître et qui étaient nécessairement imprévues.

Je voudrais, si cela m'était possible, faire assister tous les hommes de sens à la naissance de cette déplorable pensée, qui surgit précisément quand l'affaire suit un cours normal et paisible, et qui, se dressant contre une chimère, c'est-à-dire contre le danger d'une concurrence qui n'existait pas, ne s'arrête pas un moment à la seule chance contraire qu'on eût à redouter, le rétrécissement des limites de la concession.

Si je ne m'abuse, la *pensée* est jugée par cette observation, non-seulement à sa source, mais encore dans tous ses développemens ; car enfin les développemens n'y ont rien ajouté. Elle est là dans sa *nudité* ; et, de ce point, elle commande à tout ce qui en a été la suite, jusqu'au moment où elle a été abjurée.

Eh ! n'est-ce pas sous l'empire de la même fascination qu'a été écrite la seconde lettre du général Cubières à M. Parmentier, portant la date du 26 du même mois de janvier (n° 26) ? Il me répugne d'en rapporter la teneur entière. Mais est-il possible d'admettre le langage qu'on y prête à M. le sous-secrétaire d'Etat ? A-t-il pu dire *qu'il ne fallait pas perdre de temps , qu'il serait dangereux d'attendre l'expiration des délais pour agir, qu'on ne saurait faire trop tôt des démarches pour la concession, que la politique pourrait s'en mêler*, etc., etc. ? Et si la mémoire ou les renseignemens du général Cubières ont failli dans cette occurrence, comment ajouterait-on une pleine foi à d'autres écrits où d'autres personnes sont mises en scène ?

C'est pourtant dans ce calme profond, en l'absence de tout sujet de crainte et lorsque le ministre des travaux publics attendait encore le résultat des informations locales, que *la pensée* aurait reçu un commencement d'exécution par l'acte public du 5 février 1842 (n° 28 du cahier des documens), acte par lequel les intéressés dans la société de Gouhenans ont élevé le nombre des actions à 325, dont 25 au porteur ont été mises à la disposition du général Cubières et de M. Parmentier, *pour servir au bien et à l'amélioration des établissemens, sans être obligés d'en rendre compte.*

Que cette convention soit la réalisation partielle du plan qu'avait tracé le général Cubières dans la prévision de la nécessité de certains sacrifices, c'est ce que j'ignorerais si je n'en trouvais la preuve dans ses propres aveux et dans les faits qui s'y rattachent.

Mais encore une fois, pourquoi ces apprêts ? Que pouvait-on vouloir, que pouvait-on tenter au mois de février 1842 ? Contre quel danger voulait-on se prémunir ? Savait-on, sur la double question de la concurrence et des limites, quel serait l'avis de l'ingénieur des mines ? Il n'a été donné que le 12 avril suivant. Celui du préfet de la Haute-Saône ? Il est à la date du 26 du même mois. Pouvait-on prévoir, le 5 février,

que de la part même de l'administration des contributions indirectes il viendrait une opposition, et sur quoi elle serait fondée ? Le représentant de l'administration sur les lieux n'a fait connaître son opinion que le 25 mars.

Ainsi, sous l'influence du je ne sais quelles terreurs, on s'agite, on se dispose, on travaille dans le vide, et cela pour mettre aux mains des corrupteurs les moyens d'accomplir une corruption impossible, et que l'accord de tous les élémens de l'instruction administrative peut d'ailleurs rendre souverainement inutile.

Et, en effet, l'avis de l'ingénieur et celui du préfet avaient écarté ce redoutable concurrent dont le crédit était tel qu'il se pouvait qu'à cause de lui le conseil des ministres fût appelé à prendre connaissance de l'affaire. (*V id.* lettre n° 26). Ces avis avaient pareillement écarté les deux autres concurrens, par le motif commun à tous qu'ils étaient en dehors des conditions de l'ordonnance royale du 7 mars 1844. L'obstacle prévu s'écroulait en même temps qu'on préparait les moyens de l'abattre ; et il ne s'est pas relevé depuis ; il a au contraire définitivement disparu.

Toutefois, si *la concurrence*, d'abord unique mobile, et toujours mobile principal des premières dispositions pour la création du fond d'une corruption éventuelle, n'offrait pas même l'apparence d'un danger, il y avait deux difficultés dont il n'est pas dit un mot dans les premières lettres, et qu'il était facile de prévoir : l'une, tirée de ce que MM. Parmentier et C⁰ étaient grevés, à l'égard du trésor, de condamnations non encore liquidées et qui pouvaient rendre douteuses leur aptitude et leur solvabilité ; l'autre, relative à la délimitation plus ou moins étendue de la concession.

La première avait été de ma part et de celle de mes principaux auxiliaires l'objet d'un examen attentif, et, à cette occasion, j'avais étudié de fort près la discussion de la loi de 1840, pour vérifier si j'y rencontrerais un fondement à ce motif d'exclusion. Je crois même me souvenir d'en avoir parlé au général Cubières et à M. Parmentier. Il se peut qu'un tel avertissement ait influé sur la convention rédigée en acte public le 2 mars 1842 ; mais qu'il me soit permis de faire remarquer que cette convention se prête difficilement aux inductions qui semblent avoir frappé la commission. (*V id.* p. 26 et 27 du Rapport.) Je ne l'ai du moins jamais envisagée comme se liant, de près ou de loin, à des calculs répréhensibles.

Et d'abord, pour bien juger cet acte, il faut le prendre en son entier, et non pas en détacher la clause finale par laquelle les quatorze associés innommés dans la compagnie Parmentier, *protestent vainement qu'ils entendent rester étrangers à toutes les conséquences quelconques de la fabrication de sel antérieure au 5 février 1842.*

Je dis *vainement*, parce que la partie substantielle de l'acte porte de la part des quatorze sociétaires la déclaration formelle *qu'ils sont copropriétaires des établissemens de Gouhenans et qu'ils doivent être considérés comme compris dans la dénomination générique ET COMPAGNIE et comme composant ladite compagnie concurremment avec MM. Parmentier et Grillet.* (*V id.* n° 40 du cahier des pièces.)

Or, 1° contre une reconnaissance aussi générale et aussi précise, la prétention de rester étrangers aux conséquences de l'association ne peut constituer qu'une réserve illusoire.

2° Il n'est pas possible que cet acte ait été fait pour éviter la manifestation de celui du 5 février, puisque cette manifestation ne leur avait jamais été demandée, et qu'ils pouvaient parfaitement se dispenser de le produire.

3° Ils en avaient besoin, au contraire, dans le cas où on leur aurait opposé le défaut de garanties suffisantes ; et c'est tellement dans ce but unique que l'acte a été fait et produit, qu'on y a joint l'extrait des contributions payées par chacun des associés antérieurement innommés, afin de constater les forces de la compagnie et de garantir la durée de l'exploitation.

Je donne à cet acte plus de place qu'il ne semblerait devoir en occuper, parce que c'est le seul point sur lequel il y ait eu entre le comité du conseil d'état et moi un dissentiment passager dont je parlerai plus tard.

Et, du reste, l'acte a produit son effet dans ce sens, car l'objection tirée de l'insuffisance de la solvabilité s'est évanouie.

Il n'en a pas été de même de la seconde difficulté relative aux limites de la concession. Celle-là, au contraire, prévue et redoutée par les intéressés, non pas quand ils ont, par l'acte du 5 février 1842, rassemblé les instrumens de la corruption, mais bientôt après, a promptement acquis une grande consistance.

Aussi, je ne saurais trop le répéter, tout ce qui se rapporte à la corruption se concentre forcément dans la question des limites.

Ce n'était point une *faveur* que l'admission *inévitable* de la compagnie Parmentier à faire valoir ses droits à la préférence que lui conférait la loi de 1840.

Ce n'était point une *faveur* que de l'affranchir d'une concurrence qui se présentait en dehors des indispensables conditions réglées par l'ordonnance royale.

Ce n'était pas pour la *favoriser* que j'avais inutilement soutenu la véritable, la saine interprétation de l'article 19 de la loi.

Il n'y avait donc place à la faveur et matière à la corruption que dans la détermination du périmètre, et j'ai hâte d'en venir à l'usage que j'ai fait de mon pouvoir pour l'examen et pour la solution de cette question.

Il faut d'abord en préciser les termes et en rassembler les élémens.

La demande primitive en concession embrassait le *maximum* de surface autorisé par la loi, c'est-à-dire 20 kilomètres carrés; elle remonte, comme je l'ai dit, au 1er juillet 1840, époque antérieure de trois mois à mon entrée au ministère. Elle a été renouvelée le 24 avril 1841, et, dès les premières communications, la compagnie Parmentier limitait subsidiairement sa prétention aux 13 kilomètres 75 hectares pour lesquels elle avait obtenu, en 1828, la concession de la houille qui recouvre le banc de sel gemme.

Le rejet du *maximum* légal n'a fait doute pour personne, bien qu'on retrouve, dans certaines parties de la correspondance saisie, l'expression d'une vague espérance d'obtenir, à l'aide des sacrifices projetés, un succès qui s'étendrait jusque-là.

Il en a été autrement du périmètre ayant la même étendue et les mêmes limites que la concession de houille. Mon dessein n'est pas de reproduire les raisons qui ont été données pour et contre, et dont le conflit a tenu les esprits en suspens. Je savais qu'il était de jurisprudence au conseil des mines que la superposition et la quasi-dépendance de deux substances minérales n'enlevaient pas au gouvernement la faculté d'en disposer au profit de deux ou plusieurs concessionnaires différens. C'était le principe; mais on avait toujours été frappé des difficultés de l'application, et certainement, à conditions égales, le premier concessionnaire devrait être préféré. Lorsque le contraire a lieu, l'acte qui sépare les deux exploitations se complique, et l'on est obligé d'y introduire des dispositions inusitées, pour parer aux inconvéniens de ce mélange des deux intérêts.

Ainsi, à part le droit à la préférence et le titre d'inventeur que s'attribuait M. Parmentier, sa demande de 14 kilomètres environ se présentait avec une telle apparence de justice et d'intérêt public, que, sans encourir le reproche d'user de *faveur* envers cette compagnie, le ministre aurait pu proposer, et le gouvernement admettre cette assimilation du sel à la houille.

Mais l'ingénieur des mines préposé à l'instruction de l'affaire, après s'être convaincu de la *possibilité* d'une exploitation distincte, avait pris l'initiative d'une réduction à 7 kilomètres environ.

Le préfet de la Haute-Saône avait partagé cette opinion, et c'est avec ces précédens que la question s'est offerte au conseil général des mines.

J'étais, en général, partisan du morcellement en matière de concession, et l'on trouverait de nombreux exemples, durant mon administration, du soin constant que j'ai pris de faire de la division la garantie d'une concurrence sérieuse. Mais, dans ce cas particulier, j'avoue que j'ai hésité quelque temps. Je voulais être plus éclairé sur la question technique, et c'est le principal motif pour lequel j'ai tenu à présider, en cette occasion, le conseil des mines. Cette circonstance a été pourtant remarquée, comme si les registres n'étaient pas là pour déposer que j'ai assisté, aussi souvent qu'il m'a été possible, aux délibérations de ce conseil et à celles du conseil général des ponts et chaussées, seul moyen efficace de former à ce genre d'affaires un ministre emprunté au barreau pour la direction des travaux publics ; comme si, du reste, il n'y avait pas eu pour moi, dans cette occasion, nécessité de défendre les idées de mon administration contre celles du département des finances.

Me voilà donc, le 23 juillet, devant le conseil des mines, que j'avais saisi, dès le 23 juin, lendemain du jour où le rapport de l'inspecteur général avait été déposé. On me suppose atteint dès lors par la corruption, et la délibération va s'ouvrir, sous ma présidence, sur le *seul* intérêt qu'ait la compagnie Parmentier, c'est-à-dire sur le périmètre demandé par elle. On me représente comme *engagé* à enlever d'assaut un avis favorable à l'octroi *immédiat* d'une concession de 14 kilomètres. Que se passe-t-il sous mes yeux, et, autant que je puis me le rappeler, sans opposition de ma part? Le rapporteur, que la correspondance suppose avoir été choisi par moi, tandis qu'il n'y avait pas de choix à faire, le rapport étant dévolu habituellement à l'inspecteur dans la division duquel se trouve la mine à concéder, le rapporteur (M. Guényveau) conclut à la réduction à 7 kilomètres ; mais il pense qu'il n'y a nul motif pour statuer à la fois sur la demande de la compagnie Parmentier et sur celles des trois concurrens. Le conseil s'arrêtant à cette dernière question, qui était de pure forme, pense, au contraire, qu'il y a une sorte de connexité entre les quatre demandes, et, avec mon assentiment, un nouveau rapport d'ensemble est demandé à M. Guényveau. La question de délimitation demeure réservée.

Le conseil se réunit de nouveau, quinze jours après, le 5 août, et le nouveau rapport démontre qu'aucun des trois concurrens n'a rempli les préliminaires exigés par l'ordonnance royale ; il reproduit les conclusions tendant à la réduction à 7 kilomètres. Aucune discussion ne s'élève sur l'ajournement indéfini des demandes en concurrence ; mais le débat s'engage et les opinions se divisent sur l'étendue à donner au périmètre. Les forces se balancent, j'assiste, je préside !... et je ne prends aucune part au débat, ni au vote!... Quatre des opinans se prononcent pour les 14 kilomètres, cinq pour la réduction... et le ministre *corrompu*, ayant le droit d'opiner, pouvant déterminer un partage et peut-être rompre l'équilibre en sens inverse, garde le silence ; il respecte une si faible majorité ; il se borne à recueillir ce qu'il a entendu et ce qui doit servir à lever ses propres doutes...

Encore une fois, je néglige ici les énonciations de la correspondance, qui m'est étrangère et qu'en bonne justice on ne saurait m'infliger. Je rappelle mes propres actes, ceux dont je réponds, ceux qui parlent plus haut que tous les récits plus ou moins *confidentiels* qui forment le tissu des lettres où l'on puise, sinon des charges, au moins des inductions contre moi.

Le moment est enfin arrivé, où il faut que je me prononce sur le point unique où se trouvait engagé l'intérêt dont on assure que j'étais le *patron*.

Je dis le point *unique*, car sur l'irrégularité des demandes en concurrence, sur les droits de la compagnie Parmentier à une concession plus ou moins étendue et sur le peu de fondement de l'opposition du ministre des finances, il n'y avait eu qu'une voix dans le conseil des mines, ainsi qu'on peut s'en convaincre à la simple lecture du résumé de son avis.

Eh bien ! à ce degré de maturité de l'instruction, il n'y avait plus à rédiger que le rapport au roi qui devait accompagner le projet d'ordonnance et être soumis, avec ce projet, au conseil d'état.

C'est là la première manifestation officielle de mon opinion personnelle sur la délimitation. La commission d'instruction n'a extrait de ce rapport qu'un passage dont on pourrait induire, en l'isolant, que j'entendais ménager à la compagnie Parmentier la faculté de ressaisir les sept kilomètres retranchés de la concession.

Or, voici en quels termes je motivais mon opinion désormais fixée :

« Il n'est pas douteux qu'on ne doive multiplier les con-
» cessions autant que cela sera praticable. Il faut que la
» concurrence soit sérieuse. Le monopole de l'État a été
» aboli, et il ne doit pas être remplacé par un autre. La li-
» berté légale est acquise à tous. Le régime de la libre fa-
» brication a remplacé un ordre de choses qui avait excité
» des plaintes vives et nombreuses ; il ne saurait être illu-
» soire.... Il convient donc de restreindre les limites sol-
» licitées par la compagnie. »

Je le demande, un tel langage permet-il de supposer une arrière pensée? Après l'avoir tenu, de quel front serais-je venu me démentir moi-même, et proposer ultérieurement de recomposer le périmètre, dont j'aurais opéré le morcellement pour d'aussi graves motifs?

Je sais bien que, d'après la correspondance, j'en ai eu la pensée et donné l'espérance. Mais depuis quand des assertions épistolaires l'emporteraient-elles sur l'énergie et la clarté des actes, lorsqu'on voit M. le sous-secrétaire d'état, après avoir entendu dans le sein de la commission la lecture de la lettre du 6 août 1842 (n° 94 du cahier des pièces) se récrier (page 76 du rapport) : « Je ne conçois pas comment
» on a pu faire un tel récit d'une délibération qui a été très
» calme, très paisible, très grave et qui n'a eu aucun des ca-

» ractères qu'on lui prête. Je n'ai pas eu avec le ministre la
» conversation qu'on rapporte dans une autre lettre, etc., etc.? »

Quant au conseil que j'aurais donné de se résigner à la réduction, sauf à revenir plus tard à la charge sur les 7 kilomètres retranchés et tenus en réserve, comment est-il possible d'y croire en face des considérations d'intérêt public développées dans le rapport au roi ? Si j'avais eu ce dessein, si j'avais donné cette espérance, aurais-je proposé de procéder par simple ajournement à l'égard des trois concurrens qui, pour n'avoir pas rempli les conditions légales, avaient encouru une éviction définitive ? Aurais-je, en proposant cet ajournement, laissé pressentir l'intention de leur donner accès à la portion retranchée ? Aurais-je exprimé cette intention dans les termes suivans : « L'espace resté libre... pourra
» ainsi devenir l'objet de nouvelles recherches. Et si, comme
» on peut l'espérer, elles sont suivies de succès, *alors il sera*
» *donné à ces trois demandes telle suite que de droit ? »*

En vérité, quand on rapproche les lettres dans lesquelles on me fait agir et parler, de mon langage et de mes actes officiels, on demeure confondu ; on se demande, avec une pénible surprise, comment il se fait que l'honneur d'un conseiller de la couronne soit livré à de telles épreuves et soumis à de si redoutables hasards !

Ainsi (et c'est le terme auquel j'aurais voulu aboutir plus directement), il est constant que la seule question qui laissât quelque place à la *faveur*, sur laquelle le gouvernement eût son libre arbitre, a été tranchée contre la compagnie Parmentier ; qu'elle l'a été par ma détermination réfléchie, mais spontanée ; que j'aurais pu tendre avec succès à une autre solution, soit en votant dans le conseil pour les 14 kilomètres, ce qui aurait établi un partage d'opinions et tenu les forces égales, soit en m'appropriant les graves considérations exposées par la minorité, et en leur prêtant, dans le conseil d'état, l'appui de mon suffrage.

Et maintenant à quoi la corruption aurait-elle servi? Elle aurait été pratiquée dans le seul but d'un agrandissement, qui offrait le double avantage d'augmenter la valeur de la concession et d'éloigner la concurrence. Et c'est précisément cet agrandissement qui est refusé aux prétendus corrupteurs, refusé par le ministre corrompu, qui les laisse sous le poids de l'éventualité menaçante d'autres concessions à fonder dans l'espace retranché !!!

En présence d'un tel résultat, comment pourrait-on attacher la moindre valeur aux énonciations épistolaires qui surabondent dans l'instruction ?

Toutefois cette correspondance, groupée et condensée, comme elle l'est et devait l'être, dans le rapport de la commission, est propre à jeter quelque trouble dans les esprits, et y laisse de pénibles impressions. On croit, en la parcourant, marcher dans d'épaisses ténèbres, et peu s'en faut qu'une pensée stérile et avortée ne revête un corps et ne frappe les sens. Mais, d'une part, si on la rapproche de ce qui s'est passé réellement, de ce que des actes solennels révèlent à tous les yeux, de la marche lente et régulière de l'instruction administrative, de l'absence de toute faveur possible, du refus péremptoire de la seule qui pût être accordée et du mécanisme obligé auquel, dans ces sortes d'affaires, le ministre responsable est assujetti, elle se dissipe comme une vapeur et ne constitue plus qu'une longue conversation qui vient se briser contre les faits.

D'autre part, il faut se prémunir contre l'illusion qui résulte de ce que les nécessités judiciaires ont, pour ainsi dire, effacé les intervalles qui, dans la réalité, séparent et disjoignent ces documens. Du principe de la correspondance à sa fin, il ne s'est pas écoulé moins d'un an, et si on a sujet de s'étonner de la durée d'une fiction qui n'a pas même l'appui de la vraisemblance la plus légère, il faut reconnaître que ces élémens, dispersés selon leurs dates, perdent cette fallacieuse consistance qui aurait pu leur donner une ombre de crédit.

Enfin, sinon dans sa conception, au moins dans son exécution, accomplie ou tentée, la pensée de recourir à des sacrifices a été persévéramment désavouée par ceux-là même qui ont eu le malheur de s'y livrer, et d'en multiplier les témoignages décevans.

On la retrouve pourtant, cette pensée, même après la réduction du périmètre irrévocablement arrêtée, c'est-à-dire alors qu'il n'y avait plus rien à espérer ; et, pour lui chercher non plus une cause mais un prétexte, il faut descendre jusqu'aux craintes qu'avait pu exciter un second conflit entre les deux ministères sur le fait même de la concession. Je n'en conçois pas de plus frivole, et mes explications ne laisseront subsister aucun nuage.

L'art. 24 de l'ordonnance royale rendue, le 7 mars 1841, pour l'exécution de la loi du 17 juin 1840, soumettait le ministre des travaux publics à *communiquer* à celui des finances les pièces relatives à chaque demande en concession. Il y avait pour cela deux raisons : la première, afin que le domaine pût vérifier si l'assiette de ces concessions n'entamait pas son propre périmètre ; la seconde, afin que la régie des contributions indirectes fût mise en état de vérifier à son tour si les demandeurs offraient à la perception de l'impôt toutes les garanties désirables. Mais, pour le ministère des finances, cette communication se réduisait au droit de présenter des observations et à former, au nom du domaine, des oppositions qui ne liaient pas le ministère des travaux publics et créaient seulement un incident dans l'iustruction administrative.

La communication de l'affaire de Gouhenans avait eu lieu le 12 août 1842, et il semble que les explications n'auraient pas dû se faire attendre, puisque, dès le 25 mars précédent, le directeur des contributions indirectes de la Haute-Saône, consulté par le préfet, et après avoir consulté lui-même l'administration des finances, avait fourni un mémoire qui avait pris rang dans les pièces, et qui avait été l'objet d'une discussion approfondie devant le conseil des mines.

On trouve dans le rapport de M. l'inspecteur général Guényveau et dans la délibération du 5 août la réfutation la plus complète des difficultés soulevées par le ministère des finances. La communication du 12 du même mois était donc une affaire de pure forme, car les questions avaient été antérieurement et contradictoirement débattues ; et cependant la réponse à cette communication se faisait attendre.

A cette occasion, on a fait une double remarque : 1° je me suis plaint de ce retard à mon collègue, dans des termes dont la vivacité dépasse le ton habituel de la correspondance ministérielle ; 2° j'ai donné aux intéressés connaissance du retard, et je les ai pressés d'agir eux-mêmes pour surmonter cette force d'inertie. C'est, du moins, ce qui semble résulter des lettres du général Cubières et de M. Pellapra, écrites dans les trois mois qui ont suivi la communication.

J'ai écrit, il est vrai, à mon collègue, et ma dernière lettre est conçue en termes pressans. Mais pour expliquer mon insistance, il n'est pas nécessaire de supposer une sorte de prédilection pour la compagnie de Gouhenans ; il suffit de faire un pas en arrière.

Qu'on se souvienne que, selon la saine interprétation de la loi du 17 juin 1840, les demandes en concession devaient être admises, traitées et décidées sous la seule condition que les décisions n'auraient leur effet, c'est-à-dire que les concessionnaires n'entreraient en jouissance, qu'après le 1er octobre 1841 : il y avait une raison d'intérêt public et de justice à ce qu'il en fût ainsi ; car, autrement, la compagnie des salines de l'est aurait retenu de fait le monopole longtemps après le terme fatal que la loi lui avait assigné.

On a vu que, malgré mes représentations et mes efforts, dont les lenteurs du ministère des finances avaient triomphé, aucune instruction n'avait pu commencer dans les dix départemens, avant le 1er octobre 1841. La compagnie Parmentier était en instance depuis le 1er juillet 1840, c'est-à-dire depuis vingt-cinq mois, à l'époque où je communiquais, le 12 août 1842, le dossier de sa demande au ministère des finances ; et le terme où, selon la loi, pouvait commencer la *jouissance* du concessionnaire, était expiré depuis onze mois.

N'était-il pas temps de sortir de ce régime dilatoire ? Ma responsabilité n'était-elle pas sérieusement engagée, et fallait-il laisser plus longtemps en souffrance des intérêts dont la protection m'était spécialement confiée par la loi ? Encore si l'administration des finances avait eu, à cette dernière époque, des élémens nouveaux à introduire dans la discussion ; mais son thème était fait d'avance et il s'était produit au mois de mars, dans les observations remises au préfet de la Haute-Saône. Je ne pouvais, d'ailleurs, me dégager de l'impression qu'avaient laissée dans mon esprit les injustes soupçons répandus dans les départemens de l'est, et dont la trace se retrouve dans les deux lettres de M. Parmentier au général Cubières, des 7 et 24 septembre 1841.

Ma longanimité était à bout, je l'avoue, moins encore à cause des demandeurs en concession, qui pourtant avaient des droits, trop long-temps sinon méconnus au moins éludés, que dans l'intérêt des populations pour lesquelles on ajournait ainsi le bienfait de la concurrence. Que répondre aux intéressés eux-mêmes qui, connaissant la communication au ministère des finances dès le 12 août, voyaient les jours s'accumuler et les vacances s'approcher, sans que les pièces fussent renvoyées au point d'où elles devaient partir pour passer sous les yeux du conseil d'état? Fallait-il accepter les mécontentemens du retard et pousser l'abnégation jusqu'à le prendre pour mon compte? Telle était ma situation à l'égard de l'administration dont le concours m'était imposé. Telle est la justification des lettres écrites à mon collègue.

Maintenant, que j'aie instruit le général Cubières et M. Pellapra de l'envoi et du long séjour des pièces au ministère des finances, non pas assurément dans les termes presque violens que la correspondance m'attribue, mais en les engageant à agir de leur côté, pour imprimer un mouvement plus rapide à leur propre affaire, je ne vois rien là que de fort simple et qui soit contraire aux habitudes de l'administration. J'ai fait plus ; si ma mémoire est fidèle, j'ai engagé MM. les députés de l'est à diriger vers le ministre des finances les démarches qu'ils redoublaient sans cesse près de moi.

Je m'étonne, en vérité, qu'on ait cru apercevoir dans l'impulsion donnée à cette affaire les signes d'une sorte de prédilection, signes avant-coureurs d'autres insinuations ou de doutes mille fois plus funestes. C'est encore là un effet du rétrécissement de l'espace et du rapprochement de cumensdo qui sont épars sur une longue période.

Qu'on daigne se souvenir que, du 1er juillet 1840, date de la première demande, jusqu'au 5 janvier 1843, date de l'ordonnance de concession, il ne s'est pas écoulé moins de *trente* mois ; alors que, d'après la volonté de la loi et les désirs impatiens des populations, la concurrence réelle, la liberté de la fabrication, auraient dû se réaliser dès le lendemain du 1er octobre 1841. Si c'est là de la précipitation, j'avoue n'y rien comprendre, et je ne promets pas une si longue patience quand il s'agira pour moi de l'accomplissement d'un devoir.

Cela tient, je le répète, à ce qu'on se laisse entraîner à juger les actes de mon administration à travers le prisme d'une correspondance dont je n'ai pas, dont je n'eus jamais le secret, dont il serait injuste de me demander l'explication, et surtout de me faire porter la responsabilité ; correspondance où je suis sans cesse représenté comme luttant contre des difficultés exagérées, appliquant mon influence et mes efforts là où je gardais le silence et m'abstenais de voter, et précipitant la marche d'une affaire qui se distingue par son excessive lenteur.

Ma réponse à ces fictions est toute naturelle. Je montre mes actes, et je déduis les motifs qui m'ont fait écrire ou agir.

Les deux ministères avaient été placés par la loi de 1810 dans un état de quasi-hostilité forcée. Aux finances, l'intérêt dominant était de retarder la concurrence, afin de traiter plus avantageusement de la vente des établissemens domaniaux de Dieuze, Vic et Moyenvic. Aux travaux publics, c'était un devoir impérieux d'exécuter la loi avec toute la célérité possible, et de faire triompher un intérêt plus général en abolissant *de fait* un monopole, dont l'heure fatale avait été écrite dans la loi. Faut-il mêler à de si graves considérations, à une si pesante responsabilité, je ne sais quel *patronage* officieux, ou coupable, dont la seule idée soulève mon indignation ? En sommes-nous venus là ? Est-ce l'attrait qu'on veut offrir pour les plus hautes et les plus pénibles fonctions ?

L'homme public, quel qu'il soit, sera-t-il responsable, non plus de ce qu'il fait, mais de ce qu'on suppose qu'il a fait, du langage qu'on lui aura prêté et des intentions qui lui seront attribuées, alors qu'il n'a fait que ce à quoi l'enchaînait son devoir ?

C'en est fait, je crois, des inductions tirées de ma correspondance avec mon collègue des finances et de toutes les lettres échangées à cette occasion entre les intéressés.

Le 11 octobre 1842, le ministre des finances me répondit enfin, et me fit connaître les motifs qui le déterminaient à former à l'octroi de la concession une opposition qui fut régularisée le 21 du même mois.

Cette opposition n'offrait aucune question nouvelle. Toutes les raisons alléguées avaient été discutées et écartées par le conseil des mines ; mais il suffisait qu'il y eût dissidence entre les deux ministres, pour que je dusse user de mon droit de présider la séance du conseil d'État ; et cette raison devint plus pressante par l'avis du comité des travaux publics qui faisait surgir une autre difficulté plus apparente que réelle. Il faut, de plus, ne pas oublier que c'était la première occasion de fixer le sens de la loi du 17 juin 1840 ; qu'un grand nombre d'autres demandes, liées à cette loi,

étaient alors en cours d'instruction, et que l'ordonnance royale du 7 mars 1841 n'avait peut-être pas réglé assez clairement les attributions respectives des deux départemens ministériels.

Or, toutes les fois qu'une telle situation m'a été faite, j'ai attaché de l'importance à prendre part à la discussion. C'est un fait dont la vérification est bien facile, et que j'affirme avec une entière sécurité.

Mais je dois m'expliquer sommairement sur les causes de l'opposition du ministre des finances et sur l'opinion émise dans le comité des travaux publics, avant de parler de la délibération qui a eu lieu en plein conseil.

Le ministre des finances n'avait pas perdu le souvenir du long procès soutenu contre la compagnie Parmentier pour exploitation illicite. Des condamnations pécuniaires avaient été prononcées contre la compagnie, dont on élevait le chiffre à 1,600,000 fr., et qui, en définitive, ont été réglées par la cour royale de Lyon à 147,000 fr. seulement. On se préoccupait à la fois des personnes que l'on croyait avoir encouru une sorte d'*indignité* pour avoir abusé du droit d'exploiter le sel par évaporation, et de la créance, non encore liquidée, que l'on craignait de compromettre si on donnait les mains à ce que la concession fût accordée à une société nouvelle, ou même individuellement aux dix sept personnes dénommées dans l'acte du 2 mars 1842.

J'ai dit que sur ces deux chefs de l'opposition domaniale, le conseil des mines s'était expliqué, et il ne fallait pas une grande force de raisonnement pour les réfuter. En effet, il suffisait, quant au premier chef, d'emprunter au rapport de M. Laurence sur la loi du 17 juin 1840, le passage suivant : « Nous pensons que l'administration, n'ayant désormais » aucun intérêt à refuser une concession réclamée dans des » circonstances si différentes, accordera une préférence » toute naturelle aux propriétaires de salines frappées d'in- » terdiction, du moment qu'une législation nouvelle aura » fait disparaître la trace des réglemens dont elle avait cru » devoir s'armer. » La leçon n'avait pas été entendue, mais il était impossible au ministre des travaux publics sur qui le passé n'avait pas fait la même impression, de considérer comme déchus non seulement de toute préférence, mais aussi de tout droit à la concession, les propriétaires d'un établissement *légal*, parce qu'ils auraient eu le tort de dépasser les bornes d'une exploitation licite.

Sur le second chef, il était évident que les intérêts du trésor étaient mal compris. Comme créancier de MM. Parmentier, Grillet et compagnie, le trésor avait une hypothèque sur les établissemens, et la concession ne pouvait porter aucune atteinte à cette hypothèque ; au contraire, le gage était notablement amélioré par l'adjonction aux établissemens d'une richesse minérale qui devait en accroître la valeur. Tandis que, si la concession était faite à d'autres que MM. Parmentier, Grillet et compagnie, ceux-ci auraient été contraints à vendre, même à vil prix, des établissemens désormais inutiles dans leurs mains.. Le trésor avait, en outre, une action personnelle contre ses débiteurs, et on a peine à découvrir comment, en les rendant plus pauvres par la privation de la concession, on les aurait rendus plus solvables.

Quant à la transformation opérée par l'acte du 2 mars 1842, bien ou mal appréciée à cette époque, je ne vois pas comment elle pouvait affaiblir l'hypothèque ou l'action personnelle du trésor, et il est sensible, au contraire, que l'application d'un capital beaucoup plus considérable aurait pour conséquence de relever la valeur des établissemens, et d'accroître la richesse personnelle des propriétaires.

Tout cela n'était donc pas soutenable, et la corruption n'avait aucun besoin d'intervenir pour écarter une aussi frêle résistance.

Aussi, le comité des travaux publics s'était-il placé sur un autre terrain. Selon lui, les termes de la demande en concession ne pouvaient pas être intervertis. Elle avait été formée et renouvelée sous le nom de *Parmentier, Grillet et compagnie* ; sous ce nom elle avait été publiée et affichée. C'est contre une demande ainsi formulée que les oppositions avaient été appelées : d'où l'on tirait la conséquence qu'à l'égard des autres personnes au nombre de quatorze, désignées dans l'acte du 2 mars 1842, les formalités exigées par la loi générale du 21 avril 1810 n'avaient pas été accomplies, et que leur introduction dans la concession pourrait entraver l'exercice des droits acquis au Trésor par les condamnations obtenues devant la cour royale de Lyon.

De là, une question nouvelle où se trouvait engagée la jurisprudence adoptée au ministère des travaux publics. Je n'admettais pas qu'il fallût ériger en principe que toute mutation survenue dans le personnel après la demande en concession dût nécessairement amener le renouvellement des préliminaires, tels que l'affiche ou la publication, et il m'eût paru funeste qu'à l'occasion de la demande de la société de Gouhenans, cette théorie, dont l'effet serait d'éterniser ces sortes d'instructions, acquît l'autorité qui s'attache justement aux résolutions du conseil d'état. Cette seule raison m'aurait déterminé, à part l'opposition du ministre des finances, à prendre la présidence du conseil pour y défendre les procédés de mon administration.

Mais en examinant de plus près que je ne l'avais fait jusqu'alors l'acte du 2 mars, je n'eus pas de peine à me convaincre que, dans le cas particulier, la question n'était réellement pas engagée. En effet, ainsi que je l'ai fait remarquer, les quatorze personnes introduites dans la demande en concession avaient reconnu qu'elles étaient copropriétaires des établissemens, et qu'elles étaient comprises dans la dénomination de *Parmentier, Grillet et compagnie*, comme ayant formé et formant la compagnie. Elles figuraient donc, sous cette qualification, dans la demande primitive, et l'insertion de leurs noms dans l'ordonnance royale devenait parfaitement inutile.

Tels sont les seuls incidens de l'instruction devant le conseil d'état. Y avait-il le moindre sujet de se préoccuper et de concevoir des craintes? L'opposition du ministère des finances, dernier reflet d'un système de temporisation désormais épuisé, valait-elle que l'on se crût menacé d'un péril imminent, qu'on déployât un luxe épistolaire si peu d'accord avec les nécessités réelles et si dangereux pour ceux qui en ont usé? En un mot, où est encore ici la place de la corruption? Auprès de qui aurait-elle été employée? S'agissait-il de reconquérir, par un grand effort du ministre, le périmètre de 14 kilomètres? Assurément non, car le ministre était venu tout exprès pour maintenir le système de son rapport au roi, c'est-à-dire pour obtenir une sanction suprême de la réduction de la concession à 7 kilomètres.

Et, pourtant, quelle fausse idée on prendrait de cette situation commode, où la question proprement dite de la concession réduite n'était pas même agitée, si l'on s'en tenait littéralement aux lettres écrites du 12 août à la fin de décembre! D'après ces lettres il semblerait, au contraire, qu'il y a des orages à conjurer, d'énormes obstacles à franchir, des colères à désarmer, et qu'il n'a rien moins fallu que la puissante protection du ministre pour procurer un résultat depuis longtemps infaillible!!

Ai-je donc eu tort de dire que les paroles mises en contact avec les faits se dissipaient comme une vaine fumée?

Mais bien que décréditées par leurs propres termes, par leur incompatibilité avec les réalités de l'instruction dans les différentes phases qu'elle a parcourues, ces lettres ont dû éveiller d'honorables sollicitudes, et offrir à la malignité un pernicieux aliment. Telle est de nos jours la tendance des esprits que le soupçon ne demande qu'à naître et résiste à s'éteindre. A cet égard je ne me suis rien dissimulé, et j'ai senti tout ce qu'il y avait d'amer dans une situation où, pleinement justifié par mes propres actes, j'avais à souffrir du langage d'autrui dans des communications dont l'existence même est inexplicable pour tous.

Ce qu'il y avait de plus propre à faire illusion, c'est que probablement dans ce déluge de confidences et de récits enfantés par une mauvaise pensée, l'imagination n'a pas fait tous les frais : il y a nécessairement du vrai dans ce que MM. Parmentier, Cubières et Pellapra se sont écrit les uns aux autres touchant leurs communications avec moi, et la difficulté est d'en dégager ce qui se rapporte à la fiction. Ainsi, nul ne peut douter qu'ils n'aient abordé fréquemment le ministre, le sous-secrétaire d'état et les bureaux des travaux publics pendant la durée de cette longue procédure administrative, qu'ils n'aient donné ou reçu des renseignemens sur les divers incidens qu'elle a fait naître; mais de là à la multitude de rapports que supposerait la correspondance, même en la distribuant sur tout l'espace écoulé entre le commencement de 1842 et le milieu de 1843, il y a une différence énorme. Je l'ai dit à la commission : il semblerait, à prendre les lettres en masse, que les intéressés de Gouhenans auraient, pour ainsi dire, habité l'hôtel du ministre, ou s'y seraient établis en permanence, et que leur affaire aurait absorbé tous les soins de l'administration; tandis qu'elle n'a donné lieu qu'aux relations que produisent les affaires ordinaires, quand elles sont vivement sollicitées. L'exagération est ici le caractère évident de la correspondance, et plût à Dieu qu'elle ne se fût pas fait autrement remarquer! Déjà M. le sous-secrétaire d'état s'est vu obligé de signaler cette exagération en ce qui

le concerne. Ni sur le nombre, ni sur la nature des entretiens, il ne s'est trouvé d'accord avec le général Cubières. Si je ne me trompe, le chef de la division des mines en a fait autant, et la même observation se serait probablement reproduite si l'on avait interrogé les directeurs dans l'administration des finances.

Que, si l'on admet la version du général Cubières sur la funeste pensée à laquelle il se serait momentanément abandonné, les autres exagérations s'expliquent avec une égale vraisemblance. Il est naturel alors qu'on ait grossi les objets, qu'on ait enflé le crédit et dénaturé les communications.

La vérité est que ni avant, ni pendant, ni après, je n'ai eu avec le général Cubières que les rapports que sa position de pair de France et d'ancien ministre du roi autorisait entre lui et moi; que M. Pellapra, avec lequel j'avais des rapports de société, ne m'a pas vu plus souvent pour l'affaire de Gouhenans que pour celle des terrains du Havre, pour le chemin du Nord et pour celui de Strasbourg, en sa qualité de principal intéressé et d'administrateur de compagnie formée pour l'adjudication de ces deux grandes voies; et il se rencontre, par un singulier hasard, que, dans ces grandes affaires, il a heurté auprès de moi et dans l'administration des travaux publics d'insurmontables obstacles.

Pour distinguer de bonne foi l'emploi de l'abus, il y a un procédé bien facile. Toutes les fois que les énonciations des lettres s'accordent avec ce qui s'est effectivement passé, c'est-à-dire avec les actes administratifs, et s'arrêtent à cette limite, elles peuvent, elles doivent même être le résultat d'informations prises auprès de moi ou recueillies dans les bureaux. Pour expliquer, dans la mesure que j'indique, ces informations reçues, il me suffirait de rappeler que l'affranchissement de la fabrication du sel dans une vaste région était un des grands intérêts de cette époque; que cet intérêt avait excité la plus vive attention, et que la spéculation n'occupait qu'un rang secondaire dans les causes de cette impatience; qu'on était avide de savoir, et que l'administration n'avait aucun motif d'apporter de la réserve dans une instruction dont la publicité était au contraire un élément.

Ajouterai-je que les habitudes de notre gouvernement tendent de plus en plus à ce que l'administration opère au grand jour, et qu'au fond il n'y avait rien à céler dans la marche de cette affaire au point de vue de l'intérêt public? Ce que j'ai dit au général Cubières, à M. Pellapra, j'ai dû le dire à leurs concurrens, en leur faisant connaître les raisons de l'ajournement auquel ils étaient exposés.

Mais tout ce qui s'écarte, dans les récits épistolaires, de la marche régulière, légale, de l'instruction est évidemment l'œuvre de l'imagination. Évidemment, je n'ai pas inventé des résistances qui n'auraient pas existé; je n'ai pas supposé des efforts que je n'avais pas à faire et que je n'ai pas faits; et, du reste, a-t-on quelque raison de s'étonner de ce qu'auraient dit le général Cubières et M. Pellapra sur la facilité avec laquelle ils auraient obtenu certaines communications au ministère des travaux publics, lorsqu'on lit dans une lettre du général à M. Parmentier, du 22 septembre 1842 (n° 110 du Recueil), ce qui suit, comme information puisée au ministère des finances : « Le rapport est terminé; il a été revu et cor-
» rigé, et enregistré aujourd'hui. Il devait être adressé à M.
» Boursy, *qui ne le gardera qu'un jour*... L'avis du minis-
» tre des finances ne sera pas contraire à l'obtention de la
» concession dans sa conclusion; mais il contient plusieurs
» considérans qui sont peu favorables à la société, et dont
» l'âcreté provient des rancunes fiscales. »

Il me semble qu'en admettant la vérité de ces informations, elles vont au delà de ce qu'on s'est jamais vanté d'avoir obtenu au ministère des travaux publics.

En définitive, je ne saurais trop le redire, la seule difficulté qu'ait présentée l'affaire de Gouhenans, c'est la question du périmètre. On sait quelle en a été l'issue. Je le demande, à côté de ce résultat, quel sens raisonnable, et surtout vrai, peuvent avoir, à l'égard de l'administration, les documens dont l'immense recueil est sous les yeux de la cour? Suis-je le seul à en contester l'exactitude? M. Legrand s'est-il reconnu dans les entretiens que la correspondance a la prétention de rapporter littéralement?

Comment! après plus de cinq ans écoulés, un ministre, un sous-secrétaire d'État, serait contraint à dire s'il a vu tel ou tel solliciteur dans une des mille affaires qu'il a traitées; combien de fois il les a vus, ce qui s'est dit de part et d'autre; s'il a écrit tel ou tel billet qu'on ne lui représente pas; s'il a donné telle ou telle information, et surtout si le langage que les solliciteurs lui ont prêté dans les lettres contemporaines est ou non, en tout ou en partie, conforme à la vérité. Mais ce serait la plus intolérable des obligations, et à ce compte, il n'y a pas un seul fonctionnaire qui puisse se promettre un instant de repos, n'eût-il fait que traverser la carrière.

Et, pour ne citer qu'un exemple sur cent que je pourrais faire sortir de la correspondance, est-il quelqu'un, ayant lu le rapport de l'inspecteur général des mines et le rapport du ministre au roi, qui puisse admettre, comme l'énoncent les lettres du 24 juillet et du 6 août 1842 (n°° 89 et 94 du Recueil), que j'aie pu encore laisser subsister l'espérance, très concevable dans ce premier état de l'instruction, d'accorder les 14 kilomètres dans l'ordonnance de concession, même après l'avis contraire du conseil d'État, et après avoir ouvert moi-même la voie à ce système dans des termes aussi explicites et par des considérations aussi graves que ceux qui sont exprimés dans mon rapport? Admettra-t-on que j'aie nourri dans l'esprit des parties la pensée qu'après le retranchement consommé la compagnie Parmentier devait s'attendre à une recomposition d'un périmètre tel que celui qu'on avait demandé? En vérité, c'est m'imputer une sorte de démence ; c'est faire preuve d'une étrange crédulité !

Si je pouvais, sans fatiguer l'attention et dissiper un temps qui fuit rapidement devant moi, faire subir à chacune des lettres une pareille dissection, les exemples se multiplieraient à l'infini ; mais, en conscience, il me semble que ce n'est pas de moi qu'on peut attendre une pareille analyse. Tout ce que je puis faire, c'est de protester hautement et de m'élever avec une énergique et trop légitime indignation, mais aussi avec une profonde douleur, contre l'imputation directe ou indirecte, quelle qu'en ait été la forme, dans quelques écrits qu'elle se soit produite, avec ou sans voile, d'avoir compromis ma dignité personnelle et méconnu les devoirs que j'avais à remplir. Quand il s'est agi des actes dont je ne décline pas la responsabilité, mes souvenirs me sont venus en aide. J'ai dit non-seulement ce qui s'est fait, mais pourquoi les choses se sont faites, comment mon opinion s'est formée et quels ont été soit les progrès, soit les retards de l'instruction; mais assumer la tâche de devenir le truchement des œuvres d'autrui, dire quelles ont été les inspirations, quel en était le but, quelles en ont été les limites! cela est au-dessus de mes forces et certainement au dessous de ma position.

On va en juger par une seule des pièces produites. On m'a représenté une note sans date, mais qu'on a classée entre le 26 février et le 1er mars 1842 (n° 58 du Recueil), note écrite et avouée par le général Cubières, dont le but est de se rendre compte des produits probables de l'exploitation de Gouhenans, et au bas de laquelle se trouvent deux colonnes de chiffres dont quelques-uns sont suivis des initiales P. C. T., et l'on m'a demandé quels renseignemens je pouvais fournir à cet égard. Cela m'était assurément bien impossible, et l'auteur lui-même de la note s'est rejeté sur ce qu'elle devait se rapporter à la mauvaise pensée qu'il avait éventuellement admise, mais à laquelle il avait ensuite spontanément renoncé. Soit ; je n'ai pas plus à répondre de la note que de cette explication. Et que pourrais-je en dire, en effet? Si l'on peut être atteint par un trait sortant de ténèbres si épaisses, qui pourrait se croire invulnérable? Comment! l'initiale du nom que je porte, jetée par une main étrangère au bas d'une espèce de *prospectus*, fournirait un indice accusateur! et nous en serions arrivés à ce point que l'honneur des personnes les plus haut placées recevrait une atteinte d'un signe aussi futile, aussi obscur, et tellement isolé que rien dans l'instruction ne s'y rattache! Ma réponse à l'abus insigne qu'on se serait ainsi permis, même hypothétiquement, ne peut consister que dans les énergiques protestations que j'ai déjà fait entendre devant la commission. Pour réfuter, il faut comprendre, et la lutte ne peut s'engager avec ce qui est invisible.

Ce sont là, en ce qui me concerne, les seuls élémens, les seuls appuis de l'inculpation.

Rien absolument ne m'est opposé qui émane de moi. Ce n'est pas que je n'aie pu écrire soit au général Cubières, soit à M. Pellapra, soit aux députés de la Haute-Saône, pour les instruire de la marche de l'affaire, de la naissance des incidens et du résultat des délibérations successives auxquelles elle a donné lieu. Je ne m'en souviens en aucune manière ; mais cela est possible, et ces sortes d'égards sont généralement pratiqués ; mais, en l'état, il n'y a dans l'immense recueil des pièces que l'annonce, signée par le chef de mon cabinet, d'une audience que j'aurais accordée au général Cubières pour le 10 mai 1841.

Et pourtant, quelles rumeurs injurieuses n'ont pas été mises

en circulation ! Avec quelle cruelle rapidité la calomnie parcourt un champ qui lui est à peine ouvert, espérant laisser une trace quelconque, que n'effaceront pas entièrement après elles la justice et la vérité ! Mais c'est là la solide épreuve du vrai courage, et le mien n'a pas défailli.

L'heure presse. Je veux que ma voix arrive à temps ; et, à vrai dire, j'ai parcouru à pas pressés, mais sûrs, la seule partie de l'instruction où mon nom ait figuré.

Dans la division du rapport qui vient d'être notifié, il y a une quatrième époque comprenant ce qui s'est passé après l'ordonnance de concession. Là, je cesse de paraître, même par les initiales de mon nom. Là tout se passe entre les divers intéressés dans l'établissement de Gouhenans. Il ne m'est pas donné de savoir si de ces documens posthumes, dont il m'est impossible de percer les nuages, il viendra à la pensée de personne de tirer des inductions contre moi. Je n'imagine pas que cela soit possible, et j'arrête ma justification aux limites que l'instruction elle-même semble avoir posées, en ce qui me concerne.

Je n'ai parlé que de ce qui fait l'objet de l'inculpation, de ce qui m'appartient dans les faits qui lui servent de base, des actes de l'administration que j'ai dirigée. Je n'aurais pas voulu tirer de ma vie antérieure et de ma position présente une garantie, dont ma conscience et la justice de la cour m'avertissent que je n'ai pas besoin. Si quelqu'un, dans sa vie publique ou privée, a fait preuve de désintéressement et d'abnégation, c'est moi. Deux fois le pouvoir est venu me chercher, et les témoignages ne manqueraient pas de la longue hésitation avec laquelle je l'ai accepté. Étais-je dominé par le pressentiment du coup qui vient me frapper si soudainement aujourd'hui ? Il se peut ; mais il y a longtemps que mes luttes avec l'adversité ont commencé, et je n'ai jamais été vaincu par elle ! Pour servir mon pays, j'ai déserté la voie où la fortune et la renommée n'avaient cessé de me sourire. Ce fut là de ma part un grand sacrifice ; je ne prévoyais pas qu'il dût être suivi d'une telle amertume.

Paris, le 22 juin 1847.

J. B. TESTE.

NOTE SUPPLÉMENTAIRE DE M. J.-B. TESTE.

D'après le rapport de la commission, il y a une première époque où *tout s'explique légitimement*, où la *pensée* de la corruption est encore à naître, où nul n'a songé à employer des moyens coupables pour obtenir l'*appui intéressé* dont l'influence devait se faire sentir jusque dans le sein du conseil des ministres. A cette première époque, qui s'étend jusqu'au 12 janvier 1842, appartiennent cependant des documens épistolaires qu'il est essentiel de comparer à ceux qui sont présentés comme délateurs de la mise en action d'une pensée corruptrice. Dans les uns et les autres, on remarque une complète unité de ton, l'emploi des mêmes initiales mystérieuses, l'affectation d'être initié à toutes les vicissitudes de l'instruction. L'analogie entre le temps non suspect et celui auquel le soupçon s'attache est de nature à donner une juste idée de l'ensemble des relations qui ont existé entre le ministre et les intéressés dans la concession de Gouhenans. Ces documens les voici :

(N° 10 des pièces.)

Le général Cubières à M. Parmentier.

23 mai 1841.

« Mon cher M. Parmentier, j'ai reçu votre lettre du 24. J'atten-
» dais, pour y répondre, que j'eusse conféré de nouveau avec
» M. T. Il ne s'agissait point de la délimitation des périmètres
» concessibles, mais de la notification officielle de ces périmètres au
» ministère des travaux publics par celui des finances, afin que
» le premier pût faire instruire des demandes particulières. Ainsi,
» les conférences qui ont eu lieu entre les deux ministres et leurs
» chefs principaux avaient pour objet de hâter la notification des
» périmètres servant de limite aux concessions domaniales, mais
» non pas le tracé de ces périmètres.

» Avant-hier je n'avais pu échanger que quelques mots avec
» M. T.; mais hier soir j'ai causé plus longuement avec lui ; il s'est
» montré fort empressé d'en finir avec son collègue des finances.
» Il a reconnu avec moi que s'il n'avait pas pris la chose ainsi, que
» s'il n'eût pas provoqué des conférences avec les finances, on
» aurait pu perdre encore deux ou trois mois. Au lieu de cela,
» nous touchons au terme. M. T. affirme que sous deux ou trois
» jours il recevra la communication officielle qui lui manque en-
» core sur les périmètres concessibles au Domaine, et qu'il don-
» nera de suite des instructions aux préfets. Au surplus, vous au-
» rez remarqué dans le *Moniteur* du 27 ce qui a été dit à la
» chambre des députés par M. Dietrich, sur les demandes en con-

» cession du Domaine, et ce que lui a répondu M. T. Rien ne fait
» présumer que M. H. veuille faire changer le périmètre de-
» mandé par le Domaine, afin d'y englober *Gouhenans*. M. T., à
» qui je disais : mais le ministre des finances est-il fixé sur les pé-
» rimètres du Domaine? son travail est-il terminé? m'a répondu
» affirmativement. Au surplus, j'irai ce matin chez M. *de Boursy*,
» qui m'abouchera avec la personne que nous devons consulter
» sur ce point important.
» Je vous remercie de ce que vous avez dit et fait sur la ques-
» tion de l'entrepôt, et j'attends le résultat de vos démarches pour
» les deux actions.
» Je vous renouvelle l'assurance de tous mes sentimens très dis-
» tingués.
                    » CUBIÈRES. »

(N° 15 *ibid.*, p. 22.)

M. Parmentier au général Cubières.

Lure, 28 juin 1841.

« Général,

« *Lanoir* acceptera vos pouvoirs et vous écrira demain à ce su-
» jet.
» Je comprends que la rédaction des nouvelles instructions ait
» pris un peu de temps, et je compte sur la parole de M. T.
» M. H., qui n'ignorait sûrement pas, quoiqu'il n'en dît rien,
» votre intervention dans l'affaire Gouhenans, me paraît avoir
» voulu vous tâter. Je ne doute même pas qu'il ne cherche à re-
» mettre avec vous sur le tapis la question d'alliance de Dieuze
» avec Gouhenans. Ce sera le cas de le voir venir. »

(N° 17 *ibid.*, p. 24.)

Le général Cubières à M. Parmentier.

Paris, le 17 juillet 1841.

« Mon cher monsieur, depuis trois jours que je suis à Paris, j'ai
» eu plusieurs conférences aux finances et aux travaux publics ;
» j'ai reconnu que M. T. marchait *droit et franchement*, et que
» tous les retards provenaient de M. H. Ce dernier peut lever tou-
» tes les difficultés en répondant à une lettre de son collègue, qui
» est entre ses mains depuis plus de quinze jours. C'est là-dessus
» qu'hier j'ai attaqué M. H. J'ai obtenu de lui l'ordre, donné devant
» moi, de soumettre à sa signature, lundi au plus tard, la réponse
» attendue par M. T. Elle est de pure forme, elle confirme que le
» domaine de l'Etat n'a rien à prétendre au-delà des périmètres
» fixés, tout le reste du territoire rentrant dans la libre disposition
» de l'industrie, selon les règles de la nouvelle loi sur les mines de
» sel gemme.
» Ce matin, je suis allé faire part à M. T. du résultat de ma se-
» conde entrevue avec M. H. son collègue. J'y retournerai lundi
» pour savoir si on m'a tenu parole ; mais je ne quitterai pas Paris
» sans avoir emporté ce point, qui est capital pour nous. »

Quelle est donc la différence entre les relations qui auraient
rapproché les intéressés du ministre à une époque qui échappe à
toute idée de corruption, et les communications postérieures sur
lesquelles on fonde l'inculpation ?

Quelle nécessité y avait-il, au 12 janvier 1842, de corrompre un
ministre qui exprimait *franchement son opinion favorable* à la
concession, dès le 28 mai 1841 ; *sur la parole duquel on comptait*
au mois de juin 1841, et qui, suivant la lettre du 17 juillet de la
même année, *marchait si droit et si franchement*, qu'on allait
lui faire part du résultat d'une entrevue avec son collègue du ministère des finances ?

OBSERVATIONS DE M. PARMENTIER.

Messieurs les pairs,

Le rapport qui vous a été fait par M. Renouard, l'un des
commissaires délégués par M. le chancelier, se résume, en
ce qui m'est personnel, par les questions suivantes :

« La participation de M. Parmentier à des actes de cor-
» ruption, s'il en a existé, n'a-t-elle été qu'apparente et qu'une
» précaution prise pour ne pas être trompé ?

» A-t-il été sérieusement complice de la corruption ?

» N'a-t-il entre les mains les preuves ou indices de ce qui
» aurait été une corruption, que parce que lui-même y aurait
» participé ?

» A-t-il voulu abuser de la possession, ainsi obtenue, de
» ces preuves ou indices, pour extorquer des sommes du
» général Cubières, en le menaçant d'une publication désho-
» norante ? »

Le réquisitoire de M. le procureur général, qui m'est signifié à l'instant, conclut à ce qu'il plaise à la Cour des pairs
ordonner ma mise en accusation, comme *suffisamment* convaincu d'avoir, en 1842, *corrompu par offres, dons et présens, le ministre des travaux publics, pour obtenir la concession d'une mine de sel gemme, située dans le département
de la Haute-Saône*.

Un exposé vrai de ma situation personnelle, de mes craintes, de mes incertitudes, l'analyse de ma correspondance et
de mes actes, le tableau des sentimens divers dont mon esprit a dû être agité et sur les hommes et sur les choses, dans
le légitime désir de préserver un grand intérêt de ma famille
des pertes injustes dont je me suis vu menacé, ce simple récit
des faits vous présentera, messieurs les pairs, une solution
honorable et complète des questions qui vous sont soumises.
Appelé à me défendre contre une accusation de complicité
de corruption envers un fonctionnaire public, je n'ai à me
constituer, devant vous, l'accusateur de personne ; je n'ai
point porté de plainte à votre tribunal suprême ; je ne veux
que justifier ma conduite en ce qui concerne le procès dont
vous êtes juges ; c'est aux tribunaux ordinaires, c'est à la juridiction civile qu'il appartient de prononcer sur mes contestations privées, sur les réclamations et les reproches que je
me crois en droit d'adresser aux personnes impliquées dans
la grande procédure sur laquelle vous allez prononcer.

La société *Parmentier, Grillet, Sironvalle et Stiefvater*,
formée le 24 juin 1826, avait obtenu, par ordonnance royale
du 30 juillet 1828, la concession des gîtes houillers de Gouhenans, dans un périmètre de 13 kilomètres carrés et 78
hectares.

Les travaux importans pratiqués sur cette houillère nous
avaient fait découvrir dans l'étendue de notre concession
une mine de sel gemme dont nous demandâmes la concession
dès le 4 septembre de la même année. Notre demande fut repoussée par une ordonnance royale du 3 décembre 1828. Cette
ordonnance était motivée par les dispositions de la loi de
1825, qui avait créé en faveur de l'Etat et de la compagnie
des salines de l'Est un privilége dont le monopole s'étendait
sur plusieurs départemens et entre autres sur le département
de la Haute-Saône, où Gouhenans est situé.

En 1831, nous découvrîmes aussi des sources salées dans
un terrain dont notre compagnie était propriétaire. L'exploitation de ces sources nous fut contestée par l'Etat et par la
compagnie des salines de l'Est. Des décisions judiciaires in-
tervinrent. La Cour royale de Lyon, en reconnaissant que
l'exploitation des eaux naturellement salées n'était point in-
terdite par le privilége de 1825, déclara artificielle la salure
des eaux dont nous faisions l'évaporation à grands frais.
Notre établissement fut fermé le 5 février 1855; il compor-
tait alors une fabrication de cinq cents quintaux métriques
de sel par jour, à l'aide du combustible de nos extractions
houillères. Dans ces luttes judiciaires contre l'administration, notre résistance fut opiniâtre ; une nouvelle découverte
de sources salées nous détermina à reprendre une exploitation qui fut enfin reconnue légitime et légale par un arrêt de
la cour royale de Besançon.

Enfin la loi du 17 mai 1840 révoqua le privilége des salines
de l'Est; le territoire des départemens prohibés fut libre et
put devenir pour l'exploitation du sel gemme l'objet de
concessions particulières. L'art. 3 de cette loi portait que les
concessions seraient faites de préférence aux propriétaires
des établissemens légalement existans.

Le 1er juillet 1840, la société *Parmentier, Grillet et compagnie*, déposa à la préfecture de la Haute-Saône une demande
en concession de 20 kilomètres carrés de sel gemme sur le
territoire de Gouhenans.

A cette époque, M. le général Despans-Cubières était propriétaire d'un centième dans notre compagnie. J'étais intéressé pour cinquante centièmes.

Le 24 avril 1841 nous renouvelâmes notre demande, en
déclarant que nous nous bornions à réclamer un périmètre
de 14 kilomètres carrés pour l'exploitation du sel gemme dans
l'étendue et sous le sol même des 14 kilomètres de la concession houillère que nous avions obtenue en 1828.

Une grande consommation de houille sur le terrain même
de notre exploitation, la puissance de la mine de sel gemme
que nous avions découverte, les capitaux importans engagés
dans cette affaire, la richesse des produits qu'une fabrication
restreinte nous avait déjà fait obtenir, la part considérable
que j'avais dans la société, tout me faisait mettre le plus grand
prix au succès de notre demande en concession, et la participation qu'avait prise M. le général Cubières dans cette
communauté d'intérêt me faisait espérer que nous trouve-
rions dans un homme d'un rang aussi élevé, investi d'aussi
grandes dignités, un puissant appui contre les difficultés ad-
ministratives que depuis dix ans nous n'avions que trop
souvent rencontrées au grand préjudice de notre industrie.

J'offris avec empressement mes bons offices à M. Cubières,
et je donnai tous mes soins pour lui procurer le moyen d'ac-

croître sa part d'intérêt social par l'acquisition des droits de quelques-uns de mes coassociés.

Au début de cette affaire, tout s'explique légitimement, dit M. le rapporteur (page 17).

Je demandai à M. Cubières d'intervenir dans l'intérêt commun auprès de l'administration.

Le domaine mettait une grande lenteur à faire connaître officiellement le périmètre des concessions que l'État était en droit de se réserver aux termes de la loi de 1840. Ces lenteurs apportaient et menaçaient d'apporter de grands retards à l'examen administratif de notre demande d'une concession. Les premières décisions dépendaient de M. le ministre des finances.

M. Humann avait une part notable dans les salines de Dieuze, qui se trouvaient en rivalité avec les salines de Gouhenans. J'avais écrit à M. Cubières, le 24 mai 1841 : « Si
» M. Human voulait faire envahir Gouhenans (dans la déli-
» mitation des périmètres), il serait bon de le savoir, et je
» crois qu'il ne serait pas impossible de se *préserver* de cet
» envahissement, de cette odieuse et effrontée spolia-
» tion. »

Je lui écrivais encore peu de jours plus tard, le 28 mai : « Ma dernière lettre est un retentissement de la
» crainte que j'ai du mauvais vouloir de M. Humann, mau-
» vais vouloir qui céderait cependant au désir de vous être
» agréable; outre cette crainte, j'ai celle que M.T. (Teste) n'ait
» pas bien compris que le domaine ayant fait ses demandes, et
» par conséquent déterminé ses délimitations, tout doit être,
» sous ce rapport, considéré comme consommé, par rapport
» aux autres demandeurs. »

Par une lettre du 29 du même mois de mai, M. le général Cubières me signalait d'autres dangers :

« *La notification officielle des périmètres demandés par le domaine ne serait pas sur le point d'être faite!* »

« *Il existait quelque rancune des procès soutenus contre M. Parmentier et consorts de Gouhenans!* »

« *M. Parmentier avait acquis une telle influence sur les tribunaux circonvoisins, que le gouvernement ne pouvant conserver aucun espoir de justice, devait se la faire à lui-même administrativement!* »

« *On espérait obtenir contre M. Parmentier une condamnation par la cour de Lyon, saisie de la question des dommages et intérêts des salines de l'Est, par suite de* (l'ancienne) *fabrication illicite de Gouhenans!* »

« *On laissait entrevoir que nous aurions, pour la concession à intervenir, un rival dangereux!* »

A cette époque, dit M. le rapporteur, les lettres de M. Parmentier au général Cubières indiquent un *premier écart* de la voie droite.

Que s'est-il donc passé?

J'ai écrit, il est vrai, à M. Cubières le 28 juin 1841 :

« M. Humann qui n'ignorait pas, quoiqu'il n'en dit rien,
» votre intervention dans l'affaire de Gouhenans, ne parait
» avoir voulu vous tâter; je ne doute même pas qu'il ne
» cherche à remettre avec vous sur le tapis la question
» d'alliance de Dieuze avec Gouhenans, ce sera le cas de le
» voir venir. »

Je disais encore à M. Cubières, dans ma lettre du 7 septembre 1841 : « M. Humann est un rude jouteur, d'autant
» mieux que, d'après nos prévisions, confirmées par une de
» vos lettres et aussi d'après les bruits qui circulent, M. Hu-
» mann et autres se proposent d'acheter les salines domania-
» les, et qu'il voit en nous des concurrens.

» Je crois qu'il désire une alliance avec nous; vous savez
» que j'ai prévu cette éventualité, et vous vous rappelez ce
» que je vous en ai dit. Je crois maintenant qu'il serait utile
» pour nous de conclure cette alliance : alors tout s'aplani-
» rait devant nous. »

Je répétais, je l'avoue, dans ma lettre du 24 septembre 1841 : Je persiste donc à penser qu'une alliance avec lui se-
» rait éminemment utile, et qu'une négociation commencée
» dans ce but, ne dût-elle rien produire en définitive, sus-
» pendrait au moins les effets de son mauvais vouloir, et
» pourrait même assurer notre avenir. »

Je conviens, enfin, que j'ai écrit à M. Cubières, le 5 novembre 1841 : « Vous pourriez pressentir les dispositions, notamment à l'égard de M. Kœchlin, et s'il n'aurait pas un allié secret dans M. Humann. »

C'est là ce que M. le commissaire rapporteur considère comme un *premier écart*, comme les préliminaires d'une tentative criminelle de corruption auprès d'un fonctionnaire public!

Sans doute, ce peut être un grand mal que le pouvoir, ar-
bitre et régulateur des intérêts qui s'agitent au sein de la société, soit remis aux mains d'hommes engagés dans les préoccupations de l'intérêt personnel, dans les spéculations industrielles qui peuvent redouter la concurrence d'entreprises similaires et rivales. C'est un mal que le simple citoyen se sente exposé à lutter auprès d'un ministre, non pas seulement contre ses vues d'administration générale, mais contre les alarmes de ses intérêts privés. Mais si l'État ne pense pas que l'impartialité ministérielle soit affaiblie ou corrompue, dans ces situations délicates, peut-on, doit-on considérer comme une pensée criminelle, de la part d'un particulier, le désir d'effacer entre lui et le ministre ces oppositions d'intérêt, ces rivalités inquiétantes, et de restituer à l'impartialité de l'homme public une plus entière et plus calme indépendance ?

Quoi qu'il en soit, cette pensée d'une alliance entre la société de Dieuze et celle de Gouhenans ne reçut aucune nouvelle manifestation, elle fut renfermée dans ma correspondance avec M. Cubières; et peu de mois après, la mort de l'honorable M. Humann mit fin à toute combinaison de conciliation d'intérêts entre les deux entreprises rivales. M. le commissaire rapporteur le reconnaît à la page 20 de son rapport.

Au milieu de mes inquiétudes sur le sort de ma demande en concession, livrée au peu de bon vouloir d'une administration contre laquelle notre compagnie de Gouhenans avait lutté si vivement depuis dix années, et devant les tribunaux de première instance et devant deux cours royales, et jusque dans la cour de cassation, j'avais appris que d'autres compagnies s'étaient présentées pour solliciter des concessions partielles de la mine de sel gemme que nous avions découverte; elles en demandaient l'exploitation sur le terrain même de la concession houillère qui nous avait été accordée dès 1828.

Justement inquiet sur une entreprise si laborieusement élevée par mes soins et mes longs sacrifices, sur ce patrimoine de ma famille, fruit de mes persévérans travaux, je reçus, sous la date du 14 janvier 1842, la lettre suivante de M. le général Cubières :

« Mon cher M. Parmentier,

» Tout ce qui se passe doit faire croire à la stabilité de la politique actuelle et au maintien de ceux qui la dirigent. Notre affaire dépend donc des personnes qui se trouvent en ce moment au pouvoir; il nous faudra agir auprès d'elles, et c'est ce qui doit nous préoccuper en ce moment; il serait superflu de vous dire que le temps presse et que nous ne devons pas rester dans une inaction que tant d'intrigues pourraient rendre décevantes pour les actionnaires de Gouhenans. A ce sujet, voici un mot de M. Legrand qui vous donnera l'éveil, sans doute, comme à moi. M'abordant de lui-même, il me demanda ce que nous faisions; sur ma réponse que nous attendions l'expiration des délais, il ajouta que les délais couraient, mais qu'il fallait les mettre à profit pour disposer la réussite et le succès de notre demande de concession... »

« Les droits les mieux établis peuvent être méconnus dans un intérêt de politique; une concession peut être l'objet d'une décision du conseil des ministres. Je vous engage donc à prendre vos précautions.

» ..... Je n'ai pas voulu tarder à vous communiquer cet avis, si important et si sérieux dans la bouche de celui qui me l'a donné. *Il ne faut pas perdre un moment*, il ne faut pas hésiter sur les moyens pour nous créer un appui intéressé dans le sein même du conseil. J'ai les moyens d'arriver jusqu'à cet appui indispensable; c'est à vous d'aviser aux moyens de l'intéresser. Ce sujet n'est pas facile à traiter par correspondance; aussi, vous jugerez que votre présence à Paris est nécessaire, indispensable même pour dresser nos batteries. Toutefois, il faudrait que vous pussiez venir ici muni des pleins pouvoirs des intéressés pour les sacrifices qu'il faut nous imposer pour échapper aux chances qui peuvent se rencontrer contre nous, et que des rivalités nombreuses pourraient exploiter à notre préjudice.

» ..... Je ne saurais trop vous engager à combiner les choses de manière à ce que vous et moi soyons autorisés et même nantis, pour parvenir au but, sans être exposés à des délais ou à des chicanes, en raison de la négociation très secrète qu'il nous faudra suivre pour nous rendre certains et assurés de la concession à l'exclusion de tous autres. Dans l'état où se trouve la société de Gouhenans, ce ne sera pas chose aisée que d'obtenir l'unanimité et l'accord quand il s'agit d'un sacrifice. On se montrera sans doute très disposé à compter sur notre bon droit, sur la justice de l'administration, et cependant rien ne serait plus puéril. N'oubliez pas, mon cher monsieur, que le gouvernement est dans des mains avides et corrompues, que la liberté de la presse court risque d'être étranglée, sans bruit, l'un de ces jours, et que jamais le bon droit n'eut plus grand besoin de protection... »

« ..... Que le contenu de ma lettre soit l'objet de vos réflexions et d'une décision aussi prompte que possible; *voilà ce que j'attends de votre bon esprit et de votre position de principal intéressé.* »

Cette lettre de M. le général Cubières m'arriva le 16 janvier 1842. Non moins surpris qu'effrayé de semblables révélations, fort de mon bon droit, convaincu de l'impossibilité qu'une concession fût refusée aux auteurs d'une précieuse découverte, à des hommes notoirement solvables, aux propriétaires d'un établissement fondé si chèrement depuis près de quatorze années, et régulièrement constitué depuis l'arrêt de la cour royale de Besançon; à une compagnie concessionnaire, depuis 1828, d'une houillère, du combustible, sur le terrain même où il s'agissait d'exploiter le gîte salifère qu'elle avait trouvé, je laissai durant huit jours cette lettre sans réponse, bien que M. Cubières me demandât *une décision aussi prompte que possible!*

Veuillez, messieurs les pairs, pénétrer dans les hésitations de mon esprit, comprenez quelles appréhensions diverses, quels doutes, quels soupçons s'élevèrent et se succédèrent en moi!

Le 24 janvier, je lis dans une nouvelle lettre de M. Cubières, datée du 22 : « Ne perdez pas un moment, je vous prie, pour me faire savoir que ma lettre est entre vos mains, sauf à me parler plus tard de votre décision. Quelques mots échangés entre moi et la personne que je vous indiquais dans ma dernière lettre sont venus, depuis qu'elle a été écrite, corroborer mes conjectures et ajouter à mes craintes.

Je prends la plume alors; j'exprime à M. Cubières mon étonnement et mes doutes; je proteste au nom de notre incontestable bon droit; je dis qu'une concession de mines n'est pas une affaire politique; *que rien ne presse; que du 5 mars au 5 avril, les démarches trouveront utilement leur place, qu'alors nous pourrons juger si des sacrifices sont nécessaires et indispensables,* etc.

Courrier par courrier, M. Cubières m'écrit le 26 janvier : « Je reçois votre lettre du 24, et je me hâte d'y répondre. »

« J'ai pris au sérieux le conseil qui me fut donné et dont je vous ai fait part. Je crois encore, et *plus que jamais,* que l'ouverture faite par M. Legrand part d'un bon sentiment pour nous et du désir de me donner, à moi personnellement, un avis utile et profitable. Les mots de M. Legrand signalent un danger, indiquent que le gouvernement incline vers l'un de nos rivaux, M. Kœchlin. Tout ce que je vois, tout ce que j'entends me confirme dans cette conjecture, et si j'avais désiré votre présence à Paris, c'était pour que vous pussiez juger par vos yeux de la situation des choses et de la nécessité où je crains que nous nous trouvions bientôt de nous créer des appuis intéressés! »

« Il ne faut pas, mon cher monsieur Parmentier, se méprendre sur le sens des mots prononcés par M. Legrand. Je sais bien que les concessions se donnent par ordonnances délibérées en conseil d'Etat et qu'elles ne sont pas délibérées en conseil des ministres; mais quand il s'agira de choisir entre nous et M. Kœchlin, la préférence à lui donner sur la société de Gouhenans pourra bien être délibérée en conseil, et de cette préférence pourra résulter ou le partage de la concession qui nous revenait de droit, ou même *notre élimination du partage.* »

..... « Je voudrais être de votre avis pour rentrer dans la quiétude qui me convient mieux que le rôle que j'ai cru devoir prendre en cherchant à vous stimuler; mais il m'est impossible de partager entièrement votre tranquillité. Je passe ma vie au milieu des députés, je vais chez la plupart des ministres... Des paroles qu'on m'adresse, des conversations que j'écoute, il résulte, pour moi, que M. Kœchlin a pris l'avance pour les sollicitations, et qu'il a plus d'espoir que nous ne saurions en concevoir, et *un espoir mieux fondé que celui qui reposerait uniquement sur notre bon droit.* »

Quoi! c'était pour nous un espoir mal fondé que celui qui reposait *uniquement* sur notre bon droit!

Que pouvait faire, que devait faire pour le salut de ses intérêts les plus légitimes, si péniblement défendus devant les tribunaux pendant tant d'années, que pouvait faire, que devait faire pour la conservation de son *bon droit,* l'humble industriel à qui un ancien ministre du roi, un lieutenant-général des armées françaises, un membre de la chambre des pairs, tenait un pareil langage, et disait, dans des lettres si pres-

santes, que *rien ne serait plus puéril que de compter sur le bon droit!* qu'il ne faut pas oublier *que le gouvernement est dans des mains avides et corrompues!!!*

Je réponds le 28 janvier à la lettre du 26, je demande à M. Cubières de me faire connaître la fixation du chiffre des sacrifices qu'il dit être nécessaires; je lui annonce qu'une réunion des actionnaires m'a paru indispensable, je provoque cette réunion pour le 5 février; ainsi que le déclare M. Dessirier, je me concerte avec les principaux intéressés; c'est chez ce témoin que je rassemble mes associés au jour indiqué; ce même jour, 5 février, m'arrive encore une lettre de M. Cubières, datée de Paris le 5; il me disait : « Comme vous » l'observez, une réunion des actionnaires est indispensable; » il faut que chacun y soit représenté.... la convocation doit » aussi avoir pour but de fixer le nombre des actions qui de» vraient être mises à notre disposition pour intéresser, sans » mise de fonds, les appuis qui seraient indispensables au » succès de l'affaire. Cette fixation, vous m'engagez à vous la » faire connaître, afin que vous soyez à même d'en instruire » les actionnaires; à cet égard, je n'ai point de données pré» cises, et je ne saurais vous donner qu'un aperçu basé sur » des ouvertures qui ont été faites et *accueillies* avec une » extrême réserve..... je ne consentirais pas à me charger seul » de la négociation; vous êtes le principal propriétaire, le » plus intéressé, par conséquent, à ce que les sacrifices » soient proportionnés à l'appui obtenu, et ne dépassent point » une proportion raisonnable. Je pense donc que la société » devrait s'en rapporter à vous et à moi, et nous laisser maîtres » d'apprécier : 1° la nécessité de sacrifices à faire pour ga» rantir le succès de l'entreprise; 2° l'étendue de ces sacri» fices et leur rapport avec l'appui qui nous sera donné pour » l'obtention de la concession dans ses plus grandes limites... » Dans le cas où il ne faudrait compter le produit des actions » qu'à 600 francs, la société devrait mettre à notre disposi» tion 35 actions; si l'on pouvait, sans trop d'exagération, » estimer à 800 francs le produit de l'action, le nombre de » 25 actions suffirait... au surplus je crois être en mesure » d'obtenir, non seulement la concession, mais, au préalable, » l'autorisation d'exploiter... »

Je conjure la cour des pairs de bien se rendre compte de la situation qui nous était faite par cette lettre que M. le lieutenant-général Cubières m'adressait de Paris, au moment de notre réunion du 5 février, au milieu de mes objections et de mes incertitudes. S'agissait-il en effet d'une tentative de corruption envers un fonctionnaire public? Mais tout était consommé par M. de Cubières seul, en mon absence, à mon insu! *Les ouvertures ont été faites et* ACCUEILLIES! *Le nombre de 25 actions est suffisant!* Aussi, libre désormais des craintes qu'il exprimait si vivement dans ses lettres des 14, 22 et 26 février, il m'apprend qu'il est *en mesure d'obtenir, non seulement la concession, mais au préalable l'autorisation d'exploiter!*

Les membres de la société de Gouhenans étaient réunis chez M. Dessirier, l'un d'eux, en son domicile, à Vesoul; le notaire *Lamboley* avait été appelé; je fais connaître la nécessité de consentir à un sacrifice; M. Delphin Lanoir affirme que, dans cette assemblée, *je lus les lettres;* je n'en ai pas le souvenir; mais quatorze de mes associés signent l'acte dressé, séance tenante, par le notaire, et tous en ont compris, quoi qu'ils en puissent dire aujourd'hui, et l'objet et le sens et la nécessité.

Cet acte porte que l'intérêt social de Gouhenans, divisé jusqu'alors en cent portions, est subdivisé désormais en cinq cent vingt-cinq portions ou actions; que « le nombre qui ex» cède cinq cents dans les nouvelles portions ou actions est » mis à la disposition de M. le général Cubières et de M. » Parmentier, qui *s'en serviront pour le bien et l'améliora» tion des établissemens, sans être obligés d'en rendre comp» te...* Ils sont même autorisés, pour rendre ces vingt-cinq » portions plus disponibles, à créer eux-mêmes vingt-cinq » titres au porteur, qu'ils signeront *Parmentier, Grillet et » Cᵉ;* AUTORISANT DÈS CE JOUR M. LE LIEUTENANT-GÉNÉ» RAL CUBIÈRES, A SE SERVIR DE CETTE SIGNATURE DANS » CETTE CIRCONSTANCE. »

C'est donc à M. Cubières qu'est abandonnée, avec la signature sociale, la faculté de satisfaire aux *ouvertures qui ont,* disait-il, *été faites et accueillies.*

En quoi, Messieurs les pairs, ma position personnelle différait-elle à cette époque de celle de mes treize coassociés, cosignataires de l'acte ci-dessus? En quoi, plus qu'aucun d'eux, m'étais-je rendu coupable, le 5 février 1842? Comment étais-je devenu, plus étroitement qu'un autre, complice d'une corruption ou d'une tentative de corruption dont la prétendue nécessité, dont l'importance, dont le mode d'exécution venaient de m'être révélés par la seule correspondance de M. Cubières.

Je me rendis alors à Paris pour réaliser, entre les mains de M. Cubières, les conventions consenties à Vesoul par tous nos associés par devant notaire.

Durant mon court séjour dans la capitale, je m'occupai principalement de faire sortir l'usine de Gouhenans de l'état de séquestre où elle avait été placée, par suite de contestations particulières entre moi et certains associés. Je multipliai mes démarches dans l'intérêt commun, je signalai surtout les inconvénients d'un morcellement de concessions sur un même gîte de sel gemme. Mes lettres des 17 et 23 février en font foi.

J'ai quitté Paris ce même jour 23 février; avant mon départ, M. Cubières m'avait annoncé, assez vaguement, qu'il devenait nécessaire de faire consentir la société à un sacrifice plus considérable que celui de vingt-cinq actions. Dès le lendemain, M. Cubières m'envoyait, à Vesoul, sa note cachetée, datée de Paris le 24 février 1842.

« Maintenant, est-il dit dans cette note, c'est moi qu'on
» presse; on m'a relancé hier et ce matin. On se montre très
» ardent, très désireux de terminer dans le plus bref délai.
» Peut-être est-ce, en effet, le meilleur moyen d'éviter des
» embarras, de prévenir des plaintes de la part de la con-
» currence: voici ce qu'on offre de soi-même, et nous pouvons
» y compter, etc.....
» Il n'y a plus à hésiter, encore moins peut-on reculer de-
» vant un succès certain. . . . .
» On insiste pour 50, tâchez donc d'obtenir le doublement.
» Je réponds, en attendant la réussite de votre épineuse né-
» gociation, je réponds certitude pour 50, doutes très grands
» pour 40 ou 45. Le ton qu'on prend avec moi dénote qu'il
» est impossible de traiter à moins de 45. *Surtout point de
» délais.* Le char est lancé, ne le faisons pas verser en l'arrê-
» tant trop court. »

Le 26 février autre lettre de M. Cubières : « Je vous ai
» écrit avant-hier à Vesoul, me dit-il; le paquet contenait
» une note cachetée, dans le sens de laquelle on continue à
» m'entretenir ici; c'est d'après son contenu que vous devez
» agir..... Vous comprenez avec quelle impatience j'attends
» le résultat de *vos délibérations en commun*..... »

Plus tard, nouvelle note cachetée, écrite de la main de M. Cubières. *Impossible de traîner plus longtemps la négociation... nécessité de conclure promptement et de trancher le différend entre 30 à peu près promis et 50 toujours exigés.*,

« L'entrepôt de Paris serait à concéder d'avance, et dès à
» présent, en rémunération des services rendus et à rendre
» par ***.
» Obtenir, s'il est possible, jusqu'à trois centièmes de *Gril-
» let* formant quinze actions nouvelles, au prix de 60,000 fr. »

En quittant Paris, je n'avais pas laissé notre affaire aussi avancée et aussi voisine du succès que M. Cubières me l'annonçait par sa lettre du 24 février. Cette soudaineté d'un état de choses si différent, l'*impatience* que M. Cubières exprimait, l'exigence d'un doublement de nos sacrifices, ces offres que l'on fait de *soi-même*, réveillèrent toutes mes appréhensions du mois précédent, et, ainsi que je l'ai toujours déclaré, les doutes les plus fâcheux dominaient toutes mes réflexions.

Je répondis à M. de Cubières, le 1er mars : « J'ai reçu
» toutes vos lettres... Quant à une augmentation de sacri-
» fices, je suis résolu, si cela devient nécessaire, d'y subve-
» nir moi-même... »

M. de Cubières me répond le 10 mars : « Voici ce que j'ai
» été dans le cas de dire ici... J'ai parlé des difficultés que
» présentait l'augmentation de sacrifice... J'ai parlé de l'es-
» poir que vous conserviez encore de faire agir sur les ré-
» calcitrans... J'ai dit positivement que vous ne parviendriez
» jamais à tirer d'eux le doublement du premier sacrifice;
» qu'il faut s'estimer heureux si vous arriviez jusqu'à qua-
» rante ... »

Cette lettre du 10 mars se terminait ainsi : « Ou la con-
» cession sera accordée tout de suite, et *dans sa plus grande
» étendue*, ou bien elle se fera attendre plus que des mois et
» ne sera accordée que morcelée. Si le ministère des finances
» s'entend avec celui des travaux publics, dix-huit mois,
» deux ans s'écouleront avant qu'il soit statué sur notre de-
» mande; les délais équivaudront à une fin de non-recevoir...
» Je crois fermement que l'arrangement est utile, indispen-
» sable et qu'il ne faut pas hésiter sur le sacrifice de qua-
» rante-cinq actions. »

M. de Cubières ne tient aucun compte de ma déclaration formelle que, quant à une augmentation de sacrifices, *je suis résolu, si cela devient nécessaire, d'y subvenir moi-même*. Malgré mon refus de faire aucune nouvelle demande à nos associés, il parle de mon espoir de tirer quarante actions de ces récalcitrans, et cependant, oubliant le 10 mars que, suivant sa note du 24 février, on est à Paris *très ardent, très désireux de terminer dans le plus bref délai*, il me fait craindre des délais *qui équivaudront à une fin de non-recevoir*.

Ce qui se passait alors en moi, ne le faisais-je pas assez comprendre à M. de Cubières par ma lettre du 18 mars 1842? Je lui avais mandé à la fin de février que je me rendrais à Paris aussitôt que M. le préfet de la Haute-Saône aurait renvoyé au ministre notre dossier sur lequel on avait demandé de nouveaux avis des ingénieurs. Je lui écris le 18 mars : « Notre affaire ne marche pas vite ici; l'ingénieur ne donnera pas encore son avis cette semaine, et j'ai lieu de croire que notre dossier ne partira pas avant le mois prochain. Nous pouvons donc nous attendre à un redoublement des témoignages d'impatience auxquels vous êtes incessamment exposé et dont vous me faites part.

» A vrai dire, *je ne les comprends pas*. Je pars de Paris le 23 février, précédé d'une convocation de nos coïntéressés pour le 28; nous étions convenus que je tâcherais de les déterminer à augmenter les sacrifices déjà votés. Vous faites part de cet état de choses, de mon départ, de son but, et on ne vous objecte rien; cependant le jour même de ce départ, et le lendemain, on vous relance, on vous presse! Je vous écris le 1er mars que je n'ai pas encore obtenu et que j'ai peu d'espoir d'obtenir ultérieurement l'augmentation de sacrifices; mais que je suis résolu à y subvenir moi-même, si elle devient nécessaire, et que j'espère qu'en me donnera le temps de tenter de l'atténuer, et qu'on se montrera moins exigeant à cause de moi; vous ne faites pas plus mystère de cette lettre que de celle du 7; on sait donc à quoi s'en tenir; on doit regarder la conclusion comme assurée, à moins qu'on ne suspecte ma loyauté, et cependant on insiste, on presse, on harcèle. *L'aboutissant de votre intermédiaire* n'a rien à faire pour nous avant l'arrivée de notre dossier à Paris; *vous ne demandez pas qu'il agisse plus tôt*, vous demandez même le contraire, et on n'en insiste pas moins.

» En résumé, je répète ce que je viens d'extraire de ma lettre du 1er mars. J'arriverai à Paris avec le dossier, et immédiatement je consommerai les sacrifices nécessaires. Cette parole paraîtra-t-elle suffisante? *Cela doit être. Si cela n'est pas, je ne peux rien dire de plus.* »

Je le demande à tout homme intelligent, pouvais-je exprimer plus clairement ma pensée à ces personnages puissans, dont la bienveillance ou l'animadversion allait disposer de ma fortune presque entière? Pouvais-je manifester plus explicitement les défiances que faisait naître en moi cette correspondance dont j'étais assailli?

La suite va mieux démontrer encore cette situation de mon esprit.

M. de Cubières avait adressé à M. Lanoir une note sous le titre *d'avertissement*, dont le contenu était, me disait-il, *un reflet exact de la pensée secrète, intime, de l'administration à notre égard.*

« Les objections de cette note, m'écrivait-il le 18 avril, ne paraissent pas toutes également fondées; cependant, elles dénotent une disposition qui ne nous serait pas très favorable et dont il faudrait peut-être *s'inquiéter, si nous manquions des moyens* qui peuvent nous créer une protection efficace. »

Je répondis à M. de Cubières le 22 avril ·

« ..... En ce qui concerne *l'avertissement*, IL NE M'ALARME
» PAS DU TOUT : en effet, sur le 1°, c'est possible, mais con-
» tre toute probabilité;
» Sur le 2°, impossible absolument... etc.;
» Sur le 3°, même ignorance révélée... etc.;
» Sur le 4°, encore mieux... etc.
» Sur le 5°, purement imaginaire... etc.;
» Je souhaite que toutes ces objections-là soient soulevées
» officiellement, car j'aurais bien du plaisir à les réfuter, *moi
» qui ne suis pas au nombre des personnes qui ne peuvent mé-
» connaître leur caractère de probabilité.* »

Il ne faut pas oublier que l'avertissement envoyé par M. de Cubières portait : *qu'enfin dans toutes ces objections, il y avait indubitablement des choses possibles.*

Par sa réponse du 24 avril, M. de Cubières insiste encore quelque peu sur l'importance de l'avertissement, et le 26 avril je lui annonce ma prochaine arrivée à Paris, sans avoir livré à son impatience ce qu'il me demandait en me disant, dès le 24 février ; *surtout point de délais!*

Je voulais voir les choses de plus près et de mes propres yeux.

Des pourparlers, des échanges de notes se multiplièrent, quand je fus à Paris, entre moi et M. de Cubières ; il me pressait vivement d'effectuer l'abandon gratuit de 25 des actions dont j'étais propriétaire ; il n'était plus question de demander un nouveau sacrifice à mes associés ; ainsi que j'en avais exprimé la résolution, ce sacrifice ne devait être fait que par moi ; avec les soupçons qui m'étaient venus, je ne voulais pas imposer à notre compagnie une perte importante. On me demandait la procuration spéciale et la ratification de ma femme. J'avais dit à M. Renauld *que l'intermédiaire qui se mêlait de l'affaire demandait un plus grand nombre d'actions, et qu'il fallait prévoir des difficultés insurmontables, si on ne faisait pas droit à sa demande.*

Ce témoin a été entendu devant la commission de la cour des pairs. Il déclare qu'il fut présent (c'était dans le courant du mois de mai) à une audience qui nous fut accordée dans le cabinet de M. le ministre des travaux publics. « Quand » nous sortîmes, dit-il, ces messieurs firent la réflexion que « la conduite du ministre leur avait paru toute naturelle ; » que s'il n'avait pas donné une assurance entière de la con- » cession, c'était parce qu'il venait de prendre connaissance » de l'opposition du ministre des finances. Cette réflexion » conduisit à cette autre observation, que *l'intermédiaire » pourrait bien avoir réclamé un plus grand nombre d'actions » dans son intérêt personnel.* » Ça a été mon opinion dès ce moment là.

M. Renauld pensait donc, comme je le pensais aussi, que que ces demandes d'actions n'étaient faites que dans l'inté- rêt des intermédiaires.

Il ajoute : J'ai su aussi que *le prix de ces actions,* ainsi que le prix des 25 premières, *n'avait été ni offert ni donné à personne.* »

Et plus loin : « Je dois dire que les sociétaires, *autres que » M. Parmentier,* n'ont jamais eu l'idée que M. de Cubières » ait voulu s'approprier les actions mises à sa disposi- tion. »

M. Parmentier l'avait donc, cette idée, et ses coïntéressés ne l'ignoraient pas !!

Un autre témoin dans la cause, M. Grillet, s'exprime à son tour en ces termes : « Je me souviens d'avoir entendu un » jour M. Parmentier et M. Hézard dire, en parlant de M. » Pellapra : c'est un gaillard qui a bon appétit. »

Telles étaient donc, la vérité est ici manifeste, telles étaient les convictions de mon esprit. La valeur des 50 ac- tions qui m'étaient si habilement et si obstinément arra- chées devait-elle être remise au ministre lui-même ? Je ne l'ai jamais cru ! MM. de Cubières et Pellapra, ou tout autre in- termédiaire, voulaient ils s'approprier, aux dépens de la So- ciété, à mes dépens personnels, ce prix de leurs démarches, du crédit que, dans leur haute position sociale, ils préten- daient avoir. Je l'ai toujours pensé, et la plupart de mes co- associés ne l'ont pas ignoré. Mais ces personnages, j'étais convaincu qu'ils pouvaient me desservir autant au moins qu'ils promettaient de m'être utiles. Mais il était sage de leur sacrifier un dixième de ma propriété pour sauver le reste.

C'est sous ces impressions que j'ai enfin consenti à l'a- bandon de vingt-cinq de mes actions. Elle fut régularisée par la vente à réméré, passée devant M° Roquebert, notaire, le 18 juin 1842, moyennant un prix de 100,000 fr., dont je donnai quittance au prétendu acheteur, M. Pellapra, sans avoir rien reçu de lui.

C'est au moment de signer ce contrat que j'ai vu, pour la première fois, M. Pellapra, et que, pour la première fois, il m'a été dit qu'il devait figurer dans l'acte comme acheteur de mes vingt-cinq actions.

Le même jour, je jugeai indispensable de bien fixer ma si- tuation vis-à-vis de M. de Cubières et de laisser sur lui toute la responsabilité d'un emploi de l'argent dont lui seul avait dit que la disponibilité était nécessaire. Nous dressâmes un acte sous signatures privées où il est écrit qu'il a été fait : 1° transfert à M. de Cubières des vingt-cinq titres au por- teur, mentionnés dans l'acte du 5 février 1842, et cela moyennant le prix de 100,000 fr.; 2° vente par M. Parmen- tier et sa femme de vingt-cinq autres actions à prendre dans celles qui leur appartiennent, et cela sous faculté de réméré et moyennant le prix d'une autre somme de 100,000 fr.

« En conséquence, M. de Cubières reste dépositaire des 100,000 fr. qui sont le prix de son acquisition, *à la charge par lui de les employer* à l'usage convenu entre lui et M. Par- mentier. »

« M. de Cubières recevra également, comme dépositaire *et pour en faire le même usage,* l'autre somme de 100,000 fr. »

Au bas de l'acte, il est écrit : « J'ai reçu la somme de » cent mille francs de la vente des actions de M. et Mme Par- » mentier, dont je reste dépositaire comme il a été dit ci- » dessus.

» *Signé* CUBIÈRES. »

J'étais donc en mesure et en droit de me faire rendre compte de la somme de 200,000 fr.

Je reçus, sous la date du 6 août 1842, une longue lettre de M. Pellapra qui, en l'absence de M. Cubières, me ren- dait compte de la discussion de notre affaire dans le sein du conseil des mines. Ce compte-rendu a été démenti sur tous les points par M. Legrand.

Il est inutile d'entrer dans le récit des lenteurs que j'oppo- sai pour retarder et la ratification par madame Parmentier et la notification à la Société de l'acte du 18 juin 1842 ; des prétextes, des fausses espérances dont les lettres que j'ai re- çues étaient remplies pour me faire attendre la décision de notre affaire au conseil d'État, comme au conseil des mines. Ces détails se retrouvent dans la correspondance depuis le mois de juillet 1842 jusqu'à la fin de décembre de la même année.

Le point important, le seul auquel je mettais un grand prix, auprès de MM. de Cubières et Pellapra, n'était l'étendue de la concession qui devait nous être accordée. Je demandais que ce périmètre fût égal à celui de la concession houillère qui était superposée au banc de sel gemme, c'est-à-dire de 14 kilomètres carrés. Le conseil des mines, à la majorité de cinq voix contre quatre, avait limité notre concession à 6 ki- lomètres et 88 hectares. Dans aucun cas, une telle conces- sion ne pouvait être refusée à la Compagnie des inventeurs. C'était moins qu'une faveur de ne l'octroyer que dans ces li- mites étroites. C'était nous préparer mille embarras, mille difficultés sérieuses avec les autres compagnies qui pour- raient obtenir des concessions voisines et exploiter le sol, sous le terrain même et dans le périmètre de notre concession de houille.

M. Pellapra, en me révélant la délibération du conseil des mines, m'avait écrit le 6 août 1842 que M. le ministre des travaux publics avait fait insérer, au procès-verbal de la séance du conseil, une *clause* qui nous était favorable : « Elle porte, me disait-il, que pour les portions du terrain » dont MM. Kœchlin, Tissot et Prinet (les trois compagnies » qui nous faisaient concurrence) ont demandé la concession » et dont ils sont déboutés, vous êtes en droit de vous pré- » senter en concurrence avec eux ou tous autres, pour l'ob- » tention des concessions ultérieures qui pourraient en être » demandées et accordées ; *le ministre en conclut que cela » vaut, pour vous, la concession des 14 kilomètres.* »

Cependant, M. Teste dit, dans ses observations soumises à la cour des pairs, que cette clause n'existe pas.

Toutefois M. de Cubières m'écrivit aussi, le 12 août : « Une circonstance qui mettra, du moins je le pense, » M. T. (M. Teste) à l'aise pour nous gratifier des 14 kilo- » mètres, est celle des quatre voix pour et des cinq voix » contre cette proposition. Une majorité d'une voix ne de- » vrait pas suffire pour empêcher le ministre de se montrer » plus large à notre égard. Enfin, *la clause* qui nous admet » à l'avance en concurrence avec tous les autres pour l'ob- » tention de tout ou partie des kilomètres non concédés » vous paraîtra peut-être suffisante pour que nous nous » contentions des 6 kilomètres. »

L'ordonnance royale portant concession de la mine de sel gemme de Gouhenans sur une étendue superficielle de 6 kilomètres carrés, 88 hectares, fut signée le 5 juin 1843.

Bientôt j'appris que M. le ministre des travaux publics, dans la discussion au conseil d'état, s'était montré peu favorable aux concessions étendues ; il disait dans son rap- port au roi, sur notre affaire, *il convient donc de restreindre les limites sollicitées par la compagnie.*

La restriction de notre concession avait donc été faite systématiquement. Quels avantages avait donc obtenus no- tre compagnie de l'intervention de MM. Cubières et Pella- pra ? Que nous accordait-on au-delà de ce qui ne pouvait, je le répète, nous être refusé ? Quel prix recevions-nous des deux cent mille francs que nous avions déposés aux mains de M. de Cubières ?

M. de Cubières m'écrivit, le 16 février 1843 : « Toute émission d'actions au porteur étant du fait d'une société dite *par actions,* légalement autorisée à cet effet..... il a été re- connu impossible d'opérer par le ministère d'un agent de change le transfert des vingt-cinq actions au porteur créées en vertu de l'acte reçu le 5 février 1842, par M° Lamboley, notaire à Vesoul.... Dès lors l'annulation de ces titres ne saurait être ajournée, et j'ai dû m'y résoudre..... J'ai fait à M. Mourgue l'envoi des titres en question..... pour être annulés..... » « Plus tard, vous examinerez quel parti il y aurait à tirer de l'acte du 5 février 1842, dans l'intérêt de celui qui se trouve ainsi *conduit à des sacrifices* qu'il ne devait pas supporter. Mais le premier devoir est de faire disparaître des titres dont la création se trouvait à l'avance frappée de nullité. »

Je répondis à M. de Cubières, le 19 : « Général, si les titres au porteur que nous avons créés, vous et moi, en vertu de l'acte du 5 février, ne sont pas négociables, je ne vois pas pourquoi notre premier devoir serait de les faire disparaître, pourquoi leur destruction ne pourrait pas être ajournée, je m'y oppose.......

J'arrive au terme de cette affaire, Messieurs les pairs. Après de longues correspondances, j'ai appelé M. de Cubières à une réunion à Lure, en présence de MM. Renauld et Lanoir. Cette réunion a eu lieu le 24 août 1844. Après la conférence, M. de Cubières dut s'occuper des moyens de me faire restituer les vingt-cinq actions vendues par moi et ma femme à M. Pellapra.

J'écrivis à M. de Cubières, le 22 septembre 1844 : « Général, je vous prie de recevoir, en mon nom, la quittance notariée qui m'est due par M. Pellapra, du prix de la vente à réméré que je lui ai faite le 18 juin 1842, *ainsi que des intérêts et frais.* La quittance doit exprimer que je reprends la possession pleine et entière de la chose vendue. »

M. de Cubières m'écrivait encore, le 7 octobre 1844 :

« *Mon cher monsieur Parmentier,* vous m'avez parlé d'un » échange d'actions pour arriver au retrait de celles qui » vous concernent plus particulièrement : je remarque qu'au- » cune de vos lettres, depuis l'époque où nous nous entre- » tenions de ce sujet, ne mentionne l'échange en question ; » c'est sans doute ce qui fait que nous ne nous comprenons » point.

Recevez l'assurance de tous mes sentimens.

Ma réponse, sous la date du 12 octobre portait :

« Général..... je tiens à recevoir *ma quittance* dans la » huitaine, autrement je me croirais obligé à des démar- » ches sur lesquelles, une fois commencées, il ne serait » plus possible de revenir ! !..... »

Agréez, général, l'assurance de mes sentimens.

M. de Cubières m'adresse sa lettre du 18 octobre 1844 :

« .....*La quittance* sera signée demain, assez tôt pour » qu'elle puisse vous être adressée par la poste, les autres » titres resteront à votre disposition. »

« *En prenant à ma charge d'énormes sacrifices,* j'assume » sur moi et les miens un poids écrasant ; mais, du moins, » j'aurai épargné *à quelqu'un* l'occasion de faire une *mau- vaise action.* »

J'ai répondu à M. de Cubières, le 21 octobre : « J'ai re- » çu ce matin la quittance annoncée par vos lettres des 18 et » 19 octobre courant... Maintenant, et avant que de vous » adresser la réponse que comporte nécessairement votre let- » tre du 18, je vous prie de m'expliquer nettement ce que » vous avez entendu par cette phrase : « *En prenant à ma » charge d'énormes sacrifices, j'assume sur moi et sur les » miens un poids écrasant, du moins, j'aurai épar- » gné à quelqu'un l'occasion de faire une mauvaise action.* » *Veuillez me dire quels sont et ce qu'est quelqu'un et cette mau- vaise action.* »

La réponse de M. de Cubières, datée du 25 octobre, por- tait ces mots : « Je ne crois pas qu'on soit une bonne action » que de sacrifier celui qui n'a jamais retiré aucun avantage » de son intervention, toute obligeance ; ce serait une *mau- vaise action* que d'agir ainsi avec la personne ainsi placée. On » abuserait de trop peu de confiance ; voilà ce que j'ai voulu » dire. Ce danger est à craindre des deux côtés ; *le quelqu'un* » sera celui qui abusera. »

J'ai répondu au général le 25 octobre :

« ...Je vous ai à la *mauvaise action.* J'ai eu, dès le prin- » cipe, une conviction profonde, et que la suite a confirmée, » que je ne vous ai jamais exprimée *formellement,* parce que » la chose est pénible à dire, mais que vous m'obligez à vous » exprimer aujourd'hui : c'est que *vous n'avez jamais voulu » faire et que vous n'avez jamais fait part à personne, si ce » n'est à M. Pellapra, qui n'a pas déboursé un centime, du

» *dixième de l'affaire Gouhenans,* dont vous avez exigé » de moi l'abandon, très peu solide heureusement. Les do- » cumens probans que j'ai entre les mains ne sont nullement, » de votre part, une preuve de confiance. L'usage de ces do- » cumens ne serait point une *mauvaise action,* surtout s'il » était invinciblement provoqué par votre manière d'agir. »

J'écrivais encore à M. le général Cubières, le 5 novembre 1844 :

« Voici donc le moment d'une explication définitive. Je n'ai » pas reçu le prix de mon réméré, vous ne l'avez pas reçu » vous-même, quoique vous vous en soyez déclaré dépositai- » re. *Il n'a été employé, ni par vous ni par M. Pellapra,* » pour le bien et l'amélioration des établissemens de Gouhe- » nans, *ou pour un autre objet quelconque;* en me remettant » mon réméré, vous m'avez fait une restitution qui ne doit » pas me coûter un sou!...

» *Vous n'avez disposé ni du prix stipulé pour la cession » à vous faite de vingt-cinq actions, ni de ces actions elles- » mêmes.*

» *Vous n'en avez disposé* ni pour le bien et l'amélioration » des établissemens de Gouhenans, *ni pour un autre objet » quelconque.* Ces actions doivent donc revenir à la compa- » gnie.

» Pour cela il est nécessaire que vous invitiez, par lettre, » *M. Hézard* à détruire les titres que vous lui aviez envoyés, » et que vous me donniez en même temps avis de cette invi- » tation, qui doit être pure et simple ; à ce moyen je vous » donnerai décharge du prix stipulé pour la cession de ces » vingt-cinq actions.

» Le tout, si vous le voulez, sera ensuite constaté par un » acte authentique... j'aurai ainsi consommé ce que vous ap- » pelez une *mauvaise action, et ce que je regarde comme une » bonne action, s'il en fut jamais.* »

Il me suffit désormais de rappeler à messieurs les pairs une » dernière lettre de M. de Cubières : elle me fut adressée le 7 » novembre 1844 :

» *Mon cher M. Parmentier,* vos lettres des 29 octobre et 5 » du courant me sont parvenues ; *j'aime à reconnaître* que » leur contenu, et en particulier les termes de celle du 5, sont » de nature à me donner sur les faits accomplis, ainsi qu » sur leurs conséquences, la sécurité qui dépend de vous, et » *je vous en remercie.*

» P. S. Je ne reviens pas ici sur la pensée que j'ai cru de- » voir traduire par les mots de *mauvaise action,* mais il me » serait *facile* de l'expliquer de manière à lui *ôter ce qu'elle » pourrait avoir eu de personnel ou de blessant à vos » yeux.* »

Cette triste correspondance doit mettre fin à mes observa- tions, Messieurs les pairs ; au besoin elle révélerait, évidem- ment elle confirme ce que je vous ai dit de mes convictions, des dispositions, des pensées sous l'influence desquelles j'ai agi depuis l'origine de cette grave affaire, depuis le mois de janvier 1842. Absent alors de Paris, j'ai cédé, comme tous mes coassociés, à l'exigence de M. de Cubières ; quand plus tard je ne suis soumis à lui abandonner encore une portion de ma propriété personnelle, j'ai été convaincu qu'il s'agissait d'une rémunération que M. de Cubières et son intermédiaire voulaient s'attribuer personnellement pour prix du succès qu'ils me promettaient, grâce à l'influence de leurs relations et de leur haute position dans le monde. La corruption d'un fonctionnaire public, je ne l'ai pas connue, je ne l'ai point pratiquée, je ne m'y suis pas *volontairement* associé, car j'ai toujours pensé et dit qu'elle n'avait pas eu lieu, qu'elle n'a- vait pas même été tentée. Les premières explications que j'eus à Lure, le 24 août 1844, avec M. de Cubières, *en présence de témoins,* étaient l'expression de ma constante conviction ; elles ont déterminé la restitution de toutes les valeurs qui avaient été remises au général. Quand il a paru plus tard m'a- dresser des reproches, je lui ai dit fort explicitement ce que j'avais toujours pensé ; son dernier mot ôte à ses reproches mêmes ce qu'ils auraient pu avoir *de personnel et de blessant à mes yeux!!* Une telle correspondance, échangée entre nous il y a bientôt trois ans, éloigne de moi tout soupçon d'avoir jamais eu l'intention de participer au délit dont je suis cependant accusé devant vous.

Signé PARMENTIER.

NOTE POUR M. LE GÉNÉRAL CUBIÈRES.

Le général Cubières a déjà expliqué, dans les observations qu'il a eu l'honneur de soumettre à la cour des pairs, l'ensemble de sa conduite dans l'affaire dont la cour est en ce moment saisie.

A l'époque où ces observations ont été rédigées, il ne connaissait encore ni les pièces réunies pendant l'instruction, ni les dépositions des témoins, ni le rapport de la commission. Cependant, fort de sa conscience et en consultant seulement ses souvenirs, il a fourni des explications franches et loyales sur tous les faits qui lui étaient imputés; et aujourd'hui qu'il a pu parcourir rapidement toutes les pièces de l'instruction, il ne craint pas de dire que les vérifications auxquelles on s'est livré, loin de donner un démenti à ses allégations, les ont au contraire toutes confirmées.

Il pourrait donc s'en référer complétement à son premier écrit. Cependant, à ce moment suprême, et lorsque la cour va toucher une question qui intéresse à un si haut degré son honneur et l'avenir de sa famille, il croit devoir une dernière fois s'adresser à la cour des pairs, et protester encore par quelques rapides observations contre l'accusation dont il est l'objet.

Le rapport de la commission se termine par une série de questions, dans la solution desquelles se concentre tout l'intérêt du procès. C'est à chacune de ces questions que nous allons opposer une courte réponse.

Les premières questions se rapportent à cette inconcevable prévention d'escroquerie, dont il semblait que les explications déjà données auraient dû faire justice complète.

On demande si le général Cubières n'aurait pas simulé une corruption dans l'intention imaginaire de s'approprier les valeurs qu'il aurait feint d'y avoir consacrées; si la création des vingt-cinq actions, prises sur l'actif social par l'acte du 5 février 1842, la vente à réméré du 18 juin suivant *la mise à la disposition du général Cubières de deux cent mille francs* provenant de ces deux actes, sont le fruit de manœuvres frauduleuses, pour persuader l'existence d'une corruption imaginaire et s'approprier les actions ou l'argent destinés à cette prétendue corruption.

Le général Cubières ne peut croire que le plus léger doute s'élève dans l'esprit de MM. les pairs sur la solution de ces questions. Est-ce lui en effet qui a imaginé ce projet de corruption? Parmentier, qui affecte de ne voir aujourd'hui qu'une tentative d'escroquerie, n'en est-il pas, à vrai dire, le premier auteur, et tout le malheur du général, son seul tort, ne se réduisent-ils pas à avoir trop légèrement suivi la voie qui lui était indiquée?

Dès le mois de septembre 1841, Parmentier, dans deux lettres des 7 et 24 septembre, conseillait de former *une alliance* avec le ministre des finances d'alors, dont il craignait la résistance (Rapport, page 18).

Est-il nécessaire d'insister sur le caractère réel de cette prétendue alliance, et n'était-ce pas évidemment l'idée première de *cet appui intéressé* qu'il fut plus tard question de se procurer dans le conseil des ministres?

Aussi Parmentier avait-il, depuis peu de temps, quitté Paris, où, sans nul doute, il avait insisté auprès du général sur ses combinaisons d'alliance, lorsqu'au mois de janvier 1842, celui-ci écrivit cette première lettre du 11 de ce mois où il est question de l'appui intéressé.

Parmentier accueillit avec empressement cette proposition. Mais il est essentiel de remarquer que, dès le premier moment, le général se gardait bien de demander pour lui seul le dépôt des valeurs destinées éventuellement aux sacrifices qui pourraient devenir nécessaires. Il associait Parmentier à la mission qu'il consentait à accepter. Sa lettre du 14 janvier (Rapport, page 21) porte : « *Il faudrait que vous et moi soyons autorisés et même nantis pour parvenir au but.... »* Le 3 février, il écrivait encore : « *Je ne consentirai pas à me charger seul de la négociation;* vous êtes le principal propriétaire, le plus intéressé à ce que les sacrifices soient proportionnés à l'appui obtenu. » (Rapport, page 22.)

Parmentier ne se borna pas d'abord à accepter ce concours, et nous avons dit, dans nos observations premières, comment dans l'acte préparé par lui et réalisé le 5 janvier 1842, il s'était constitué seul dépositaire des valeurs, seul maître de la négociation; comment aussi les intéressés exigèrent que le général Cubières lui fût adjoint et placé d'ailleurs comme lui sous la surveillance de MM. Renauld et Lanoir.

Ainsi, le général n'a pas imaginé le projet de corruption; il n'a pas provoqué pour lui seul la confiance qui, en réalité, n'a été accordée qu'à Parmentier et à lui, de telle sorte qu'il n'a jamais pu songer même à établir une spéculation personnelle sur les projets de corruption qui lui avaient été suggérés.

Cependant il semblerait, à lire le *Rapport*, que l'acte du 5 février 1842 et la convention du 18 juin suivant auraient eu pour résultat de mettre à la disposition du général un capital de 200,000 fr., dont il aurait pu vouloir abuser.

Il y a, dans cette supposition, une erreur matérielle contre laquelle nous ne saurions trop protester.

La convention du 18 juin 1842 ne mit pas 200,000 fr. à la disposition du général; mais au contraire il se rendit, par cet acte, responsable 200,000 fr. *qu'il n'avait pas reçus.*

En effet, les vingt-cinq actions créées par l'acte du 5 février 1842 avaient été confiées à MM. Cubières et Parmentier. Ces actions n'avaient pu être négociées; la convention de juin 1842 le déclare formellement. Cependant le général qui, d'une part, n'en était pas seul dépositaire et qui, de l'autre, n'avait et n'aurait pu le négocier, consentit à se constituer comptable d'une première somme de 100,000 fr., valeur attribuée à ces vingt-cinq actions.

Il consentit de même à se déclarer responsable des 100,000 fr., prix de la vente à réméré faite par Parmentier à M. Pellapra, quoiqu'il fût étranger à cette vente et que le prix n'en eût pas été payé par M. Pellapra, ce qui est aujourd'hui reconnu par tout le monde.

Ainsi les prétendues manœuvres employées par le général, le projet de corruption qu'on veut considérer comme purement imaginaire, loin d'avoir eu pour but ou pour résultat de faire remettre au général des valeurs ou des sommes dont il aurait pu vouloir abuser, avaient abouti à le placer dans cette situation déplorable et pleine de périls, d'être personnellement responsable d'une somme énorme de 200,000 fr. qu'il n'avait pas reçue.

On sait, au surplus, quel a été le sort de ces cinquante actions.

Les vingt-cinq qui appartenaient à la compagnie ont été renvoyées par le général au directeur dès le mois de février 1843, et plus tard M. Pellapra ayant rétrocédé à Parmentier les vingt-cinq qui lui avaient été vendues à réméré, Parmentier a, par acte du 17 novembre 1844, libéré le général du double dépôt dont il s'était chargé.

Ainsi, 1° aucunes manœuvres frauduleuses n'avaient été employées pour se faire remettre ces valeurs;

2° Ces valeurs n'ont jamais été remises au général seul, mais au général et à Parmentier;

3° Elles ont été volontairement, et avant toutes poursuites, restituées à leurs légitimes propriétaires.

Comment donc peut-on encore poser la question d'escroquerie ou même de tentative d'escroquerie?

L'accusation, il est vrai, se présente ici sous une face nouvelle, et des questions subsidiaires, se rattachant toujours à l'escroquerie, sont posées par la commission.

« Le renvoi que le général a fait des vingt-cinq actions le
» 15 février 1843, avec mandat de les annuler, a-t-il été effec-
» tué volontairement et sans conditions ni réserves; ou bien
» n'aurait-il eu lieu que sous la réserve et avec l'espérance
» d'être payé de prétendues dépenses de corruption qui n'au-
» raient jamais été faites ?

» Pendant l'intervalle qui s'est écoulé entre le 15 janvier
» 1843, date du renvoi des actions, et le 22 novembre 1844,
» date de leur annulation, des efforts sérieux ont-ils été ten-
» tés pour rendre le renvoi inutile ?

» N'y a-t-il eu, au contraire, que des efforts légitimes pour
» se faire rembourser les frais avancés pour des actes régu-
» liers faits dans l'intérêt de la compagnie et la perte subie
» sur les huit actions vendues au-dessous du cours à M. Pel-
» lapra ? »

Telles sont les questions qui, à ce point de vue, sont soumises par la commission à la cour des pairs.

Qu'il nous soit d'abord permis de faire remarquer, sans insister d'ailleurs sur ce moyen, que la restitution des actions plus ou moins volontaire, mais faite avant toute poursuite, suffirait pour écarter l'inculpation d'escroquerie, et que les réserves, les arrière-pensées qui auraient accompagné la restitution, les efforts faits pour la ressaisir ensuite, ne pourraient, en droit, constituer un délit ni une tentative de délit. Mais telle n'est pas la réponse du général à cette partie de l'accusation.

La remise a été volontaire; rien ne le forçait au renvoi qu'il a fait le 15 février 1843 à M. Hezard de ces vingt-cinq actions.

Ce renvoi a eu lieu sans condition, sans réserve; la lettre du 16 février en fournit la preuve positive (Rapport, p. 97);

et si l'annulation n'en a pas eu lieu immédiatement, ainsi que la lettre du général le demandait, c'est parce que M. Parmentier lui-même s'y est opposé (*Rapport*, p. 98).

Il est vrai que le 27 mars suivant le général écrivait à Parmentier (*Rapport*, p. 99) pour lui soumettre le projet de la transformation de l'association en société anonyme, et qu'il ajoutait que cette combinaison rendrait possible l'émission de vingt-cinq actions, qui remplaceraient celles qu'il n'avait pu négocier et dont il avait été forcé de prendre la valeur en huit actions achetées par lui, « *de sorte*, disait-il, *que ces vingt-cinq actions vous couvriraient des répétitions à faire sur les sociétaires, et me remplaceraient ce dont j'ai été forcé de me dessaisir.* »

Ainsi, ce n'était pas seulement dans son intérêt, mais aussi dans l'intérêt de Parmentier lui-même, qu'il pensait qu'on pourrait revenir sur ces vingt-cinq actions.

Quant à lui, la perte dont il voulait s'indemniser n'était que trop réelle : le 17 janvier 1843, dans le seul but de rattacher à l'opération M. Pellapra, riche capitaliste, homme influent et expérimenté, il lui avait cédé huit actions à un prix qu'il considérait tellement au-dessous de leur valeur, que cette cession était présentée par lui comme gratuite; il s'était de plus engagé à abandonner encore quatre actions.

Telles étaient les actions dont il parlait dans sa lettre du 27 mars 1843, dans celles des 9 et 21 juillet suivant.

Bientôt après, il dut ajouter un nouveau sacrifice à celui qu'il avait déjà fait, lorsqu'il fut contraint par Parmentier à supporter seul les frais de l'acte de réméré et ceux du contrat de rétrocession.

C'étaient là des pertes considérables dont le général croyait juste et équitable qu'on le couvrît sur ces vingt-cinq actions qui avaient d'abord été affectées aux dépenses à faire dans l'intérêt général. On n'accueillit pas cette légitime demande, et après d'inutiles instances le général fut obligé d'y renoncer; de telle sorte que, jusqu'en 1846, il resta à découvert des sommes qu'il avait ainsi avancées. A cette époque seulement, et au prix de 15,000 fr., M. Pellapra lui restitua les huit actions cédées en janvier 1843.

Ainsi, encore sur ce point, il ne peut rester aucun doute sur cette prétendue tentative d'escroquerie postérieure à la remise des actions en 1843; le général Cubières n'a imposé ni conditions, ni réserves. Il a présenté de justes réclamations qu'on a cru devoir rejeter et qui ont laissé peser sur lui, pendant longtemps, des pertes considérables.

Ces explications doivent également servir de réponse à une question analogue à celles qui viennent d'être examinées, et qui se rapporte aux actions vendues à réméré.

La commission pose ainsi cette question : « L'exercice de » la faculté de réméré que les sieur et dame Parmentier s'é- » taient réservée s'est-il opéré sans autre difficulté que celle » qui pouvait résulter de la rédaction des actes ? Serait-il » vrai, au contraire, que le général aurait, autant qu'il l'a » pu, résisté à laisser exercer le réméré, en se fondant sur » l'illégitime exigence du remboursement de dépenses fic- » tives attribuées à une corruption dont il aurait allégué » mensongèrement l'existence ? Ne se serait-il pas résigné à » laisser exercer le réméré et à affranchir le sieur Parmen- » tier de tous frais à cet égard que parce qu'il y aurait été » contraint par des menaces, et notamment par celle qu'on » dévoilerait ses mensonges et qu'on publierait sa correspon- » dance ? »

A cette question, dont les conséquences légales ne sont pas faciles à apercevoir, une première réponse se présente : le général pouvait-il s'opposer à l'exercice du réméré? Non, assurément! car il était étranger à la vente des vingt-cinq actions faite par Parmentier à Pellapra, et il ne devait pas être partie dans l'acte de rétrocession.

Il n'a donc pas résisté; il n'a pas fait valoir des dépenses fictives résultant d'une prétendue corruption.

Mais seulement il voyait avec peine que, par l'exercice de la faculté de réméré, M. Pellapra fût mis en dehors de la société, et il proposait de donner, en échange des vingt-cinq actions qu'il allait rendre à Parmentier, les vingt-cinq lettres au porteur créées le 5 février 1842, à la charge, bien entendu, par M. Pellapra de les payer au prix qui eût été alors convenu. Cette proposition fut repoussée par M. Pellapra.

Il est vrai aussi que le général reproduisit, à l'occasion de l'acte de rétrocession, sa réclamation relative aux huit actions par lui cédées et aux quatre autres qu'il avait promises. Il ne pouvait comprendre, et il avait raison, qu'il dût seul supporter un sacrifice fait par lui dans l'intérêt général.

Parmentier refusa; il fit plus : abusant de la situation dans laquelle le général s'était placé par excès de confiance et par faiblesse, il exigea que les frais de l'acte de vente et ceux de la rétrocession fussent supportés par lui.

Il fallut subir cette exaction; et en effet, par acte devant M⁰ Roquebert, notaire, en date du 18 octobre 1844, la rétrocession fut faite par Pellapra à Parmentier, sans qu'il en coûtât rien ni à l'un ni à l'autre.

Des menaces, dit-on, auraient été faites au général de publier sa correspondance, et c'est là ce qui aurait fait cesser sa résistance.

Cette allégation repose sur une erreur de date. C'est le 3 novembre 1844, c'est-à-dire après l'acte de rétrocession, qui est du 18 octobre, que Parmentier, non content des sacrifices qu'il avait déjà imposés au général, voulut encore en exiger de nouveaux (*Rapport*, p. 119). C'est alors qu'il formula son accusation et qu'il prétendit qu'on n'avait jamais voulu corrompre, et que le général et Pellapra s'étaient entendus pour chercher à le tromper, et quelques mois après, arrivé aux dernières limites du dol et de la fraude, il mit à prix son silence, chercha à effrayer tour à tour M. et Mme Cubières, et voulut les contraindre à lui acheter, au prix de deux millions et avec d'énormes charges, sa part d'intérêt dans l'affaire, intérêt dont plus tard il ne pouvait trouver 1,200,000 fr. (*Rapport*, p. 129).

On n'a donc pas tenté d'escroquer les actions de Parmentier, homme beaucoup trop habile pour craindre de pareilles tentatives, et qui n'est pas habitué à jouer dans les affaires le rôle de victime.

Nous devrions en avoir fini avec cette accusation d'escroquerie, si peu vraisemblable, il faudrait en convenir, quand elle s'adresse à deux hommes comme M. de Cubières et M. Pellapra, si clairement démentie d'ailleurs quand on examine avec calme et sans prévention les nombreux documens recueillis dans l'instruction.

Et cependant voici que nous la retrouvons encore dans une question nouvelle posée par la commission, question complexe et qui supposerait à la fois l'escroquerie et la corruption!

Voici le texte de cette question :

« Dans l'hypothèse même où des actes de corruption au- » raient été exécutés ou tentés, resterait-il encore des pré- » somptions de tentative d'escroquerie ? Cette tentative » existerait-elle si MM. de Cubières et Pellapra, ou l'un » d'eux, avaient voulu bénéficier sur un marché de corrup- » tion en exagérant mensongèrement le prix de cette cor- » ruption, pour bénéficier de l'excédant ? »

Jusqu'ici, chacun avait pensé et proclamé hautement que les deux inculpations d'escroquerie et de corruption étaient inconciliables et s'excluaient mutuellement.

Mais voici une nouvelle hypothèse : il y aurait eu corruption, mais les corrupteurs en auraient exagéré le prix pour s'appliquer à eux-mêmes une partie des sommes destinées à corrompre.

Ainsi MM. de Cubières et Pellapra sont, d'un même coup, accusés de deux délits; c'est donc une double preuve que doit faire l'accusation, et elle n'en fait aucune; car elle ne prouve pas qu'il y ait eu corruption à quelque prix que ce soit; et, d'un autre côté, c'est toujours là qu'il en faut revenir, toutes les valeurs originairement et éventuellement mises en dépôt ont été sans restriction remises à leur légitime propriétaire.

Il n'y a donc eu escroquerie ni pour la totalité ni pour partie de ces valeurs.

Mais enfin, et c'est là le dernier aspect sous lequel l'accusation se présente, s'il n'y a pas eu escroquerie consommée ou tentée, n'y a-t-il pas eu corruption tentée ou même accomplie ?

C'est sur ce point que portent les dernières questions soumises par M. le rapporteur aux délibérations de la cour des pairs.

Partant toujours de cette supposition, dont nous avons démontré l'erreur, que 200,000 fr. auraient été mis à la disposition du général, on demande s'il est prouvé que l'ancien ministre des travaux publics a succombé à des tentatives de corruption, ou si ces tentatives, essayées auprès de lui, auraient été repoussées.

Quant à la tentative, nul témoin n'en dépose, et surtout la déposition essentielle à cet égard manque à l'accusation celle du fonctionnaire auprès duquel le corrupteur aurait fait une inutile tentative. L'ancien ministre, non seulement repousse avec énergie l'accusation de corruption, mais il ajoute même qu'aucune proposition coupable ne lui a été adressée.

Écartons donc la tentative.

Mais si le délit n'existe pas, sera-ce parce qu'il aura été absorbé par un crime, par une corruption agréée? Sera-t-il vrai que le nombre des coupables sera plus grand encore qu'on ne l'avait d'abord pensé?

Plus l'accusation devient grave, plus les preuves qu'elle oppose aux inculpés doivent être précises et péremptoires.

Et cependant, sur ce point encore, tout se réduit à des conjectures, à des suppositions dénuées de preuves et de fondement.

Contre l'accusation, s'élèvent d'abord les dénégations persistantes, énergiques, du ministre accusé de s'être laissé corrompre, du général Cubières et de M. Pellapra accusés de l'avoir corrompu. Parmentier lui-même est d'accord avec nous sur ce point et repousse la corruption, comme un mensonge imaginé à son détriment, et pour s'emparer de ses actions.

A ces dénégations précises, et qui n'ont jamais varié, vient se joindre la preuve négative la plus complète, et pour ainsi dire la plus matérielle. Non seulement l'accusation articule la corruption, mais elle indique les valeurs qui en auraient été le prix. Or, ces valeurs, nous en avons suivi la trace, et nous les avons montrées d'abord déposées éventuellement, mais ensuite restituées à ceux qui les avaient fournies.

Prouverait-on au moins qu'en dehors de ces valeurs, des sacrifices auraient été faits par M. de Cubières ou par d'autres?

Aucune preuve semblable n'est fournie. On invoque seulement des notes trouvées chez le général, et se reportant à cette époque où la nécessité de sacrifices à faire avait été éventuellement admise, mais qui ne portent aucune trace d'une exécution réelle, ou plutôt dont l'exécution est démentie par la restitution incontestable des valeurs indiquées, soit à la compagnie, soit à Parmentier.

On parle de la vente des huit actions faite par le général à M. Pellapra ; mais on oublie qu'en 1846, ces actions ont été rétrocédées moyennant 15,000 fr. au vendeur originaire. Les huit actions n'ont donc pas plus que les cinquante premières, servi à payer la coupable complaisance d'un haut fonctionnaire.

Le général a parlé des sacrifices pécuniaires qu'il avait faits, des pertes énormes qu'il avait subies. Mais ces plaintes ne s'expliquent-elles pas par la vente à vil prix des huit actions, par la promesse de quatre autres actions qu'il devait encore fournir, par la charge qu'on est parvenu à faire retomber sur lui de frais d'actes auxquels il était étranger?

N'étaient-ce pas là des sacrifices considérables, eu égard à l'intérêt que le général avait dans l'affaire? et faut-il, pour comprendre ces plaintes, aller au-delà de ce que disent les lettres invoquées, et supposer un crime qu'on n'a jamais pu prouver?

Nous ne croyons pas devoir insister plus longtemps sur ce point, déjà traité dans nos premières observations, et sur lequel d'ailleurs nous pouvons nous en référer aux explications données par l'ancien ministre lui-même. Mieux que personne, il était en état d'expliquer l'inutilité de la corruption dans l'intérêt d'une demande si bien fondée que celle de la compagnie, l'impossibilité d'un concert frauduleux et coupable entre le ministre et les pétitionnaires, démontrée par le résultat même et l'insuccès de leur demande sur le point capital et seul litigieux du périmètre à assigner à la commission.

Toutes ces vérités sont aujourd'hui démontrées, et le général Cubières peut désormais sans crainte s'en rapporter, pour la décision de ce grand procès, où son honneur est si gravement engagé, aux lumières, à la haute expérience et à l'impartialité de ses juges.

CUBIÈRES,
Lieutenant général pair de France.

QUELQUES RÉFLEXIONS

ADRESSÉES A LA COUR DES PAIRS PAR M. PELLAPRA.

A peine M. Pellapra a-t-il eu matériellement le temps de lire les trois volumes qui viennent de lui être notifiés; il lui serait donc impossible de discuter les nombreux documens qu'ils contiennent. Néanmoins, au milieu des réflexions qui le pressent et l'assiègent, ce n'est pas sans une douloureuse surprise qu'à la fin du rapport fait à la cour, il a vu se reproduire, à côté de l'inculpation de complité dans la corruption d'un fonctionnaire public, une autre inculpation contre laquelle sa position de fortune, le rang qu'il tient dans le monde, et sa vie tout entière, semblaient devoir le protéger suffisamment.

Serait-il vrai que la justice, hésitant entre deux délits qui ne peuvent exister simultanément, et dont l'un exclut nécessairement l'autre, en fût encore à se demander s'il y a eu corruption pratiquée soit par M. Cubières, soit par M. Pellapra, ou si au contraire il n'y aurait eu là qu'une manœuvre frauduleuse pour se faire remettre, sous le prétexte d'une corruption imaginaire, les sommes ou valeurs destinées à la pratiquer?

On comprend très bien cette hésitation au début d'une instruction judiciaire, lorsqu'aucun fait n'a été vérifié, lorsqu'aucune preuve n'est encore acquise. Mais pendant plus de six semaines, la commission de la cour des pairs s'est occupée sans relâche et avec un zèle infatigable de l'instruction de la déplorable affaire de Gouhenans; elle a entendu les témoins, fait subir aux inculpés de longs et fréquens interrogatoires; des confrontations ont eu lieu; à la suite des perquisitions ordonnées, des pièces nombreuses, de volumineuses correspondances ont été saisies et ont fait l'objet d'un minutieux examen, et c'est à ce moment suprême, où les investigations de la justice sont arrivées à leur terme et ont révélé les charges qui existent contre chacun des inculpés, où il ne peut plus y avoir de vague, où les délits qui leur sont imputés doivent être déterminés d'une manière précise, que l'opinion de la commission flotterait encore indécise entre la corruption et l'escroquerie!

S'il en était ainsi, ne faudrait-il pas en conclure qu'aujourd'hui pas plus qu'au premier jour de cette laborieuse instruction, et malgré les efforts incessans des hommes les plus éminens dans la magistrature et les hautes fonctions publiques, aucune preuve, aucune charge véritable, ne se sont produites ni sur le chef de corruption, ni sur le chef de l'escroquerie, puisque, encore une fois, si l'un de ces délits était prouvé, il serait constant par cela même que l'autre n'a pas été commis?

Entre la corruption et l'escroquerie, il faut donc que la justice se prononce nettement, sous peine de laisser la défense en présence de deux fantômes, et de proclamer elle-même tout le vide de l'accusation.

Toutefois, la mesure si grave prise en dernier lieu à l'égard de l'ancien ministre des travaux publics ne semblerait-elle pas indiquer quelle est la nature de l'inculpation à laquelle s'est arrêtée la commission, en écartant du moins le chef relatif à l'escroquerie?

Mais d'abord, sur le seul chef qui paraisse être mis sérieusement en question, la prétendue corruption, on se demande où était l'intérêt si considérable qui eût pu décider un homme de la consistance de M. Pellapra, avec sa fortune, son immense crédit, et tous les moyens de se livrer à des spéculations autrement profitables et moins dangereuses, à se faire, comme un agent d'affaires de bas étage, le courtier d'une pareille intrigue, à se rendre complice d'un crime aux risques des peines et de toutes les conséquences qu'il eût fallu affronter? On se demande où était cette riche proie sur laquelle il fallait d'abord trouver une part assez belle pour séduire un haut fonctionnaire, qui probablement ne se serait pas vendu pour quelques mille francs, et trouver encore de quoi tenter M. Cubières et M. Pellapra? Serait-ce le prix du réméré, ce prix dont on ne pouvait disposer sans le concours de M. Parmentier? Seraient-ce les vingt-cinq actions au porteur, sur lesquelles on n'avait jamais pu trouver une obole, et dont l'emploi ne pouvait avoir lieu que du consentement de M. Parmentier, de M. Lanoir et de M. Renauld? Évidemment, en admettant de pareilles suppositions, d'aussi misérables calculs, on se heurte contre l'absurde, quand au contraire il est si facile d'expliquer les nombreuses démarches faites par M. Pellapra, soit auprès du ministre des travaux publics, soit auprès d'autres fonctionnaires, d'une manière beaucoup plus naturelle, c'est-à-dire par le désir d'obliger un ami et de se rendre utile, et par cette activité naturelle qui fait qu'il ne s'est jamais occupé à demi d'une affaire, et qu'en toutes choses on l'a toujours vu poursuivre avec ardeur le but qu'il s'était proposé.

Après cette observation, M. Pellapra n'aurait peut-être rien de mieux à faire que de rester sur le dernier plan, de laisser à ce fonctionnaire public le soin d'établir, ce qui ne lui sera pas difficile, qu'il ne s'est pas laissé corrompre, et que personne n'a jamais cherché à le corrompre, et d'attendre, en toute sécurité, le dénouement inévitable de ce déplorable procès. Où tendraient d'ailleurs ses efforts ? Peut-il avoir à craindre que *ce qui n'est pas* puisse jamais *être prouvé* ?

Qu'il soit permis néanmoins à M. Pellapra, à défaut d'une défense plus complète pour laquelle le temps lui manque, de donner à la cour quelques explications sur un point sur lequel il a eu la douleur de voir la commission mettre en doute sa sincérité.

M. Pellapra avait acquis à réméré, suivant acte authentique du 18 juin 1842, vingt-cinq actions appartenant à M. et Mme Parmentier, dans la société de Gouhenans, moyennant un prix de 100,000 francs dont l'acte porte quittance.

Mais, en réalité, M. Pellapra n'avait pas payé ce prix et ne devait le remettre à M. Cubières, qui s'en était chargé vis-à-vis de M. Parmentier, qu'après la ratification de Mme Parmentier.

D'un autre côté, ce n'était pas une acquisition que M. Pellapra avait entendu faire, mais bien un nantissement qu'il s'était fait donner pour un prêt qu'il avait consenti à faire à la société sur les pressantes instances et sous la garantie de M. Cubières, à la disposition auquel il devait tenir les fonds.

M. Pellapra a déclaré devant la commission qu'en effet il n'avait rien remis lors de l'acte de réméré, et c'est cette déclaration qui est aujourd'hui incriminée comme contraire à la vérité.

Il supplie la cour de remarquer que, s'il avait dit le contraire, c'est alors que tous les actes du procès, que les déclarations unanimes de toutes les parties viendraient lui donner un démenti.

En effet, sans insister sur cette circonstance que l'acte authentique du 18 juin ne contient pas la mention de réalisation des espèces à la vue des notaires, qu'on lise l'acte de rétrocession du 24 décembre 1844, et l'on y verra que M. Pellapra se borne à donner toute quittance à M. et Mme Parmentier, représentés par le général Cubières, des 100,000 fr. qui formaient le prix du réméré, sans que l'acte constate un paiement quelconque dont cette quittance serait la conséquence ; en telle sorte qu'il doit être avéré pour toute personne ayant l'habitude des affaires et de la rédaction des conventions, que M. Pellapra a tenu quittes M. et Mme Parmentier sans recevoir un sou : d'où il faut conclure nécessairement qu'il n'avait livré aucuns fonds, et que le contrat de 1842 n'avait jamais reçu aucune exécution.

C'est ce que prouve encore surabondamment la déclaration qui termine l'acte de rétrocession, que M. Pellapra *n'a jamais rien touché des produits et dividendes afférens aux actions qui lui avaient été transférées, et qu'il est réputé, comme de droit, n'avoir jamais été propriétaire de ces actions.*

Les déclarations de M. Cubières, qui n'a jamais varié sur ce point, conformes à celles de M. Pellapra, constatent qu'au moment où il se chargeait vis-à-vis de M. Parmentier des 100,000 fr. formant le prix de ce réméré, il recevait à son tour de M. Pellapra une contre-lettre constatant qu'aucune somme ne lui avait été remise. Et quant à M. Parmentier, qu'on ne soupçonnera pas sans doute d'avoir voulu venir en aide à M. Cubières ou à M. Pellapra, n'écrivait-il pas à M. Cubières, le 5 novembre 1844 : « Je n'ai pas reçu le prix de mon réméré, *vous ne l'avez pas reçu vous-même*, quoique vous vous en soyez déclaré dépositaire ?... »

Enfin, si l'on se reporte à l'acte sous seings privés des 14 et 17 novembre 1844, entre M. le général Cubières et M. Parmentier, qui annule les conventions de 1842 et constate que les 100,000 fr., prix du réméré, ainsi que les 100,000 francs formant celui des vingt-cinq actions au porteur dont M. Cubières était dépositaire, *n'ont jamais été employés*, n'y trouvera-t-on pas une nouvelle preuve que les associés n'ont jamais eu besoin et n'ont jamais usé du ❨édit qui leur était ouvert, sous forme de réméré, par l'acte du 18 juin 1842 ?

Évidemment les actes qu'on vient de rappeler, et la lettre de M. Parmentier, n'ont pas été faits et inventés pour le besoin de la cause, car à l'époque où tout cela a été fait, personne ne devait prévoir le procès dont la cour est saisie.

Toutefois, on oppose à M. Pellapra sa lettre du 16 octobre 1844 au général Cubières, où il parle des arrangemens à prendre pour les remboursemens qu'il serait en droit d'exiger en se dessaisissant des actions qui lui avaient été transférées, et on en conclut que sinon la totalité, au moins une partie des 100,000 fr. portés dans l'acte de réméré, aurait été livrée par lui et aurait formé le prix de la corruption.

M. Pellapra a expliqué comment il était créancier du général Cubières d'une somme de 40,000 fr. environ, d'abord, pour différentes sommes payées en son acquit jusqu'à concurrence de 35,600 fr., soit à la compagnie Pauwels, soit à la maison de banque *Ch. Laffitte*, pour libérer des actions du gaz et du chemin de fer de Rouen qu'il avait souscrites pour le compte du général, ensuite pour raison des frais payés pour l'acte de réméré lui-même et pour intérêts.

Cette créance serait justifiée au besoin par les registres mêmes de la compagnie Pauwels et de M. Ch. Laffitte, qui constatent les versemens faits par M. Pellapra, à différentes dates, pour le compte du général.

En présence des différens actes, qui constituaient M. Cubières seul comptable envers M. Parmentier de la somme dont ce dernier avait donné quittance à M. Pellapra et de l'engagement que M. Pellapra avait pris par sa contre-lettre envers M. Cubières de tenir à sa disposition la somme dont celui-ci avait fait son affaire personnelle vis-à-vis de M. Parmentier, n'était-il pas permis à M. Pellapra de chercher à profiter de cette occasion pour compter avec le général, qu'il supposait, d'ailleurs, créancier de la société Gouhenans, et pour se faire tenir compte d'une somme dont il était à découvert depuis longtemps, sans cependant en faire une condition absolue de la restitution des vingt-cinq actions.

Et quand M. Pellapra, dans son interrogatoire du 25 mai, pressé par les observations de M. le chancelier, déclare qu'il se condamnerait lui-même s'il avait imposé à M. de Cubières la condition de lui payer ce qu'il lui devait, avant de consentir à cette restitution, n'a-t-il pas fait bon marché du droit rigoureux qu'il aurait pu avoir, mais qu'il n'a pas voulu cependant exercer, de retenir le montant de sa créance sur une somme dont, encore une fois, il n'était comptable qu'envers M. de Cubières, puisque le prix du réméré avait été quittancé par M. Parmentier, envers lequel M. de Cubières en avait fait son affaire personnelle ?

Mais M. Pellapra s'est montré plus facile, et, tout en résistant au désir que M. de Cubières lui avait manifesté à plusieurs reprises de substituer aux vingt-cinq actions de M. Parmentier les vingt-cinq actions au porteur qu'il avait déjà refusé d'accepter en nantissement, on voit qu'avant même d'arriver à la fin de sa lettre il se met à la discrétion de M. de Cubières, il annonce qu'il va signer immédiatement la quittance dès son retour à Paris, et qu'il prendra des arrangemens avec le général pour les époques des remboursemens que celui-ci aura à lui faire.

Et, deux jours après, cette quittance était signée, sans conditions, devant Mᵉ Roquebert, notaire.

Certes, si la somme due à M. Pellapra avait fait partie du prix du réméré, son droit eût été assez certain, assez incontestable, pour qu'il fît de son remboursement une condition absolue de la quittance ; peut-on supposer que, dans cette hypothèse, il eût été assez peu soucieux de ses intérêts pour ne pas exiger immédiatement ce remboursement, en échange des actions dont il effectuait la remise ?

Pour peu qu'on y réfléchisse avec un esprit dégagé de toute prévention, on se convaincra que la lettre du 16 octobre 1844 ne peut pas recevoir d'autre interprétation, et que les déclarations de M. Pellapra sont en harmonie avec tous les actes de la cause, avec les déclarations de toutes les parties, avec la vraisemblance, et qu'elles ne contiennent que la vérité.

De quelle utilité d'ailleurs eût été le mensonge ? Et puisqu'il est reconnu et constaté que les actes de 1842 n'ont reçu aucune espèce d'exécution, qu'il n'a été fait aucun emploi des valeurs qui avaient été mises en réserve pour l'usage convenu entre les associés, si M. Pellapra avait compté, soit les 100,000 francs, soit une somme quelconque, comme nécessairement cette somme lui aurait été rendue lors de l'exercice du réméré, comme, dans tous les cas, les choses auraient été remises au même état qu'avant les actes de 1842, que conséquemment toutes les valeurs se seraient de même retrouvées intactes, quel inconvénient aurait il pu trouver à déclarer que les choses s'étaient passées de cette manière, si réellement c'eût été la vérité ? D'une façon, pas plus que de l'autre, que restait-il pour opérer la corruption, puisque les cinquante actions étaient rentrées, que la société et M. Parmentier étaient indemnes ?

On a voulu encore incriminer la vente de huit actions faite par M. de Cubières à M. Pellapra, par l'acte authentique du 17 janvier 1843, moyennant un prix apparent de 40,000 fr.

M. Pellapra a déclaré que cette vente était sérieuse, que le prix réel était de 18,000 francs seulement, et que s'il avait été porté dans le contrat à 40,000 francs, c'était sur l'insistance du général Cubières, qui n'avait pas voulu déprécier ces actions, auxquelles il attachait, en effet, une valeur bien supérieure.

Mais de ce que M. de Cubières, encore sous l'empire des

étranges illusions dont l'affaire de Gouhenans avait été pour lui une source si abondante, ait cru faire un grand sacrifice pour donner à M. Pellapra, dans l'affaire qui était l'objet de ses rêves de fortune, un intérêt plus stable que celui qui résultait du réméré, pour l'attirer dans une entreprise où il espérait lui faire prendre plus tard un intérêt plus considérable, et dans le but de conquérir ainsi à la société le concours financier d'un riche capitaliste, il n'en résulte pas que M. Pellapra, de son côté, n'ait pas cru faire acte de complaisance en cédant aux désirs et aux sollicitations de M. de Cubières, et en consentant à donner cette somme des huit actions dont il s'est trouvé heureux de se débarrasser plus tard avec une perte de 5,000 francs.

C'est ce que constate, en effet, l'acte du 15 mai 1846, dont la sincérité n'a pas été mise en doute, et ne saurait être suspectée.

En vérité, peut-on voir dans une opération aussi simple, et qui s'explique aussi naturellement, des inductions à l'appui de la prétendue corruption?

Et quant aux lettres de M. de Cubières, dans lesquelles, à propos de cette vente d'actions, il se targue des sacrifices qu'il s'est imposés, et va même jusqu'à considérer comme un abandon gratuit la cession qu'il a faite à M. Pellapra, peut-on y voir autre chose qu'une de ces hyperboles auxquelles il se laisse aller si facilement?

Qu'on cesse donc d'opposer à M. Pellapra les lettres du général! Elles ont déjà produit pour M. Pellapra de trop fâcheux résultats. Sans elles, il ne se trouverait pas atteint aujourd'hui, à la suite d'un fatal enchaînement de circonstances, par une poursuite qui empoisonne les dernières années d'une vie laborieuse et irréprochable! Des familles honorables ne seraient pas aujourd'hui plongées dans le deuil et dans la consternation par le coup imprévu qui est venu les frapper.

Mais qu'elles se rassurent : si les lettres de M. de Cubières révèlent de blâmables projets, si, victimes d'une étrange fascination, des esprits momentanément égarés ont pu rêver une corruption inutile et insensée, tout prouve que l'on s'en est tenu à de simples projets, et que le général n'aurait pas trouvé, pour commettre une action coupable, le courage qui ne lui a pas failli pour affronter de plus nobles périls; tout prouve qu'un ancien ministre du roi n'a pas renié tout son passé; tout prouve enfin que M. Pellapra n'a pas terni en un jour soixante-quinze ans d'honneur et de probité!

H. PELLAPRA.

NOTE ADDITIONNELLE DE M. PELLAPRA.

Les observations soumises par M. Pellapra à la cour des pairs étaient déjà distribuées, lorsqu'il a reçu la notification du réquisitoire de M. l'avocat-général.

En lisant ce fatal réquisitoire, ce n'est pas sans un bien douloureux étonnement qu'il a vu comment le ministère public avait su concilier deux chefs d'inculpation qui avaient paru jusque-là incompatibles dans ce procès : *la corruption et l'escroquerie!!!*

M. Pellapra et M. de Cubières se seraient fait remettre *une partie* des fonds destinés à la corruption… et, comme si ce n'était pas déjà une assez grande calamité publique, un assez grand sujet de deuil pour la pairie et la magistrature, un assez grand ébranlement dans l'ordre social, que cette inculpation jetée à la face d'un ancien ministre du roi, d'un président de la cour suprême, on trouve encore moyen d'accumuler dans cette déplorable affaire toutes les tristesses et tous les scandales! Encore si c'était au secours du ministre inculpé qu'on appelât cette supposition d'escroquerie, pour faire disparaître la prétendue corruption! Mais non! c'est pour couronner un crime par un délit plus méprisable encore aux yeux du monde que le crime lui-même!

Où était donc la nécessité, où était le motif de ce luxe de sévérités dans la bouche de M. le procureur-général? Où étaient même les vraisemblances?…

Évidemment l'on ne peut admettre, quand on connaît le caractère éminemment loyal du magistrat qui remplit ici un bien pénible devoir, qu'il ait cherché là un moyen à l'appui de l'accusation de corruption, une intimidation pour forcer deux des inculpés à se réfugier dans l'aveu d'un crime, pour s'y mettre à l'abri du mépris public! Laissons cette odieuse spéculation à celui qui l'a inventée le premier, et dont le cynisme n'a reculé devant aucune considération; elle ne

saurait entrer dans l'esprit d'un magistrat, et de nobles pairs refuseraient de s'y associer.

Et quant aux vraisemblances, quelle était donc la somme qui formait l'enjeu de cette dangereuse partie, pour que deux hommes d'une position sociale et d'une fortune comme celles de MM. de Cubières et Pellapra y pussent trouver, après en avoir acheté la conscience d'un ministre, à prélever encore une dîme suffisante, un appât assez grand pour les porter de concert à une action aussi basse, pour que l'un d'eux pût sans rougir proposer à l'autre d'aussi méprisables complots!…

Faut-il donc le répéter ici : malgré la répugnance qu'a M. Pellapra à faire parade de sa richesse, on ne persuadera à personne qu'un homme qui possède la fortune qu'on lui connaît ait pu vouloir s'approprier quelques billets de mille francs à l'aide d'une escroquerie!

Faut-il donc qu'il rappelle ce qu'il a été? Que naguère, en 1816, l'un des membres dirigeans du comité des receveurs-généraux, il a eu souvent en maniement de 2 à 300 millions; que sa gestion a été aussi morale qu'habile, et qu'il a contribué, dans des momens difficiles, à rendre dans ce poste élevé d'éminens services au pays? qu'il y a conquis l'estime et la considération des hommes les plus haut placés? Faut-il qu'il invoque à cet égard le témoignage de tous ses anciens collègues, des différens ministres des finances qui l'ont vu à l'œuvre? Qu'on demande aux uns et aux autres ce qu'ils pensent d'une accusation d'escroquerie dirigée contre M. Pellapra! Certes, aucun d'eux ne lui permettrait de la traiter sérieusement…

Et cependant, dans une affaire où de si étranges préventions se sont fait jour et n'ont pas reculé devant les impossibilités morales, il n'est permis de ne rien négliger de ce qui peut éclairer la cour, de n'omettre aucun des moyens de droit qui s'élèvent contre le système de l'accusation.

D'abord, encore une fois, où est le corps du délit? où sont les sommes que les inculpés se seraient appropriées? quelles sont-elles? où sont ceux qui ont souffert de la prétendue escroquerie? La compagnie de Gouhenans, M. Parmentier, ont-ils un seul instant pu craindre que personne s'appropriât les valeurs dont M. de Cubières a été dépositaire et dont il était chargé par sa signature?

Puis, d'après l'art. 405 du Code pénal, pour qu'il y ait escroquerie ou même tentative d'escroquerie, il faut : 1° qu'il y ait eu *manœuvres frauduleuses;* 2° que ces manœuvres aient eu pour but de persuader l'existence de *fausses entreprises,* d'un pouvoir ou d'un *crédit imaginaire,* ou pour faire naître l'espérance ou la crainte d'un succès, d'un accident, ou de tout autre *événement chimérique;* 3° qu'à l'aide de ces moyens l'inculpé se soit fait *remettre ou délivrer* des fonds ou autres valeurs.

Ces trois circonstances forment les conditions essentielles et constitutives du délit.

Quant aux *manœuvres frauduleuses,* où trouve-t-on, à l'égard de M. Pellapra, la moindre trace d'une démarche qui ressemble à cela? Est-ce lui qui est allé trouver M. Parmentier ou ses associés; qui leur a donné l'idée de leur entreprise; qui a excité leurs désirs, leurs espérances? A-t-il le premier fait luire à leurs yeux cette perspective qui formait le but de leurs efforts, et qui a fait rêver un instant à quelques-uns des intéressés un projet bien regrettable, mais qui est resté sans exécution? N'a-t-il pas été vivement sollicité au contraire d'apporter à la société le concours de son influence, de ses relations, et surtout de son crédit financier?

A cet égard, M. Pellapra supplie la cour de se reporter au volume des pièces saisies. Elle se convaincra que, pendant toute la période, il n'est question en rien de M. Pellapra; que de fréquens rapports, que certes il est loin de considérer autrement que comme irréprochables, ont eu lieu entre les intéressés et le ministre, ainsi que le témoigne la correspondance, et que ce n'est qu'après cette période, après l'acte devant Lamboley, notaire à Vesoul, dans lequel on a trouvé un premier pas fait par les associés dans cette voie où l'on s'engageait, qu'on voit poindre l'intervention de M. Pellapra. Il a expliqué les raisons qui ont motivé avant tout cette intervention : ses liaisons d'amitié avec M. de Cubières et le désir de l'obliger.

La seconde condition essentielle pour qu'il y ait lieu à l'application de l'article 405, c'est, comme on vient de le voir, que les manœuvres frauduleuses aient eu pour but de persuader l'existence de *fausses entreprises,* d'un pouvoir ou d'un *crédit imaginaire,* ou pour faire naître l'espérance ou la crainte d'un succès, d'un accident ou de tout autre *événement chimérique.*

Ici bien évidemment ce n'était pas une chimère qu'on poursuivait; il y avait une entreprise sérieuse et bien réelle. Evidemment encore M. Pellapra ne s'était pas targué d'un pouvoir ou d'un *crédit imaginaire* ; et lors même que M. Pellapra, qui proteste du reste contre cette supposition, aurait mis à prix d'argent son intervention, son concours, ses démarches et le crédit qui s'attache à son nom dans le monde financier, est-ce que ce concours et ce crédit étaient une chose *imaginaire*? Est-ce que les difficultés contre lesquelles il employait l'influence de ses démarches, est-ce que les oppositions du ministère des finances à ce que la concession fût accordée, est-ce que la question de l'étendue du périmètre étaient choses *impossibles* et *purement chimériques*?

Enfin, quant à la dernière condition constitutive de l'escroquerie, la remise et la délivrance de fonds ou d'autres valeurs, la cour de cassation a constamment consacré cette doctrine, qu'il ne peut y avoir escroquerie, ou même tentative d'escroquerie, qu'autant qu'il y a eu remise de fonds ou de valeurs. (Arrêt du 29 octobre 1828, rendu toutes les chambres assemblées, et arrêts des 28 juin 1834 et 6 septembre 1839.)

Or, il est facile de se convaincre qu'il n'y a jamais eu *remise ou délivrance* de fonds ou de valeurs, soit à M. de Cubières, soit à toute autre personne, dans l'acception légale de ces expressions, c'est-à-dire qu'à aucune époque ni M. de Cubières, ni aucun autre, ne s'est approprié ou n'a pu s'approprier les fonds ou valeurs appartenant soit à la société de Gouhenans, soit à M. Parmentier.

Qu'on se reporte, en effet, aux actes produits par M. Parmentier lui-même et aux faits aujourd'hui constans , et l'on voit :

1° Que par l'acte reçu par Lamboléy, notaire à Vesoul, le 5 février 1842, les vingt-cinq actions créées par la société de Gouhenans étaient mises à la disposition, non pas de M. de Cubières seul, mais bien de MM. Parmentier et de Cubières, afin qu'ils en usassent pour le bien et l'amélioration des établissemens. A la vérité, ils n'étaient pas obligés d'en rendre compte à la société; mais le concours de M. Parmentier était bien suffisant pour garantir qu'on ne se dessaisirait de ces vingt-cinq actions que d'une manière profitable à la société.

2° Il est établi, de plus, qu'au moment où la société mettait ainsi des actions à la disposition de MM. Cubières et Parmentier, il avait été convenu qu'ils ne pourraient en disposer définitivement que d'accord avec deux autres associés, MM. Renauld et Lanoir, auxquels la société s'en rapportait pour en contrôler l'emploi.

3° Par la convention sous seings privés du 18 juin 1842, faite entre M. de Cubières et M. Parmentier, M. de Cubières se constitue *dépositaire* du prix des vingt-cinq actions qui lui sont transférées, celles provenant de la société, et l'on convient en outre qu'il recevra, encore *comme dépositaire*, les 100,000 fr. qui forment le prix de la vente à réméré, faite à M. Pellapra, des vingt-cinq autres actions appartenant à M. et Mme Parmentier.

4° Enfin M. de Cubières donne un reçu de cette dernière somme, *dont il déclare se constituer dépositaire.*

N'est-il pas évident, d'après ces différens actes, d'après les précautions prises par M. Parmentier lui-même, que ni la société, ni M. et Mme Parmentier, ne se sont *dessaisis*, soit en faveur de M. de Cubières, soit en faveur de qui que ce soit, des sommes ou valeurs énoncées dans les actes qu'on vient de rappeler ; que M. de Cubières, ni aucun autre, ne s'est approprié et n'aurait pu s'appproprier ces valeurs ; qu'il n'y a pas eu conséquemment remise ou délivrance de fonds ou de valeurs, dans les termes de l'article 405 du Code pénal ; que conséquemment, sous ce rapport, il n'y a pas eu la circonstance constitutive soit du délit, soit de la tentative du délit, prévus par cet article ; — qu'enfin cette circonstance n'aurait existé que le jour où M. Parmentier, M. Renauld et M. Lanoir, *en déchargeant M. de Cubières du dépôt dont il était comptable,* lui auraient abandonné définitivement les valeurs pour un emploi qu'il aurait annoncé avoir fait, et qu'il n'aurait pas effectué en réalité?

Ainsi l'accusation d'escroquerie manque à la fois des trois circonstances dont la réunion est indispensable pour que les faits tombent sous l'application de la loi pénale.

En vérité, M. Pellapra a presque honte d'une pareille discussion, et ce n'est pas sans un pénible effort sur lui-même qu'il s'est décidé à l'aborder.

H. PELLAPRA.

ARRÊT DE MISE EN ACCUSATION.

La cour ayant terminé sa délibération, M. le procureur-général Delangle, assisté 'de M. l'avocat-général Glandaz, a été introduit, et M. le chancelier a donné lecture de l'arrêt suivant :

« La cour des pairs,

» Ouï, dans la séance du 24 de ce mois, M. Renouard en son rapport de l'instruction ordonnée par l'arrêt du 7 mai dernier;

» Ouï, dans la même séance, le procureur-général du roi en ses dires et réquisitions; lesquelles réquisitions, par lui déposées sur le bureau de la cour, signées de lui; sont ainsi conçues :

RÉQUISITOIRE.

» Le procureur-général près la cour des pairs ;

» Vu, 1° l'ordonnance du roi, en date du 5 mai dernier, qui convoque la cour des pairs à l'effet de procéder au jugement du lieutenant-général Despans-Cubières, à raison de faits qualifiés par les articles 179 et 405 du code pénal ;

2° L'arrêt rendu le 7 dudit mois de mai par la cour des pairs, ordonnant qu'il serait procédé à une instruction sur lesdits faits, tant contre le lieutenant-général Cubières que contre tous auteurs ou complices;

» 3° Les pièces de la procédure instruite contre :

» 1° Le lieutenant-général Amédée-Louis Despans-Cubières, pair de France ;

» 2° Le sieur Marie-Nicolas-Philippe-Auguste Parmentier, avocat ;

» 3° Le sieur Leu-Henri-Alain Pellapra, ancien receveur-général ;

» 4° M. Jean-Baptiste Teste, pair de France ;

» Attendu qu'il résulte de l'instruction charges suffisantes,

» 1° Contre :

» Le lieutenant-général Despans-Cubières,

» Le sieur Parmentier,

» Le sieur Pellapra,

» D'avoir, en 1842, corrompu par offres, dons et présens, le ministre des travaux publics, pour obtenir la concession d'une mine de sel gemme située dans le département de la Haute-Saône ;

» 2° Contre M. Teste,

» D'avoir à la même époque, étant ministre des travaux publics, agréé des offres et reçu des dons et présens pour faire un acte de ses fonctions non sujet à salaire ;

» Attendu qu'il résulte en outre de l'instruction charges suffisantes,

» Contre

» M. Despans-Cubières,

» Et M. Pellapra,

» De s'être, à la même époque, en employant des manœuvres frauduleuses pour faire naître la crainte d'un événement chimérique, fait remettre une portion des fonds destinés à la corruption par les associés de Gouhenans, et d'avoir, par ces moyens, escroqué partie de la fortune d'autrui ;

» Vu les articles 177, 179 et 405 du code pénal ;

» Requiert qu'il plaise à la cour

» Se déclarer compétente;

» Ordonner la mise en accusation de MM. Despans-Cubières, Parmentier, Pellapra, Teste ;

» Et les renvoyer devant la cour, pour être jugés conformément à la loi.

» Fait au parquet de la cour des pairs, le 24 juin 1847 ;

« Le procureur-général du roi,

» Signé DELANGLE. »

» Après qu'il a été donné lecture par le greffier en chef et son adjoint des pièces de la procédure,

» Et après en avoir délibéré hors la présence du procureur général dans la séance d'hier et dans celle de ce jour;

» En ce qui touche la question de compétence :

» Attendu qu'aux termes de l'art. 29 de la charte constitutionnelle, aucun pair de France ne peut être jugé que par la chambre des pairs en matière criminelle;

» Attendu que l'indivisibilité du délit entraine l'indivisibilité de la poursuite contre tous les inculpés de faits connus;

» En ce qui concerne :

» Amédée-Louis Despans-Cubières, pair de France;

» Marie-Nicolas-Philippe-Auguste Parmentier ;

» Leu-Henri-Allain Pellapra ;

« Attendu que de l'instruction résultent contre eux charges suffisantes d'avoir, en 1842, corrompu par offres, dons et présens, le ministre des travaux publics, pour obtenir la concession d'une mine de sel gemme située dans le département de la Haute-Saône;

» En ce qui concerne Jean-Baptiste Teste, pair de France :

» Attendu qu'il résulte également de l'instruction charges suffisantes contre lui, d'avoir, à la même époque, étant ministre des travaux publics, agréé des offres et reçu des dons et présens pour faire un acte de ses fonctions non sujet à salaire ;

» Atendu qu'il résulte, en outre, de l'instruction contre Amédée-Louis Despans-Cubières :

» Et Leu-Henri-Allain Pellapra,

» Charges suffisantes de s'être, à la même époque, en employant des manœuvres frauduleuses pour faire naître la crainte d'un événement chimérique, fait remettre une portion des fonds destinés à la corruption par les associés de Gouhenans, et d'avoir, par ces moyens, escroqué ou tenté d'escroquer partie de la fortune d'autrui ;

» Crimes et délits prévus par les articles 177, 179 et 405 du Code pénal ;

» La Cour se déclare compétente,

» Ordonne la mise en accusation de :

» Amédée-Louis Despans-Cubières, pair de France ;

» Marie-Nicolas-Philippe Auguste Parmentier ;

» Leu-Henri-Allain Pellapra ;

» Jean-Baptiste Teste, pair de France ;

» Ordonne, en conséquence, que lesdits :

» Amédée-Louis Despans-Cubières, âgé de soixante-un ans, pair de France, né à Paris, y demeurant, rue de Clichy, 27 ;

» Marie-Nicolas-Philippe-Auguste Parmentier, âgé de cinquante-cinq ans, avocat, né à Lure (Haute-Saône), demeurant ordinairement à Lure, et habitant momentanément Paris, rue Croix-des-Petits-Champs, 6.

» Leu-Henri-Allain Pellapra, âgé de soixante-quinze ans, ancien receveur-général, né à...., demeurant à Paris, quai Malaquais, 17 ;

» Jean-Baptiste Teste, âgé de soixante-sept ans, pair de France, né à Bagnols (Gard), demeurant à Paris, rue de Lille, 88 bis ;

» Seront cités à comparaître à la barre de la Cour pour y être jugés conformément à la loi ;

» Ordonne que le présent arrêt sera notifié à la diligence du procureur-général du roi, à chacun des accusés ;

» Ordonne que les débats s'ouvriront au jour qui sera ultérieurement indiqué par le président de la Cour, et dont il sera donné connaissance au moins cinq jours à l'avance, à chacun des accusés ;

» Ordonne que le présent arrêt sera exécuté à la vigilance du procureur-général du roi.

Fait et délibéré au palais de la Cour des pairs, le samedi 26 juin 1847, en la chambre du Conseil où siégeaient :

M. le duc Pasquier, chancelier de France, président.

Et MM. le duc de Broglie, le comte Molé, le marquis de Talaru, le comte de Noé, le duc de Massa, le duc Decazes, le comte d'Argout, le baron de Barante, le marquis de Dampierre, le comte de Houdetot, le comte de Pontécoulant, le comte de la Villegontier, le baron Dubreton, le marquis de Pange, le comte Portalis, le duc de Crillon, le duc de Coigny, le comte de Saint-Priest, le comte de Tascher, le comte de Richebourg, le duc de Plaisance, le vicomte Dode, le vicomte Dubouchage, le duc de Brancas, le comte de Montalivet, le comte Boissy-d'Anglas, le duc de Noailles, le comte Lanjuinais, le marquis de Laplace, le vicomte de Ségur-Lamoignon, le marquis de Lauriston, le duc de Périgord, le comte de Ségur, le duc de Richelieu, le marquis de Barthélemy, le comte Philippe de Ségur, le baron Athalin, Aubernon, Cousin, le duc de Fezensac, le baron de Fréville, le baron Thénard, Villemain, le comte de Ham, le vice-amiral Jurien-Lagravière, le comte de Colbert, le comte de la Grange, Félix Faure, le comte Daru, le baron Neigre, le baron Duval, le comte de Beaumont, le comte de Saint-Cricq, Barthe, le comte de Gasparin, le comte d'Hédouville, le baron Aymard, le comte de Montalembert, de Cambacérès, le baron Feutrier, le baron Fréteau de Pény, le vicomte Pernety, le comte de la Riboissière, le marquis de Rochambeau, le comte d'Alton-Shée, de Bellemare, le comte Bresson, le marquis d'Andigné de la Blanchaye, le marquis d'Audiffret, le comte de Monthyon, marquis de Belbœuf, baron Darriule, baron Dupin, le mar-

quis d'Escayrac de Lauture, Kératry, le vice-amiral Halgan, Mérilhou, Odier, Paturle, le baron de Vandeuvre, le baron Pelet, le comte Pelet (de la Lozère), le vicomte de Préval, le baron de Fleury, Laplagne-Barris, Rouillé de Fontaine, le vicomte Sébastiani, le baron de Daunant, le comte de Castellane, le duc d'Albufera, le baron de Saint-Didier, le vice-amiral de Rosamel, Maillard, le duc de la Force, le comte de la Pinsonnière, le baron Nau de Champlouis, le comte de Gramont-d'Aster, le comte de Greffulhe, le comte Schramm, le marquis de Boissy, le vicomte Borelli, le vicomte Cavaignac, Cordier, le duc d'Estissac, Lebrun, le comte Eugène Merlin, Persil, de Vandeuil, Viennet, Bérenger (de la Drôme), le comte Foy, le prince de la Moskowa, le marquis de Gouvion-Saint-Cyr, le marquis de Gabriac, le comte Mathieu de la Redorte, le comte de Montesquiou-Fezensac, Romiguières, le vice-amiral Bergeret, le comte Arthur Beugnot, le comte de Bondy, Franck-Carré, le président de Casq, le baron Gourgaud, le baron d'Oberlin, le comte Alexis de Saint-Priest, le président Boullet, Ferrière, le baron de Bussière, Passy, Gabriel Delessert, le comte Jaubert, le vice-amiral baron Grivel, le baron Pèdre la Caze, le duc Choiseul-Praslin, le baron Marbot, le duc de Trévise, le baron Achard, le vicomte Victor Hugo, Martell, Bertin de Veaux, le duc de Valençay, le comte de la Tour-Maubourg, le duc de la Coste, le vicomte Duchâtel, le comte de Chastellux, le baron de Crouseilhes, Vincens-Saint-Laurent, Lesergeant de Monnecove, le marquis de Raigecourt, le baron Sers, Girard, le marquis de Portes, le vicomte Lemercier, Anisson-Duperron, le comte de Mornay, le baron Doguereau, le baron Durrieu, le baron Girot de Langlade, Fulchiron, Jard-Panvillier, le baron Fabvier, le baron Tupinier, Laurens-Humblot, le président Legagneur, Mesnard, le baron Rœderer, le président Rousselin, le vicomte Bonnemains, Hartmann, Barbet, Flourens, de Lagrené, Legentil, le baron Rapatel, Renouard, le comte Achille Vigier, Poinsot, le comte Cornudet, le marquis de Malleville, Troplong, Raynard, le baron de Schauenburg, Wustemberg, le comte du Moncel, le baron Deponthon, le comte de Pontois.

Lesquels ont signé avec le greffier en chef.

———

L'acte d'accusation dressé par le procureur général fut signifié aux accusés le 1er juillet et l'ouverture des débats fut fixé au 8 du même mois.

Dans l'intervalle, M. Pellapra prit la fuite. Son absence n'arrêta pas la marche de la justice ; au jour fixé par la cour les débats s'ouvrirent.

Les défenseurs des accusés sont : Me Paillet pour M. Teste ; Me Baroche pour M. Despans-Cubières ; Me Adrien Benoit pour M. Parmentier.

Audience du 8 juillet.

La cour entre en séance à midi. Après l'appel nominal fait par M. Cauchy, greffier en chef, M. le chancelier se tourne vers les accusés et, s'adressant au général Cubières, il dit :
Premier accusé, levez-vous. (Le général se lève.)
D. Vos noms et prénoms ? — R. Amédée Louis Despans-Cubières.
D. Votre âge ? — R. 61 ans.
D. Votre profession ? — Lieutenant général, pair de France.
D. Votre demeure ? — R. Rue de Clichy, n. 27.
M. LE CHANCELIER. Second accusé, Alain Pellapra... (Personne ne répond.) Le second accusé est absent ?.. (Silence.) Troisième accusé, Jean-Baptiste Teste, levez-vous. Vos noms, prénoms, âge, qualités, demeure ?
Le troisième accusé se lève et dit :
Jean-Baptiste Teste, âgé de soixante-sept ans, demeurant à Paris, rue de Lille, n. 88 bis.
Quant à mes qualités, en butte à une accusation qui touche de si près à l'honneur d'un homme public, j'ai pensé qu'il était convenable de ne pas porter sur les bancs les dignités dont j'avais été revêtu... Je les ai déposées hier dans les mains du roi (1).

———

(1) Voici la lettre de M. Teste adressée au roi :

« Paris, le 7 juillet 1847.

» Sire,

» Je dois à Votre Majesté, en retour d'un dévoûment dont

M. LE CHANCELIER adresse ensuite au quatrième accusé les questions qu'il a posées aux autres.

Le quatrième accusé y répond ainsi :

Marie-Nicolas-Philippe-Auguste Parmentier, âgé de 55 ans, avocat, né à Lure (Haute-Saône), demeurant ordinairement à Lure et habitant momentanément à Paris, rue Croix-des-Petits-Champs, n° 6.

Après ces formalités, M. le procureur général requiert une ordonnance de prise de corps contre M. Pellapra ; la cour remet à faire droit à ses réquisitions à la fin de l'audience, après la lecture de l'acte d'accusation conçu en ces termes :

ACTE D'ACCUSATION.

Le procureur général du roi près la cour des pairs

Expose que, par arrêt du 26 juin 1847, la cour a ordonné la mise en accusation de

Amédée-Louis Despans-Cubières ;

Marie-Nicolas-Philippe-Auguste Parmentier ;

Leu-Henri-Alain Pellapra ;

Jean-Baptiste Teste ;

Le procureur général du roi près la cour des pairs déclare que de l'instruction et des pièces de la procédure résultent les faits suivans :

Vers la fin de l'année 1846, le sieur Parmentier forma contre plusieurs membres d'une société dont il fait partie, et notamment contre le lieutenant général Despans-Cubières, une demande devant le tribunal civil de la Seine.

A l'appui de cette demande, dont il est inutile d'indiquer l'objet, le sieur Parmentier produisit, le 50 avril 1847, les lettres d'une correspondance engagée entre lui et le général Cubières en 1842, continuée jusqu'en 1843, et dont plusieurs fragmens avaient trouvé place dans deux mémoires imprimés pendant le procès.

Cette correspondance, non désavouée par le général, établissait qu'en 1842, pour obtenir une mine de sel gemme située à Gouhenans, dans le département de la Haute-Saône, il s'était concerté avec le sieur Parmentier dans le but d'acheter à prix d'argent l'appui du ministre des travaux publics ; que ce marché criminel avait été conclu, et qu'il avait reçu son exécution.

Le sieur Parmentier ne méconnaissait pas que tel était le sens apparent des lettres publiées par lui ; mais il soutenait que la corruption n'avait été ni essayée ni pratiquée ; que le général Cubières avait seulement voulu, à l'aide de cette correspondance frauduleuse, s'emparer de valeurs considérables au préjudice de ses associés.

Les journaux donnèrent une immense publicité à ces révélations. Elles produisirent une surprise profonde et douloureuse : les chambres s'en émurent ; le gouvernement s'empressa d'annoncer que la justice allait être saisie. Une ordonnance du roi déféra bientôt ce grave procès à la haute juridiction de la chambre des pairs.

Une affligeante alternative s'offrait à ses recherches : le sieur Parmentier avait-il, en effet, été victime d'une basse tromperie ? Avait-il été, au contraire, l'agent et le complice d'une audacieuse corruption ? Fallait-il croire que des hommes placés, les uns par la fortune, les autres par l'élévation du rang, dans des situations qui semblaient faire pour eux du désintéressement une vertu facile, avaient cédé aux entraînemens d'une cupidité sans frein comme sans pudeur ;

je me suis efforcé de multiplier les preuves, la dignité de pair de France et l'honneur de siéger dans la plus haute magistrature du royaume, comme l'un de ses présidens.

» J'aborde, demain, une épreuve solennelle avec la ferme conscience de n'avoir rien perdu de mes droits à l'estime publique et à celle de Votre Majesté.

» Mais un pair de France, magistrat, qui a eu le malheur de traverser une accusation de corruption, se doit à lui-même de se retremper dans la confiance du souverain qui lui a conféré ce double caractère.

» Je dépose entre les mains de Votre Majesté ma démission de la dignité de pair de France et celle des fonctions de président à la cour de cassation, pour n'être protégé, dans les débats qui vont s'ouvrir, que par mon innocence.

Je suis avec le plus profond respect,

Sire, de Votre Majesté,

Le très humble et très obéissant serviteur,

J. B. TESTE. »

qu'ils n'avaient pas craint d'infliger cette douleur, on pourrait presque dire cette honte, à la France, si jalouse de l'honneur de ses fonctionnaires ?

Une instruction habilement dirigée a fixé les incertitudes de la justice ; la solennité d'un débat public est devenue un devoir envers le pays.

En 1826, les sieurs Parmentier, Grillet et Stiefwater s'associèrent pour l'exploitation d'un vaste terrain houiller situé principalement sur la commune de Gouhenans, et dont ils obtinrent la concession au mois de juillet 1828.

Les travaux exécutés sur ce terrain amenèrent la découverte d'un banc de sel gemme fort étendu. La société de Gouhenans voulut exploiter ce nouveau champ industriel, mais sa demande en concession ne fut pas accueillie.

La fabrication du sel n'en eut pas moins lieu à Gouhenans. Des poursuites furent dirigées contre le sieur Parmentier, qui paraissait surtout diriger cette fabrication illicite. Un arrêt de la cour de Lyon, du 16 octobre 1834, condamna le sieur Parmentier à l'amende, et, le 5 février 1835, la saline de Gouhenans fut fermée par les agens de la force publique, en exécution des ordres de la justice.

A la même époque, l'administration des domaines et la compagnie des salines de l'Est demandèrent contre la compagnie Parmentier 1,500,000 francs de dommages-intérêts. Cette demande fut même portée plus tard à 1,600,580 fr. Un arrêt de la cour de Lyon, du 27 août 1841, condamna les sieurs Parmentier, Grillet et Stiefwater à une indemnité, qu'un arrêt du 24 mai 1844 fixa définitivement à la somme de 147,580 francs.

Des procès nombreux ont, vers cette époque, divisé les membres de la société de Gouhenans. L'établissement dut même être placé sous la direction d'un séquestre, dont les fonctions ne cessèrent que le 5 août 1842.

En 1839, le 1er mars, le général Despans-Cubières acheta du sieur Grillet un centième d'intérêt, moyennant 25,000 fr. ; en 1841 et 1842, le général a réuni dans sa main six autres centièmes ; le total des prix payés par lui s'est élevé à 159,000 francs.

Le 17 juin 1840 est intervenue la loi nouvelle qui faisait cesser le monopole de l'État dans les départemens de l'Est, et réglait les conditions auxquelles désormais les salines pourraient être concédées par l'administration. Le 7 mars 1841, l'ordonnance portant règlement fut publiée. Le régime des lois antérieures ne devait prendre fin qu'à partir du 1er octobre 1841. Le 1er juillet 1840, les sieurs Parmentier, Grillet et Stiefwater s'étaient hâtés de présenter leur demande en concession. Le 24 avril 1841, cette demande fut reproduite par eux.

La nécessité de délimiter les salines réservées à l'État dans les dix départemens de l'Est fit suspendre jusqu'au mois de septembre 1841 l'instruction de toutes les demandes en concession. Des motifs particuliers à celle des associés de Gouhenans en entravèrent la marche. Ils avaient à lutter contre des préventions fâcheuses. La société de Gouhenans n'était pas régulièrement organisée. Les conventions passées en 1826 et 1827, mutilées par de nombreuses décisions judiciaires, ne comprenaient même pas tous les intérêts qui se rattachaient à cette entreprise ; la situation du sieur Parmentier vis-à-vis de l'État inspirait des inquiétudes et soulevait une question préjudicielle que le sieur Pellapra, dans une lettre adressée au sieur Parmentier lui-même, appelait énergiquement la question d'indignité ; enfin, les dommages-intérêts auxquels le sieur Parmentier avait été condamné, et dont le chiffre n'était pas alors réglé, pouvaient faire douter des ressources d'une société fermée en présence d'un passif considérable et d'une origine fâcheuse ; de là des hésitations, des lenteurs qui, dans les derniers mois de 1841, surtout excitaient chez le sieur Parmentier une vive irritation. La correspondance, à cette époque, est remplie des expressions de son impatience. Il accuse l'administration de chercher, par une inaction calculée, à prolonger au delà du terme fixé le monopole de l'État ; il lui prête le projet de ressaisir le monopole par des moyens détournés que la sage fermeté du conseil d'État a pu seule déconcerter ; il explique le mauvais vouloir de M. le ministre des finances par des motifs moins avouables encore, et dans ces lettres du 28 juin, 7 et 24 septembre 1841, il exprime très nettement la pensée de vaincre la résistance du fonctionnaire, en s'adressant à l'intérêt personnel du spéculateur.

Au mois de novembre 1841, le sieur Parmentier vint à Paris ; il vit le général Cubières, et celui-ci dut facilement pressentir que l'auteur des lettres dont il vient d'être parlé ne reculerait pas devant des propositions plus directes et plus coupables. Cette confiance allait bientôt être mise à l'épreuve et ne devait malheureusement pas être trompée. Le 14 janvier 1842, le général Cubières écrivait au sieur Parmentier :

« Mon cher monsieur Parmentier,

» Tout ce qui se passe doit faire croire à la stabilité de la politique actuelle et au maintien de ceux qui la dirigent. Notre affaire dépendra donc des personnes qui se trouvent en ce moment au pouvoir; il nous faudra agir ou faire agir auprès d'elles, et c'est ce qui doit nous préoccuper en ce moment. Il serait superflu de vous dire que le temps presse et que nous ne devons pas rester dans une expectative que tant d'intrigues pourraient rendre décevante pour les actionnaires de Gouhenans. A ce sujet, voici un mot de M. Legrand qui vous donnera l'éveil, sans doute, comme à moi. M'abordant de lui-même, il me demanda ce que nous faisions; sur ma réponse que nous attendions l'expiration des délais, il ajouta que les délais couraient, mais qu'il fallait les mettre à profit pour disposer la réussite et le succès de notre demande en concession. « Quand nous étions direction générale, les
» droits des tiers étaient suffisamment garantis par notre im-
» partialité et par notre situation toute en dehors de la poli-
» tique ; mais, aujourd'hui, il n'en est plus ainsi, nous te-
» nons à un ministère et par conséquent à la politique ;
» dès lors rien n'est certain : les droits les mieux établis
» peuvent être méconnus dans un intérêt de politique ; une
» concession peut être l'objet d'une décision du conseil des
» ministres. Je vous engage donc à prendre vos précau-
» tions. »

» Tout en le remerciant de l'avis, j'ai parlé de la promesse faite de ne point statuer sur les concessions qu'on sollicite dans notre périmètre houiller, avant que nous soyons en mesure de concourir avec ceux qui veulent, à si bon marché, profiter de notre découverte. M. Legrand m'a répondu que cette promesse serait tenue et que rien ne devait nous faire craindre qu'elle ne le fût pas.

» Je n'ai pas voulu tarder à vous communiquer cet avis, si important et si sérieux dans la bouche de celui qui me l'a donné. Il ne faut pas perdre un moment, il ne faut pas hésiter sur les moyens pour nous créer un appui intéressé dans le sein même du conseil. J'ai les moyens d'arriver jusqu'à cet appui indispensable, c'est à vous d'aviser aux moyens de l'intéresser. Ce sujet n'est pas facile à traiter par correspondance ; aussi, vous jugerez que votre présence à Paris est nécessaire, indispensable même pour dresser nos batteries. Toutefois, il faudrait que vous puissiez venir ici muni des pleins pouvoirs des intéressés pour les sacrifices qu'il faut nous imposer pour échapper aux chances qui peuvent se rencontrer contre nous et que des rivalités nombreuses pourraient exploiter à notre préjudice. La transformation de notre société entraînerait trop de formalités et de lenteurs ; cependant, il faut pouvoir disposer d'un certain nombre d'actions : comment les fractionner dans la proportion de la part contributive de chacun ! J'avais pensé que les cent actions actuelles pourraient être transformées en trois cents actions, fractionnement qui permettrait à chacun de rapporter sa part dans le fonds d'actions dont nous aurions à disposer pour assurer le succès de l'affaire.

» Je ne veux pas traiter à fond cette question, que je réserve pour nos entretiens, mais je ne saurais trop vous engager à combiner les choses de manière à ce que vous et moi soyons autorisés, et même nantis, pour parvenir au but sans être exposés à des délais ou à des chicanes, en raison de la négociation très secrète qu'il nous faudra suivre pour nous rendre certains et assurés de la concession à l'exclusion de tous autres. Dans l'état où se trouve la société de Gouhenans, ce ne sera pas chose aisée que d'obtenir l'unanimité et l'accord quand il s'agit d'un sacrifice. On se montrera sans doute très disposé à compter sur notre bon droit, sur la justice de l'administration, et cependant rien ne serait plus puéril. N'oubliez pas, mon cher monsieur, que le gouvernement est dans des mains avides et corrompues ; que la liberté de la presse court risque d'être étranglée, sans bruit, l'un de ces jours, et que jamais le bon droit n'eût plus grand besoin de protection. M. le préfet nous a fait, à ma femme et à moi, au moment de partir pour Vesoul, de nouvelles protestations et des offres de service pour notre affaire. Il se croit astreint à suivre l'avis du conseil général ; il proposera d'accorder plusieurs concessions ; il me promet que la nôtre sera du nombre, et je pense que sa bonne volonté pour nous s'en tiendra là.

» Que le contenu de ma lettre soit l'objet de vos réflexions et d'une décision aussi prompte que possible, voilà ce que j'attends de votre bon esprit et de votre position de principal intéressé.

» Mille complimens affectueux pour vous et M. Lanoir. »

La conversation de M. Legrand avec le général n'avait pas la portée que celui-ci lui attribue. Il le reconnaît lui-même ; et il faut se hâter de dire que la conduite de M. Legrand dans cette affaire ne peut pas laisser place au plus léger soupçon.

La lettre du 14 janvier resta sans réponse. Le 22, M. de Cubières, inquiet, écrivit pour s'assurer que sa missive n'avait point été perdue ; le 24, Parmentier rompit le silence. Sans repousser la proposition de corruption, il paraissait croire que l'exécution pouvait en être ajournée jusqu'à l'expiration des délais de publicité. Le 26, le général cherche à le tirer de sa sécurité, insiste de nouveau pour qu'il vienne à Paris juger, par ses propres yeux, de la situation des choses, et de la nécessité de se créer des appuis intéressés. M. de Cubières annonce que M. Kœchlin a pris l'avance sur eux.

Le 28 janvier, le sieur Parmentier donnait sa pleine adhésion. Elle résulte de la lettre que, le 3 février, M. de Cubières lui adressait : ·

« Mon cher monsieur Parmentier, j'ai reçu votre lettre du 28 janvier, à laquelle il ne m'a pas été possible de répondre aussi promptement que j'aurais voulu et que vous le désiriez.

» M. Grillet consent à ce que les cent actions constituant la société de Gouhenans soient converties en 500 actions ; il promet d'agir auprès de ses acquéreurs pour obtenir leur adhésion à cette transformation, que vous approuvez également, et qui sera certainement consentie par tous les actionnaires, du moment où vous vous emploierez à l'adoption de cette mesure. A cet effet, et comme vous l'observez, une réunion des actionnaires est indispensable, il faut que chacun y soit représenté ; je donnerai mes pouvoirs à M. Lanoir. Le courrier de ce jour lui portera ma lettre. Mais la convocation doit aussi avoir pour but de fixer le nombre d'actions qui devrait être mis à notre disposition pour intéresser, sans mise de fonds, les appuis qui seraient indispensables au succès de l'affaire. Cette fixation, vous m'engagez à vous la faire connaître, afin que vous soyez à même d'en instruire les actionnaires. A cet égard, je n'ai point de données précises, et je ne saurais vous donner qu'un aperçu basé sur des ouvertures qui ont été faites et accueillies avec une extrême réserve, et de manière à n'engager personne définitivement, et à éviter surtout que la négociation soit connue d'autres que des deux contractans et de leur intermédiaire obligé.

» Je ne consentirais pas à me charger seul de la négociation; vous êtes le principal propriétaire, le plus intéressé, par conséquent, à ce que les sacrifices soient proportionnés à l'appui obtenu et ne dépassent point une proportion raisonnable. Je pense donc que la société devrait s'en rapporter à vous et à moi, et nous laisser maîtres d'apprécier 1° la nécessité des sacrifices à faire pour garantir le succès de l'entreprise ; 2° l'étendue de ces sacrifices et leur rapport avec l'appui qui nous sera donné pour l'obtention de la concession dans ses plus grande limites. Cela posé, voici comme je raisonne pour arriver à déterminer le nombre d'actions à sacrifier ; il est entendu que nous ne parlons que des actions de la nouvelle division en 500. J'estime que le produit de la saline, dans son état actuel, doit être annuellement de 300,000 francs en bénéfice net, ce qui fait ressortir à 700 fr. le produit de chaque action ; mais attendu que le nombre de chaudières pourra être augmenté de moitié, et que les produits chimiques viendront un jour se joindre à la vente du sel, on peut, je crois, sans exagération, établir aux yeux des personnes qu'il s'agira d'intéresser gratuitement dans l'entreprise que le produit de chaque action ne saurait être moindre de 800 fr. Si je ne me trompe pas dans cette appréciation, il me sera facile d'en déduire celle des sacrifices qu'il s'agit de faire accepter aux actionnaires. Dans le cas où il ne faudrait compter le produit des actions qu'à 600 fr., la société devrait mettre à notre disposition 35 actions ; si l'on pouvait sans trop d'exagération estimer à 800 fr. le produit de l'action, le nombre de 25 actions suffirait. Il est bien entendu que si la négociation n'exigeait pas l'emploi de toutes les actions, l'excédant non employé serait rapporté à la société. C'est à vous, mon cher monsieur Parmentier, à rectifier ce qu'il y aurait d'erroné dans mes raisonnemens, qui pèchent peut-être par la base, car je n'ai jamais eu sous les yeux de documens certains sur les produits réels de l'exploitation salinière de Gouhenans.

» Au surplus, je crois être en mesure d'obtenir, non seulement la concession, mais au préalable l'autorisation d'exploiter, sauf à considérer, toutefois, si cette faveur, déjà tardive aujourd'hui, vaudrait en avantages et en profits la peine de s'exposer aux criailleries de nos rivaux. »

Cette lettre indique clairement les trois personnes qui doivent figurer dans la négociation : les deux contractans et l'intermédiaire obligé.

A peine était-elle arrivée à Lure que les intentions du général étaient remplies.

Le 5 février 1842, par les soins du sieur Parmentier, les différens intéressés dans l'établissement de Gouhenans s'étaient réunis à Vesoul, chez le notaire Lamboley, et avaient signé un acte par lequel le fonds social, originairement de cent parts, était divisé en cinq cent vingt-cinq actions. Cinq cents actions étaient attribuées aux associés dans la proportion de leurs droits ; l'acte ajoutait :

« Le nombre qui excède cinq cents actions dans les nouv. lles portions ou actions est mis à la disposition de M. le général Cubières et de M. Parmentier, qui s'en serviront pour le bien et l'amélioration des établissemens, sans être obligés d'en rendre compte ; à cet effet, il leur sera délivré deux grosses de la présente convention, et un plus grand nombre, s'ils le jugent convenable ; ils sont même autorisés, pour rendre ces vingt-cinq portions ou actions plus disponibles, à créer eux-mêmes vingt-cinq titres au porteur, qu'ils signeront Parmentier, Grillet et compagnie, autorisant dès ce jour M. le lieutenant général Cubières à se servir de cette signature dans cette circonstance. »

Le sens de cette clause, commentée d'ailleurs par la correspondance qui l'a précédée et suivie, ne peut être douteux pour personne.

Le sieur Parmentier était associé au mandat du général par sa lettre du 5 février ; celui-ci l'avait exigé. Il paraît même que le sieur Parmentier aurait eu la pensée de se faire seul nantir des actions, mais que Grillet avait refusé de signer, et que sa résistance n'avait été vaincue que par l'adjonction du nom de M. de Cubières. Le sieur Parmentier entendait bien que rien ne serait fait sans son concours. Le 18 mars, il écrivait au général : « Vous et moi, général, nous ne pouvon, en vertu de notre mandat, rien faire l'un sans l'autre. » Il ne se contente pas d'écrire, il agit. Presque immédiatement après l'acte du 5 février, il part pour Paris et y prolonge son séjour jusqu'au 23.

Pendant ce voyage, le sieur Parmentier s'est mis en rapport direct avec les personnes et a étudié la situation. Il s'est convaincu que non-seulement il fallait payer tribut à la corruption, mais que les préparatifs n'étaient pas suffisans, et c'est avec le désir de travailler à une augmentation qu'il reprend le chemin de Lure. Sur ce point, la correspondance ne laisse aucun nuage.

Deux lettres du 17 février 1842 constatent des démarches faites en commun par les deux associés réunis à Paris. Le 23, en partant, le sieur Parmentier écrit au général : « J'ai trouvé hier soir en rentrant les pièces convenues ; croyez que je vais agir activement dans le sens des données acquises, des circonstances que j'ai connues et appréciées... Le conseil des mines est généralement morceleur : tels sont MM. Leg. et de Ch... D'après les dispositions manifestées par M. T..., il pourrait se faire qu'il indiquât lui-même le rapporteur à M. de Ch... et lui recommandât de saisir immédiatement ce rapporteur, et il le choisirait bien sans doute. »

Il était nécessaire que le sieur Parmentier tînt sa promesse d'agir vivement : le général Cubières était l'objet d'obsessions ardentes, et à partir de ce moment la corruption ne s'enveloppait plus d'aucun mystère.

Le 24 janvier, M. de Cubières écrivait :

« Maintenant c'est moi qu'on presse ; on m'a relancé hier et ce matin. On se montre très ardent, très désireux de terminer dans le plus bref délai. Peut-être est-ce en effet le meilleur moyen d'éviter des embarras, de prévenir des plaintes de la part de la concurrence.

» Voici ce qu'on offre de soi même, et nous pouvons y compter :

» 1° Stimuler votre préfet pour l'envoi immédiat et complet de toutes les pièces ;

» 2° Faire désigner un rapporteur selon le bien de la chose ;

» 3° Résister au système de morcellemert ;

» 4° Avoir, comme on l'a déjà dit, un président à souhait, et faire avorter les prétentions adverses, si elles étaient appuyées dans l'un ou l'autre conseil.

» Il n'y a plus à hésiter, encore moins peut-on reculer devant un succès certain, succès auquel nous touchons, qui aurait pu se faire attendre longtemps encore, et qui ne saurait

être complet qu'avec l'appui décisif qu'on nous promet et dont nous avons déjà ressenti les effets.

» On insiste pour 50, tâchez donc d'obtenir le doublement. Je réponds, en attendant la réussite de votre épineuse négociation, je réponds certitude pour 50, doutes très grands pour 40 ou 45. Le ton qu'on prend avec moi dénote qu'il est impossible de traiter à moins de 45. Surtout point de délais. Le char est lancé, ne le faisons pas verser en l'arrêtant trop court. »

Le 26 février nouvelle lettre du général au sieur Parmentier.

« Je vous ai écrit avant-hier à Vesoul, chez M. Renauld fils. Le paquet contenait une note cachetée dans le sens de laquelle on continue à m'entretenir ici ; c'est d'après son contenu que vous devez agir et que vous aurez à conduire la négociation confiée à vos soins, et dont le succès me paraît garanti par l'influence qui vous revient naturellement dans une affaire que vous avez su créer et que vous saurez faire prospérer au milieu des plus grands obstacles. On se montre toujours très empressé de surmonter ceux qui restent à franchir pour atteindre au but définitif. On parle toujours d'en finir promptement. C'est, dit-on, une nécessité pour éviter de nouveaux concurrens ou pour les prévenir. Ceci m'a remis en mémoire le mot de M. T. au sujet d'un quatrième concurrent qu'il appelait, s'il vous en souvient, un demi-concurrent. J'ai demandé positivement qu'on me fît connaître ce quatrième rival, afin que nous sachions s'il est sérieusement à craindre, ou b'en si ce ne serait qu'un épouvantail pour nous disposer à céder plus facilement aux exigences que nous sommes disposés à satisfaire, mais sans sortir de certaines limites que la raison et l'équité nous défendent de franchir. On m'a promis une réponse pour demain, si on parvient à s'entretenir aujourd'hui avec la personne qui peut donner l'explication demandée.

» C'est avec une certaine affectation qu'on m'a dit en finissant l'entretien que le Kœchlin qui nous faisait concurrence n'était pas celui dont les affaires étaient embarrassées, mais bien un frère du même nom, fort riche et très en état de fonder un grand établissement. A cela je n'ai pu répondre que par des doutes, que vous résoudrez par un mot dans votre première lettre, afin que je rectifie l'erreur, si elle existe dans ce qui m'a été dit.

» Dans votre première lettre, vous serez à même de me faire savoir si toutes les mesures dont l'exécution nous fut annoncée d'avance dans le cabinet de M. Teste ont reçu leur exécution, et particulièrement si le préfet a reçu des instructions propres à hâter l'expédition de son rapport et à prévenir le morcellement de l'affaire, et les envois successifs des avis et pièces concernant les demandes en concurrence.

» Vous comprenez avec qu'elle impatience j'attends le résultat de vos délibérations en commun, mais vous ne sauriez croire à quel point cette impatience est partagée par ceux qui s'identifient avec le succès de l'affaire ; si leur pouvoir égalait leur empressement et la confiance qu'ils témoignent, il faudrait ne douter en rien de l'avenir et concevoir la plus complète sécurité ainsi qu'eux.

» Mille complimens affectueux. »

Dans la lettre du 24 se trouvait une note cachetée ainsi conçue :

« De tout ce qui a été dit et fait

» Il résulte :

» 1° Impossibilité de traîner plus longtemps la négociation, ni de continuer à se débattre entre la concession déjà faite de 25, et les exigences successivement réduites de 80 à 50, mais ne paraissant pas devoir fléchir au dessous de cette dernière limite :

» 2° Nécessité de conclure promptement et de trancher le différend entre 50 à peu près promis, et 50 toujours exigées ;

» 3° Nécessité de proposer 45 quand on sera en mesure d'effectuer cette promesse : 45 par rapport à 545 forment environ le douzième ; en n'offrant que 40, le sacrifice serait au-dessous du treizième. A la rigueur, il pourrait être admis en le présentant comme la limite du possible, et comme un dernier mot. Reste à considérer si la différence entre le douzième et le treizième mérite qu'on se tienne opiniâtrement à 40.

» L'entrepôt de Paris serait à concéder d'avance, et dès à présent, en rémunération des services rendus et à rendre par ***. »

Le 10 mars, M. de Cubières fait encore connaître à quel point il est talonné, c'est le mot dont il se sert ; des entrevues sont provoquées tous les deux ou trois jours ; en se séparant, on lui demande par quel courrier il attend des nouvelles de Gouhenans ; il croit fermement que l'arrangement est utile, indispensable, qu'il ne faut pas hésiter sur le sacrifice de 45 actions.

Le sieur Parmentier comprend les embarras du général, et redouble d'efforts de son côté pour les faire cesser. Les lettres des 1er, 7 et 18 mars le prouvent. Dans sa lettre du 18 mars, il s'irrite des témoignages d'impatience auxquels M. de Cubières est exposé.

« A vrai dire, écrit il, je ne les comprends pas. Je pars de Paris le 25 février, précédé d'une convocation de nos coïntéressés pour le 28; nous étions convenus que je tâcherais de les déterminer à augmenter les sacrifices déjà votés. Vous faites part de cet état de choses, de mon départ, de son but, et on ne vous objecte rien ; cependant, le jour même de ce départ et le lendemain, on vous relance, on vous presse. Je vous écris, le 1er mars, que je n'ai pas encore obtenu et que j'ai peu d'espoir d'obtenir ultérieurement l'augmentation de sacrifices; mais que suis résolu à y subvenir moi-même, si cela devient nécessaire, et que j'espère qu'on me donnera le temps de tenter de l'atténuer, et qu'on se montrera moins exigeant à cause de moi ; vous ne faites pas plus de mystère de cette lettre que de celle du 7; on sait donc à quoi s'en tenir; on doit regarder la conclusion comme assurée, à moins qu'on ne suspecte ma loyauté, et cependant on insiste, on presse, on harcèle. L'aboutissant de votre intermédiaire n'a rien à faire pour nous avant l'arrivée de notre dossier à Paris ; vous ne demandez pas qu'il agisse plus tôt, vous demandez même le contraire, et on n'en insiste pas moins.

» En résumé, je répète ce que je viens d'extraire de ma lettre du 1er mars. J'arriverai à Paris avec le dossier, et immédiatement je consommerai les sacrifices nécessaires. Cette parole paraîtra-t-elle suffisante ? Cela doit être. Si cela n'est pas, je ne peux rien dire de plus.

» Et, d'ailleurs , que veut-on que je fasse? Vous et moi, général, nous ne pouvons, en vertu de notre mandat, faire l'un sans l'autre; je ne peux quitter le pays avant l'envoi de notre dossier. Qu'on dise comment il faut que nous fassions pour consommer la négociation avant mon retour à Paris, et, pour peu que cela soit praticable, je ne reculerai pas.

« Vous tenez, m'avez-vous écrit, à vous faire une position inattaquable, et en me l'écrivant, vous saviez en vue, non seulement les gens de Paris, mais vos coïntéressés, dont un propos de M. Grillet vous a fait craindre la susceptibilité soupçonneuse. Elle n'est à craindre que de la part de M. Grillet lui-même; mais elle l'est tellement de sa part, et sa langue est si envenimée, que j'ai compris, de mon côté, que je devais me créer une position inattaquable et vous la faire partager. En conséquence, j'ai fait part de tous les élémens de notre négociation à deux de nos copropriétaires qui, plus tard, nous serviront, au besoin, de témoins irrécusables. Ils sont dignes de toute confiance, et l'un d'eux, notamment, possède la vôtre : ce sont MM. Lanoir et Renauld.

» J'espère que la présente, dont vous pourrez communiquer ce que vous jugerez utile, suffira pour apaiser les impatiences et mettre hors de doute la conclusion qu'on se propose.

» La disposition de l'entrepôt de Paris vous a été promise par moi. En cela je vous ai répondu de moi-même et du peu d'influence que je peux avoir. MM. Lanoir et Renauld sont dans les mêmes dispositions. Tout cela suffit pour que vous deviez regarder la chose comme conclue. Il ne manque qu'une délibération sociale, qui sera prise bien certainement ; mais le moment n'est pas venu.

» Quant aux actions que je pourrai vous procurer dans un cas donné, soyez bien sûr de la persévérance de l'intention où je suis d'arranger la chose pour le mieux, suivant vos désirs et vos convenances. Nous nous en occuperons en temps opportun.

« Agréez, général, l'assurance de mon dévoûment. »

Ces mots de la lettre du 18 mars : l'aboutissant de votre intermédiaire, rappellent les personnages de la lettre du 5 février, les deux contractans et l'intermédiaire obligé.

On a saisi le 9 mai 1847, chez le général Cubières, deux pièces écrites de sa main qui se rattachent à cette époque des négociations.

Sur la première de ces pièces, qui est sans date, se trouvent des calculs qui porteraient le revenu de chaque action nouvelle de Gouhenans de 525 fr. à 1,525 fr., représentant en capital 21,800 fr. A la suite de ces calculs, exagérés sans doute à dessein, se trouvent deux répartitions de quarante

actions entre trois personnes désignées par les initiales P. C. T. La dernière de ces répartitions est ainsi conçue :

T. Quinze actions rapportant 22,845 francs, en capital 527,000 fr.

P. Quinze actions rapportant 22,843 fr., en capital 527,009 francs.

C. Dix actions rapportant 15,250 fr., en capital 218,000 francs.

Cet écrit, évidemment postérieur à l'acte du 5 février 1842, qui divisait le fonds social en cinq cent vingt-cinq parts, antérieur à l'acte du 18 juin 1842, qui fixait le chiffre des sacrifices à cinquante actions, se place naturellement à l'époque où ce chiffre était débattu entre les deux contractans.

Interrogé sur cette note le 1er juin 1847, le général a dit d'abord qu'elle avait été écrite pour le cas où M. Teste aurait voulu devenir propriétaire d'actions à prix d'argent ; puis ensuite qu'elle pouvait se rapporter au cas non réalisé où un sacrifice aurait été nécessaire, soit en faveur de M. Teste, soit en faveur de toute autre personne qu'il aurait été utile d'intéresser au succès de l'affaire. Le général est convenu que les deux initiales C. et P. l'indiquaient lui et le sieur Pellapra.

Cette note révèle d'ailleurs la mauvaise pensée qu'avait eue le général de s'attribuer une partie des fonds destinés à la corruption ; mauvaise pensée dont la réalisation, sans exclure la corruption, en se combinant au contraire avec elle, justifie, dans une certaine mesure, le reproche que plus tard le sieur Parmentier devait formuler contre lui et que la prévention a accueilli.

L'autre note trouvée chez le général Cubières est la contrepartie de celle qui précède. A côté du prix de la corruption devaient se placer ses promesses. M. de Cubières résumait en ces termes les services qu'il en attendait :

« Garantir :

» 1° La concession des 20 kilomètres demandés. Il y a de bonnes raisons pour cela, ou du moins la concession du sel dans tout le périmètre déjà concédé pour la houille. Il y a d'excellentes raisons pour cela.

» Entre le périmètre demandé pour le sel et le périmètre déjà accordé pour la houille, la différence est de 6 kilomètres 22 hectares; il faudrait qu'on n'en disposât en faveur de personne, et nous serions certains si on nous les accordait.

» 2° L'avis favorable du ministre des finances;

» 3° La bienveillance, l'aide, autant que possible l'appui de l'administration dans l'affaire de Lyon.

» Que les formalités seront poussées aussi activement que possible. »

L'écriture de cette note était déguisée. Le général a reconnu qu'elle était de sa main. Elle rappelait d'ailleurs en partie les offres spontanément faites au général, et qu'il reproduisait dans sa lettre du 24 février 1842.

Avant d'agir, une dernière précaution était à prendre. La demande en concession devait s'appuyer sur un acte établissant les droits de propriété de ceux qui l'avaient présentée. L'acte du 5 février 1842 ne pouvait pas être produit sans de graves inconvéniens. Le 17 février, M. de Cubières en avait averti le sieur Parmentier, et, le 2 mars, un acte avait été passé à Lure, devant Me Richard, dans lequel on avait eu soin d'effacer la disposition de confiance, qui aurait pu exciter la sollicitude de l'administration. Cet acte avait encore un autre but qui sera indiqué plus tard.

Tout semblait donc préparé pour imprimer à l'affaire un mouvement rapide; cependant elle languissait. Dans les premiers jours du mois d'avril 1842, un grand malheur domestique avait frappé le sieur Parmentier et paralysé pour quelque temps son activité ordinaire. Le 18 avril, M. de Cubières lui écrit pour se plaindre des retards de l'ingénieur, pour demander s'il faut agir à Paris pour que cet ingénieur reçoive une injonction de mettre fin à son travail. Le général parle des élections, de la probabilité d'une modification dans le cabinet, des inquiétudes des ministres non prépondérans et de la nécessité de terminer l'affaire avant cette époque. Il signale les objections consignées dans une note intitulée Avertissement, qu'il s'est procurée par une voie détournée et dans laquelle se trouverait la pensée des agens secondaires de l'administration, pensée dont il faudrait peut-être s'inquiéter si on manquait des moyens de se créer contre elle une protection efficace. L'original de cet avertissement a été saisi dans les papiers du général Cubières : une copie en avait été adressée par lui à Lanoir pour qu'il la communiquât au sieur Parmentier.

Le 22 avril, celui-ci répond, explique le motif douloureux de son silence, annonce un avis favorable de l'ingénieur, réfute les objections de l'avertissement, et enfin ajoute : « Incessamment j'irai causer de tout cela avec vous, général, et arrêter nos mesures suprêmes pour passer immédiatement à l'exécution. » Le général Cubières entretient le sieur Parmentier dans ses bonnes dispositions. Le 24 avril, il s'applaudit de ce que les mesures préparatoires et les formalités sont en quelque sorte accomplies, et il ajoute : « Il nous restera donc à suivre ici l'effet de tout ce qui a été préparé sous vos yeux. Cette partie de la tâche est la plus délicate, elle exige votre concours le plus actif. »

En effet, le moment d'agir approchait. Le 12 avril 1842, l'ingénieur du département avait fait son rapport ; favorable en principe à la concession, il en limitait l'étendue à 7 kilomètres environ. L'avis du préfet était intervenu le 26, et se terminait par la même conclusion.

Le même jour, le sieur Parmentier annonce son voyage pour Paris, où il sera, dit-il, probablement précédé par les pièces. Il part en effet. Forcé de retourner à Lure dans les premiers jours du mois de mai, à la fin de ce mois, il revient à Paris, où il séjourna jusqu'à la fin de juin. Les faits qui s'y passaient alors rendaient sa présence indispensable.

L'affaire de Gouhenans, jusqu'à cette époque, n'avait marché ni aussi vite ni aussi bien que les deux associés avaient pu l'espérer. Pendant les négociations dont les lettres des mois de janvier et de février font foi, quelques faveurs légères avaient bien pu être accordées à titre d'avances. Le général Cubières et le sieur Parmentier ne pouvaient pas demander plus : leurs promesses n'avaient encore été suivies d'aucun résultat. Les vingt-cinq actions au porteur créées par l'acte du 5 février 1842 n'avaient pas pu être négociées.

Non-seulement elles ne suffisaient pas aux exigences qui s'étaient manifestées, mais il avait même été impossible d'en tirer parti ; ce fut alors qu'une négociation fut engagée entre le général Cubières et le sieurs Parmentier et Pellapra.

Une lettre écrite le 27 mai 1842 par le général Cubières au sieur Parmentier, alors à Paris, fait allusion à cette négociation. Une autre lettre du général au sieur Lanoir, en date du 10 juin, en indique la nature et le but : « Si les pièces demandées nous arrivent en règle, écrit le général (il s'agissait de la procuration de la dame Parmentier), vingt-quatre heures après, nous serons en pleine route vers le port, sans avoir rien à craindre des vents contraires. » Et en post-scriptum, « Ceci entre nous seuls. »

Divers projets d'actes saisis chez M. de Cubières, tous de sa main, montrent que plusieurs combinaisons avaient été essayées entre MM. P. C. et une troisième personne désignée par la lettre X. Pour trouver enfin cette monnaie de corruption dont on avait besoin, on avait eu la pensée d'un dépôt d'actions dans les mains d'un tiers qui aurait remis ces actions au sieur X, mais seulement après l'obtention de la concession. Deux obligations s'élevant ensemble à 200,000 francs, souscrites solidairement par les sieur et dame Parmentier au profit du même inconnu, sous la même condition, avaient également été préparées. On avait aussi songé à une division nouvelle du fonds social en 550 parts, dont 50 auraient été détachées pour les besoins de la négociation. Interrogé sur ces pièces le 21 mai 1847, le général Cubières a reconnu qu'il était désigné, ainsi que le sieur Parmentier, par les lettres P. et C. ; mais il a dit qu'il ne savait pas le nom de la personne à laquelle s'appliquait l'initiale X. Cette personne était évidemment le sieur Pellapra. En effet, parmi ces écrits, on a trouvé le projet même de la vente à réméré, consentie à celui-ci, et dans ce dernier projet, il était désigné par la même initiale X. Cette observation a été faite à M. de Cubières, qui en a reconnu la justesse.

Les parties s'étaient définitivement arrêtées à cette dernière combinaison.

A la date du 18 juin 1842, deux actes apparaissent.

Par le premier, passé par-devant Mᵉ Roquebert, notaire à Paris, le sieur Parmentier, tant en son nom que comme mandataire de la dame Parmentier, vend au sieur Pellapra vingt-cinq actions dans la société formée sous la raison Parmentier, Grillet et compagnie, moyennant un prix de 100,000 fr. et avec faculté de réméré jusqu'au 1ᵉʳ janvier 1845.

L'acte porte que le prix a été payé comptant. Il n'en était rien. Le sieur Pellapra remit une contre-lettre au général, qui devait se constituer dépositaire de ce prix.

Le second acte, passé le même jour sous les signatures privées du sieur Parmentier et du général Cubières, montre à quelles conditions et dans quelles intentions ce dépôt était opéré.

Cet acte doit être rapporté tout entier :

« Par contrat reçu de Mᵉ Lamboley, notaire à Vesoul, le 5 février dernier, la compagnie de Gouhenans a mis à la disposition de MM. de Cubières et Parmentier vingt-cinq actions sur cent vingt-cinq formant actuellement la somme de l'intérêt social, afin qu'ils en usassent, sans être obligés d'en rendre compte, pour le bien et l'amélioration des établissemens, et les a même autorisés à transmettre ces actions par vingt-cinq titres au porteur, qu'ils pourraient revêtir chacun de la signature Parmentier, Grillet et Cᵉ.

» MM. de Cubières et Parmentier ont tout lieu de croire que, dans le but indiqué par l'acte du 5 février, il leur fallait une somme de deux cent mille francs, et ils n'ont trouvé à négocier les vingt-cinq actions dont la compagnie les a autorisés à disposer, ni pour deux cent mille francs, ni pour une somme quelconque.

» En conséquence, ils ont cru n'avoir d'autre parti à prendre que celui-ci :

» 1° Transfert à M. de Cubières de vingt-cinq actions par la remise des vingt-cinq titres au porteur mentionnés dans l'acte du 5 février, et cela moyennant le prix de cent mille francs ; 2° vente par M. Parmentier et sa femme de vingt-cinq autres actions à prendre dans celles qui leur appartiennent, et cela sous la clause de réméré, et moyennant le prix d'une autre somme de cent mille francs.

» En conséquence, M. de Cubières reste dépositaire des cent mille francs qui font le prix de son acquisition, à la charge par lui de les employer à l'usage convenu entre lui et M. Parmentier.

» M. de Cubières recevra également, comme dépositaire, et pour en faire le même usage, l'autre somme de cent mille francs, formant le prix de la vente de vingt-cinq actions par M. et Mme Parmentier.

» Le talon des vingt-cinq titres au porteur transférés à M. de Cubières sera remis par M. Parmentier au gérant de la compagnie de Gouhenans, aussitôt que l'assemblée générale en aura choisi un, et qu'il sera installé.

» M. Parmentier s'oblige à procurer l'adhésion de sa femme au contrat du 5 février 1842, et promet, dans la limite de ses droits et de ceux de sa femme, la garantie de toute recherche de la part de M. Delphin Lanoir, l'un des membres de la compagnie de Gouhenans, qui n'a pas paru à l'acte du 5 février.

» Fait double, à Paris, le 18 juin 1842.

» PARMENTIER, CUBIÈRES. »

Au bas de cet acte se trouvait la mention suivante :

« J'ai reçu la somme de cent mille francs de la vente des actions de M. et de Mme Parmentier, dont je reste dépositaire, comme il a été dit ci-dessus. CUBIÈRES. »

Les conventions du 18 juin 1842 avaient donc été conçues dans la même pensée que l'acte du 5 février précédent pour suppléer à son impuissance.

Le sieur Pellapra savait-il à quel usage était destiné le crédit de cent mille francs ouvert par lui ? On verra, par la nature de la coopération prêtée par lui à cette affaire, qu'il ne peut y avoir aucun doute sur ce point.

Depuis ce moment, l'instruction de la demande en concession paraît prendre une allure plus rapide et plus décidée.

Le 21 juin 1842, le rapport de M. l'inspecteur Guenyveau devant le conseil général des mines est déposé.

Par lettre conforme aux usages, et dont la formule est imprimée, les pièces sont transmises au rapporteur le 25 juin, avec indication que l'affaire sera discutée au conseil des mines le lendemain 24.

Cependant, le 24, l'affaire n'était plus à l'ordre du jour.

Par quels motifs et par quels ordres en avait-elle été retirée ?

Le lendemain 25, M. le ministre des travaux publics partait pour les eaux de Néris. Ce départ semblait être un motif de plus pour que la demande de la compagnie de Gouhenans gardât son rang et ne subît pas un long ajournement.

La lettre écrite le 25 juin 1842 par le général Cubières au sieur Parmentier donne sur le renvoi des explications qu'il est important de signaler.

« Mon cher monsieur Parmentier, je vous ai promis de vous écrire, et dès hier je me suis attaché à réunir les renseignemens qui devaient vous être transmis. Je veux d'abord vous raconter les faits, en vous faisant participer aux impressions qu'ils m'ont occasionnées.

» Vers quatre heures j'allai rue des Saints-Pères, où j'appris que le conseil des mines tenait ses séances rue Saint-

Dominique : je m'y rendis pour attendre la fin de la séance
et pour savoir, de M. Legrand lui-même, ce qui s'y serait
passé. Force fut de rester là jusqu'à près decinq heures : enfin M. Legrand sortit. Je l'abordai, et en quelques mots je
lui fis comprendre que le ministre nous avait promis de s'occuper de notre demande avant de quitter Paris, et que je venais m'informer s'il avait pu le faire.

» M. Legrand me répondit ce qui suit : « Le rapporteur
avait reçu l'ordre d'être prêt mercredi ; il a, en effet, ledit
jour, déposé son rapport, l'affaire était avec le n° 1 à l'ordre
du jour, pour la séance qui vient de finir ; mais, le matin
même, le ministre s'est fait remettre le dossier en le biffant
de l'ordre du jour. » Je ne témoignai aucune surprise et
m'informai du motif de ce retrait. M. Legrand me répondit
qu'il l'ignorait ; il crut pouvoir m'avouer que le rapport
était favorable, mais que le ministère des finances paraissait
mal disposé, bien que M. Teste eût annoncé à lui, M. Legrand, que les difficultés étaient aplanies de ce côté ; il ajouta
que M. Teste paraissait être dans de très bonnes intentions à
notre égard ; qu'il ferais bien de lui écrire pour solliciter de
lui que l'affaire fût représentée au conseil des mines. Il me
dit que, si on attendait le retour du ministre, nous pourrions courir le risque de n'avoir l'avis du conseil d'Etat
qu'après les vacances. Je sortis assez préoccupé, comme vous
devez le croire. Je courus sur le quai ; j'y trouvai mon homme qui faisait courir après moi depuis le matin, et dont les
exprès s'étaient présentés deux fois rue de Clichy pour me
donner communication d'un billet du patron, dont voici la
substance : « Vendredi matin. Le rapport est loin d'être con-
» forme à ce que je voulais qu'il fût ; il est même contraire
» sur un point important ; je ne veux pas qu'il soit discuté
» dans cette forme, et, pour avoir le temps d'aviser, je retire
» l'affaire de l'ordre du jour. Sitôt arrivé à N., je m'occuperai
» des moyens à prendre pour rentrer dans la bonne voie :
» c'est un retard de cinq à six jours au plus. »

» Il résulte de tout ceci que ce qui est trouvé favorable
par M. Legrand n'est pas tel aux yeux de M. Teste. D'où je
conclus que le rapport est dans le sens des morceleurs. Toutefois, comme l'observation de M. Legrand, sur le retard
que doit occasionner le retrait du dossier, et sur le risque
d'arriver au conseil d'Etat au moment des vacances, est d'une
grande importance ; comme il se pourrait que cette observation eût échappé à M. Teste, ou qu'il n'eût pas calculé les
conséquences du retard, je viens de rédiger une note qui
sera expédiée aujourd'hui même au patron, afin de lui faire
apprécier combien serait dommageable pour nous toute mesure ou tout empêchement qui retarderait forcément la solution de notre affaire jusqu'en octobre.

» Maintenant, ce que je désire connaître, ce sont les termes
du rapport ; j'en demanderai lundi communication à M. Legrand, et si elle ne pouvait m'être accordée de ce côté, je l'obtiendrai, un peu plus tard, du patron lui-même. »

Dans cette lettre, le général parlait d'une note préparée
pour le ministre des travaux publics ; le 9 mai 1847, on a saisi
chez M. de Cubières un écrit de sa main ainsi conçu :

« Note p. le M., adressée le 25 juin à M. P. .

» L'affaire de G. devait être discutée en conseil des mines le vendredi 24 juin. Dès le matin elle fut rayée du rôle,
et on assure que le conseil n'aura à s'en occuper qu'au retour du ministre, c'est-à-dire vers le 20 juillet. Nous savons
aujourd'hui que, dans cette circonstance, il n'a été rien fait
qui ne soit dans l'intérêt de l'affaire et pour assurer son succès. Toutefois cet ajournement nous préoccupe ; il nous cause
quelques inquiétudes, et nous croyons devoir appeler votre
attention sur les conséquences fâcheuses qu'il pourrait avoir.

» Si le conseil des mines n'est saisi de l'affaire qu'au
retour du ministre, et après le temps nécessaire pour changer les dispositions du rapporteur, pour améliorer son opinion, pour motifier les conclusions du rapport, il est évident que l'affaire n'arrivera pas au conseil d'Etat assez tôt
pour qu'il puisse statuer avant les vacances. »

Cette note n'avait pas été adressée au ministre. Le 28 juin,
le général explique au sieur Parmentier les motifs de ce changement de résolution :

« Mon cher Parmentier, voici pour faire suite à ma dernière, qui vous annonçait comme quoi notre affaire, avec le
n° 1 au rôle de vendredi dernier, en avait été retirée, et par
quel motif ; elle vous parlait aussi de la crainte exprimée par
M. Legrand, que ce retard ne mit le conseil d'Etat dans l'impossibilité de donner un avis avant les vacances. Enfin, elle
faisait mention d'une note à faire passer à M. Teste pour

lui exprimer cette crainte, et pour appeler son attention sur
les conséquences qu'il pouvait n'avoir pas prévues, au sujet
du nouveau délai qu'allait éprouver notre affaire.

» Toutefois, je ne tardai pas à faire la réflexion suivante :
si, comme cela paraît certain, le rapport conclut au périmètre de 7 kilomètres, et si la délibération du conseil des
mines, en l'absence de M. Teste, doit conduire à proposer
un périmètre de 7 kilomètres, agissons-nous prudemment
en pressant M. Teste de ne pas arrêter cette délibération?
Et le priant de laisser l'affaire à son cours naturel, ne donnons-nous pas à M. Teste un argument contre nous-mêmes ?
Ne serait-il pas fondé à nous dire plus tard : « Je voulais
vous faire obtenir l'entier périmètre houiller ; vous ne l'a-
vez pas voulu, contentez vous donc de 7 kilomètres ? »

» D'après ces données, j'ai changé les termes de ma première note, et je me suis contenté de dire que nous devions
croire que le M. n'avait pas perdu de vue que le conseil
d'E at entrait en vacances le 1er septembre, et ne faisait presque plus rien dans la deuxième quinzaine d'août ; qu'il était
très désirable que le délai qui allait s'écouler jusqu'à la
discussion de notre demande devant le conseil des mines ne
dépassât pas le 12 ou le 15 juillet, afin de ne pas courir le
risque de voir le conseil d'Etat se séparer avant d'avoir examiné notre demande en concession.

» M. Guenyveau ayant appris que le conseil des mines ne
s'occuperait de l'affaire de Goubenans qu'au retour du ministre, a retiré son rapport, qu'il trouve fait trop à la hâte et
manquant de développemens ; il n'en changera point les conclusions, mais il développera davantage. M. Teste, qui en a
parlé à M. Pellapra, assure que rien n'est plus facile que de
réfuter les argumens favorables au système des petits concessions. Peut être aussi se réserve-t-il de ne rie agir des
influences connues de lui seul pour amener le rapporteur à
des conclusions qui cadrent avec notre périmètre houiller.

» Tel est l'état des choses, auquel je crois que rien n'est
à changer, en attendant la réponse à ma note, qui n'est partie
que lundi au matin. »

Le 30 juin, la correspondance continue :

« Mon cher Parmentier, voici ce qu'on me fait savoir de
Néris, et je vous le transmets à l'instant.

» Le conseil d'Etat, dont tous les membres sont électeurs,
se trouve forcément en vacance ; l'absence des conseillers devant durer jusqu'au 12 ou au 15 juillet, il était parfaitement
inutile de précipiter la décision du conseil des mines, pour
la laisser dormir dans les cartons jusqu'au retour du conseil
d'Etat, lequel coïncidera avec celui du ministre. Le parti
qu'on a pris de suspendre la discussion ne peut donc que devenir avantageux et ne compromet nullement le succès de
l'affaire, qui, au contraire, n'en sera que plus assuré..... »

Enfin, le 12 juillet 1842, M. de Cubières écrit encore au
sieur Parmentier : « M. Pellapra a tenu de pied ferme le retour des eaux de la personne qui doit mettre en train et suivre l'expédition de notre demande. Des notes qui m'ont été
communiquées prouvent qu'on a hâte d'en finir. »

Ce jour-là même, M. de Cubières partait pour une inspection, dont il n'est revenu que le 6 septembre.

Ce départ ne laissait pas le sieur Parmentier sans inquiétude. Le 8 juillet, il écrivait au général : « Je pourrai bien
aller à Paris afin de vous y assurer succès r, je ne dis pas remplacer
dans l'intérêt de Goubenans. » Revenant sur les faits antérieurs, il ajoutait : « Ce que vous dites de M. Guenyveau et
autres me fait voir que l'on comptait sans son hôte, en comptant sur lui ; qu'on ne lui a pas tracé son chemin, ou qu'il
a cru pouvoir prendre la liberté grande d'en suivre un autre.
Nous verrons mieux d'ici à quelque temps, et j'y compte. »

Le 16, le sieur Parmentier avait prié le sieur Pellapra de
le tenir au courant des affaires de Goubenans.

Le 18, le sieur Pellapra s'empresse de lui transmettre les
renseignemens qu'il vient de recevoir du ministre, il y a deux
heures, dit-il. Le ministre a jugé convenable de retenir le
rapport qui était fait pour le morcellement. L'opinion de M. Teste
est tout à fait contraire à ce morcellement. Il est inutile que
le sieur Parmentier se dérange : il sera au courant jour
par jour. Le ministre se propose bien de présider le conseil
d'Etat quand la demande en concession y sera portée.

Le 23, nouvelle lettre du sieur Pellapra : « Le conseil des
mines s'assemble aujourd'hui pour la première fois ; il s'occupera d'abord d'une affaire portée sous le n° 1 : celle de
Goubenans vient ensuite sous le n° 2. Le conseil est convoqué pour demain et lundi. Le ministre présidera les deux
séances. Il est très prononcé dans son opinion contraire au
morcellement, et veut que tout soit décidé au conseil d'Etat
dans la première quinzaine d'août. »

L'affaire de Gouhenans fut, en effet, portée devant le conseil des mines le vendredi 23 juillet 1842. Le sieur Pellapra s'empresse encore de tenir le sieur Parmentier au courant : « Dans la séance du 22, le ministre a présidé jusqu'à une heure ; il a été obligé de se rendre au conseil du roi et n'en est revenu qu'à quatre heures. Il a été impossible de s'occuper de l'affaire n° 2. Il a vivement insisté pour que le conseil se réunît le lendemain 23, ce qui a eu lieu à dix heures, encore sous la présidence de M. Teste. La séance a commencé par la lecture du rapport qui concluait à 6 kilomètres 88 hectares, mais qui, avant d'arriver à la concession, soumettait au conseil trois questions hostiles à la demande, puisées, 1° dans la constitution imparfaite de la société ; 2° dans l'indignité, c'est-à-dire dans la situation du sieur Parmentier vis-à-vis du trésor ; 3° dans une lacune que présentait le rapport du préfet sur les demandes des concurrens. »

Après d'autres détails, le sieur Pellapra racontait que le ministre, dans l'intérêt des prétentions de la compagnie, avait provoqué un ajournement au 29 pour que le rapport fût complété sur les trois concurrens. M. Teste promettait de voir et de presser le rapporteur. Le sieur Pellapra indiquait que sur la question de concessionnalité l'affaire avait paru un moment compromise, mais que les éclaircissemens donnés par M. Teste au conseil l'avaient ramené ; que sur la question de périmètre la discussion avait été chaude ; que le ministre l'avait si bien soutenue, que l'un des plus acharnés morceleurs s'était rangé à son avis. La séance, disait le sieur Pellapra, avait duré neuf heures, présidée sans interruption par M. Teste.

L'analyse que cette lettre présente du rapport est fidèle. En prêtant à M. Teste une opinion favorable sur toutes les questions à la compagnie de Gouhenans, le sieur Pellapra ne s'est pas non plus écarté de la vérité ; enfin il est certain qu'après le renvoi de l'affaire du 22 au 23 ; par les motifs que donne la lettre du 27, cette affaire a été discutée le 23 et ajournée dans les termes indiqués par la correspondance du sieur Parmentier. Mais le procès-verbal officiel de la séance constate qu'ouverte à onze heures sous la présidence du ministre, elle a été levée à quatre heures ; qu'on s'y est occupé de deux autres affaires avant celle de Gouhenans. MM. Legrand et Thirria font encore faire connaître que les débats n'avaient point eu ce caractère de vivacité dont parle le sieur Pellapra, qu'ils avaient au contraire été fort calmes. Sur ces deux points, cet accusé trompait donc le sieur Parmentier. On recherchera plus tard la cause et l'importance de ces mensonges.

Après cette première décision, il y eut nécessairement un temps d'arrêt. L'impatience du sieur Parmentier est attestée par ses lettres des 31 juillet et 5 août 1842. Ce jour-là même le conseil des mines s'assemblait de nouveau pour délibérer sur la demande en concession. Le 5, M. Guenyveau avait déposé son rapport supplémentaire. Dans une longue lettre du 6, le sieur Pellapra s'empresse de rendre compte au sieur Parmentier de la séance, présidée encore cette fois par M. le ministre des travaux publics. Des circonstances calamiteuses (les funérailles de S. A. R. Mgr le duc d'Orléans) ont empêché la réunion du 29. M. Teste n'a pas voulu que le conseil eût lieu hors de sa présence ; il aurait plu tenir ôt convoqué une assemblée extraordinaire, s'il n'avait été arrêté par une observation de M. le sous-secrétaire d'État. La séance a commencé par le nouveau rapport de M. Guenyveau, cette fois plus favorable quant à la concessionnalité, mais le même quant au périmètre. Il a conclu de plus à l'annulation des demandes des concurrens, faute par eux de s'être mis en règle.

Suivent les détails démentis encore par MM. Legrand et Thirria, sur la violence de la discussion et les opinions émises. Le sieur Pellapra ajoute

« On a été aux voix : il y a eu cinq voix contre et quatre voix pour les 14 kilomètres ; le ministre n'a pas voté. Mais sur-le-champ il a fait insérer dans le procès-verbal qu'il ne votait pas, pour que le partage des votes ne gênât pas la discussion ; puis il a fait insérer la clause que je vais vous parler, et qui nous donne gain de cause complet. Voici comment on a été aux voix sur six kilomètres : nous avons eu huit voix ; une seule nous a manqué, c'est celle de M. Bonnard, qui est resté seul pour son unique kilomètre.

« Je reviens à la clause en question : elle porte que, pour les portions du terrain dont MM. Koechlin, Lissot et Priuet ont demandé la concession et dont ils sont déboutés, vous êtes en droit de vous présenter, en concurrence avec eux et avec tous autres, pour l'obtention des concessions ultérieures qui pourraient en être demandées et accordées ; le ministre en

conclut que cela vaut pour vous la concession des 14 kilomètres.

« Vous voilà donc avec un avis positivement exprimé par le conseil voulant pour que votre concession soit de 6 kilomètres. Maintenant, il est bon que vous sachiez que M. Legrand a dit au ministre, en sortant du conseil : « Voulez-vous me permettre de vous dire ce que je crois utile au succès de cette affaire près du conseil d'État ? J'ai voté, comme vous l'avez vu, pour les 14 kilomètres, mais cela pour vous seconder, et avec la conviction que ces 14 kilomètres seraient rejetés par le conseil d'État. Je crois que 6 kilomètres sont une concession énorme ; ne l'augmentez pas : vous échoueriez, et vous vous exposeriez à voir ajourner le débat ; réunissez-vous à la concession de 6 kilomètres, et cela passera comme une lettre à la poste. »

» Je quitte à l'instant le ministre : il est tout à fait de l'avis de M. Legrand et croit qu'avec l'esprit de la clause dont je vous ai parlé vous obtenez le succès le plus complet. Si vous n'y voyez rien à objecter, il nous sera possible, en me répondant sans perdre une minute, d'arriver au conseil d'État avant les vacances. J'attends donc votre réponse courrier par courrier. »

A part une certaine couleur donnée aux faits et la conversation du ministre avec M. Legrand, dans un intérêt qui sera expliqué plus tard, sur les points principaux cette lettre contient encore la vérité.

La séance du 5 août 1842 était présidée par le ministre. La demande de 14 kilomètres a été rejetée également, mais à la simple majorité de cinq voix contre quatre. Le ministre était de l'avis de la minorité : il n'a pas voté pour éviter un partage. Ces deux points sont constatés par ses actes officiels. Il est enfin, dans la lettre du 6 août, un dernier détail qui doit causer plus de surprise.

Le sieur Pellapra parle d'une clause que M. Teste a fait insérer au procès-verbal, et qui, bien entendu, équivaut pour la compagnie Parmentier au succès le plus complet. On chercherait vainement dans le procès-verbal une clause de cette nature ; on y voit seulement, comme conséquence de l'ajournement des demandes des trois concurrents, que le conseil ajoute ces mots : « Il n'y a lieu à statuer quant à présent sur la destination à donner aux terrains non concédés. » Cependant on verra bientôt que cette réserve si simple, et dans laquelle il était difficile de rien découvrir en faveur de la compagnie Parmentier, à quelque temps de là, était interprétée par M. le ministre des travaux publics dans le sens que lui prêtait le sieur Pellapra.

Le 8 août, le sieur Parmentier répond à la lettre du sieur Pellapra qu'il ne voit pas à la clause toute la portée qu'on lui attribue ; que, cependant, il ne trouve pas d'inconvénient à ce que le ministre n'insiste plus devant le conseil d'État pour les 14 kilomètres ; que, d'ailleurs, il dépendra toujours de lui de les accorder, même après un avis contraire ; que le point important est de tout terminer avant les vacances.

Une lettre du général Cubières, du 12 août, apprend qu'à lui aussi la clause de réserve avait été présentée comme une compensation à l'échec sur le périmètre, et qu'il lui attribuait cette importance.

Avant d'être soumises au conseil d'État, les pièces, conformément à l'art. 24 de l'ordonnance du 7 mars 1841, devaient être communiquées à M. le ministre des finances. Le 14 août 1842, M. Teste satisfait à cette prescription ; il joint aux pièces une dépêche favorable à la demande en concession. On lit dans cette dépêche :

« La compagnie Parmentier insistait pour obtenir un périmètre de 20 kilomètres, et, subsidiairement, de 14 kilomètres. Elle représentait qu'étant déjà concessionnaire d'une mine de houille dont l'étendue est de 14 kilomètres, dans le terrain où elle demande la concession d'une mine de sel, il importait que la même compagnie fût propriétaire de l'une et de l'autre ; qu'il pourrait y avoir de grands inconvéniens à ce que deux substances différentes situées dans le même terrain fussent exploitées par des personnes dont les intérêts ne seraient pas les mêmes.

« Ces considérations ont été combattues dans le sein du conseil général des mines, par le double motif que la concession de houille tend à son épuisement dans une période fort courte en comparaison de la richesse du gîte salifère, et que, d'ailleurs, la position relative des deux substances dans le sein de la terre permet d'en diviser l'exploitation.

« Toutefois, cette dernière opinion ne l'a emporté dans le sein du conseil qu'à la majorité de cinq voix contre quatre, et je me rallierais sans hésitation à l'opinion de la minorité, si l'ajournement qu'ont encouru trois autres demandeurs en concession (es sieurs Lissot, Prinet et Kœchlin), pour n'avoir point fait les justifications exigées par la loi du 17 juin 1840 ne laissait la question entière et ne permettait qu'elle soit examinée de nouveau lorsqu'il s'agira de concéder les terrains qui se trouvent en dehors du périmètre de 6 kilomètres 88 hectares que nul ne peut contester à la compagnie Parmentier. »

Ce dernier passage prouve clairement que, suivant M. Teste, la compagnie Parmentier avait le droit de se représenter plus tard en concurrence avec les demandes ajournées pour la portion de terrain non concédée encore.

Le ministre énumère ensuite toutes les raisons qui ont déterminé le conseil des mines à penser que la concession faite à la nouvelle société reconstituée en 1832 ne pourrait porter aucun préjudice aux intérêts de l'Etat. Le ministre partage entièrement cette opinion et demande que les pièces lui soient renvoyées le plus tôt possible.

Cependant des difficultés s'élevèrent. La communication au ministre des finances avait pour but principal de provoquer toutes les dispositions relatives à la production du sel ou la perception de l'impôt. A ce point de vue, il n'y avait aucune objection à faire contre la demande en concession, et l'avis du directeur des contributions indirectes fut entièrement favorable. Mais la position du sieur Parmentier vis-à-vis du trésor public appelait d'autres vérifications. Le chiffre des dommages-intérêts auxquels il avait été condamné, en principe seulement, n'était point encore fixé. La direction de l'enregistrement et des domaines dut être consultée. La question qui s'offrait à elle n'était pas sans gravité. Les condamnations de 1841 frappaient les sieurs Parmentier, Grillet et Stiefwater; la première demande de concession présentée en 1840 était au nom de Parmentier, Grillet et compagnie, paraissant représenter les trois sociétés primitifs. Cependant, le 2 mars 1842, un acte avait été passé dans lequel figuraient quatorze autres associés se présentant comme copropriétaires des établissemens de Gouhenans, et revendiquant le bénéfice de la dénomination générique et compagnie. En même temps que ces quatorze associés se rattachaient à l'ancienne compagnie par l'adoption de la raison sociale, ils s'en séparaient cependant en protestant, dans l'acte de 1842, qu'ils entendaient rester étrangers à toutes les conséquences de la fabrication du sel antérieure au 5 février 1842. N'y avait-il pas là un piége? Si la concession était accordée à l'ancienne société, le gage de l'Etat se trouvait amélioré; si au contraire une nouvelle société s'emparait de cette concession, il paraissait évident que, tenant directement ses droits de l'Etat, elle pouvait se soustraire à l'exécution de l'arrêt prononcé contre les anciens associés Parmentier, Grillet et Stiefwater.

La correspondance semble prouver que les craintes de l'administration n'étaient pas sans fondement. Dans une lettre du 5 août 1842, le général Cubières écrivait au sieur Parmentier qu'un procès sur les mots, associés actuels, qui se trouvent dans la déclaration du 2 mars, serait une chose bien fâcheuse. Le 18 octobre, le général manifestait encore les craintes que l'hypothèque résultant de l'arrêt de la cour de Lyon lui inspirait pour l'avenir de Gouhenans, et, le 21 octobre, Parmentier répondait : « Leur fameux arrêt, s'il doit jamais intervenir, les laissera désarmés contre les acquéreurs présens et à venir, et contre moi-même, si je le veux. » C'est contre cette pensée d'un débiteur de mauvaise foi que l'administration devait se mettre en garde. La question fut l'objet d'un examen approfondi. Le 20 septembre 1842, le conseil d'administration de la direction de l'enregistrement et des domaines pensa que la demande en concession devait être rejetée, ou qu'au moins il devait être sursis à statuer sur cette demande. Le rejet était motivé sur la nécessité d'échapper à cette combinaison dangereuse pour les intérêts de l'Etat, dont il vient d'être parlé. Dans tous les cas, le conseil d'administration avait pensé que les 17 associés dénommés dans l'acte de mars 1842 n'ayant point accompli les formalités de publicité voulues par la loi, leur demande en concession devait être ajournée. Cet avis ne méconnaissait pas, d'ailleurs, qu'une concession de [saline devait être jointe à l'établissement de Gouhenans.

M. le secrétaire général du ministère des finances partagea cette opinion, qui fut également adoptée par le ministre; deux chefs de l'administration avaient émis une opinion contraire; la question fut de nouveau mise à l'étude, et, sur l'avis du directeur du contentieux des finances, le ministre autorisa la direction de l'enregistrement et des domaines à former une opposition.

Ces difficultés imprévues causaient de grandes impatiences aux parties intéressées. La correspondance montre encore M. Teste s'associant à leurs efforts pour vaincre les résistances de l'administration. Le 27 août 1842, le sieur Pellapra avertit le sieur Parmentier de l'incident fâcheux qui arrête sa demande. Le ministre a exigé qu'on lui contât tout le dossier; le 2 et le 7 septembre, le général Cubières écrit dans le même sens; le 9, il donne au sieur Parmentier des détails plus étendus : « A minuit et demi, dit-il, M. Pellapra, qui, depuis le commencement du mois, envoyait chaque jour demander si j'étais arrivé, me fit dire qu'il m'attendait le lendemain avant huit heures, pour affaires urgentes. Le ministre avait demandé le dossier entier et complet; plusieurs jours s'étaient passés sans qu'on sût ce qu'il était devenu ; M. Teste s'indignait de ce qu'il nommait les empiétemens des finances, il voulait en faire une question d'attribution, considérant ce retard comme un véritable déni de justice. » Le général raconte ensuite qu'après cette conférence avec M. Pellapra, le même jour, il s'est rendu chez M. Teste, avec lequel il a concerté la discussion à engager vis-à-vis du ministre des finances. Le général a ensuite vu M. Lacave-Laplagne, et est venu, le 8 au soir, rendre compte de tout à M. Teste. Ils sont convenus de ce qui restait à faire. « Vous reconnaîtrez sans doute, dit-il en terminant, combien il est avantageux d'avoir en tout ceci l'aide de MM. Teste et Pellapra, et quels risques nous feraient courir les défenseurs de la fiscalité, si nous n'étions éclairés sur leurs manœuvres et soutenus contre leurs attaques. » Le 13, nouvelle lettre de M. de M. de Cubières. Depuis le 9, M. Pellapra n'a pas cessé un jour d'aller au ministère des finances. D'après l'avis du général, M. Teste renonce à briser les vitres. Le ministre doit voir son collègue dans la journée; le général ira le soir s'informer du résultat de l'entrevue.

Le 22 septembre, les nouvelles sont encore peu favorables ; le dossier n'a point été arraché des mains du domaine, cependant le général espère une solution prochaine : « Nous le devons, dit il, aux démarches incessantes de M. Pellapra et à ce que M. Teste, pour les appuyer, n'a rien négligé, qu'il a pris fait et cause pour nous si hautement, et je dirai si violemment, que personne n'a osé résister. » Le général ajoute qu'à l'occasion de la demande en extension d'établissement, M. Teste va écrire au ministre des finances pour lui démontrer qu'il s'arroge un droit que la loi ne lui accorde pas. Enfin le général termine cette longue lettre par le récit d'une visite qu'il a faite à un certain M. Mercier, domaniste très rigide et très ancien dans la partie, entre les mains duquel le dossier a été découvert, et qui paraît peu favorable à la demande. Sans attacher, dit-il, trop d'importance au dire du domaniste, je crois qu'il est bon d'en prévenir M. Teste, et c'est ce que je vais faire.

Le général était bien informé, lorsqu'il annonçait une lettre pressante de M. Teste au ministre des finances ; le même jour, 22 septembre, ce haut fonctionnaire recevait, en effet, de son collègue une lettre très vive et conçue en termes presque blessans. M. Lacave-Laplagne transmit à l'instant même cette lettre à M. de Boubers, en l'engageant à donner au ministre des travaux publics les satisfactions auxquelles il avait droit, et en appelant l'attention du secrétaire général sur des doctrines présentées dans une forme qui ne devait pas disposer à les adopter. Le 6 octobre, le général avait su que M. le ministre des finances s'était montré très piqué de cette lettre. En quittant les finances, le général a vu M. Teste, qui ne lui a point paru alarmé, et qui a écouté en souriant tout ce que M. de Cubières avait recueilli de contraire à sa prétention. Une lettre du 8 octobre témoigne encore de ces rapports fréquens entre M. Teste et M. de Cubières.

Le 16 octobre, le général Cubières annonce que M. Teste vient de partir pour le Midi; que son absence durera jusqu'au 15 novembre; que probablement il aura tout disposé pour que l'affaire soit expédiée à son retour. Il ajoute : « Je n'ai pas cru qu'il fût prudent de faire sonner trop haut les profits que présente cette grande affaire; M. Baffault, mon oncle, est le seul qui a reçu à cet égard une confidence presque entière; j'ai été plus réservé envers M. Pellapra, et surtout envers M. Teste : avec M. Pellapra, j'ai dû m'approcher davantage de la vérité; car il s'agissait pour lui d'engager ma garantie personnelle. Dans mon entrevue avec M. Lacave-Laplagne, il me questionna sur notre prix de revient; j'eus l'air de ne pas me le rappeler précisément. » En post-scriptum, M. de Cubières ajoute que, depuis quatre jours, le dossier a été envoyé au ministère des travaux publics. Le 18, le général revient sur cet envoi. M. Teste a eu le dossier avant son départ; il nous fait dire d'être tranquilles, de ne point agir au conseil d'État avant son avis de le faire ; il ne veut aucune démarche auprès de M. Legrand. M. de Cubières obéit à cette recommandation. Après le retour de M. Teste, le 21 novembre, un projet d'ordonnance fut préparé ; à ce projet d'ordonnance était joint un rapport au roi qui en proposait l'admission.

Dans ce rapport, M. Teste exprimait encore l'opinion que la concession aux dix sept propriétaires dénommés dans l'acte du 2 mars 1812 offrait toute garantie pour les intérêts de l'État ; il expliquait qu'en thèse générale, il était bon de multiplier les concessions. « Il n'est pas » douteux, disait-il, qu'on ne doive multiplier les concessions autant « que cela sera praticable ; il faut que la concurrence soit sérieuse. » Le monopole de l'État a été aboli, et il ne doit pas être remplacé par un autre. La liberté légale est acquise à tous ; le » régime de la libre fabrication a remplacé un ordre de choses qui avait excité des plaintes vives et nombreuses ; mais » toutefois, ajoutait le ministre, ce régime lui-même est soumis à certaines conditions ; autrement, il n'en résulterait » que du désordre. » Appliquant cette dernière réflexion aux demandes en concurrence, le ministre des travaux publics expliquait les motifs qui devaient en faire prononcer l'ajournement. « Dans cet état de choses, il convient, disait-il, d'une part, de restreindre les limites sollicitées par la compagnie Parmentier ; d'autre part, d'ajourner toute décision sur les autres demandes, sauf à leur donner plus tard telle suite que de droit. » Dans une autre partie de ce rapport, il était rendu compte de la délibération du conseil des mines sur l'étendue du périmètre qui devait être accordé à la compagnie Parmentier ; le conseil des mines a été d'avis d'un périmètre de 6 kilomètres 88 hectares. « Ce vote, dit le rapport, n'a point, il » est vrai, été unanime ; quatre voix contre cinq s'étaient » prononcées pour le périmètre de 13 kilomètres 78 hectares, » par le motif qu'il serait plus avantageux, pour la » bonne exploitation des deux substances, que la compagnie » fût propriétaire de l'une et de l'autre. Je me serais, ajoute » le ministre, rangé à l'avis de la minorité, si l'ajournement » encouru par les sieurs Primet, Lissot et Kœnhin ne permettait de reprendre la question à l'époque où on pourra » s'occuper de leur demande. Pour le moment, il me paraît » qu'il suffit d'accorder les 6 kilomètres 88 hectares ; et, en » définitive, j'adopte, dans l'état de choses, l'avis du conseil. »

Pour la seconde fois, M. Teste exprimait donc l'opinion qu'à l'époque où on s'occuperait des demandes en concurrence, la question d'étendue du périmètre pourrait être reprise dans l'intérêt de la compagnie Parmentier.

Le 6 décembre 1842, le comité des travaux publics, de l'agriculture et du commerce, sur le rapport de M. le conseiller d'État Réal, donna son avis.

Le comité considéra que les personnes dénommées en l'acte du 2 mars 1812 n'avaient pas satisfait aux conditions de publicité portées par la loi de 1810 ; qu'en outre, ce qui était plus grave, ce projet tendrait à faciliter une combinaison par laquelle, dans la prévision de l'exécution ultérieure de l'arrêt de la cour royale de Lyon du 27 août 1841, on transférerait à la société nouvelle des droits que des actes antérieurs, qu'une instruction commencée, que l'esprit de la loi, que tout enfin, ouvrait en faveur de l'ancienne société, dont les membres étaient présumés débiteurs personnels de l'État. En conséquence, le comité fut d'avis d'accorder la concession aux sieurs Parmentier, Grillet et Stiœlwater.

Le 21 décembre suivant, l'assemblée générale du conseil d'État délibéra sous la présidence de M. le ministre des travaux publics, qui défendit le projet préparé par son département. Le conseil d'État adoptant, sauf une modication de rédaction, l'opinion de son comité, fut d'avis que la concession devait être faite à MM. Parmentier, Grillet et compagnie, aux noms et qualités qu'ils avaient pris dans leur demande en concession du 1er juillet 1840.

L'acte du 2 mars 1842 se trouvait ainsi écarté, et il était fait implicitement droit aux réclamations du domaine. Le 3 janvier, l'ordonnance de concession parut. M. de Cubières s'empressa d'en donner avis au sieur Parmentier, qui, le 6, en accusait réception en ces termes :

« La bienveillante politesse du directeur de la poste est cause de cette seconde lettre. Il m'a envoyé par sa domestique le paquet de la concession, et votre autre lettre par le facteur : différence, deux heures. C'est pour cela que je ne joins qu'ici l'avis de M. Teste. Je dois vous avertir que M. Roy, qui se trouvait dans mon cabinet, a vu ledit avis, mais il n'y entend pas malice… »

Deux faits graves restaient encore à éclaircir. Les sacrifices préparés pour la corruption ont-ils été consommés ? Est-il vrai, au contraire, comme l'ont toujours prétendu le général Cubières, les sieurs Parmentier et Pellapra, que les valeurs préparées pour cette corruption sont restées sans emploi, et qu'elles ont, par ce motif, été volontairement restituées par celui qui en avait accepté le dépôt ? C'est dans la correspondance et dans les actes postérieurs à la concession qu'on trouvera la solution de cette question, et cette solution est encore évidemment contraire au système des accusés.

Le premier acte qui se présente après l'ordonnance du 5 janvier est une vente de trois actions, faite le 10 janvier 1843, par le général Cubières au sieur Raillard, moyennant une somme de 18,000 francs. Sans les besoins d'argent que le général éprouvait pour satisfaire à de coupables engagemens, cette vente serait inexplicable. En 1841 et 1842, le général avait fait tous ses efforts pour réunir dans sa main le plus grand nombre d'actions possible ; en novembre 1842, il avait acheté cinq actions de M. Grillet pour 50,000 fr. Comprendrait-on que quelques jours après l'ordonnance de concession il en ait revendu trois à M. Raillard au même prix, lorsqu'à la même époque le sieur Renauld, dans une lettre du 10 janvier, lui disait que personne ne voulait plus vendre ses actions, qu'elles étaient à 40 000 francs, ce qui représentait 8,000 francs pour chaque action nouvelle, et que le sieur Parmentier lui tenait le même langage.

Un second acte, passé le 17 janvier devant Roquebert, vient éclairer cette situation. Le général vend encore à M. Pellapra huit actions de Gouhenans moyennant 40 000 francs. Il faut immédiatement rapprocher cette vente d'un acte sous seing privé, portant la date du 15 mai 1846, aux termes duquel le sieur Pellapra rétrocède les mêmes actions au général Cubières contre un prix de 15.000 francs. Ce simple rapprochement et la date de la première vente suffiraient seuls pour donner le sens de ces conventions. Il est évident que l'acte du 17 janvier 1843 n'était qu'un crédit ouvert au général Cubières, sur lequel celui-ci n'a pris que 15,000 francs, remboursés en 1846, et qu'à cette époque le sieur Pellapra a rendu les actions données en nantissement de ce crédit. Si l'on pouvait avoir quelques doutes encore, ils seraient tous levés par une décharge générale que M. de Cubières donnait le 15 mai 1846 au sieur Pellapra ; voici en quels termes cette décharge était conçue :

« À M. H. de Pellapra.

» Venant de terminer le règlement de nos comptes relatifs à l'affaire de la saline de Gouhenans, je reconnais n'avoir rien à réclamer à ce sujet, cette affaire se trouvant réglée définitivement, sauf l'exécution des actes intervenus ce jour entre nous.

» Recevez l'assurance de tous mes sentimens.

» Général CUBIÈRES. »

Que signifiait cette décharge s'il n'y avait eu entre les parties qu'une vente et une rétrocession d'actions ? Comprendon d'ailleurs que cette décharge ait été donnée par M. de Cubières débiteur à M. Pellapra créancier ? M. Pellapra avait donc un compte à rendre au général, et ce compte était précisément le compte de la corruption. Il se composait de deux élémens faciles à retrouver. Le crédit du 18 juin 1842 avait été épuisé, puisqu'il y avait eu nécessité de recourir à un nouvel engagement d'actions. M. Pellapra avait donc disposé, suivant les intentions des corrupteurs, d'une première somme de 100,000 francs. Sur l'acte du 17 janvier 1843 il avait en outre versé 15,000 francs. La somme totale déboursée pour cette œuvre coupable avait donc été de 115,000 francs. Les actes du général et du sieur Pellapra accusent ce chiffre, sur lequel va se trouver d'accord avec ses deux complices. Dans sa lettre du 14 février 1845, le sieur Parmentier reproche au général Cubières de n'avoir pas indiqué, dans la quittance du réméré, l'origine des deniers versés et de s'être ainsi ménagé contre lui le principe d'une action en restitution de plus de 115,000 francs. Dans la lettre adressée vers la même époque à madame Despans-Cubières, le sieur Parmentier reproduit les mêmes reproches et le même chiffre. De quelle somme le général Cubières pouvait-il demander la restitution au sieur Parmentier, si ce n'est du prix de la corruption ? et ce prix, le sieur Parmentier savait qu'il était de plus de 115,000 francs, c'est-à-dire des 100,000 francs montant du crédit de 1842, des 15,000 francs prélevés sur le nouveau crédit de 1843 et des frais d'actes. Il faut enfin remarquer qu'au moment où M. Parmentier indiquait avec tant de précision le montant des sacrifices que le général disait avoir faits, l'acte de rétrocession n'était point passé. C'est dix-huit mois avant cet acte que le sieur Parmentier savait que le général Cubières pouvait retirer ses huit actions en remboursant 15,000 francs au sieur Pellapra. Peut-on croire maintenant que ces actions étaient réellement vendues? N'est-il pas démontré péremptoirement qu'elles étaient simplement engagées pour 15,000 francs?

Cependant le général Cubières et M. Pellapra se sont efforcés de méconnaitre le caractère et le but de cet acte. Leurs explications, toutes pleines de réticences et de dissimulations, suffiraient pour démontrer que la portée qu'on lui assigne ici est la seule véritable. Les sieurs Cubières et Pellapra n'ont pas même pu se mettre d'accord sur le véritable prix de l'acquisition des actions. M. de Cubières disait qu'il avait vendu les huit actions à raison de 1,800 francs chacune, ce qui donnait un total de 14,400 francs. M. Pellapra affirmait avoir payé 18,000 francs. A ce moment l'acte passé devant Roquebert n'était pas produit. Cet acte fut interrogé, et alors apparut ce prix de 40,000 francs qui détruisait tout le système des accusés. Ils ne se déconcertèrent pas cependant et cherchèrent à expliquer cette différence par le désir de ne pas déprécier les actions. Comment donc dans l'acte de rétrocession de 1816, après la constitution d'une nouvelle société, n'avait-on pas craint de rétrocéder ces huit actions pour un prix de 15,000 francs? Le sieur Pellapra n'en persista pas moins à soutenir que l'acte du 17 janvier 1843 s'isolait complètement des opérations antérieures; que pressé par M. de Cubières, il avait presque à regret acheté ces actions 18,000 francs, et qu'il s'était estimé très heureux de les revendre plus tard à perte. M. de Cubières, de son côté, s'efforçait d'expliquer qu'il avait au contraire vendu ses actions à vil prix au sieur Pellapra pour le rattacher à l'affaire de Gouhenans; qu'il avait imité en cela certains spéculateurs qui, dans le but de se procurer l'appui des banquiers en crédit, leur abandonnent, même gratuitement, un intérêt dans leurs entreprises. Ces assertions, peu en harmonie avec les faits véritables, trouveront dans la correspondance une réfutation si péremptoire qu'il devient inutile de s'y arrêter quant à présent.

Immédiatement après l'acte du 17 janvier, le général Cubières s'était empressé d'en donner connaissance au sieur Parmentier, et sollicité de lui certaines modifications à l'acte du 5 février 1842, dans le but de donner aux actions créées par cet acte une valeur qu'elles ne pouvaient pas avoir. Le 28 janvier 1843, M. Parmentier répond:

« Général,

«..... L'acte du 5 février est parfaitement régulier. Ce que vous me demandez en serait donc un complément plutôt que la régularisation; mais, pour savoir ce que je dois faire à cet égard, et comment je dois faire, il faut, de toute nécessité, que je sois de retour à Lure. Du reste, il y a deux choses que je ne comprends pas bien : 1° que vous vous soyez cru obligé de céder à M. Pellapra huit de vos actions Grillet, 2° que ce soit huit de ces actions. »

Le 16 février, M. de Cubières revient à la charge. La veille il a renvoyé les vingt-cinq actions au porteur créées par l'acte Lamboley : le 16, il fait part de ce renvoi au sieur Parmentier, et il ajoute : « Toute émission d'actions au porteur étant du fait d'une société dite par actions légalement autorisée à cet effet, et se trouvant incompatible avec l'existence d'une société civile telle que la nôtre, il a été reconnu impossible d'opérer par le ministère d'un agent de change le transfert des vingt-cinq actions au porteur créées en vertu de l'acte reçu, le 5 février 1842, par Me Lamboley, notaire à Vesoul, et signées conjointement par MM. Cubières et Parmentier, autorisés à cet effet, par ledit acte. Dès lors l'annulation de ces titres ne saurait être ajournée, et j'ai dû m'y résoudre. C'est pourquoi j'ai fait à M. Mourgues l'envoi des titres en question, en le priant d'en opérer le dépôt entre les mains du directeur de l'établissement, pour être annulés ainsi que la souche à talons que vous devez représenter. J'ai prié M. Lanoir d'y concourir, afin que cette affaire ne soit traitée que par ceux qui la comprennent et qui l'ont suivie dans sa marche.

» Plus tard, vous examinerez quel parti il y aurait à tirer de l'acte du 5 février 1842, dans l'intérêt de celui qui se trouve ainsi conduit à des sacrifices qu'il ne devait pas supporter. Mais le premier devoir est de faire disparaitre des titres dont la création se trouvait à l'avance frappée de nullité. »

M. de Cubières n'a pas craint de présenter ce renvoi des actions comme une restitution des valeurs destinées à la corruption et restées sans emploi. La lettre du 16 février prouve, au contraire, que les actions ont été renvoyées parce que M. de Cubières n'avait pas pu en tirer parti, et qu'il cherchait à les remplacer par des titres plus sérieux. Le sieur Par-

mentier ne s'y méprit pas. Le 20 février il répondait que l'acte du 5 février ne pouvait être modifié sans le consentement de tous ceux qui l'avaient souscrit. « Je dois, écrivait-il, leur faire apprécier ma conduite et ma position; vous savez pourquoi je ne le peux qu'en leur soumettant l'acte sous seing privé fait double entre vous et moi. » Cet acte était la convention du 18 juin 1842; le sieur Parmentier annonçait ainsi la prétention de laisser au général les vingt-cinq titres au porteur en paiement des sacrifices qu'il avait pu faire.

M. de Cubières pensait que, pour utiliser ces titres, le seul moyen de donner à la société la forme d'une société anonyme. Le 25 mars, il adresse cette proposition à ses associés ; le 27, il presse le sieur Parmentier de se joindre à lui, et lui écrit :

« Vous êtes mieux que personne en état de comprendre tous les avantages que présente le changement du système suivi jusqu'à présent. Il faut mettre au premier rang de ces avantages les facilités financières et le développement rapide de la valeur réelle de l'entreprise. Il est encore un autre motif que vous et moi pourrons apprécier, ainsi que les deux amis auxquels vous avez confié nos démarches et le but où ont tendu nos efforts communs.

» La création des actions constituant la société anonyme donnera le moyen d'émettre les vingt-cinq actions jusqu'ici non négociables, et dont j'ai été forcé de prendre la valeur en huit actions achetées par moi, de sorte que ces vingt-cinq actions vous couvriraient des répétitions à faire sur les sociétaires, et me remplaceraient ce dont j'ai déjà été forcé de me dessaisir.

» Si vous voulez examiner ma proposition, vous serez sans doute disposé à l'adopter et à comprendre tout le parti que vous en pourrez tirer pour nous éviter à vous et à moi les pertes que nous risquons d'éprouver. »

Le sieur Parmentier était loin de se prêter aux vues de M. de Cubières ; il avait compris que celui-ci était entièrement à sa merci, et de jour en jour ses dispositions devenaient plus hostiles. Il avait été entendu, en 1842, que l'entrepôt des sels de Gouhenans, à Paris, serait laissé à la disposition de M. de Cubières; vers cette époque de février 1843, on voit que le sieur Parmentier, sans se refuser positivement à l'exécution de cet engagement, y met des conditions telles, que la réalisation en devient impossible. A la même époque, un supplément de droits de 2,572 fr. était réclamé par la régie de l'enregistrement sur le réméré du mois de juin 1842. M. de Cubières et le sieur Pellapra s'étaient adressés au sieur Parmentier pour le paiement de cette somme. C'est alors que celui-ci commence à dévoiler ses véritables intentions. Non seulement il ne veut rien payer, mais déjà commence à poindre chez lui le projet de rejeter sur le général Cubières tous les frais de la corruption. Une lettre du général, à la date du 9 juillet 1843, fait connaître cette nouvelle situation ; le général parle d'abord d'un projet d'emprunt mis en avant par le sieur Parmentier, pour l'acquisition de Montmorot, et pour la régularisation des engagements de 1842 ; il expose ensuite qu'ayant intérêt dans la société depuis 1819, il a dû agir dans un intérêt commun, à l'effet d'assurer le succès de l'entreprise ; mais, écrit-il au sieur Parmentier, « si vous aviez pu soupçonner que je voulusse m'attribuer une part quelconque des bénéfices que j'aurais dû à l'opération de 1842, vous devriez être aujourd'hui complétement désabusé par la cession forcée de huit de mes propres actions, en remplacement de celles qui ne purent être livrées, malgré les promesses dont j'étais garant moralement.

» Il se peut, dites-vous, que dans tel cas donné, vous soyez affranchi de tout sacrifice ; je le comprends en effet, car les actions restées en dépôt vous en fourniraient les moyens ; en vous les appliquant, vous seriez couvert. Je n'ai aucun droit de m'y opposer, et, de plus, je trouverais cela parfaitement juste ; mais je vous ferais remarquer que dans ce cas auquel vous faites allusion, le sacrifice entier pèserait sur moi seul, qui j'ai promises. Nous avions cru nécessaire au succès de l'affaire, pour donner plus de consistance à la société, et particulièrement pour combattre les injustes préventions du domaine contre vous et vos associés primitifs, de rechercher un capitaliste avantageusement connu et placé de manière à exercer une influence favorable à la compagnie. C'est dans ce but qu'il lui a été fait une part d'intérêt. Ce qui m'importe à moi, c'est qu'on ne puisse croire que je participe à autre chose qu'aux sacrifices que nous nous sommes imposés. »

Le général exprima enfin le regret de ne pouvoir procurer l'emprunt demandé par son associé, et présente la constitution anonyme comme le seul moyen de donner satisfaction à tous les intérêts. Cette lettre n'a pas besoin de commentaires.

Une autre lettre adressée, le 24 juillet 1843, par M. de Cubières au sieur Parmentier, en réponse à deux lettres des 11 et 14 qui n'ont point été retrouvées, est peut-être plus significative encore :

« Mon cher monsieur Parmentier, j'ai reçu successivement vos lettres des 11 et 14 de ce mois. Malgré l'importance de leur contenu, je ne peux en ce moment y répondre avec détail. Toutefois, vous devez croire que ce n'est pas faute d'y penser, mais le temps matériel me manque entièrement. et je ne le trouverai que dans les premiers jours d'août, entre l'inspection de deux régimens. A l'idée d'acheter Mont... vous substituez celle de négocier avec D. la vente de Gouhenans, et vous y rattachez le moyen de régulariser l'opération dont les conséquences vous paraissent ne devoir atteindre que moi. Je suis très intéressé sans doute à ce que l'opération de la vente de Gouhenans puisse s'effectuer, et j'y ferais tout ce qui pourrait dépendre de moi : mais comment entamer une pareille négociation? A-t-elle quelque apparence de réussite? Voilà ce que je demande en ce moment. Vous n'ignorez pas que je n'ai pas reçu ce dont je parais être dépositaire; vous savez même que j'ai dû me dépouiller pour un complément qui ne pouvait être pris sur des titres non négociables. Maintenant, vous raisonnez d'après les pièces, et je réponds qu'il faut tenir compte d'autre chose.

» En résumé, ce sont les moyens de retirer votre chose. qu'il vous faut, et je dis que les actions créées, si elles étaient négociables et si on pouvait en disposer sans en rendre compte, vous en auraient fourni les moyens, et que vous auriez pu en user sans scrupule. Vous dites qu'il en est autrement ; dès lors restent les opérations dont vous parlez, reste une nouvelle constitution de la société, et enfin reste le moyen de mettre ma chose à la place de la vôtre. de libérer vos actions engagées par celles qui me restent. Vous voyez que je vais droit au but et que je peux envisager ma ruine aussi froidement qu'un boulet de canon. Toutefois, je n'ai pas lieu de douter de vous et de votre concours pour éviter cette extrémité. Dans le sacrifice que vous vous êtes imposé, vous comptiez que moitié serait à la charge des autres sociétaires : ce serait donc cette moitié de votre chose qu'il faudrait affranchir. »

L'acte du 17 janvier 1843 est nettement défini dans cette lettre, c'est un acte qui a eu pour but et pour résultat de fournir ce complément qui n'avait pas pu être pris sur les valeurs mortes de l'acte de février 1842; s'il a fallu un complément, c'est que le crédit de cent mille francs mis à la disposition du général Cubières par la convention du 18 juin 1842, non seulement a été entamé, mais qu'il a été épuisé, et qu'il n'a même pas pu suffire aux besoins de la corruption. Dans ses interrogatoires, M. de Cubières explique cette lettre par les sacrifices qu'il s'est imposés pour payer les frais, et pour engager M. Pellapra dans l'entreprise, en lui vendant ses actions à moitié prix. Est-ce donc de ces sacrifices que le général entend parler, quand il dit qu'il s'est dépouillé, et qu'il envisagera sa ruine aussi froidement qu'un boulet de canon ?

Cependant, le sieur Parmentier n'insista pas pour la libération immédiate de ses actions. Il est vrai que la correspondance présente ici une lacune considérable. Faut-il l'attribuer au hasard ou à la prudence des accusés ? Ce qui paraît certain, c'est qu'à ce moment le sieur Parmentier avait des motifs puissans pour ménager M. de Cubières : des difficultés sérieuses existaient avec l'administration des contributions indirectes, qui ne voulait pas admettre les engagemens de la société en paiement des droits sur le sel. Il y avait aussi des projets de vente et d'emprunt dont M. de Cubières paraissait être l'intermédiaire. Une lettre du sieur Parmentier, du mois de décembre 1843, indique même que, par l'entremise du général, il sollicitait une subvention du gouvernement. Les hostilités ne furent reprises qu'au mois de juillet 1844 ; le terme fatal pour l'exercice du réméré approchait, il n'y avait plus de temps à perdre.

Une lettre adressée, le 18 juillet 1844, par le général Cubières au sieur Parmentier, en réponse à une lettre du 15 juin, qui a encore disparu, montre assez quelles étaient à cette époque les demandes de celui-ci ; le général écrit :

« Mon cher monsieur Parmentier, si je n'ai pas répondu plus tôt à votre lettre du 15 juin dernier, c'est que j'avais à rechercher si ce qu'elle proposait, étant impraticable par moi, pouvait devenir exécutable par d'autres.

» Personnellement, je n'ai point de fonds que je puisse appliquer à l'acquisition des 25 actions de récente création, et dont le prix devrait servir au rachat des cinq anciennes vendues par vous à réméré.

» En effet, c'est l'oncle de ma femme qui a bien voulu m'avancer la plus grande partie du capital que j'ai placé dans la saline ; et de plus, sur les 33 actions payées de deniers empruntés, je me suis vu dans la nécessité d'en transférer huit gratuitement pour rester fidèle, en partie du moins, à une promesse de rémunération qui, malheureusement pour moi, avait passé par ma bouche.

» Vu l'impossibilité où je me trouve personnellement de contribuer à l'arrangement conçu et proposé par vous, il ne me restait, pour vous venir en aide, qu'à trouver quelqu'un qui eût de l'argent à placer, et qui voulût le placer dans les affaires de la saline ; c'est à quoi je ne suis point parvenu : d'abord, parce que les salines ne sont pas en faveur aujourd'hui, et, je le soupçonne, à cause des demandes de fonds que réitère le possesseur des salines anciennement domaniales ; ensuite, parce que notre société n'est pas constituée de manière à donner confiance dans le mode de transmission de ses titres autrement que par actes notariés.

» Je ne suis donc, ni par moi ni par d'autres, en position d'acquérir ni de faire acquérir les 25 actions nouvelles, pour appliquer leur prix au rachat des cinq anciennes que vous avez vendues à réméré.

» Je pense, toutefois, que les 25 actions résultant de l'acte de division reçu par Lamboley, notaire à Vesoul, pourraient servir à l'opération que vous proposez, et tout naturellement, dans le cas de la transformation de la société civile en société anonyme par actions au porteur, sauf à considérer par vous si ces actions ne devraient pas servir aussi à me couvrir de ce dont j'ai été dans l'obligation de me dépouiller, m'en rapportant sur ce point à votre droiture, à votre bonne foi et à celle des deux amis que vous avez tenus informés de tout ce qui concerne cette affaire. »

Tout est à jour dans cette lettre : le sieur Parmentier demandait au général d'acheter les 25 actions nouvelles, c'est-à-dire les 25 actions au porteur, pour employer le prix au rachat des actions vendues à réméré. Quelle nécessité de les racheter s'il n'avait rien été distrait des 100,000 fr.? M. de Cubières, en se refusant à cette demande, rappelle la nécessité où il s'est trouvé de transférer 8 actions gratuitement pour rester fidèle à une promesse de rémunération qui, malheureusement, avait passé par sa bouche ; enfin, il exprime le désir et indique le moyen de faire servir les 25 actions Lamboley au paiement de toutes les sommes déboursées tant par lui-même que par le sieur Parmentier. Cette lettre est tellement claire, que le sieur Pellapra a dû se rendre à son évidence. Le 25 mai 1847, M. le chancelier lui fait observer que, dans deux passages, M. de Cubières parle de l'emploi à faire des 25 actions au porteur pour racheter les 25 actions à réméré, ce qui démontre invinciblement que les 25 actions à réméré étaient engagées ; M. Pellapra dit : « Cela paraît parfaitement clair ; je ne comprends pas comment M. de Cubières a pu écrire cela. »

Cependant le sieur Parmentier insistait pour que ses 25 actions lui fussent rendues.

Le 7 août, M. de Cubières écrit qu'il se hâte d'arriver à Paris pour terminer cette affaire.

Le 14, il adresse au sieur Parmentier plusieurs questions dont la solution peut conduire à la conclusion demandée :

« Mon cher monsieur Parmentier, je me préoccupe, comme vous devez le croire, du sujet de votre dernière lettre, et c'est ce qui me conduit à vous poser les questions suivantes :

» Pensez-vous qu'il soit possible d'opérer régulièrement la vente des 25 actions nouvelles, par acte notarié, de manière que l'acquéreur soit propriétaire réel et incommutable?

» 2° Consentiriez-vous à garantir, de concert avec madame, la vente des susdites actions ?

» 3° Leur prix d'achat, servant à rembourser votre réméré, pourrait-il être déposé chez un notaire, de manière à opérer sans bourse délier ?

» 4° Enfin, consentiriez-vous à venir en aide pour le sacrifice que j'ai fait des 8 actions nouvelles en affectant pour cela une partie du produit de la vente des 25 actions? »

Rien de plus positif encore ; l'opération se résume ainsi : vendre les vingt-cinq actions au porteur ; avec le prix, 1° rembourser le réméré ; 2° indemniser M. de Cubières des avances qu'il a faites au moyen de l'engagement des huit actions. Le 20 août, M. de Cubières propose un rendez-vous pour le 24, à Lure, avec MM. Renauld et Lenoir. Cette réunion eut lieu, en effet, au jour indiqué. S'il faut en croire le sieur Parmentier, interrogé le 27 mai 1847, le général Cubières aurait confessé, devant MM. Renauld et Lanoir, qu'aucune somme n'avait été donnée par lui sur le prix du réméré. Le sieur Renauld, entendu comme témoin le 19 mai dernier, n'a pas confirmé cette assertion; au contraire, lui et Lanoir étaient indignés de la conduite de Parmentier, qui menaçait le général de livrer ses lettres à la publicité. Le témoin a eu peu de détails sur le réméré; il sait seulement que le sieur Parmentier offrait à M. de Cubières les actions au porteur, à la condition que celui-ci rembourserait M. Pellapra. M. de Cubières, dit-il, « évitait la conversation sur ce sujet, » dont il paraissait honteux, sentant bien qu'il était dupe » des deux côtés, du côté de M. Pellapra, qui lui demandait » trop, et du côté de M. Parmentier, qui lui refusait tout. »

Plusieurs lettres du général et du sieur Parmentier, écrites pendant le mois de septembre, indiquent avec quelle insistance celui-ci pressait le général, qui paraissait hésiter encore.

Dans une lettre du 7 octobre, M. de Cubières demande qu'au moins les vingt-cinq actions au porteur lui soient laissées en échange des sacrifices qu'il va faire pour dégager le réméré. Le 12 octobre, le sieur Parmentier sentit qu'il fallait mettre fin à toutes ces irrésolutions, et il écrivit :

« Général,

» Votre lettre m'est renvoyée de Lure à Clerval, d'où je m'empresse de vous répondre, quoique devant retourner à Lure après-demain.

» Posons nettement la question.

« Ce qui a été convenu dans notre conférence avec MM. Lanoir et Renauld l'a été dans votre intérêt tout au moins autant que dans le mien.

» Il a été convenu que vous me feriez rendre par M. Pellapra les actions que vous m'avez fait vendre à réméré, et cela, par les moyens que vous jugeriez convenables, fût-ce par la remise que vous lui feriez des vingt-cinq actions dont les titres sont à votre disposition, quoique vous les ayez envoyés à M. Hézard ; que vous les lui remettiez ou non, il faut toujours que vous me fassiez rendre mes actions libres, et si vous lui remettez les vôtres, je n'ai point à intervenir dans cette remise.

»Vos arrangemens une fois faits avec lui, il est censé avoir reçu de moi-même le prix principal, les intérêts, les frais, même ceux de la quittance à me donner. C'est ainsi que nous l'avons entendu et dit tous les quatre.

» Vous n'avez donc besoin, pour accepter cette quittance en mon nom, d'aucun autre pouvoir que celui que vous avez.

« Tout cela est clair, et la présente doit, au besoin, faire disparaître tous vos scrupules.

« Je tiens à recevoir ma quittance dans la huitaine; autrement, je me croirais obligé à des démarches sur lesquelles, une fois commencées, il ne serait plus possible de revenir. »

Le général comprit cette menace; dans cette extrémité, il fit un appel au sieur Pellapra, qui, le 16 octobre, lui répondit en ces termes :

» Je regrette beaucoup, mon cher Cubières, que vous reveniez à la charge pour me presser d'accepter, en acquit du réméré des vingt-cinq actions de M. Parmentier, les vingt-cinq actions au porteur que j'avais refusées à l'époque du prêt que je fis, beaucoup plus par amitié pour vous, et pour concourir à ce qui convenait à vos intérêts, que par goût personnel. Vous me dites que cela vous embarrassera horriblement. Je déplore que vous éprouviez une pareille contrariété, mais je n'y peux rien, si ce n'est vous donner l'assurance, que vous avez sûrement déjà, que tout ce qui dépendra de moi pour vous faciliter sera à votre disposition. Je ne suis nullement jaloux de rester dans une affaire que j'ai servie et de ma bourse et de tout ce que je pouvais exercer d'influence auprès de mes amis. Je crois qu'il y a défaut de s'entendre dans tout cela. Je vous engage d'aller à Lure et à régulariser de vive voix, dans deux heures, ce qui ne finirait pas avec une correspondance. Mon notaire s'occupera de la quittance, je la signerai dès mon retour à Paris et vous remettrai tous les titres, en prenant les arrangemens pour les époques de remboursement que vous aurez à me faire »

M. de Cubières devait céder. Le 18 octobre, la quittance du réméré fut signée à Paris, chez le notaire Roquebert; le même jour, M. de Cubières en donnait avis au sieur Parmentier et ajoutait : En prenant à ma charge d'énormes sacrifices, j'assume sur moi et les miens un poids écrasant; mais, du moins, j'aurai épargné à quelqu'un l'occasion de faire une mauvaise action.

Malgré l'évidence de ces faits, M. de Cubières a persisté à soutenir que les actions remises à M. Pellapra étaient libres dans ses mains ; qu'aucune somme n'avait été prélevée sur le crédit de 100.000 fr.; que les sacrifices énormes dont le poids l'écrasait, lui et les siens, étaient les frais d'actes et la perte sur la vente des huit actions à M. Pellapra. Quant à la mauvaise action, elle avait consisté, de la part du sieur Parmentier, à faire sortir M. Pellapra de l'affaire de Gouhenans. M. de Cubières ne remarquait même pas, en faisant cette réponse, qu'en se soumettant aux exigences du sieur Parmentier, il avait hâté et non empêché la consommation de sa mauvaise action. Les réponses du général sur cette partie de la correspondance ont été tellement embarrassées, que, le 28 mai 1847, M. le chancelier s'est cru dans l'obligation de lui adresser ces paroles : « Je crois devoir vous avertir que vous ne répondez pas le moins du monde à l'objection, et que vous laissez subsister tout entière. »

A l'exemple de M. de Cubières, le sieur Pellapra a soutenu également avec persistance qu'il n'avait jamais rien versé sur les 100,000 fr., qu'il n'avait jamais fait difficulté de rendre les actions : la lettre du 16 octobre faisait allusion à une somme de 40,000 fr. que lui devait M. de Cubières personnellement. Le sieur Pellapra voulait terminer cette affaire avec celle du réméré ; il n'imposait pas cependant d'une manière formelle cette condition à la remise des actions. Vaincu par les termes si clairs de la lettre du 16 octobre, M. Pellapra, dans son interrogatoire du 16 mai dernier, avait laissé échapper l'aveu qu'il manquait 40,000 fr. sur le prix du réméré; que depuis M. de Cubières les avait rendus. Mais le sieur Pellapra, dans le même interrogatoire, s'est hâté de retirer cet aveu, et depuis il a protesté contre l'erreur qui, disait-il, le lui avait dicté.

Le sieur Parmentier, de son côté, interrogé le 12 mai dernier, n'a pas dissimulé le moyen violent employé par lui pour rentrer dans ses actions. Pour contraindre le général, dit-il je l'ai menacé d'intenter une action contre lui, en puisant mes moyens dans sa correspondance; je suis allé plus loin, je lui ai déclaré qu'elle ne serait pas détruite, qu'après moi elle passerait dans les mains de mon fils pour nous servir de garantie et de sauvegarde.

En cédant au sieur Parmentier, le général Cubières n'avait fait qu'enhardir ses prétentions et se préparer ces persécutions nouvelles. Comme dernière ressource, il s'était réservé les actions au porteur. Si le rêve de société anonyme qu'il avait toujours poursuivi se réalisait un jour, ces titres pouvaient acquérir une certaine valeur. Tant que la quittance du réméré n'avait point été signée, le sieur Parmentier s'était bien gardé d'enlever au général cette dernière espérance ; il l'avait, au contraire, soigneusement entretenue. Mais, cette quittance une fois entre ses mains, il voulut faire un pas de plus, et contraindre M. de Cubières à se dépouiller de ses dernières ressources. C'est en lui prodiguant de nouveau l'outrage et la menace qu'il parvint à réaliser ce projet.

La correspondance qui se rattache à cette époque mérite d'être étudiée, moins pour y trouver les preuves désormais inutiles de la conduite peu loyale du sieur Parmentier que pour y saisir la confirmation de ces faits si graves, que les préparatifs de 1842 ne sont pas restés à l'état de simple projet, que la corruption a été consommée, que la restitution même des valeurs destinées à la payer, loin de détruire cette consommation de la corruption, l'établit invinciblement.

Le 21 octobre, le sieur Parmentier accuse réception de la quittance du réméré; il se plaint de ce que l'expédition n'est pas complète, soupçonne un piège, et demande à M. Cubières ce qu'il entend par ce quelqu'un et cette mauvaise action dont parle sa lettre. Le 23, le général, dans une réponse fort obscure, explique en définitive que la mauvaise action à ses yeux, c'est l'abus qui a été fait de sa trop grande confiance.

Le 25, le sieur Parmentier revient sur les dissimulations de la quittance et ajoute :

» Je viens à la mauvaise action. J'ai eu, dès le principe, une conviction profonde et que la suite a confirmée, mais que je ne vous ai jamais exprimée formellement, parce que la chose est pénible à dire, mais que vous m'obligez à vous exprimer aujourd'hui : c'est que vous n'aviez jamais voulu faire et que vous n'avez jamais fait part à personne, si ce n'est à M. Pellapra, qui n'a pas déboursé un centime, du dixième de l'affaire de Gouhenans, dont vous avez exigé de moi l'abandon, très peu solide heureusement. Les documens probans que j'ai entre les mains ne sont nullement de votre part une preuve de confiance. L'usage de ces documens ne serait point une mauvaise action, surtout s'il était invinciblement provoqué par votre manière d'agir.

» Mais, comme vous pensez tout autrement, et que vous le déclarez positivement, je vais incessamment soumettre la question à des juges compétens, et, à cet effet, convoquer une assemblée de nos copropriétaires.

» Recevez, etc. »

Dans cette lettre, l'accusation d'escroquerie qui a servi de base plus tard au système de défense du sieur Parmentier apparaît pour la première fois, et la menace de publier la correspondance du général l'accompagne.

Les 26, 27 et 30 octobre, M. de Cubières insiste auprès du sieur Parmentier pour obtenir au moins l'annulation de la convention du 18 juin 1842, qui le constitue en apparence dépositaire du prix d'une chose retenue par le sieur Pellapra. Dans ses lettres des 26 et 29 octobre, le sieur Parmentier refuse positivement de rendre l'acte de 1842 et les pièces qui s'y rattachent; il veut, au contraire, le transmettre à son fils pour en faire usage en cas de nécessité, et consent seulement à donner décharge des 100,000 fr. supposés versés par le sieur Pellapra. Enfin, le 5 novembre, le sieur Parmentier fait connaître en ces termes ses nouvelles prétentions :

« Général,

» Votre lettre datée du 50, quoique seulement timbrée du 31 octobre, vient compléter mes documens. Voici donc le moment d'une explication définitive. Je n'ai pas reçu le prix de mon réméré, vous ne l'avez pas reçu vous même, quoique vous vous en soyez déclaré dépositaire; il n'a été employé ni par vous ni par M. Pellapra, pour le bien et l'amélioration des établissemens de Gouhenans ou pour un autre objet quelconque; en me remettant mon réméré, vous m'avez fait une restitution qui ne doit pas me coûter un sou.

» Il faut donc que, par un acte authentique à faire le plus tôt possible, il soit reconnu et déclaré que nous ne pouvons, ni vous ni moi, nous rechercher en aucune façon, soit à raison de ce que vous vous êtes déclaré dépositaire du prix stipulé dans ma vente à réméré, soit à raison de ce que vous auriez pu dire dans l'acte Roquebert, de telle sorte que l'un de nous ne puisse jamais rien réclamer à l'autre sous ce rapport.

» Vous n'avez disposé ni du prix stipulé pour la cession à vous faite de vingt-cinq actions, ni de ces actions elles-mêmes.

» Vous n'en avez disposé ni pour le bien et l'amélioration des établissemens de Gouhenans, ni pour un autre objet quelconque. Ces actions doivent donc revenir à la compagnie.

» Pour cela, il est nécessaire que vous invitiez par lettre M. Hézard à détruire les titres que vous lui aviez envoyés, et que vous me donniez en même temps avis de cette invitation, qui doit être pure et simple; à ce moyen, je vous donnerai décharge du prix stipulé par la cession de ces vingt-cinq actions.

» Le tout, si vous le voulez, sera ensuite constaté par un acte authentique. La destruction des titres dans les conditions ci-dessus complétera la restitution qu'il est de mon devoir autant que de mon intérêt d'exiger.

» J'aurai ainsi consommé ce que vous appelez une mauvaise action, et ce que je regarde comme une bonne action, s'il en fut jamais. Pour le prouver à tous et en tout temps, s'il en est besoin, vous concevez bien que je dois garder la convention du 18 juin 1842, qui me sert d'ailleurs de garantie sous d'autres rapports, tandis que la destruction vous en est complètement inutile; vous le reconnaissez vous-même.

» Ma résolution est invariable, et je vous prie de me faire savoir si vous y adhérez.

» Recevez l'assurance....

» N. J'entends que l'acte ou les actes à faire ne me coûtent rien. »

M. de Cubières se reconnaît vaincu, il écrit :

« Mon cher monsieur Parmentier, vos lettres des 29 octobre et 3 du courant me sont parvenues; j'aime à reconnaître que leur contenu et en particulier les termes de celle du 3 sont de nature à me donner, sur les faits accomplis ainsi que sur leurs conséquences, la sécurité qui dépend de vous, et je vous en remercie.

» Je ne saurais avoir aucun motif de revenir jamais sur ce qui aurait été réglé d'accord entre nous et dans les termes que vous proposez; je ne vois pas même de quelle pièce il me serait possible de m'armer contre vous; mais la convention du 18 juin 1842 subsistant dans vos mains ainsi que dans les miennes, je comprends qu'une déclaration dans la forme authentique paraisse utile pour nous mettre réciproquement à l'abri de toutes recherches dans l'avenir.

» Cela posé, je n'ai aucune objection contre l'acte en question. »

En post-scriptum, il a ajouté :

« P. S. Je ne reviens pas ici sur la pensée que j'ai cru devoir traduire par les mots de mauvaise action, mais il me serait facile de l'expliquer de manière à lui ôter ce qu'elle pourrait avoir eu de personnel ou de blessant à vos yeux. »

En effet, aux dates des 14 et 17 novembre 1844, l'acte imposé par le sieur Parmentier fut signé.

Le 22 novembre, un procès-verbal constatait la destruction des vingt-cinq actions au porteur.

La rédaction de la quittance du réméré inquiétait le sieur Parmentier. Pressé par lui, le général, à la date du 15 janvier 1845, lui donne encore satisfaction sur ce point et offre de réitérer dans un acte toutes les déclarations que sa lettre contenait.

Alors le sieur Parmentier n'avait plus à garder aucune mesure. Le 28 janvier 1845 parut son dernier manifeste de guerre. Il accusait M. de Cubières d'avoir cherché par les moyens les plus coupables à s'emparer de Gouhenans; déclarait que, fatigué de la lutte, il ne voulait plus la soutenir; offrait sa part d'intérêt au général au prix de deux millions. « Vous êtes, lui disait-il, parfaitement libre de vous refuser » à cela, mais je suis libre aussi de publier un mémoire auquel je travaille déjà, et qui, entre autres effets, aura celui » d'éclairer le public sur la vraie position de Gouhenans et » de faciliter les négociations. » Le 6 février était le terme fatal assigné pour la réponse. M. de Cubières résista, les menaces devinrent plus violentes. Le sieur Parmentier eut le courage d'adresser son libelle à Mme Despans Cubières, en lui faisant connaître les conditions auxquelles il mettait son silence. Craignant que ce libelle ne fût pas arrivé à sa destination, il en annonça un deuxième envoi. Tout en refusant de se soumettre à ces exactions, M. de Cubières indiquait des capitalistes qui, à une autre époque, avaient eu le projet d'acheter Gouhenans. Le sieur Parmentier fit semblant de voir dans ces indications un moyen détourné de le satisfaire; il suspendit ses persécutions; elles n'eurent alors aucune suite. Le sieur Parmentier, en divulguant la correspondance de 1842, ne pouvait pas être sans inquiétude pour lui-même. Il hésita et chercha dans des négociations engagées à cette époque un moyen moins dangereux de vendre enfin sa part de Gouhenans. Des spéculateurs étrangers offrirent une commandite importante. Le 21 avril 1846, une nouvelle société, au capital de six millions, fut organisée, et l'on ne voit pas sans surprise le général Cubières et le sieur Parmentier figurer ensemble dans le conseil d'administration. Après la formation de cette société, le sieur Parmentier voulait vendre sa part 1,200,000 fr.; une offre de 1,100,000 fr. lui fut faite : il aima mieux revenir à ses premiers projets. Les résistances qu'il rencontra mirent le comble à son irritation; les menaces suspendues depuis 1845 sur la tête de M. de Cubières éclatèrent enfin au mois de mars 1847; un procès civil servit de prétexte aux révélations qui devaient avoir dans toute la France un si douloureux retentissement.

Tel est l'ensemble des faits que l'instruction a recueillis, et, dans le tableau fidèle qui vient d'en être tracé, il est dès à présent facile d'assigner aux accusés le rôle qui leur appartient respectivement. Il importe cependant de dessiner plus nettement encore leur position individuelle et de peser les moyens de défense que chacun d'eux oppose à l'accusation.

Au premier rang apparaît le général Despans-Cubières : c'est lui qui fait au sieur Parmentier la proposition de corrompre le ministre des travaux publics. Le général, dans sa correspondance, indique clairement les services offerts, le prix exigé, le honteux marchandage engagé sur ce prix, toutes les personnes qui doivent prendre part à cette coupable intrigue, le rôle de chacune d'elles. Le haut fonctionnaire auquel la corruption s'adressait est indiqué dans toutes les lettres de M. de Cubières; celui-ci accepte à titre de dépôt toutes les valeurs réalisées pour la corruption; il rend compte jour par jour de ses heureux effets, des résultats utiles qu'il en attend encore. Pour suppléer à l'insuffisance des ressources créées par l'acte du 5 février 1842 et 17 janvier 1845 il engage ses propres actions; lorsque tout est consommé, il demande à être indemnisé de ces sacrifices, renvoie les titres sans valeur dont il n'a pu tirer parti, cherche le moyen de les remplacer par de nouvelles combinaisons sociales, se défend avec une certaine vivacité contre les premiers soupçons du sieur Parmentier, cède bientôt à ses menaces, rachète ses actions, abandonne les titres au porteur, auxquels il rattachait sa dernière espérance, signe un acte qui, s'il était l'expression de la vérité, constaterait la plus basse tromperie remercie l'homme qui lui a imposé par la terreur tous ces sacrifices, et lui fait réparation d'une expression blessante qu'un mouvement d'indignation avait jetée sous sa plume.

Comment M. de Cubières a-t-il essayé de repousser ces charges si graves? On a déjà vu quelques-unes de ses réponses aux questions de M. le chancelier. Voici maintenant l'ensemble de son système. Lorsque la demande en concessions des salines de Gouhenans a été formée, plusieurs personnes ont entouré le général, lui ont parlé de la nécessité de se créer des influences utiles, de corrompre les agens de l'administration. M. de Cubières refuse de nommer ces personnes, qui n'étaient pas dans une haute position, qui étaient plutôt à l'extrémité de l'échelle sociale; il a commis la faute grave de prêter l'oreille à ces propositions, de tout préparer pour l'éventualité qu'elles lui présentaient. Ainsi s'expliquent l'acte du 5 février 1842, auquel il n'a pas même assisté, la convention du 18 juin, ces projets de répartition qui accusent une pensée doublement coupable, mais que l'exécution n'a pas suivie; il n'a rien été prélevé sur les 400,000 francs du réméré; l'acte du 17 janvier 1843 est un acte à part et tout à fait sérieux; toutes les lettres qui l'ont suivi s'expliquent par le bas prix auquel le général avait vendu ses huit actions. En définitive, M. Parmentier est rentré dans la possession de ses actions, les valeurs créées par l'acte du 5 février 1842 ont été renvoyées au directeur de Gouhenans et annulées; la convention des 14 et 17 novembre constate qu'il n'a rien été déboursé sur les 200,000 francs dont le général avait imprudemment accepté le dépôt. Toutes ces restitutions ont été opérées volontairement et sans aucune contrainte.

La justice pourra-t-elle accueillir une pareille défense? croira-t-el e qu'un homme du rang de M. de Cubières a pu se laisser prendre au langage de quelques intrigans obscurs? qu'il a pu, sur la foi de leur parole, pousser si loin ses préparatifs pour la corruption? La correspondance ne prouve-t-elle pas que ses espérances s'adressaient plus haut? le nom du fonctionnaire dont il voulait acheter l'appui n'est-il pas dans chaque lettre indiqué par une initiale qui n'a pu rester mystérieuse pour personne, non moins que par les actes mêmes que M. de Cubières attendait et sollicitait de lui?

Comment admettre avec le général que la corruption est restée à l'état de simple projet? comment expliquer alors les actes des 5 février et 18 juin 1842, et les lettres dans lesquelles les conditions du honteux marché sont débattues en des termes qui ne laissent malheureusement aucune place à l'équivoque? Si M. de Cubières s'était arrêté là, il y aurait eu au moins une tentative qui se serait approchée bien près de l'exécution, mais M. de Cubières ne peut pas même soutenir sérieusement que la corruption n'a point été consommée.

La vente à Raillard, quelques jours après l'ordonnance de concession, l'acte du 17 janvier 1843, auxquels viennent se rattacher la rétrocession et la décharge de 1846, qui seules suffiraient pour expliquer la nature de cet acte, les lettres qui l'ont suivi et qui démontrent, jusqu'à satiété, que cet acte a été le complément de ceux qui l'ont précédé, que les huit actions ont été abandonnées gratuitement par le général pour satisfaire à des rémunérations promises; ses instances auprès du sieur Parmentier, pour que celui-ci se prêtât à un remaniement de l'acte du 5 février 1842, ou à une nouvelle constitution de la société, seul moyen d'arriver à couvrir les sacrifices qu'ils avaient faits l'un et l'autre: tous ces faits ne prouvent-ils pas que ces sacrifices avaient été consommés? Si le crédit de 400,000 fr. n'avait point été épuisé, le sieur Pellapra ne se serait pas refusé à restituer les actions; la lettre du 16 octobre 1844, dans le système de M. de Cubières, est restée sans aucune explication. La preuve des dépenses faites pour la corruption ressort même de ces restitutions dont le général veut se prévaloir. Il a renvoyé les actions au porteur, parce qu'il n'avait pas pu les négocier, et pour obtenir des valeurs plus utiles. Sur le refus du sieur Parmentier de se prêter à ses vues, le général s'est efforcé plus tard de ressaisir les vingt-cinq actions; il voulait au moins qu'elles lui fussent laissées à titre de dédommagement des charges nouvelles que le sieur Parmentier faisait retomber sur lui; s'il a consenti à leur annulation, c'est qu'à trois reprises différentes le sieur Parmentier l'a menacé de publier sa correspondance.

C'est sous l'empire des mêmes menaces que le général a libéré les actions du sieur Parmentier, mais au prix de sacrifices énormes consentis pour épargner une mauvaise action à celui-ci. Les démentis outrageants et intéressés du sieur Parmentier au général constataient encore ces sacrifices. Quand le sieur Parmentier parlait des 400,000 fr. supposés versés par M. Pellapra, il donnait le chiffre de la somme prélevée sur le réméré, suivant le général lui-même. M. de Cubières peut-

il dire que sa volonté n'a pas été contrainte, quand toute la correspondance de 1844 dépose des violences du sieur Parmentier, des terreurs et de la résignation de M. de Cubières? Est-ce volontairement qu'il s'est dit ruiné par la corruption, et, le lendemain, a signé l'aveu qu'il n'avait rien versé pour elle? qu'outragé par le sieur Parmentier, il l'a remercié? qu'il s'est humilié devant lui jusqu'à étouffer le cri de douleur que tant de tortures lui avaient arraché? On s'arrête: la réfutation d'un pareil système cause un embarras pénible: on sent que, dans la bouche d'un accusé placé à cette élévation, la vérité la plus dangereuse vaudrait mieux que ce parti pris de méconnaître les faits les plus certains et les actes les moins contestables.

Le rôle du sieur Parmentier n'a pas été moins actif que celui du général Cubières: c'est du sieur Parmentier que la première pensée de corruption est ait venue; il ne pouvait pas manquer d'accueillir les propositions de 1842. Il se met aussitôt à l'œuvre: l'acte du 5 février est signé par ses soins. Associé au mandat du général, qui ne peut pas agir sans lui, il vient à Paris, voit les personnes, s'assure des faits, les apprécie par lui-même, reconnaît la nécessité d'augmenter les ressources de la corruption, retourne à Lure dans ce but; devant la résistance qu'il éprouve, se résigne à engager ses propres actions, ne demande que du temps, revient à Paris en avril, à la fin de mai; y reste jusqu'à la conclusion des conventions du 18 juin. Présent, il voit tout par lui-même; absent, le général Cubières, le sieur Pellapra, lui rendent compte de tout ce qui se passe.

Avant de renoncer à la concession des quatorze kilomètres, le sieur Pellapra demande son autorisation; après l'ordonnance de concession, le sieur Parmentier soupçonne ce qui paraît être la vérité, que ses associés n'ont point géré fidèlement les deniers de la corruption: il se propose une revanche éclatante contre le général Cubières, qui seul reste exposé à ses coups. Le sieur Parmentier se refuse d'abord à toutes les mesures proposées par le général pour obtenir le remboursement des avances qu'il n'a pas pu prendre sur les actions au porteur. Il crée des prétextes pour ne pas tenir la promesse de l'en dépôt de Paris; il laisse peser des soupçons sur la loyauté de M. de Cubières, parle d'un cas donné dans lequel il ne serait même pas tenu de sa part contributoire dans la corruption. Au mois d'août 1844, il revient avec plus d'insistance sur cette pensée, menace de faire un procès en prenant son point d'appui dans la correspondance de 1842, obtient la libération du réméré, dit nettement au général qu'il n'y a jamais eu corruption, mais escroquerie; le menace pour la seconde fois, le force à rendre définitivement les actions au porteur, et à signer un acte qui est le démenti de sa propre correspondance. Plus tard, enhardi par ce succès, le sieur Parmentier veut tenter sur les terreurs de M. de Cubières une spéculation plus fructueuse encore; il rencontre des résistances, et livre à la publicité les lettres qui le compromettent le moins.

Le sieur Parmentier a compris qu'en admettant cette correspondance, aujourd'hui complète, comme l'expression de la vérité, il était perdu; il n'a pas tenté des dénégations impossibles, mais il a voulu tout expliquer par l'escroquerie. S'il faut l'en croire, il n'a jamais cru à la corruption; il n'a pas répondu à la lettre du 14 janvier 1842; pressé plus vivement le 22, il a éludé encore, en manifestant le désir d'un ajournement; si, plus tard, il a paru entrer plus sérieusement dans les vues du général, c'est par la crainte que celui-ci ne passât du côté des concurrens, qu'il ne leur livrât les secrets de Gouhenans. Dès ce moment, le sieur Parmentier a parlé le langage de la corruption, a paru se prêter à ses exigences, lui donner son concours personnel dans les actes des 5 février et 18 juin 1842; mais, par des clauses à double sens, il s'était ménagé les moyens d'obliger ceux aux yeux desquels il consentait à jouer le rôle de dupe, aux restitutions que plus tard ils ont faites à la fin de 1844; il a de plus contraint M. de Cubières à signer dans l'acte des 14 et 17 novembre 1844 l'aveu de son déshonneur.

Ce système de défense, particulier au sieur Parmentier, domine toute l'accusation, et doit être examiné d'un point de vue général. Dans le récit des faits dont la justice demande compte aux accusés, la correspondance a été le point de départ; mais cette correspondance ne doit-elle être considérée que comme un long mensonge, une manœuvre honteuse mise au service d'une pensée d'escroquerie? Ne contient-elle que le roman et non l'histoire de la corruption?

On se demande d'abord si une pareille simulation continuée pendant un temps si long et se produisant sous des formes si diverses est possible. Que, dans le but indiqué par le sieur Parmentier, quelques lettres aient été écrites par M. de Cubières, on le conçoit ; mais que, pour consommer une action basse et odieuse, pendant toute une année, il ait soutenu cette fiction, supposé tous ces détails, accumulé tous ces incidens, donné aux personnages qu'il fait agir ces apparences de vie et de réalité ; que, de son côté, le sieur Parmentier ait, pendant tout ce temps, joué son rôle avec cette aisance et cet abandon, sans que jamais ses défiances se soient fait jour ; qu'il ait poussé la dissimulation jusqu'à engager une partie notable de sa fortune, jusqu'à s'employer de sa personne avec tant d'ardeur ; qu'à son tour M. Pellapra soit entré en scène au moment voulu par l'auteur de cette triste comédie, qu'il ait parlé si bien le langage de son emploi ; qu'enfin M. de Cubières ait eu l'habileté, pour donner une couleur de vérité plus grande à cette fable, d'y approprier tous les épisodes, toutes les péripéties de l'instance administrative, de la faire concorder à point avec chacun de ses mensonges, c'est là une œuvre qui paraît dépasser la puissance de l'imagination humaine, quelque perverse et quelque fertile qu'on veuille la supposer.

Le sieur Parmentier craignait, disait-il, la désertion à l'ennemi de M. de Cubières. Les capitaux engagés par lui dans l'affaire de Gouhenans rendaient-ils cette désertion probable ? Dans tous les cas, le sieur Parmentier, qui a su faire de la correspondance un usage si terrible pour attaquer le général Cubières, n'aurait-il pas su s'en servir comme d'une arme défensive contre ses attaques et ses trahisons ? Était-il nécessaire qu'il engageât ses propres valeurs ? Les pensées coupables du général lui commandaient plus de circonspection encore ; on ne livre pas sa fortune à l'homme dont on soupçonne la probité.

Le sieur Parmentier répond, il est vrai, qu'il avait pris toutes ses précautions ; mais on cherche vainement dans les actes les clauses à double sens dont il parle. Par l'acte du 5 février 1842, les vingt-cinq actions étaient abandonnées pour être employées au bien et à l'amélioration de l'établissement, et avec dispense d'en rendre compte. L'acte du 18 juin 1842 avait été conçu dans le même esprit ; le préambule rappelait la dispense de rendre compte, et le général n'acceptait le dépôt que pour faire des sommes déposées l'usage convenu. Dans sa lettre du 10 novembre 1844, le sieur Parmentier affirme qu'il a lui-même, sur le double de la convention du 18 juin destiné au général Cubières, souscrit le 24 décembre 1842, une déclaration portant qu'aussitôt l'ordonnance de concession rendue, le général pourrait disposer des 200,000 francs pour l'usage convenu entre eux. Le simple bon sens indique qu'en pareille matière il n'y a pas de comptes possibles. Où seraient donc les pièces comptables ? Est-il dans les usages de la corruption de donner quittance des sommes qu'elle reçoit ?

Le sieur Parmentier n'est pas plus dans la vérité quand il affirme qu'au moyen des précautions par lui prises toutes les valeurs dont il s'était dessaisi ont été restituées. Ces restitutions ont eu lieu devant les menaces dont ses lettres font foi, menaces qui excitaient l'indignation de MM. Renauld et Lanoir.

Était-ce là le moyen que le sieur Parmentier se réservait ? Mais ce moyen présentait des périls contre lesquels le sieur Parmentier a dû se prémunir. Si la corruption était écrite dans toutes les lettres de M. de Cubières, elle ne ressortait pas moins des lettres du sieur Parmentier ; s'il s'était donné toutes les apparences de la complicité. Ne devait-il pas craindre que la justice prît les apparences pour la réalité ? Comment le sieur Parmentier avait-il pris ses précautions contre cette inévitable méprise ? Il a dit qu'il s'était confié à trois amis, MM. Renauld, Lanoir et Capin. M. Lanoir est décédé ; mais ses lettres, qui témoignent de ses sentimens d'estime et de reconnaissance pour M. de Cubières, dont il était même le mandataire à Gouhenans, se concilient mal avec un pareil secret. M. Renauld n'en a pas été non plus dépositaire ; tout ce qu'il sait, c'est que le sieur Parmentier voulait faire un abus coupable de la correspondance de M. de Cubières. Enfin, à son tour, M. Capin est venu, sur ce point, donner au sieur Parmentier le démenti le plus énergique.

Ces invraisemblances, ou plutôt ces impossibilités, sont-elles assez fortes ? La démonstration peut être poussée plus loin. Les faits prouvent que le général Cubières n'a jamais voulu simuler la corruption, qu'il ne l'aurait pas pu, qu'il ne l'a pas fait.

Le général Cubières n'a jamais eu cette pensée. Que l'on jette les yeux sur sa correspondance, on verra que les 14, 22, 26 janvier 1842, il presse le sieur Parmentier de venir à Paris tout examiner de ses propres yeux. Le 5 février, il

déclare qu'il ne veut pas être seul chargé de la négociation ; il exige que le sieur Parmentier se joigne à lui, et, à toutes les époques critiques de l'affaire, il réclame son concours actif. Le général pouvait-il croire à la possibilité de tromper le sieur Parmentier ? Celui-ci avait accepté la proposition de s'associer au mandat. Le 18 mars, il avait signifié que rien ne pouvait se faire sans lui ; dans l'intervalle il était venu à Paris, il était parti pour travailler à une augmentation de sacrifices dont il venait de constater la nécessité. Au mois d'avril, il promet de venir encore à Paris pour arrêter les mesures suprêmes et passer à l'exécution. Le général le presse, le 24 avril, de faire ce voyage, de se joindre à lui pour suivre l'effet de ce qui a été préparé sous ses yeux ; la tâche devient délicate ; elle exigera son concours actif. Le sieur Parmentier vient, en effet, deux fois à Paris. A la fin de juin, c'est avec lui et au moyen de ses propres actions que se conclut l'acte du 18 ; il déploie une telle activité, que, selon le témoin Guenyveau, il paraissait être le meneur de l'affaire. Est-ce un pareil associé que le général pouvait avoir l'espérance de tromper ?

Mais M. de Cubières a-t-il consommé cette fraude audacieuse ? Comment alors s'expliqueraient l'acte du 17 janvier 1843 et l'abandon gratuit que le général aurait fait de ses propres actions ? Il a pu sans doute se faire, et il paraît s'être fait à part dans un même dessein destiné à la corruption ; une pièce émanée de lui semble l'établir. Cette hypothèse n'exclut pas, elle suppose au contraire le crime qui en a été l'occasion. Mais que la corruption n'ait été qu'un leurre, que M. de Cubières ait sacrifié ses propres actions à une chimère, pour le soutenir, il faudrait aller jusqu'à prétendre que M. de Cubières a pratiqué une escroquerie à son propre préjudice.

Pour achever de rendre à la correspondance toute la valeur qu'elle doit conserver dans ce grave procès, il faut, en dehors du système qui vient d'être réfuté, examiner une dernière supposition qui s'y rattache directement. M. de Cubières n'a-t-il pas pu être trompé lui-même ? Avec des intentions moins pures que celles dont se pare le sieur Parmentier, M. de Cubières n'a-t-il pas pu être victime lui-même d'une escroquerie ? Ne serait-ce pas l'intermédiaire qui aurait créé toutes ces apparences pour détourner à son profit des valeurs auxquelles, dans sa pensée, le général donnait une destination plus coupable ? Un témoin, M. Renauld, a exprimé formellement ce soupçon.

Il faut remarquer que le sieur Parmentier n'a pas osé le produire ; il a bien dit que MM. de Cubières et Pellapra s'étaient entendus à son préjudice ; mais il a compris que, sans la complicité du général, M. Pellapra ne pouvait rien faire. Et, en effet, en supposant qu'il parvînt à tromper la surveillance du sieur Parmentier, le danger était encore bien plus grand du côté du général, qui habitait Paris, qui suivait toutes les phases de cette intrigue, qui voyait librement le ministre, et qui se serait infailliblement aperçu de la vérité si M. Pellapra s'était ainsi joué de lui. M. Pellapra recevait les lettres de M. Teste et les montrait à M. de Cubières. Dans sa lettre du 25 juin 1842, celui-ci dit avoir vu le billet du patron ; le 12 juillet 1842, il déclare encore que les notes venant de Néris lui ont été communiquées. Après l'ordonnance de concession, le sieur Pellapra avait adressé au général cet avis confidentiel de M. Teste que le général priait le sieur Parmentier de lui renvoyer, et que celui-ci regrettait d'avoir laissé sous les yeux de M. Roy. Faut-il donc supposer que, pour inspirer plus de confiance à sa victime, le sieur Pellapra aurait été jusqu'à contrefaire l'écriture du ministre ?

La correspondance de M. de Cubières prouve d'ailleurs que, pendant cette longue négociation, l'intermédiaire ne s'est pas toujours trouvé placé entre lui et l'aboutissant. Dans la note du 25 juillet 1842, M. de Cubières écrit au ministre que l'ajournement du rapport a sans doute eu lieu dans l'intérêt de l'affaire pour assurer son succès, changer l'opinion, améliorer les dispositions du rapporteur. Oserait-il parler sur ce ton à un fonctionnaire public vis-à-vis duquel il aurait quelques ménagemens à garder ? La lettre du 28 juin 1842, dans l'explication qu'elle donne du motif qui a empêché l'envoi de cette note, trahit encore une intimité de la même nature. Le 9 septembre 1842, M. de Cubières va voir le ministre pour s'entendre sur le langage qu'il doit tenir à son collègue des finances. Après la conférence, le général vient en rendre compte à M. Teste ; c'est de lui que M. Teste reçoit le conseil de ne pas briser les vitres avec M. Lacave-Laplagne ; c'est M. Teste que M. de Cubières vient encore rapporter les objections qu'il a surprises dans la bouche de M. Thirria et d'un des employés du domaine. Est-ce vis-à-vis d'un soll citeur ainsi posé que le sieur Pellapra aurait pu jouer un autre rôle que celui dont la correspondance prouve qu'il s'était chargé ?

Le général Cubières et le sieur Pellapra ont pu s'entendre dans la pensée de détourner une partie des fonds destinés à un coupable usage. Le ton des lettres du sieur Pellapra indique, sur ce point, un concert coupable entre eux.

Sur la réalité de la corruption, M. de Cubières n'a pas pu tromper le sieur Parmentier, le sieur Pellapra ne pouvait pas tromper M. de Cubières, et la correspondance ne trouve d'explications possibles que dans la réalité des faits qui l'ont engendrée.

Sans doute il y a dans cette correspondance des exagérations et des mensonges ; on a pris soin de les relever ; c'est un motif pour l'interroger avec réserve, surtout vis à vis de celui des accusés qui n'y a pas pris part. Ce serait aller trop loin toutefois que de conclure de la fausseté de certains détails accessoires à la fausseté des faits principaux. A côté des mensonges se placent des vérités qui n'ont pu être livrées que par la corruption. Dans l'hypothèse des culpabilités que cette correspondance implique, ces exagérations et ces mensonges ont même dû se rencontrer. Les services rendus ont dû être quelquefois grossis pour justifier le chiffre des exigences. L'intermédiaire, dont les lettres, sous ce rapport, sont surtout reprochables, avait un honteux courtage à gagner, son langage était tout à fait dans la nécessité de son rôle ; M. de Cubières lui-même, qui avait poussé vers la corruption Parmentier, et l'avait amené à prendre à sa charge presque tous les sacrifices, a pu aller au-delà de la vérité sans qu'il faille conclure de ces écarts que la correspondance a une autre raison d'exister que la raison qu'elle accuse elle-même, alors surtout qu'en épuisant toutes les conjectures il est impossible d'en trouver l'explication en dehors des faits qu'elle raconte, et qu'elle prouve en même temps. Il faut donc, non-seulement écarter le système de défense du sieur Parmentier, mais il faut accepter la correspondance comme un guide que la justice a le devoir de surveiller sans doute, mais qu'elle a aussi le droit d'interroger, et qu'elle peut interroger utilement au milieu des détours de cette ténébreuse intrigue.

La lettre de M. de Cubières du 22 janvier 1842, celle du sieur Parmentier, en date du 7 mars suivant, indiquent la présence d'un intermédiaire obligé. L'accusation assigne ce rôle au sieur Pellapra, ancien receveur général, riche capitaliste, mêlé à de nombreuses affaires industrielles, et que les relations du monde avaient placé dans l'intimité de l'ancien ministre des travaux publics. C'est au sieur Pellapra que les actions au porteur ont été offertes ; il le dit dans sa lettre du 16 octobre 1844, et l'a répété dans ses interrogatoires. Il les a refusées, est-ce parce qu'elles ne lui offraient pas une garantie suffisante ? Dans un de ses interrogatoires, le sieur Pellapra dit qu'il attachait peu d'importance à la remise des actions, que l'engagement du général Cubières était tout pour lui ; mais on comprend que le sieur Pellapra ait trouvé dangereuse la possession de titres dont la propriété ne pouvait être justifiée que par la clause de confiance du 5 février 1842. L'acte du 18 juin 1842 a été la conséquence de ce refus et de l'engagement des actions appartenant au sieur Parmentier. Dans sa pensée, comme dans celle du général Cubières, le caractère de cet acte n'était pas douteux. Mais le sieur Pellapra a-t-il compris qu'il ouvrait un crédit à la corruption ? Il voudrait en vain le méconnaître. Les projets d'acte trouvés chez M. de Cubières, et dans lesquels le sieur Pellapra figure sous l'initiale X, suffiraient à l'établir. Les obligations que ces projets d'acte constatent étaient toutes subordonnées à l'obtention de la concession, ce qui en indiquait assez l'esprit et le but. La même condition s'est retrouvée dans la vente à réméré du 18 juin 1842 ; il avait été stipulé dans cet acte que la cession des actions serait régularisée par une notification à la société ; la loi le voulait ainsi : le sieur Parmentier ne s'y opposait pas ; mais il entendait que la notification n'aurait lieu qu'après l'obtention de la concession, subordonnant ainsi ses sacrifices à cette condition. Les lettres écrites par le sieur Parmentier au général, les 31 juillet et 25 août 1842 ; une lettre du général au sieur Parmentier, du 12 août 1842, constatent cette restriction tacite qui ne pouvait pas trouver place dans un acte authentique, mais à laquelle, en fait, le sieur Pellapra s'est soumis.

Le 16 octobre, M. de Cubières écrit qu'il n'a pas voulu faire sonner trop haut les profits de l'affaire de Gouhenans, qu'il a dû surtout être très réservé avec MM. Teste et Pellapra ; qu'avec M. Pellapra, cependant, il a dû approcher de la vérité, parce qu'il s'agissait pour lui d'engager un capital. Si l'acte du 18 juin 1842 n'a d'autre but que celui qu'il accuse, cette dissimulation ne se comprend pas : la conduite contraire aurait été seule naturelle. Le sieur Pellapra veut acheter des actions de Gouhenans ; il est dans le droit et dans le rôle de ses vendeurs de mettre en relief tous les avantages de cet établissement, de faire ressortir l'importance de ses produits, mais ils n'en font rien, parce que le sieur Pellapra n'est pas réellement un acquéreur, parce que les actions qu'on lui remet sont la couverture d'un crédit destiné à une œuvre coupable, parce qu'il est l'agent de cette œuvre, et que le tarif de ses services pourrait bien s'élever avec le chiffre des bénéfices de l'affaire qu'il entend servir.

Les actes du sieur Pellapra vont, au surplus, pleinement confirmer ces premières charges. Ils vont prouver que, si son nom ne figure pas dans les lettres du commencement de 1842, s'il ne se trouve pas mêlé à ces honteuses négociations engagées sur le prix et sur les conditions de la corruption, c'est bien de lui, comme l'ont dit d'ailleurs le sieur Parmentier et le témoin Renauld, que ces lettres ont parlé ; c'est lui qui a demandé quatre vingts actions, qui s'est réduit à cinquante, auquel on en a offert quarante-cinq ; c'est lui qui presse si vivement le général, qui le talonne, qui lui demande quand les courriers de Gouhenans viendront, c'est lui dont les impatiences excitent la colère du sieur Parmentier.

Le moment est venu pour le sieur Pellapra de tenir les promesses qu'il a faites à la corruption, et alors il se montre à découvert ; c'est à lui que, le 25 juin 1842, après la remise de l'affaire devant le conseil des mines, a été écrit le billet du patron ; c'est lui qui fait courir après M. de Cubières pour lui montrer ce billet, c'est au sieur Pellapra que parviennent les notes de Néris ; c'est encore le sieur Pellapra qui rend compte des séances des 23 juillet et 5 août 1842 ; il sait à l'avance que le ministre présidera les conseils pour y défendre la demande de la compagnie Parmentier, il connaît le rapport, il sait que l'avis du ministre sera, sur tous les points, favorable à cette compagnie ; il sait comment les voix se sont partagées dans la délibération, que M. Teste n'a point voté pour éviter un partage ; il connaît les espérances qu'il attache à une clause de réserve insignifiante en elle-même, mais qui, bien interprétée, équivaut au succès le plus complet. L'affaire de Gouhenans est arrêtée dans les bureaux du domaine ; en l'absence de M. de Cubières, le sieur Pellapra a déjà fait tous ses efforts pour en accélérer la marche : il est venu tous les jours chez M. de Cubières s'assurer de l'époque de son retour, il l'e rejoint au milieu de la nuit pour le mettre au courant de la situation, il est tous les jours au ministère des finances, et M. de Cubières s'applaudit d'avoir l'aide de MM. Teste et Pellapra. Au moment même de la concession, c'est au sieur Pellapra que M. Teste en donne avis, et par un billet tellement confidentiel, qu'il ne doit être vu de personne. Après la concession, le 17 janvier 1843, il règle ses comptes avec M. de Cubières, et retient les actions qui font sa garantie jusqu'au moment où le solde de ses avances lui est payé, au mois d'octobre 1844, par le remboursement du réméré, et, au mois de mai 1846, par le remboursement de cette somme de 15,000 fr. solde définitif du compte de la corruption, dont, pour plus de sûreté, le sieur Pellapra se fait remettre une décharge générale.

Les explications données par le sieur Pellapra ajouteraient encore, s'il est possible, à la gravité des charges qui pèsent sur lui. Il a été entendu comme témoin, le 14 mai 1847 : alors sa correspondance n'était pas dans les mains de la justice. Il s'attache, avec un art infini, à se présenter comme ayant été presque étranger à l'affaire de Gouhenans. M. de Cubières lui a demandé un crédit de 100,000 fr. sur un dépôt d'actions au porteur ; d'après l'avis de son notaire, le sieur Pellapra a refusé ; il ne se rappelle pas avoir ni l'acte du 5 février 1842, ni ses clauses particulières ; cette opération avait d'ailleurs si peu d'intérêt pour lui, que sa mémoire n'en a gardé que des souvenirs vagues et incomplets. Plus tard, le général et le sieur Parmentier sont revenus à la charge ; des actions nominatives lui ont été offertes, son notaire a trouvé ces valeurs bonnes, et l'acte de crédit a été conclu. Il attachait d'ailleurs bien peu d'importance à ce dépôt d'actions. Si M. de Cubières lui avait demandé 100,000 fr. sur sa seule garantie, il aurait été bien embarrassé pour le refuser ; il a pu aller plusieurs fois au ministère pour savoir où en était l'affaire, ce qu'il a fait cent fois dans sa vie, dans l'intérêt de diverses personnes ; il s'est adressé, soit aux bureaux, soit au ministre, qu'il avait quelquefois l'honneur de voir ; il ne se rappelle pas avoir entendu parler de concurrence ; il n'a eu aucune correspondance avec M. Parmentier, il croit cependant lui avoir écrit deux fois pendant l'absence du général pour lui dire où en était l'affaire.

Le lendemain de cette déposition, six lettres du sieur Pellapra, une copie de sa lettre du 16 octobre 1844, dont on a vu l'importance, étaient saisies au domicile du sieur Parmentier, en même temps que la correspondance de M. de Cubières, dans laquelle le sieur Pellapra figurait d'une manière si active. Le 16 mai, le sieur Pellapra a été interrogé de nouveau, mais cette fois comme inculpé. Il a persisté à présenter les démarches auprès des différens ministères comme des actes de complaisance, expliqués par l'absence de M. de Cubières, à soutenir qu'il avait complétement ignoré dans quelle intention l'acte du 18 juin 1842 avait été sollicité de lui ; il a prétendu que, sur cet acte, aucun fonds n'avait été versé ; il a présenté l'acte du 17 janvier comme une opération tout à fait isolée qu'il avait conclue à regret, dont il s'est débarrassé avec empressement. A la vue de la lettre du 16 octobre 1844, le sieur Pellapra s'était troublé un moment, il avait eu besoin de se recueillir et avait confessé un déficit de 40,000 fr. sur le crédit de 1842 ; il s'est bientôt remis, et a soutenu jusqu'au bout que cette lettre devait s'expliquer par un prêt personnellement fait à M. de Cubières.

Ce système a déjà reçu sa réfutation en présence de toute la correspondance, qui atteste le refus persévérant que le sieur Pellapra opposait à la demande en restitution des actions du sieur Parmentier, des lettres de M. de Cubières, qui prouvent les sacrifices considérables auxquels il a dû se résigner pour désintéresser le sieur Pellapra. On a peine à s'expliquer comment celui-ci a pu persister à soutenir que le crédit de 100,000 francs était resté intact dans ses mains. Ces dissimulations maladroites ne pouvaient avoir d'autre résultat que d'établir l'intérêt du sieur Pellapra à nier l'emploi du prix de la vente à réméré. Il comprenait, comme le général et le sieur Parmentier, que la preuve de l'emploi de ce prix était la preuve de la corruption accomplie. Ces deux faits se liaient dans sa pensée, et il s'efforçait d'égarer la justice sur une circonstance qui aurait été indifférente pour lui, s'il n'avait point été le complice de M. de Cubières et du sieur Parmentier. Sous l'empire de cette préoccupation, le sieur Pellapra devait encore méconnaître les véritables caractères de l'acte du 17 janvier 1843, écrit en termes formels dans toute la correspondance ; pour y parvenir, le sieur Pellapra n'avait pas craint de tromper la justice sur le véritable prix de cette prétendue vente, et c'est ainsi qu'il avait espéré faire accepter un système qui, même dans l'hypothèse présentée par lui, était encore démenti par tous les élémens de l'instruction. Il fallait enfin que le sieur Pellapra attachât à la connaissance de la vérité sur ce fait, que le prix de la vente à réméré avait été complété par lui, l'idée d'un bien grand péril, pour qu'il pût se résigner à tenter sur la lettre du 16 octobre 1844 les explications qu'il a présentées. Pour réfuter ses explications, il suffit de les placer en regard de cette lettre même.

Est-ce bien sérieusement que le sieur Pellapra prétend avoir fait par complaisance toutes les démarches que la correspondance signale ? Les lettres qui le désignent à l'avance comme l'intermédiaire obligé n'impriment-elles pas à ses démarches leur véritable caractère ? Ses propres lettres ne renferment-elles donc d'ailleurs que des renseignemens officieux, et les détails intimes dans lesquels il entre ne sont-ils pas tout à fait en harmonie avec le rôle que la correspondance lui attribue ? Les chefs de service de l'administration des travaux publics ont déclaré que la communication des rapports était péremptoirement refusée, qu'il n'était jamais donné connaissance aux parties des délibérations du conseil général des mines ni de leur résultat. Comment donc le sieur Pellapra a-t-il pu avoir connaissance du rapport ? Comment a-t-il été initié au secret de la délibération du conseil ? Comment a-t-il connu à l'avance le sens, très peu apparent d'ailleurs, d'une clause qu'il n'avait pas même eu le temps de voir, et qui ne devait recevoir que plus tard une interprétation conforme à la sienne dans les actes officiels du ministre ?

Il est une dernière réflexion qui naît des lettres du sieur Pellapra : à côté des détails vrais que ses lettres renferment, se trouvent des inexactitudes graves sur la durée des séances, leur physionomie, la vivacité des discussions. Ces inexactitudes tendent toutes au même but : leur auteur a évidemment voulu exagérer le zèle de M. Teste pour les intérêts de Goubenans, l'ardeur et son dévoûment à la compagnie Parmentier. De qui procèdent ces inexactitudes ? Est-ce de celui auprès duquel le sieur Pellapra est allé se renseigner ? Quel pouvait être son intérêt ? Le sieur Pellapra vient demander des renseignemens par complaisance, il remplit un office d'amitié ; c'est déjà faire beaucoup pour lui, c'est faire trop que de l'initier au secret du rapport et de lui ouvrir les portes de la salle des délibérations ; mais pourquoi le tromper, lui solliciteur officieux, s'adressant au ministre pour le compte d'autrui ? Cela ne se conçoit pas. Est-ce de l'imagination de M. Pellapra lui-même que sont sorties ces narrations si vives et si colorées ? Qu'il fasse connaître alors le but de ces fictions ! Dans le rôle qu'il se donne, rien ne s'explique, rien ne se comprend : tout, au contraire, devient intelligible et clair dans le système de l'accusation

Le général Cubières et le sieur Pellapra ont en outre à répondre à un chef de prévention sur lequel on s'est expliqué déjà. La note saisie chez le général Cubières, cette répartition des quarante actions, dans laquelle il se comprend lui-même pour une forte part ; le nom du sieur Pellapra accolé au sien dans cette répartition, les récits mensongers de celui-ci dans ses lettres des 24 juillet et 6 août 1842, prouvent tout ce qu'il y a de fondé dans le reproche adressé au général Cubières par le sieur Pellapra d'avoir trompé la société de Goubenans, de lui avoir fait croire que la corruption exigeait plus qu'elle n'a reçu en effet, et d'avoir ainsi tenté de s'emparer d'une partie des valeurs mises à leur disposition.

A mesure que l'on avance dans l'examen de ce grave procès, la correspondance semble prendre une valeur plus grande et une autorité plus imposante. Elle indique au début les personnages qui doivent figurer dans cette criminelle intrigue : ce sont deux contraxans et l'intermédiaire, c'est-à-dire les corrupteurs, d'un côté ; de l'autre, le fonctionnaire prévaricateur ; et entre eux, pour les réunir, pour éviter des contacts trop directs, quelquefois difficiles, toujours dangereux, vient se placer l'intermédiaire. Ces personnages n'ont pas été créés à plaisir par le caprice d'une imagination pervertie ; chacun s'est mis à l'œuvre : les corrupteurs se sont concertés, ils ont arrêté leurs moyens d'action, ils se sont mis en rapport avec l'intermédiaire, ils lui ont fait connaître ce qu'ils voulaient, à quel prix ils le voulaient ; il lui ont donné des gages, et alors celui-ci à son tour s'est mis en mouvement : on vient de voir avec quel zèle, avec quelle ardeur il avait agi, comment il avait agi, et les corrupteurs s'était liquidé le compte de la corruption.

Par l'enchaînement des faits, on est conduit à constater une dernière culpabilité. L'accusation devra l'établir, sans doute, par des preuves en dehors de celles qui pèsent sur les autres accusés ; mais déjà cette culpabilité ressort nécessairement, fatalement en quelque sorte, de ces preuves, en même temps qu'elle doit en être le complément et la confirmation.

En effet, il est dès à présent démontré :

Qu'en 1842, le général Cubières et le sieur Parmentier se sont concertés pour corrompre un ministre, qu'ils ont fait tous les préparatifs de cette corruption ;

Que le sieur Pellapra a été tout à la fois le banquier et l'intermédiaire ; que les fonds préparés ont reçu leur destination ; qu'un haut fonctionnaire a subi les honteuses influences de la corruption. Pour méconnaître ces différens points, il faudrait trouver une issue autre que la corruption par laquelle se seraient écoulés et perdus les fonds qui ont manqué sur les crédits de 1842 et 1843. Si cette supposition n'est pas possible, il faut bien reconnaître que les trois premiers accusés ont été des corrupteurs, et, par voie de conséquence inévitable, qu'il y a eu un fonctionnaire corrompu. Le nom de ce fonctionnaire reste seul à trouver.

Cette partie de l'accusation est grave et pénible. Le respect pour les grandes positions prend sa source dans les vertus qui les rehaussent ordinairement, et qui semblent en être le point d'honneur. L'esprit se trouble à la pensée de diriger, contre ceux que leur prestige défend encore, une accusation en apparence démentie par les devoirs et les habitudes qu'elle impose. La conscience a besoin de se recueillir pour trouver en elle-même la force d'accomplir jusqu'au bout une douloureuse mission.

Le général Cubières, les sieurs Parmentier et Pellapra, dans leurs interrogatoires, ont fait effort pour écarter de l'ancien ministre des travaux publics ce qui pouvait fortifier l'accusation dirigée en ce moment contre lui, ils se sont accordés pour affirmer que jamais aucune proposition outrageante ne lui avait été adressée, qu'aucune parole sortie de sa bouche n'avait encouragé une pareille proposition. Tous les témoins, le sieur Renauld notamment, ont tenu le même langage. Au moment où il livrait à la publicité les lettres du général Cubières, le sieur Parmentier s'adressait à M. Teste pour protester qu'il n'avait jamais cru à sa corruptibilité, qu'il avait toujours eu et qu'il conservait le plus grand respect pour son caractère.

Les révélations de la correspondance sur lesquelles il serait superflu de revenir présentent un fâcheux contraste avec ces protestations tardives et intéressées.

L'ancien ministre des travaux publics a reconnu que si cette correspondance était admise comme un élément d'accusation contre lui, le sens en était trop clair et les applications trop directes pour que, sur ce terrain, la lutte pût être engagée avec quelque espérance de succès. Aussi, dans ses dépositions et dans l'interrogatoire subi par lui, M. Teste a-t-il hautement protesté contre les lettres qui étaient mises sous ses yeux ; il en a relevé en passant les erreurs, et a renvoyé aux auteurs de ces lettres le soin d'en expliquer l'existence.

Est-il donc vrai que ces lettres soient contre M. Teste une arme impuissante dans les mains de l'accusation? Si, comme on croit l'avoir démontré péremptoirement, la correspondance n'a pu naître d'une autre pensée que celle qui y est exprimée, si elle est évidemment le produit de la corruption et non de l'escroquerie, et si les énonciations mensongères qu'elle renferme, loin d'exclure cette explication, s'accordent au contraire avec elle, comment cette correspondance, preuve complète contre les corrupteurs, n'aurait-elle pas au moins la force d'un indice grave contre le fonctionnaire qui se trouve à chaque instant désigné et nommé par elle? Les lettres qui accusent plus directement M. Teste n'ont pas été volontairement livrées. La justice s'en est emparée : elle a surpris les secrets confiés au papier dans les épanchemens d'une intimité née d'intérêts communs qui semblent devoir la cimenter plus longtemps. Non seulement ceux qui ont écrit ces lettres ne sont animés contre M. Teste d'aucune passion haineuse, mais ils font au contraire tous leurs efforts pour le justifier, pour rétracter des accusations qu'ils regrettent sans les détruire, et qui ne peuvent trouver leur explication que dans la réalité des faits révélés par les lettres.

» M. Teste a soutenu qu'à l'époque où la pensée de corruption s'est produite pour la première fois, cette pensée manquait d'aliment, qu'elle n'avait ni intérêt ni but; que la concession de la mine de Gouhenans ne pouvait pas être refusée à la compagnie Parmentier, propriétaire d'un établissement légalement existant et, à ce titre, protégé par l'art. 5 de la loi du 17 juin 1840 ; que la question de périmètre n'était point née, puisque l'instruction locale se suivait encore ; qu'enfin, la difficulté soulevée par l'administration des domaines ne pouvait point être prévue, et n'avait au fond aucune gravité.

Ces observations trouvent leur réfutation dans les pièces mêmes que l'instruction a recueillies: On comprend difficilement comment l'établissement illicite qui s'était formé à Gouhenans sous la direction du sieur Parmentier, condamné par la justice, fermé en exécution de ses arrêts, pouvait constituer un établissement légal ; comment, suivant l'observation du chef de bureau, M. Mercier, le droit avait pu naître de la contravention ; on pourrait se demander, comme le faisait M. Guenyveau dans son rapport du 21 juin, si les personnes qui avaient enfreint les lois les plus positives, résisté à toutes les injonctions, persisté à faire des gains illicites, subi des condamnations, pouvaient mériter la confiance du gouvernement, ou plutôt, suivant l'opinion de M. Teste, se faire de leur infraction aux lois un titre à ses préférences. Mais ce qu'il y a de certain, c'est que la compagnie Parmentier était inquiète de cette situation : la correspondance le prouve. Ainsi l'instruction n'était point encore parvenue au ministère des travaux publics, que déjà l'on comptait sur l'influence que le ministre pourrait exercer sur les agens locaux, qui devaient la préparer, et on stipulait cette influence comme condition des sacrifices destinés à la rémunérer. Ainsi la question du périmètre n'était point encore agitée devant le conseil des mines, et l'on s'en préoccupait, on espérait que la haute protection à laquelle on avait recours pourrait n'être pas sans utilité, soit auprès de l'ingénieur du département, soit auprès du préfet, soit auprès du rapporteur devant le conseil des mines ; dès le 23 février 1842, le sieur Parmentier exprimait cette espérance, que M. Teste serait favorable au grand périmètre. Enfin, sans que la difficulté soulevée plus tard par le domaine fût encore précisée, on s'attendait à des résistances de ce côté, puisque l'on plaçait l'avis favorable de M. le ministre des finances au nombre des avantages que l'on entendait se faire garantir. Il est donc peu raisonnable de prétendre que la corruption, à l'époque où elle s'est révélée, n'avait aucun but, quand, au contraire, dès ce moment, elle formulait des prétentions qui toutes se rapportaient aux obstacles que la demande en concession prévoyait dans l'avenir, et contre lesquels il lui a fallu lutter en effet.

La justice devrait hésiter, sans doute, si les faits graves dont parle la correspondance, et qui n'ont pu arriver à la connaissance de ses auteurs par des voies légitimes, n'avaient reçu de l'instruction aucune confirmation, si la conduite ad-

ministrative de M. Teste, par sa prudence, par son impartialité, s'élevait hautement contre les accusations dont il est l'objet. Mais en a-t-il été ainsi?

Il résulte de la déposition de M. Capin que, dès le début de l'affaire, M. Teste n'ignorait pas les préventions fâcheuses du ministre des finances contre la compagnie Parmentier. En supposant que le jugement de M. Teste sur cette compagnie fût moins sévère, cette circonstance lui commandait au moins une certaine circonspection. Cependant, il est certain que M. Teste montrait un zèle très vif pour l'affaire de Gouhenans. Dans sa déposition du 20 mai 1847, M. Guenyveau déclare : « M. Teste, je crois pouvoir dire cela sans lui nuire, a apporté beaucoup de zèle à cette affaire, et je me rappelle bien qu'avec sa vivacité méridionale il me demanda un second rapport du jour au lendemain : je passai la nuit à faire ce second rapport. Lorsque j'avais rédigé le premier, il manquait une pièce qui était relative, je crois, à la première concession. Du reste, je m'expliquai très bien le zèle de M. Teste : je crois qu'il avait été le collègue de M. de Cubières au ministère, et il était naturel qu'il désirât que cette affaire fût promptement instruite ; ces sortes d'instructions, d'ailleurs, ne sont jamais bien longues, au conseil des mines. »

Les actes de M. Teste ne confirmeront que trop ces paroles.

C'est le 18 juin 1842 que le crédit de 100,000 francs est ouvert par le sieur Pellapra. Le 21 juin, le rapport de M. Guenyveau est déposé ; cependant le conseil des mines n'a été appelé à délibérer que le 23 juillet suivant. Quelle est la cause de ce retard ? Elle pouvait se trouver dans le départ du ministre pour les eaux, c'est celle qui s'offre d'abord à l'esprit de M. Legrand. Les lettres du général Cubières, aux dates des 25, 28, 30 juin et 12 juillet 1842, en assignent une autre. M. Teste n'aurait pas trouvé le rapport assez favorable à la société de Gouhenans. Entendu le 19 mai 1847, sur la lettre du 25 juin, M. Teste a dit :

La commission comprend qu'après un délai de cinq ans je ne saurais me souvenir de ce que j'aurais pu écrire à telle ou telle personne, et spécialement à M. Pellapra, car c'est à lui qu'aurait été adressé, à ce qu'il paraît, le billet auquel la lettre de M. de Cubières fait allusion. Mais ce qui me confirmerait dans la pensée que je n'ai pas écrit un tel billet, c'est que ce prétendu billet me montre disposé, à l'époque de sa date, à seconder les espérances que la compagnie Parmentier avait conçues d'obtenir un périmètre de 13 kilomètres au minimum, et attribue à cette disposition la retenue du rapport et le retard que j'aurais fait subir à l'instruction de l'affaire, dans le but d'en rendre les conclusions plus favorables à la compagnie, tandis que j'ai le souvenir précis et la conviction profonde que, systématiquement et dans tous les actes qui se rapportent à l'exécution de la loi du 17 juin 1840, je n'ai pas cessé d'avoir pour règle de conduite que les concessions à faire devaient être morcelées autant que le permettait une bonne exploitation.

» Ce qui ajoute à mon incrédulité sur l'existence d'un tel billet, c'est que, lorsque, dans les premiers jours du mois d'août 1842, l'affaire a été réellement soumise au conseil général des mines, les conclusions du rapport n'avaient été nullement changées, et limitaient toujours la concession au moindre périmètre possible ; que, le conseil des mines s'étant à peu près partagé sur cette question, si le ministre avait été en effet, comme on le dit dans le prétendu billet, le patron de la compagnie, il aurait été parfaitement libre de proposer au conseil d'État celui des deux périmètres qui était le plus étendu, en se fondant sur cette grave raison qu'au-dessus du banc de sel gemme, dans ce périmètre, existaient des couches de houille concédées à la compagnie depuis 1828 ; qu'au contraire, il s'est approprié les conclusions du rapport et les a transformées en projet d'ordonnance, en donnant lui-même, dans son rapport au roi, les motifs de sa détermination en faveur de la réduction ; que ces circonstances lui rendraient le prétendu billet inexplicable, s'il lui était représenté en original, et, à plus forte raison, lorsqu'il est rapporté, en substance seulement, dans une lettre qui lui est étrangère et dont il prend connaissance pour la première fois ; qu'il y a d'ailleurs dans ce billet, tel que le trace la lettre de M. de Cubières, une autre invraisemblance fort grave, en ce qu'il y serait dit que la retenue du rapport par le ministre n'aurait occasionné qu'un retard de cinq ou six jours, tandis qu'on y représente le ministre partant à cette époque pour Néris, ce qui suppose une absence d'un mois au moins. »

M. Teste, on le voit, sans affirmer qu'il n'a pas pu écrire le billet dont parle la lettre du 25, énumère toutes les circonstances qui le confirmeraient dans la pensée que ce billet n'a pas été écrit par lui. Parmi ces circonstances, il en est qui ne paraissent pas être d'un grand poids. Le temps de son séjour à Néris ne pouvait pas, dit-il, coïncider avec un retard de cinq ou six jours annoncé au sieur Pellapra ; mais le billet ne disait pas que l'affaire serait suspendue pendant toute la durée de l'absence de M. Teste ; il disait au contraire que, sitôt son arrivée à Néris, il aviserait. M. Teste fait encore remarquer que les conclusions du rapport ne pouvaient pas encourir sa désapprobation, parce qu'il a le souvenir précis et la conviction profonde que systématiquement il était pour le morcellement des concessions. Sur ce point la mémoire de M. Teste était complétement en défaut. Il est certain, en effet, que M. Teste s'est prononcé contre le morcellement de la concession de Gouhenans. M. Teste fait remarquer enfin que le rapport n'a point été changé, puisque les conclusions sont restées les mêmes. A part un propos sans importance de madame Grillet, la correspondance ne dit nulle part que le rapport dût être changé, que M. Teste l'ait promis. M. de Cubières exprime seulement comme une espérance et comme une conjecture que M. Teste pourra bien agir par des moyens à lui connus sur le rapporteur. On comprend que le ministre ait reculé devant la demande d'une pareille substitution, surtout si, comme l'écrit M. de Cubières le 28 juin, il a pensé que rien n'était plus facile que de combattre les argumens favorables au système de la petite concession.

Dans cette même déposition du 19 mai M. Teste, s'expliquant sur la lettre du 28 juin 1842, dit encore :

« Je vois d'abord qu'on aurait conçu l'espoir qu'un départ de Paris pour Néris, le 25 ou le 26 juin, pouvait être suivi d'un retour au 12 juillet, ce qui, eu égard aux exigences du régime thermal, était matériellement impossible ; j'y vois encore qu'on se serait vanté que, grâce à ma protection, l'affaire serait, immédiatement après mon retour, soumise au conseil d'Etat avant les vacances. Or, mon retour a été avancé de quelques jours, non assurément à cause de l'affaire de Gouhenans, mais parce que j'ai été rappelé par un courrier extraordinaire qui m'annonçait la mort de S. A. R. Mgr. le duc d'Orléans, et cependant l'affaire n'a été soumise au conseil des mines que le 5 août, et elle n'est sortie des bureaux pour arriver au conseil d'Etat, avec un projet d'ordonnance portant réduction à six kilomètres, que le 21 novembre suivant, et l'ordonnance royale elle-même n'a été signée que le 3 janvier 1843. Tout cela prouve que cette affaire a été traitée avec maturité, sans aucune prédilection, et sans autre faveur que celle qui s'attachait naturellement à son caractère d'urgence. »

Que M. de Cubières ait avancé de quelques jours le retour probable de M. Teste, il importe assez peu ; mais ce qu'il faut remarquer, c'est que si en effet la demande des intéressés de Gouhenans a subi, plus tard, au ministère des finances un examen approfondi, il n'a pas tenu à M. Teste, ainsi qu'on l'a déjà vu, que cet examen ne fût plus précipité. Du reste, l'ancien ministre des travaux publics, sur les autres lettres de cette époque, déclare qu'il n'a pas souvenir que l'affaire de Gouhenans ait subi un retard par suite de son voyage aux eaux, que ce retard ait eu le motif qu'on lui assigne, ni qu'il ait écrit à ce sujet une ou plusieurs lettres au général Cubières ou au sieur Pellapra.

Le fait unique révélé par cette partie de la correspondance est celui-ci, que l'affaire aurait été ajournée parce que le rapport ne convenait pas à M. Teste. Est-il vrai ?

On se demande d'abord dans quel but, dans quel intérêt il aurait été imaginé ; on se demande ensuite s'il ne trouve pas sa confirmation dans les élémens de l'instruction.

Dans sa lettre du 25 juin, le général Cubières dit que M. Guényveau a reçu ordre de se tenir prêt pour le 22. Le général tient ce renseignement de M. Legrand, qui ne se rappelle pas cette conversation, indifférente pour lui ; mais le fait certain et prouvé, c'est que le rapport porte la date du 21, et qu'il a dû dès lors être déposé le 22. Le général ajoute que l'affaire a été mise à l'ordre du jour pour le 24, qu'elle a été rayée ; et, en effet, le rapporteur avait été averti le 23, en la forme voulue pour le service intérieur de l'administration, que l'affaire serait discutée au conseil le 24.

S'explique-t-on qu'elle ne l'ait point été ? Le voyage du ministre aurait été une cause naturelle d'ajournement pour une affaire qui ne serait venue à maturité que pendant son absence ; pour une affaire indiquée avant son départ, il devenait un motif d'urgence de plus. Les demandes portées devant le conseil des mines étaient toujours expédiées rapidement ; M. Guényveau le dit, les dates le prouvent. Entre le rapport déposé le 22 juin et la discussion indiquée pour le 24, il n'y avait eu qu'un jour d'intervalle ; plus tard, quand

pour la seconde fois l'affaire est revenue devant le conseil, le rapport a été déposé le 5 août, l'avis donné le 5.

Dans ses dépositions, M. Teste a dit que les demandes en concession de mines avaient subi, lors de son ministère, de telles lenteurs, qu'il regardait sa responsabilité comme engagée, et en pressait l'expédition. M. Guényveau a fait connaître le zèle très grand déployé par M. Teste pour l'affaire de Gouhenans particulièrement, et, sans motif aucun, il lui aurait fait subir ce long retard d'un mois ! Etait-il donc indispensable que le ministre fût présent à la réunion du conseil des mines ? Y avait-il un motif pour que, suivant l'expression de M. de Cubières dans sa lettre du 28 juin, l'affaire ne fût pas laissée à son cours naturel ? Enfin, le billet rapporté dans la lettre du 25 juin analyse en deux lignes le rapport tout entier, hostile en la forme, et, sur un point, tout à fait contraire à la demande en concession.

Ces coïncidences entre la correspondance et les faits frapperont tous les esprits, et on aurait peine à en trouver l'explication ailleurs que dans la vérité des assertions du général Cubières.

On a fait la part des exagérations et des mensonges qui se trouvent dans les comptes rendus par le sieur Pellapra des délibérations du conseil des mines des 23 juillet et 5 août 1842 ; mais, à côté de ces mensonges, on a constaté aussi l'exactitude du plus grand nombre des faits dont les lettres du sieur Pellapra présentent le récit. Parmi ces faits, il en est sans doute qui ont pu ressortir d'une communication purement officieuse ; mais il en est d'autres auxquels il est impossible d'assigner cette origine. Ainsi on ne s'explique pas comment le lendemain même des délibérations, M. Pellapra connaissait les rapports de l'inspecteur général, l'avis exprimé dans le sein du conseil par le ministre, le nombre des voix qui s'étaient prononcées pour telle ou telle opinion, les motifs personnels au ministre qui l'avaient empêché de voter.

M. Teste a déclaré que si des détails de la nature de ceux que contiennent les lettres qui précèdent ont été donnés aux intéressés, ce n'est assurément pas par lui. « Mes communications avec eux, assez fréquentes du reste, a-t-il dit le 17 mai, se sont bornées à leur signaler les objections dont leur demande était susceptible, et à provoquer de leur part des explications propres à éclairer l'administration. En cela je remplissais un devoir, et je me conformais aux précédens... Les détails dont vous me parlez seraient donc une invention et une sorte de charlatanisme de la part de ceux qui les ont consignés dans une correspondance que je ne connais pas. » Lors de cette réponse, les lettres des 24 juillet et 6 août n'avaient pas été mises sous les yeux de M. Teste ; elles lui ont été lues le 19 mai ; après les avoir entendues, il continue à répondre dans le même sens. Il indique quelques points qu'il a pu faire connaître sans inconvénient et ajoute :

« A cela près, la correspondance dont je viens de prendre connaissance n'est pas le moins du monde conforme aux souvenirs qui me sont restés, et je crois pouvoir affirmer qu'il n'y a eu dans les délibérations aucun des accidens de vivacité que les lettres rapportent. La lecture des procès-verbaux et celle du rapport donneront probablement la preuve que les choses se sont autrement passées. La question du périmètre n'a fait difficulté qu'à cause de la concession antérieure de la houille de la même compagnie ; sans cela, tout le monde aurait été de l'avis de la réduction. Je me suis abstenu de voter précisément pour qu'il n'y eût pas un partage, au lieu de la majorité qui s'est manifestée, et pour conserver toute ma liberté d'action. J'en ai usé en faveur de la réduction, ainsi que le démontrent mon rapport au roi et le projet d'ordonnance. Il n'est pas possible que j'aie dit à M. Pellapra que le retranchement pourrait ultérieurement être repris par la compagnie Parmentier, car il était dès-lors arrêté que les concurrens ajournés, en vertu de leur droit de priorité, seraient préférés à tous autres, s'ils remplissaient les conditions de l'ordonnance. M. Pellapra s'est évidemment trompé en m'attribuant une autre pensée et un autre langage, l'événement l'a bien prouvé. Au surplus, cette correspondance tend à représenter M. Pellapra comme un solliciteur heureux et influent ; il ne l'a pas été auprès du ministre des travaux publics. Je pourrais citer quatre affaires dans lesquelles M. Pellapra avait un intérêt bien plus important.... Dans chacune de ces affaires, ses sollicitations ont été très vives, et n'ont pas obtenu le résultat qu'il en espérait. Je lui dois, d'ailleurs, la justice que son rôle n'est jamais sorti des bornes que tout solliciteur doit respecter dans ses démarches auprès de l'autorité publique. »

S'il est vrai que M. Teste ne soit pas l'auteur de ces communications qu'il désavoue, on est vraiment surpris que le général Cubières et le sieur Pellapra en aient fait remonter la source jusqu'à lui. Pourquoi, quand ils mettaient si peu de réserve, on est autorisé à le dire, si peu de pudeur dans leurs confidences, ont-ils désigné le ministre des travaux publics comme les ayant toutes par ses indiscrètes révélations? Il ne s'agit point de rechercher, quant à présent, si la question du périmètre a offert plus ou moins de difficultés, ni les motifs qui ont porté M. Teste à voter pour qu'il n'y eût pas un partage, mais de constater seulement que les auteurs de la correspondance étaient tenus bien au courant de tous les incidens intimes de l'affaire, et qu'ils attribuaient à M. Teste la connaissance qui leur en a été donnée; que, de tous les fonctionnaires, c'était celui que leur accusation, si elle n'était pas vraie, devait le moins atteindre, non-seulement à cause du respect dû à sa position, mais encore parce que c'était celui dont ils avaient reçu le plus de témoignages de bienveillance; et cependant, c'est sur lui qu'ils font retomber tout le poids de ces communications, tandis que, par l'expression de leurs mécontentemens ou de leurs défiances, ils écartent tout soupçon des chefs de service.

Il est une preuve irrécusable que la correspondance offre ici l'expression de la vérité, et cette preuve se trouve dans la clause de réserves dont le sieur Pellapra parle dans sa lettre du 6 août 1842, clause qui équivaudrait, selon lui, à la concession du plus grand périmètre.

Il est maintenant bien démontré que cette clause n'existe pas, ou qu'au moins le passage de l'avis du conseil dont on veut la faire sortir est tout-à-fait insignifiant. Ce passage ne peut avoir pour personne la portée que le sieur Pellapra lui attribue; c'est évidemment une consolation menteuse offerte par le sieur Pellapra au général Cubières et au sieur Parmentier, pour qu'ils acceptent avec plus de résignation la réduction de la concession à un périmètre restreint. Cependant, à deux reprises différentes, dans sa dépêche du 14 août 1842, et dans son rapport au roi du 24 novembre suivant, M. Teste exprime cette pensée, qu'il se serait rallié sans hésitation à l'opinion de la minorité si l'ajournement encouru par les concurrens ne laissait pas la question entière, et ne permettait pas qu'elle fût examinée de nouveau lorsqu'il s'agirait de concéder le terrain en dehors du périmètre de 6 kilomètres 88 hectares, que nul ne pouvait plus contester à la compagnie Parmentier. Dans le rapport au roi du 24 novembre, M. Teste s'exprime, s'il est possible, en termes plus clairs encore : il explique que c'est seulement pour le moment, et, dans l'état des choses, qu'il lui paraît suffisant d'accorder le périmètre restreint et d'adopter l'avis du conseil des mines.

Ainsi il est certain qu'aux yeux de M. Teste l'avis du conseil des mines ne règle pas d'une manière définitive le sort de Gouhenans ; que, lors de l'examen des demandes en concurrence, la question du périmètre naîtra, qu'elle pourra être résolue en faveur de la demande des associés de Gouhenans.

On vient de voir dans la déposition de M. Teste qu'il nie positivement avoir pu présenter une pareille espérance au sieur Pellapra. M. Teste cite même un autre passage du rapport au roi qui détruirait, selon lui, le sens que l'on donnait aux mots qui ont été rapportés. Dans l'exposé des faits, cette partie du rapport a été analysée complétement, et on a pu voir qu'elle confirme pleinement l'opinion qui vient d'être prêtée à M. Teste. L'ancien ministre des travaux publics commence par reconnaître que le vœu de la loi de 1840 est pour le morcellement des concessions : c'est ce passage qu'il invoque ; mais il ajoute que cette règle générale reçoit des exceptions, et, par les motifs qu'il donne, il place précisément les demandes en concurrence dans ces exceptions ; il leur réserve tous leurs droits quand elles auront satisfait aux conditions voulues par les lois de la matière, sans préjudice toutefois de la concurrence que pourra leur faire à son tour la compagnie Parmentier, concurrence dont le droit est positivement reconnu en sa faveur par M. Teste, dans les termes qui viennent d'être rappelés.

Ainsi, M. Teste présente comme l'expression de son opinion dans l'affaire le rappel d'une règle générale qui, selon lui, au contraire, doit fléchir, dans le cas particulier, devant la nécessité d'une exception ; de la réserve des droits des concurrens, il conclut à l'exclusion de la compagnie Parmentier, tandis qu'il a exprimé l'opinion que la question serait agitée de nouveau en faveur de la compagnie Parmentier comme en faveur des trois concurrens. Il est clair que M. Teste ne s'est pas rappelé les termes exacts de sa dépêche du 14 août et de son rapport du 24 novembre.

M. Teste a encore objecté que la compagnie Parmentier avait si peu reçu de lui cette promesse, qu'elle n'en avait jamais réclamé l'effet. L'inaction des associés de Gouhenans ne pourrait certainement pas détruire un fait constaté par deux actes de l'ancien ministre des travaux publics ; mais il faut considérer en outre que l'inauguration des salines de Gouhenans a eu lieu le 12 juin 1843, que M. Teste quittait le ministère à la fin de la même année, que les déchiremens intérieurs de la compagnie expliquent assez comment, dans un intervalle de temps aussi court, elle n'a point élevé cette prétention.

L'ancien ministre des travaux publics a dit encore que, sans doute, si les concurrens de la compagnie Parmentier ne s'étaient pas mis en règle, cette compagnie aurait pu se présenter de nouveau ; que le vœu de la loi de 1840 était de ne laisser aucun terrain salifère sans exploitation. En admettant que tel soit en effet l'esprit de la loi de 1840, il est certain que cette explication ne concorde nullement avec le sens des actes officiels du ministre. Ce n'était pas l'explicative d'une concession à défaut des autres demandes, mais un concours possible avec ces demandes mêmes que M. Teste réservait à la compagnie Parmentier.

Le fait reste donc avec toute sa puissance et ne reçoit aucune atteinte ni des dénégations de M. Teste, ni de ses efforts pour en changer la nature.

Les conséquences à déduire de ce fait sont graves. D'abord, il devient évident que nul autre que M. Teste n'a pu faire luire cette espérance aux yeux du sieur Pellapra. Celui-ci n'avait pas même pu voir la clause dans son contexte matériel : l'eût-il vue, il lui aurait été complétement impossible d'y rattacher un sens qu'elle n'a jamais eu, et que personne aujourd'hui n'entend plus lui prêter. C'était donc la pensée même de M. Teste que le sieur Pellapra recueillait, et qu'il livrait au général Cubières et au sieur Parmentier en compensation de l'échec qu'elle, malgré les efforts du ministre, le conseil des mines venait de leur faire subir ; et cette pensée, le sieur Pellapra l'exprimait avant même que M. Teste l'eût formulée dans les actes où elle aurait pu être surprise.

En second on a parlé des exagérations de la correspondance, exagérations dont le but évident était de dissimuler les défaites et d'exagérer les triomphes. De tous ces échecs, le plus affligeant pour la compagnie était, sans contredit, le rejet de sa demande en concession de 14 kilomètres. De toutes les exagérations, la plus forte était celle supposition d'une réserve si avantageuse aux intéressés de Gouhenans, qu'elle leur était présentée comme équivalant pour eux au succès le plus complet.

Ces charges si graves ne sont pas les seules qui viennent confirmer l'autorité de la correspondance.

Dans toutes les lettres, soit du général Cubières, soit du sieur Pellapra, ces deux accusés annoncent que M. le ministre des travaux publics a promis de présider les deux conseils toutes les fois que l'affaire de Gouhenans y serait portée. Le conseil des mines s'est assemblé trois fois pour s'occuper de cette affaire ; il a été présidé trois fois par M. Teste. Le conseil d'Etat a eu à en délibérer dans une seule séance, le 21 décembre 1842 ; M. le ministre des travaux publics a présidé le conseil d'État. M. Teste a dit qu'il lui arrivait souvent de présider le conseil des mines, où il puisait les connaissances spéciales dont il sentait le besoin, et que l'opposition du ministre des finances lui faisait, dans la circonstance, un devoir de présider le conseil d'Etat.

Faut-il admettre que le hasard seul ait pris soin de vérifier les prédictions de la correspondance ? Elle ajoute que M. Teste avait promis de présider les conseils pour veiller aux intérêts de la compagnie et pour les défendre, et il se trouve précisément que M. Teste, par son attitude dans l'affaire de Gouhenans, est venu donner raison à la correspondance. L'ingénieur du département, le préfet, l'inspecteur général faisant fonctions de rapporteur près du conseil des mines, avaient été d'avis que la concession de 6 kilomètres 88 hectares était une concession large ; M. Guenyveau notamment avait pensé qu'en accordant une étendue plus considérable on compromettrait les intérêts à venir de la fabrication des sels, qu'on ouvrirait la porte à des fraudes que les antécédens du sieur Parmentier devaient faire craindre.

La majorité du conseil s'était rangée à cette opinion, et cependant M. Teste avait adopté et défendu une opinion contraire, et s'il s'y est rangé, non sans hésitation, c'est parce que la question devait bientôt renaître. Il faut même remarquer que, dès le début de la correspondance, l'opinion de M. Teste, non pas seulement sur le principe de la concessionnalité, qui pouvait cependant éveiller les scrupules de quelques esprits timides, mais même sur l'étendue du périmètre à accorder, n'était pas connue du général Cubières et du sieur Parmentier, qu'ils y comptaient et qu'ils exprimaient tout haut leurs espérances à cet égard. On se rappelle en effet que, dès le 25 février 1842, le sieur Parmentier signalait MM. Legrand et de Cheppe comme des morcelleurs; qu'il craignait la désignation que M. de Cheppe pouvait faire d'un rapporteur, mais qu'il pensait, d'après les dispositions manifestées par M. Teste, qu'il pourrait indiquer lui-même le rapporteur, et qu'il le choisirait bien sans doute. Que l'on rapproche ces faits des paroles de M. le sous-secrétaire d'Etat, déclarant que, quant à lui, il n'avait jamais de parti pris dans une affaire avant la lecture du rapport et la discussion devant le conseil des mines, et on se demandera ensuite si la conduite de M. Teste a eu cette prudence et cette réserve qui doivent faire taire le soupçon.

M. Teste a objecté qu'en définitive, en ne votant pas dans le conseil des mines, il avait réservé sa liberté d'action; que rien n'aurait pu l'empêcher d'appuyer l'avis favorable au grand périmètre, s'il avait été vis-à-vis de la compagnie Parmentier dans les liens d'un contrat coupable: qu'au contraire, dans son rapport au roi et dans son projet d'ordonnance, il s'était rangé à l'opinion de la majorité, et l'avait défendue.

Qui ne comprend les périls d'une pareille marche, si M. Teste l'avait suivie? N'était-il pas à peu près certain que, malgré l'avis du ministre, la grande concession, combattue par des rapports contraires à tous les degrés de la hiérarchie administrative, ne s'appuyant que sur un avis du conseil des mines, dans le sein duquel les voix auraient été également partagées, ne recevrait pas la sanction du conseil d'Etat? Et M. Teste, en ne s'exposant pas à ce danger, en paraissant réserver à la compagnie Parmentier le moyen de reprendre la question dans des conjonctures moins menaçantes; ne faisait-il pas un acte de prudence en même temps que par une combinaison très habile il dissimulait aux yeux des parties intéressées l'échec qu'il venait d'éprouver? Enfin, il n'est pas exact que, dans son rapport au roi, M. Teste se soit approprié l'avis du conseil des mines. Il l'a subi, au contraire, en annonçant qu'il ne s'y rangeait que provisoirement, dans l'état des choses, pour le moment, dans l'espérance que la question se représenterait, et qu'alors il pourrait faire prévaloir son opinion sur celle de la majorité du conseil des mines.

Ce n'est pas seulement devant le conseil des mines que M. Teste défend les intérêts de la compagnie Parmentier. On se rappelle la difficulté soulevée par le domaine sur l'acte du 2 mars 1842, acte à double face, par lequel les dix-sept associés qui y figurent s'étaient emparés de la raison sociale Parmentier, Grillet et compagnie pour s'approprier les effets de la demande en concession de 1840, et repoussaient cette raison sociale lorsqu'elle pouvait les exposer à l'exécution des condamnations prononcées en 1841 contre ceux dont elle se composait à cette époque. Avec quelle vivacité M. Teste ne s'est-il pas jeté dans cette lutte! La correspondance le dit, et à côté de cette correspondance, à la date même indiquée par elle, le 22 septembre 1842, vient se placer la lettre écrite par M. Teste, qui témoigne de l'irritation que lui causait la conduite prudente et sage de l'administration des domaines. Il ne convient pas de rechercher de quel côté était le droit et la raison dans cette discussion ni d'en reproduire les argumens. On constate seulement que l'avis du conseil d'administration des domaines avait été partagé par le secrétaire général et par le ministre des finances; que le comité des travaux publics, de l'agriculture et du commerce a également vu dans l'acte du 2 mars 1842 la germe d'une pensée mauvaise; que l'assemblée générale du conseil d'Etat, se rangeant de l'avis de son comité, n'a pas voulu reconnaître la société de 1842 et a fait remonter les effets de la concession à la demande de 1840; que cette dernière assemblée était présidée par M. Teste, qui défendait cette fois encore son projet d'ordonnance et qui, malgré tous ses efforts, n'a pas pu le faire adopter. Ainsi les promesses de la correspondance s'accomplissaient. M. Teste présidait les deux conseils toutes les fois que les intérêts de Goubenans y étaient débattus, et dans les séances consacrées à l'examen de cette affaire, M. Teste adoptait toujours l'avis le plus favorable à la compagnie Parmentier.

Peut-on concilier les faits dont il vient d'être rendu compte avec les paroles prononcées par M. Teste à l'ouverture de la séance de la chambre des pairs le 4 mai dernier: « Dans l'affaire spéciale dont le sentiment public s'est justement ému depuis l'ouverture de l'instruction jusqu'à la consommation de l'œuvre par l'ordonnance royale, il n'y a pas même eu l'apparence d'un conflit d'opinion. »

Dans son ensemble et dans ses détails, la correspondance se trouve confirmée par les faits; les actes mêmes de l'ancien ministre des travaux publics justifient le rôle que cette correspondance lui assigne. La conduite administrative de M. Teste, isolée des lettres, exciterait l'étonnement si elle ne faisait pas déjà naître le soupçon; mais n'est-elle pas tristement éclairée par les lettres dont désormais il n'est plus possible à M. Teste de récuser le témoignage? Tout s'enchaîne et se suit dans cette grave accusation. Tous les faits se lient les uns aux autres, se combinent entre eux et se prêtent un mutuel appui.

Au commencement de 1842, on voit éclore la pensée de la corruption. Cette pensée grandit peu à peu; elle se produit au dehors et rencontre des adhésions qui se traduisent en exigences plus grandes que ses prévisions. Elle augmente ses ressources; elle en rend la disposition plus facile et moins dangereuse. L'affaire de Goubenans languit jusqu'au moment où les dernières combinaisons qui doivent la vivifier sont arrêtées.

A partir de l'acte du 18 juin 1842, tout se ranime; le rapport est déposé, un jour est indiqué pour la discussion devant le conseil des mines; un incident fâcheux amène un retard nécessaire, mais au retour du ministre la demande marche avec une rapidité nouvelle; l'avis du conseil intervient; il n'est pas aussi favorable qu'on l'avait fait espérer, mais par les soins du ministre tout est réparable encore.

Les pièces sont transmises au ministère des finances; des difficultés imprévues s'élèvent, une nouvelle lutte s'engage à laquelle tout le monde prend part; enfin l'ordonnance de concession paraît, le règlement des comptes entre les parties met au grand jour la somme des sacrifices qui ont été consommés pour la corruption. Vainement des explications sont tentées pour donner à la correspondance une origine différente de celle qu'elle entend se donner elle-même; tous ces efforts aboutissent à des impossibilités que la raison désavoue. Dès ce moment, la culpabilité des corrupteurs et de l'intermédiaire est démontrée; elle implique comme conséquence fatale la culpabilité du fonctionnaire corrompu. Il ne reste plus qu'à chercher son nom; ce nom est écrit dans toutes les lettres. On examine ses actes, et il se trouve qu'ils répondent aux faits révélés par la correspondance. La correspondance dit que l'affaire, devant les périls d'un rapport défavorable, a dû subir un ajournement, et cet ajournement a été subi, sans qu'on puisse lui assigner une autre cause que celle indiquée dans la correspondance. La correspondance dit que le secret des rapports et des délibérations du conseil des mines a été livré à l'intermédiaire de la corruption, et ce secret lui a été livré. La correspondance ajoute que c'est le ministre lui-même qui a livré ce secret, et parmi les révélations dont l'intermédiaire s'est emparé, il en est une qui, au moment même où elle était livrée aux intéressés de Goubenans, reposait encore dans les mystères de la pensée intime du ministre. La correspondance contient des exagérations au profit de la corruption, qui voulait au moins se donner les apparences d'un grand zèle pour l'accomplissement des promesses qu'elle ne pouvait pas toutes tenir, et la plus forte de ces exagérations prend son point de départ plus haut que l'intermédiaire, qui n'en est que l'interprète. La correspondance annonce que devant le conseil des mines et devant le conseil d'Etat, les intérêts de Goubenans trouveront un défenseur dans M. Teste; avant même que l'instruction ait jeté ses premières lueurs sur l'affaire, la correspondance sait que le ministre sera pour la concession la plus large, et l'événement ne fait défaut à aucune des prédictions de la correspondance. Le ministre est pour la concession du grand périmètre: devant les manifestations contraires qui rendent cette concession impossible, le ministre s'abstient, mais avec l'espérance de reprendre plus tard la question. Le domaine lutte contre la possibilité d'une fraude qui est dans les habitudes et la pensée du sieur Parmentier, le ministre combat le domaine avec une telle ardeur qu'elle va jusqu'à blesser son collègue. L'un des comités du conseil d'Etat se range à l'avis du domaine; le ministre ne se rend pas, il défend son œuvre, et sa résistance ne s'arrête que devant l'adoption du projet d'ordonnance, qui ne lui permet plus de la continuer. Ainsi, de la culpabilité du corrupteur on avait pu, sans témérité, conclure à la culpabilité du ministre. Dans les actes de celui-ci, on trouve tout à la fois et la preuve de sa culpabilité et la confirmation de toutes les charges qui pèsent sur les trois accusés. A l'égard de tous, la correspondance a dit la vérité et la justice, en la suivant, ne s'est point égaré dans ses voies.

En conséquence sont accusés :

1° Amédée-Louis Despans-Cubières, pair de France;
2° Marie-Nicolas-Philippe-Auguste Parmentier;
3° Leu-Henri-Alain Pellapra,

D'avoir, en 1842, corrompu par offres, dons et présens le ministre des travaux publics, pour obtenir la concession d'une mine de sel gemme située dans le département de la Haute-Saône ;

Jean-Baptiste Teste, pair de France,

D'avoir, à la même époque, étant ministre des travaux publics, agréé des offres et reçu des dons et présens, pour faire un acte de ses fonctions non sujet à salaire;

Amédée-Louis Despans-Cubières,
Et Leu-Henri-Alain Pellapra,

De s'être, à la même époque, en employant des manœuvres frauduleuses pour faire naître la crainte d'un événement chimérique, fait remettre une portion des fonds destinés à la corruption, par les associés de Gouhenans, et d'avoir, par ces moyens, escroqué ou tenté d'escroquer partie de la fortune d'autrui,

Crimes et délits prévus par les art. 177, 179 et 405 du code pénal.

Fait au parquet de la cour des pairs, à Paris, ce trente juin mil huit cent quarante-sept.

Le procureur général DELANGLE.

La cour se retire dans la chambre du conseil pour délibérer sur le réquisitoire présenté par M. le procureur général du roi au commencement de l'audience, et elle rend l'arrêt suivant :

« Après en avoir délibéré dans la chambre du conseil ;

» Vu l'arrêt de la cour, en date du 20 juin dernier, déclarant qu'il y a charges suffisantes contre,

» Leu-Henri-Alain Pellapra,

» D'avoir, en 1842, corrompu par offres, dons et présens, le ministre des travaux publics, pour obtenir la concession d'une mine de sel gemme située dans le département de la Haute-Saône ;

» 2° De s'être, à la même époque, en employant des manœuvres frauduleuses, pour faire naître la crainte d'un événement chimérique, fait remettre une portion des fonds destinés à la corruption par les associés de Gouhenans, et d'avoir par ces moyens escroqué ou tenté d'escroquer partie de la fortune d'autrui ;

» Crimes et délits prévus par les articles 177, 179 et 405 du code pénal ;

» Et ordonnant en conséquence sa mise en accusation pour ces faits ;

» Attendu que ledit accusé a été régulièrement cité à comparaître ce jourd'hui, en exécution de l'arrêt de la cour,

» Et qu'il n'a point obéi à la justice,

» Ordonne que ledit Leu-Henri-Alain Pellapra, âgé de 75 ans, né à... ancien receveur général, demeurant à Paris, quai Malaquais, 17 ; taille de 1 mètre 75 centimètres, yeux bleus, nez aquilin, visage allongé, teint coloré, sera pris au corps et conduit dans telle maison d'arrêt que le président de la cour désignera pour servir de maison de justice près d'elle ;

» Ordonne que le présent arrêt sera exécuté à la diligence du procureur-général du roi;

» Fait et délibéré au palais de la cour des pairs, à Paris, le jeudi 8 juillet 1847, en la chambre du conseil, où siégeaient M. le duc Pasquier, chancelier de France, président,

» Et messieurs... (Suivent les cent quatre-vingt-dix signatures)

» Lesquels ont signé avec le greffier en chef.

» Pour expédition :

» Le greffier en chef de la cour des pairs,

» E. CAUCHY. »

Audience du 9 juillet 1847.

M. LE CHANCELIER. L'audience est ouverte.

Les huissiers font entrer les témoins dans la salle qui leur est destinée.

M. LÉON DE LACHAUVINIÈRE donne lecture d'une pièce où il est dit en substance :

1° Que M. Léon de Malleville, vice-président de la chambre des députés, s'est présenté devant M. le chancelier et a déclaré avoir reçu de M. Armand Marrast, rédacteur en chef du *National*, six pièces relatives au procès pendant devant la cour des pairs, et déposer ces pièces entre les mains de M. le chancelier.

« Je déclare, du reste, a ajouté M. Léon de Malleville, ignorer complétement comment M. Marrast s'est procuré ces pièces. »

2° Que M. Armand Marast a fait la déposition suivante :

« Je m'appelle Armand Marrast, âgé de quarante-cinq ans, rédacteur en chef du *National*, demeurant à Paris. » Il dépose ce qui suit :

La première feuille n'est qu'un titre. Je fais observer en outre que, dans ces pièces, il y a quelques notes qui sont également écrites de ma main, mais je ne les ai pas copiées.

D. Où se trouvent les originaux ? — R. Permettez-moi de ne pas répondre à cette question-là ; je ne pourrais le faire sans trahir la confiance qu'on accorde à un journaliste ; mais je peux dire que je crois de toute mon âme à la sincérité de ces pièces. J'en avais une certitude avant de connaître la procédure ; elle est devenue encore plus grande, s'il est possible, quand j'ai lu la procédure.

D. Pouvez-vous dire s'il y a longtemps que vous avez pris copie de ces pièces ? — R. Je puis affirmer avec précision que c'est l'avant-veille du jour où a été distribué le rapport de M. Renouard.

D. Vous croyez bien avoir pris copie sur les originaux ? — R. Non ; je ne puis rien dire de semblable ; vous devez comprendre ce que ma position a de délicat ; je suis exposé d'un côté à encourir le reproche d'avoir trahi la confiance dont j'ai été l'objet, de l'autre à laisser la justice s'égarer. Je n'ai pu m'empêcher de céder à l'émotion pénible que m'a causée l'accusation d'escroquerie portée contre un lieutenant général de l'armée, bien que je n'aie aucun rapport avec lui, aucune liaison avec sa famille.

Avant que le rapport de M. Renouard parût, comme je désirais écrire pour les lecteurs du *National* un exposé des faits, j'allai voir une personne liée avec M. de Cubières. La discussion engagée sur cette affaire, dans la chaleur du débat, cette personne s'écria : Cubières n'est pas un escroqueur, c'est un escroqué ! (Mouvement.) Comme je manifestais mon étonnement, cette personne me dit : J'ai là des notes qui porteraient la conviction dans tous les esprits et qui lèveraient tous les doutes.

Ma curiosité était vivement excitée, et poussé d'ailleurs par le désir que j'avais de ne pas voir l'épaulette entachée par une escroquerie, je refusai de m'éloigner avant d'avoir pris copie des pièces les plus importantes.

Après avoir lu le rapport de M. Renouard et les correspondances qui y étaient jointes, je fus frappé de la lacune qui se trouvait dans ces pièces et de l'accusation d'escroquerie qui en ressortait, et un jour que je me trouvais au milieu d'un groupe de députés où on parlait de cette accusation d'escroquerie, je fus entraîné à révéler à M. de Malleville les preuves que j'avais entre les mains et que j'ai remises à M. le chancelier. M. de Malleville me fit remarquer qu'un homme public ne pouvait pas laisser, sans de graves conséquences, sans un véritable remords, condamner à tort peut-être un lieutenant général pour escroquerie. Je lui répondis que j'avais cru ces pièces arriveraient à la connaissance de la cour par d'autres mains, mais la fuite de M. Pellapra ne lui a pas permis de remettre ces pièces. (Légères rumeurs.) Cet interrogatoire, ainsi que les pièces, ont été signés par le sieur Marrast.

M. le greffier continuant sa lecture : L'an 1847, le 9 juillet, etc., en présence de M. le chancelier, a été amené M. Cubières, à l'effet d'être interrogé sur les faits qui viennent d'être rapportés.

Les pièces dont M. le chancelier avait reçu communication ont été mises sous ses yeux et il lui en a été donné lecture, afin qu'il déclarât si elles étaient conformes à l'original.

Le général a dit qu'il reconnaissait le sens général de ces lettres, sans pouvoir garantir toutefois l'exactitude des expressions. Il ajouta qu'il ignorait comment elles avaient pu parvenir à M. le chancelier, mais que, pour lui, il n'était et ne voulait être ni révélateur ni dénonciateur. Ces pièces, poursuit M. le greffier, se composent de lettres de Cubières à Pellapra et de Pellapra à Cubières. M. le greffier donne lecture des lettres contenues au dossier susmentionné.

Ces pièces, fournies en original, se trouveront dans le

compte rendu de l'audience du lendemain.

M. LE CHANCELIER. Je vais procéder maintenant à l'interrogatoire des accusés.

Interrogatoire de M. le général Cubières

D. Dans votre correspondance, tout se réunit pour établir que vous étiez en relations assez habituelles avec M. Teste, ministre des travaux publics ; en effet, comment vous a-t-il été possible d'aller jusqu'à dire : — « J'ai reconnu que M. Teste marchait droit dans l'affaire ? » — R. Cela voulait dire que la marche de M. le ministre des travaux publics était conforme à vos intérêts, aux intérêts de la société.

D. Quand a-t-il été question des influences qu'on pouvait et qu'on devait exercer ? — R. L'affaire de Gouhenans a été naturellement un motif pour qu'on me fit des offres au sujet de l'influence que chacun pouvait exercer, c'est-à-dire qu'on m'a dit que l'influence était indispensable pour que l'affaire eût un résultat heureux. S'il ne s'était agi que de moi, je n'aurais pas songé à user d'influence ; si cela n'eût regardé que mes intérêts, je n'aurais pas accueilli les offres ; mais la société de Gouhenans ne jouissait pas d'un très bon renom.

D. Il est nécessaire de s'arrêter un peu sur quelques-unes des particularités de la correspondance. Votre lettre du 14 janvier à Parmentier est une des pièces les plus importantes du procès ; je vais vous citer quelques-uns des passages de cette lettre : « Vous aviez, y dites-vous, le moyen de vous procurer un appui intéressé dans le conseil. » Quel est celui des ministres sur lequel vous comptiez pour vous donner cet appui ? — R. Des personnes ont été jusqu'à supposer que les ministres pouvait devenir actionnaires dans l'entreprise.

D. Quelles étaient ces personnes ? — R. J'ai dit, dans mon premier interrogatoire, que je ne les nommerais pas, attendu que je ne pouvais attendre d'elles que des dénégations ; et que, dans tous les cas, elles ne pourraient me mettre à l'abri de la responsabilité que j'ai encourue.

D. Vous deviez, avez-vous dit aussi, vous imposer des sacrifices. Quelle est l'étendue des sacrifices auxquels vous deviez vous résigner ? — R. L'étendue de ces sacrifices n'a pu être déterminée à l'avance.

D. Mais quelle était la nature des sacrifices ? — R. La cession gratuite d'actions ou la cession d'actions à bas prix.

D. Vous vous êtes entendu à ce sujet avec Parmentier. Qu'avez-vous arrêté ? — R. Qu'il fallait obtenir vingt-cinq actions disponibles.

D. Votre lettre contient cette phrase : « Le gouvernement est dans des mains avides et corrompues. » C'est là une parole bien grave dans la bouche de tout citoyen, mais dans la vôtre elle est incompréhensible. Expliquez-la si vous pouvez ; quant à moi, je crois que c'est impossible… Je ne crois pas, je ne puis pas croire que vous ayez voulu généraliser, il faut que vous ayez eu un individu en vue, un objet en vue ; enfin, expliquez-vous. — R. Ces mots que vous me rappelez sont le résultat d'une impression sous laquelle je me trouvais alors… C'est parce qu'on avait cherché à me faire croire qu'il fallait trouver des appuis puissans pour surmonter les obstacles, que j'ai écrit la phrase que vous venez de citer. La phrase dont il est question est le produit, le résultat de l'impression sous laquelle je me trouvais… Du reste, les expressions rappelées n'étaient pas destinées à la publicité ; c'était une confidence qui devait rester secrète.

D. Passons maintenant à votre lettre du 26 janvier 1842. Dans cette lettre, les motifs sur lesquels vous vous appuyez pour obtenir de l'argent sont assez légers. — R. Je demande la permission de citer le passage de la lettre de février, relative à l'objet qu'on rappelle ; ce passage a de l'importance :

« Vous comprenez avec quelle impatience j'attends le résultat de vos délibérations en commun, et vous ne sauriez croire à quel point elle impatience est partagée par ceux qui s'intéressent à cette affaire… *Si leur pouvoir égalait leur empressement, nous pourrions être certains de l'avenir.* »

Cette phrase ne prouve-t-elle pas qu'il ne s'agissait que d'intermédiaires qui avaient du zèle, mais qui manquaient de pouvoir ?… Il ne s'agissait là que d'intermédiaires, et d'intermédiaires rémunérés.

D. Quels étaient ces intermédiaires ? — R. Nous avons eu un intermédiaire que j'ai nommé et que je reconnais encore : c'est M. Pellapra.

D. D'après le passage que vous avez cité, on pourrait croire que vous vouliez d'autres intermédiaires que celui-là. — R. Nous n'en avons pas qu'un qui ait agi.

D. On lit encore dans votre lettre : « Je ne consentirai pas à me charger seul de la négociation… Je pense que la société devrait s'en rapporter à vous et à moi sur le point

d'apprécier la nécessité et l'étendue des sacrifices. » Ne s'agit-il pas là de projets de corruption ? — R. Ce sont des projets de corruption si vous voulez, mais qui s'appliquent aux influences qui devaient appuyer les démarches que nous devions faire.

M. RENOUARD, rapporteur, donne lecture de l'acte passé à Vesoul, devant M° Lamboley, notaire, qui a mis 25 actions à la disposition de MM. Cubières et Parmentier, pour le bien et l'amélioration de la société.

M. LE CHANCELIER à M. le général Cubières. Expliquez ces mots : Pour l'amélioration et le bien des établissemens. — R. Je ne puis guère expliquer cela que parce que s'il y avait eu des actions vendues au lieu d'être données, le produit en serait retourné à la société.

D. Cela n'est pas admissible. Expliquez-vous maintenant sur la vivacité de la lettre dont on va vous donner lecture.

M. RENOUARD, rapporteur, lit la lettre suivante :

Le général Cubières à M. Parmentier.

24 février 1842.

« Maintenant c'est moi qu'on presse ; on m'a relancé hier et ce matin. On se montre très ardent, très désireux de terminer dans le plus bref délai. Peut-être est-ce en effet le meilleur moyen d'éviter des embarras, de prévenir des plaintes de la part de la concurrence.

» Voici ce qu'on offre de soi-même, et nous pouvons y compter :

» 1° Stimuler votre *P.* pour l'envoi immédiat et complet de toutes les pièces ;

» 2° Faire désigner un rapporteur selon le bien de la chose ;

» 3° Résister au système de morcellement ;

» 5° Avoir, comme on l'a déjà dit, un président à souhait, et faire avorter les prétentions adverses, si elles étaient appuyées dans l'un ou l'autre conseil.

» Il n'y a plus à hésiter, encore moins peut-on reculer devant un succès certain, succès auquel nous touchons, qui aurait pu se faire attendre longtemps encore et qui ne saurait être complet qu'avec l'appui décisif qu'on nous promet et dont nous avons déjà ressenti les effets.

» On insiste pour 50, tâchez donc d'obtenir le doublement. Je réponds, en attendant la réussite de votre épineuse négociation, je réponds certitude pour 30, doutes très grands pour 40 ou 45. Le ton qu'on prend avec moi dénote qu'il est impossible de traiter à moins de 45. Surtout point de délais. Le char est lancé, ne le faisons pas verser en l'arrêtant tout court. »

M. LE GÉNÉRAL CUBIÈRES. La vivacité appartient à l'intermédiaire

D. La lettre du 26 février est empreinte d'une plus grande excitation : l'individu désigné par la lettre T tient une très grande place dans la négociation ; qui désignez-vous par M. T… ? — R. Il n'y est indiqué qu'une fois.

D. Peu importe ; du reste il y est indiqué deux fois : enfin qui désigne cette initiale T… — R. C'est M. Teste. (Bruit.)

M. LE RAPPORTEUR. Vous écriviez encore à cette même date du 26 février : « On se montre toujours très empressé de surmonter ceux (ces obstacles) qui restent à franchir pour atteindre au but définitif. On parle toujours d'en finir promptement. C'est, dit-on, une nécessité pour éviter de nouveaux concurrens ou pour les prévenir. *Ceci m'a remis en mémoire le mot de M. T. au sujet d'un quatrième concurrent qu'il appelait, s'il vous en souvient, un demi-concurrent.* J'ai demandé positivement qu'on me fit connaître ce quatrième rival, afin que nous sachions s'il est sérieusement à craindre, ou bien si ce ne serait qu'un épouvantail pour nous disposer à céder plus facilement aux exigences que nous sommes disposés à satisfaire, mais sans sortir de certaines limites que la raison et l'équité nous défendent de franchir. On m'a promis une réponse pour demain, si on parvient à s'entretenir aujourd'hui avec la personne qui peut donner l'explication demandée.

D. Il y a un passage important, c'est celui où on parle d'un mot de T….. sur un quatrième concurrent. Il semblerait en résulter que M. Teste voulait augmenter la somme des sacrifices qu'il exigeait de vous. — R. Il n'y avait encore aucun sacrifice fait.

M. LE CHANCELIER, après avoir donné lecture d'une note de M. Cubières sur un projet de répartition d'un certain nombre d'actions, lui demande quel était le but de ces diverses combinaisons d'actions dont on retrouve la trace à diverses reprises dans ses papiers.

M. CUBIÈRES. C'étaient les détails d'actions que je projetais d'acheter pour moi ou pour mes amis. On a dit que ces combinaisons d'actions et ces notes cachaient des intentions coupables ; cela n'eût pas été possible ; M. Parmentier ne l'aurait pas souffert.

M. LE CHANCELIER. Vous dites que vous ne vous seriez pas permis de vous approprier des actions : toutefois, pour les vingt-cinq actions dont il s'agit cela était très facile, car pour l'emploi auquel vous les destiniez, on évite de donner des quittances, et vous pouviez en définitive disposer de ces actions comme vous le jugiez convenable, n'ayant pas surtout à en rendre compte à la compagnie. — R. On n'en devait pas compte à la compagnie, mais j'en devais compte à M. Parmentier, qui était garant de leur emploi avec moi.

. M. Cubières est ensuite appelé à s'expliquer sur l'acte du 18 juin, par lequel il est fait cession avec réserve de réméré, de vingt-cinq actions des usines de Gouhenans, à M. Pellapra par M. Parmentier. M. Cubières insiste à ce sujet sur la fausse interprétation donnée à l'emploi des fonds résultant des transactions faites sur les actions. Il maintient que jamais ces fonds n'ont été à sa disposition, qu'ils sont restés entre les mains de M. Pellapra, et qu'il n'est pour rien personnellement dans l'affectation qu'on reçue ces fonds.

M. LE CHANCELIER. Ainsi, vous voilà armé de tous les moyens d'obtenir les résultats que vous poursuiviez, et, en effet, vous insistez près du ministre, et dans votre lettre du 28 juin 1842, vous le qualifiez du titre : du Patron; vous parlez de la première remise qu'il a ordonnée au rapport sur la commission ; enfin, cette lettre atteste des rapports assez intimes entre vous et le ministre.

M. CUBIÈRES. Une partie des renseignemens contenus dans cette lettre m'ont été donnés par M. Pellapra ; quant aux autres, je les avais recueillis dans les bureaux. Quant au terme de Patron, il n'a pas d'autre importance que de désigner le maître de la maison. (Rumeurs.)

D. Il est incontestable, du reste, que vous ayez connu M. Teste ; vous avez dû avoir des rapports avec lui. Maintenant je vous demanderai si vous avez lu le billet adressé par M. Teste à Pellapra, et dans lequel le ministre explique les causes de l'ajournement du rapport? — R. M. Pellapra me l'a lu.

M. LE CHANCELIER. Votre lettre du 28 juin 1842 montre de votre part une démarche directe et très significative.— R. Cette lettre est la conséquence des communications que j'avais reçues de M. Pellapra. Je n'ai pas raconté un seul fait qui ne m'ait été communiqué par M. Pellapra. (Rumeurs diverses.)

M. TESTE. Dans cette lettre il y a un fait qui ne vient pas de M. Pellapra, qui est tout personnel à M. Cubières, c'est la visite à l'hôtel du ministère pour s'informer du temps de mon absence. M. Cubières dit avoir obtenu ce renseignement de Mme Teste.

M. CUBIÈRES. Je n'ai pas ce souvenir présent.

M. TESTE. Il sera prouvé que ce qui est contenu dans cette lettre est faux, car Mme Teste était alors aux eaux avec moi. (Bruit.)

M. LE CHANCELIER. Comment les faits étaient-ils venus à votre connaissance, par qui ?

M. CUBIÈRES. Par M. Pellapra et par les bureaux.

M. LE CHANCELIER à M. Despans Cubières. Nous arrivons maintenant à la seconde phase de l'affaire. La concession a été accordée, si je ne me trompe, le 3 janvier 1842. Vous consentez alors une vente à M. Pellapra de huit de vos actions , d'après une contre-lettre saisie au procès ; il n'y a rien de vrai dans cette contre-lettre, et vous ne pouvez le nier, car la simulation est évidente ; or, cette simulation prouve que vous aviez quelque chose d'important à faire ou à cacher.

M. CUBIÈRES. Cette cession de ma part a été consentie à M. Pellapra, parce que je pensais qu'il pouvait avoir droit à une rémunération ; je lui en fait l'abandon dans l'espoir que de mon côté j'arriverais à me procurer d'autres actions.

M. LE CHANCELIER. Ce qui n'empêche pas que cette vente ne soit en réalité une simulation frauduleuse. C'est démontré aussi parfaitement que possible. Maintenant, les 100,000 fr. laissés à M. Pellapra étaient, dans la vérité, à votre disposition, et précisément pour le service de la corruption, à laquelle vous vous étiez dévoués, dites-nous si vous avez fait ou ordonné un emploi quelconque dans ce but, de tout ou partie de cette somme de 100,000 fr.? — R. Je n'ai fait aucun emploi de sommes quelconques ; si M. Pellapra en a fait emploi, il en est responsable.

D. Cette réponse n'est pas convenable. Vous étiez responsable de 100,000 fr. vis-à-vis de M. Pellapra. Personne ne croira jamais que M. Pellapra ait pu en disposer sans votre assentiment. — R. Mais je ne sais pas si M. Pellapra en a disposé.

D. Vous dites que vous ignorez si Pellapra a disposé des sommes. Mais s'il en a disposé, dites en faveur de qui il aurait pu en disposer. — R. Il ne me l'a pas dit.

D. Mais comment pouvait-il en disposer, d'après les pouvoirs que vous lui aviez donnés ? — R. Il pouvait en disposer dans le sens des sacrifices à faire pour obtenir la concession. C'est M. Pellapra qui était chargé de démêler si des sacrifices étaient à faire ou à ne pas faire. Cependant, je dois dire qu'il aurait payé un ministre si le ministre l'avait exigé.

D. Mais l'a-t-il fait ? — R. S'il l'a fait, il ne me l'a pas fait connaître.

D. Personne n'admettra, quelque persistance que vous mettiez dans vos affirmations, que vous avez ignoré le nom de cette personne ; tout résiste à cette allégation.

M. CUBIÈRES, d'une voix très émue. Dans une affaire aussi fâcheuse que celle-ci, je n'avais avant tout qu'une pensée prédominante, c'était de n'accuser personne... (Sensation.) Cette volonté, je ne puis plus y obéir ; je n'en suis plus le maître ; ce ne sera pas par mon fait que la révélation se produira...

D. Eh bien, savez-vous quelle était la personne à laquelle M. Pellapra devait remettre la rémunération? — R. Je ne la connais que par l'assertion de M. Pellapra.

D. Vous vous mettez de ce moment en contradiction avec tout ce que vous venez de déclarer jusqu'ici. Vous n'ignorez pas, dites-vous, le nom de cette personne, dites-le donc hautement. (Vif mouvement d'attention.) — R. Encore un mot, je ne le connais pas moi-même, mais, encore une fois, seulement par les assertions de M. Pellapra : M. Pellapra m'a dit que les sommes en question devaient être remises au ministre lui-même. (Sensation.—Extrême agitation.)

M. LE CHANCELIER à M. Teste. Vous venez d'entendre ce qui vient d'être dit; qu'avez vous à répondre , car je n'ai pas actuellement de question à vous adresser...

M. TESTE. Ma réponse complète exigerait le développement de tout un système, car la cour est obligée d'admettre qu'il y a eu corruption, et à cette assertion j'oppose la dénégation la plus formelle ; ou elle doit admettre qu'il y a eu autour de moi des gens qui ont abusé de mon nom, qui se sont vantés d'un crédit qu'ils n'avaient pas, qui ont créé, par des moyens vulgaires, organisé ce que j'appellerai, pour me servir du terme le moins sévère, une spéculation... (Mouvement.)

Ils ont combiné le plan d'une prétendue corruption pour s'en attribuer les avantages. Je l'établirai par les pièces mêmes du procès, et dès maintenant, si la cour le veut.

Je m'étais imposé la loi de renfermer en moi des sentimens bien pénibles, jusqu'à ce que le débat eût reçu tous les développemens, et j'espérais en faire ressortir le néant des accusations portées contre moi. J'adjure donc la cour de permettre que l'interrogatoire de M. Cubières se termine complétement , ou de me permettre une réfutation immédiate qui m'entraînerait dans un véritable plaidoyer.

Quant aux machinations qui ont eu lieu, j'ignore ce qu'elles ont produit et à qui elles ont produit ; une partie des fonds destinés à la corruption est restée dans les mains de M. Pellapra, cela est évident ; le surplus est-il allé dans d'autres mains? je ne parle pas de celles de M. de Cubières, je l'ignore ...

M. CUBIÈRES. Vous ne pourrez, messieurs, même dans les hypothèses les plus défavorables pour moi, voir dans cette autre chose que la preuve que mon rôle en tout ceci a été celui d'une victime. M. Pellapra avait remis cent mille francs à M. Teste. (Vive sensation.) J'ai surtout à cœur de repousser une accusation qui tendrait à faire croire que j'ai contribué au dépouillement de quelqu'un ; je dois dire encore, pour rendre justice à M. Pellapra, que, s'il est de la complication des circonstances, le sacrifice retombait en entier à ma charge, il a voulu m'en exonérer de la moitié. Qu'on fasse contre moi ce qu'on voudra, mais ce que je tiens à prouver, c'est que je n'ai dépouillé personne, qu'on le sache bien ; tout le reste m'est indifférent. (Mouvement.)

M. TESTE. Je poserai une seule question à M. Cubières. Il avait des rapports fréquens avec moi, mille relations nous rapprochaient ; comment ne lui est-il pas venu à l'idée de s'adresser à moi pour s'expliquer, quand tant d'occasions s'en présentaient ?

J'admets que M. Cubières ait fait des sacrifices ; mais ce n'est pas une raison pour que ce soit moi qui en aie profité ; et pourquoi, je le répète, avant ce scandale, n'est-il pas venu me dire : Avez-vous reçu quelque chose ? me donner avis de ce qui se passait. En ce moment ce procès éclate sur ma tête comme une bombe.

M. CUBIÈRES, avec une vive émotion. On me demande pou u

quoi je ne me suis pas adressé à M. Teste : c'est parce que j'avais écrit à M. Pellapra, et je ne voulais pas m'attaquer à M. Teste. Je préférais payer 80,000 fr. et ne pas accuser quelqu'un. (Rumeurs diverses.)

M. LE PROCUREUR GÉNÉRAL DELANGLE, à M. Cubières. Vous savez que l'imputation dirigée contre vous est celle d'escroquerie et vous savez sur quels élémens repose cette imputation; eh bien! dites, oui ou non, si vous reconnaissez comme exacts les détails des lettres lues ce matin.

M. CUBIÈRES. Je reconnais l'ensemble des faits sans pouvoir témoigner de la vérité des détails. On vient de prononcer le mot d'escroquerie : tant que ce mot n'est sorti que de la bouche de cet homme (Désignant du geste M. Parmentier.), j'ai pu mépriser l'accusation; mais du moment où la justice de mon pays l'a relevé contre moi, j'ai été douloureusement atteint par ce coup terrible.

Si vous en croyez, messieurs, la voix de M. Parmentier, vous ne marcherez dans cette affaire qu'à la lueur du dol et du mensonge. (Mouvement prolongé.) Mais je demande si le mot d'escroquerie peut être jeté à la face d'un homme qui s'est constamment dépouillé, et qui a contribué de sa bourse dans tous les sacrifices qui ont été exigés.

L'émotion qui domine M. Cubières lui permet à peine de se faire entendre.

M. LE PROCUREUR GÉNÉRAL. Alors, tout dans vos lettres est-il vrai ? Dans vos lettres, vous avez allégué des faits qui, selon M. Parmentier, ne sont pas l'expression de la vérité. C'est par là qu'on est arrivé à la pensée de l'escroquerie. Je vous demande donc si vous maintenez comme vraie toute votre correspondance de 1814 à 1844?

M. CUBIÈRES. Tous les détails donnés par mes lettres, je les tenais de M. Pellapra; si M. Pellapra me disait vrai, ils sont vrais.

M. LE PROCUREUR GÉNÉRAL. Et les communications qui venaient de vous-même, sont-elles vraies.

D. D'où vous est venue la pensée de la corruption? R. de M. Pellapra.

M. LE PROCUREUR GÉNÉRAL. A quelle époque M. Pellapra vous aurait-il tenu ce discours? — R. Au moment où il aurait été question de la concession.

D. Est-ce en 1842? — R. Ce doit être en 1842.

D. Quelle était la situation de M. Pellapra? — Il y avait deux choses en M. Pellapra : son intérêt dans l'affaire et son influence au ministère.

D. Est-ce son influence au ministère ou son influence sur le ministre des travaux publics? — R. Son influence sur le ministre des travaux publics, à cause de ses anciennes relations avec lui. (Mouvement.)

D. M. Pellapra vous a-t-il dit que si vous ne faisiez pas un sacrifice d'argent, vous n'obtiendriez pas la concession? — R. Il m'a dit qu'alors il y aurait des lenteurs, des faveurs accordées à nos concurrens.

D. Enfin M. Pellapra vous a-t-il parlé d'acheter le ministre des travaux publics? — R. M. Pellapra n'a parlé de sacrifices à faire.

D. Et M. Pellapra vous a-t-il dit que ces sacrifices étaient destinés au ministre des travaux publics? — R. Oui. (Sensation.)

D. Dans une de vos lettres, il est question d'un quatrième concurrent; M. le ministre des travaux publics vous a-t-il parlé de ce quatrième concurrent? — R. M. Parmentier était avec moi chez M. le ministre des travaux publics quand il a été question du quatrième concurrent.

D. Est-ce le ministre qui en a parlé? — R. On en a parlé.

D. Vous étiez en relations de tous les jours avec M. Teste? — R. Non pas avec lui en rapport de tous les jours, mais seulement avec M. Pellapra.

D. En 1842 vous aviez nécessairement connaissance de ce qui se passa, car vous disiez dans une de vos lettres que vous étiez soutenu contre la fiscalité par MM. Pellapra et Teste. — R. Oui, j'ai dû naturellement m'exprimer ainsi, car M. Pellapra agissait avec M. Teste, et ce dernier avait, je puis dire le mot, une grande complaisance à faire sortir le dossier du ministère des finances; la société avait en ce sens trouvé appui en lui.

M. LE PROCUREUR GÉNÉRAL. Vous êtes revenu à plus de vérité. Après avoir nié la remise des cent mille francs, vous en êtes convenu. Eh bien, maintenant, au nom de l'honneur, nous vous adjurons de dire toute la vérité sur ces cent mille francs.

M. DE CUBIÈRES. Il n'est pas besoin, monsieur, de me rappeler à l'honneur pour que je dise la vérité. Je ne puis dire autre chose que ce que je dis.

D. Mais enfin, M. Pellapra n'a pas remis les cent mille francs de son argent? — R. Je ne sais.

D. Général, nous vous en supplions, dites toute la vérité.

M. LE CHANCELIER. Livrez à la cour les pièces des procès civils; tout vous y oblige; nous ne saurions comprendre les motifs de votre résistance.

M. DE CUBIÈRES. Je regrette de ne pas partager les idées de M. le chancelier sur ce point, mais, dans ma pensée, il ne me paraît pas convenable de livrer ces pièces.

M. LE CHANCELIER. On pourrait comprendre les raisons de convenances, mais aujourd'hui qu'une partie de la vérité est connue... les voiles sont déchirés...

M. DE CUBIÈRES. Permettez...

M. LE CHANCELIER. L'indiscrétion est commise; rien ne saurait vous arrêter. Montrez maintenant les pièces.

M. CUBIÈRES, après un moment de réflexion. Je tiendrai compte de l'observation.

M. LE CHANCELIER. Nous allons procéder à l'interrogatoire de M. Parmentier; cet ordre me paraît le meilleur, puisque M. Teste a à répondre aux deux à la fois.

M. L'AVOCAT GÉNÉRAL GLANDAZ. Il vaudrait mieux vider l'incident de suite et produire les pièces. •

M. DE CUBIÈRES. Quand l'audience sera finie, je pourrai savoir où elles sont.

Interrogatoire de M. Parmentier.

M. LE CHANCELIER. L'instruction vous signale comme ayant eu la première idée de la corruption. Vous l'auriez eue dès 1831, pour la tenter près de M. le ministre des finances; cela résulte des documens de l'instruction. Expliquez si vous pouvez pourquoi vous êtes venu si souvent à Paris, pourquoi vous êtes retourné si souvent à Lure; n'était-ce pas pour combiner les moyens de corruption en faisant consentir par les sociétaires d'abord un nouvel arrangement en les décidant à faire le sacrifice de 25 parts d'intérêt? expliquez ensuite le référé et tous les actes étranges qui l'ont suivi.

M. PARMENTIER. Non, messieurs, en 1841 ni en 1842 je n'ai eu la pensée de corrompre. M. Teste, comme ministre, devait mettre en activité le système qui détruisait le monopole. D'un autre côté, M. Humann, concessionnaire des mines de Dieuze, était ministre des finances; je pensais qu'il pourrait lui paraître convenable comme à nous de former l'alliance de Dieuze avec Goubenans. Je désirais que la conclusion de cette alliance fît cesser toute hostilité.

M. de Cubières ne partagea pas mon opinion; il m'écrivit dans un sens tout opposé pour me proposer d'utiliser certaines influences; ce que je redoutais, c'est que M. de Cubières s'alliât à nos rivaux; voilà comment je fus amené à paraître adhérer à ses plans. J'eus l'air de croire à ses propositions, à ses espérances, mais je n'en avais que l'air, croyez-le bien, messieurs, l'examen des actes vous le démontrera.

Que résulte-t-il de l'acte du 8 juin 1842? Que M. de Cubières est dépositaire des vingt-cinq titres au porteur. L'acte a été fait double et sur la copie qui a dû être saisie chez M. de Cubières. Il est dit particulièrement que l'emploi de 200,000 fr. n'aurait lieu qu'après la concession. Cette défiance de ma part prouve avant tout que je ne croyais pas à la corruption.

Après la concession, je disais à M. Pellapra « qu'il m'importait fort peu que M. le ministre eût fait une restriction qu'en réalité il n'avait pas faite; » j'étais en effet convaincu que toute corruption avait été étrangère à la concession; je connaissais d'ailleurs assez bien le caractère de résolution de M. Teste, pour être persuadé que s'il l'avait voulu, il nous eût très bien concédé par ordonnance 14 kilomètres.

M. LE CHANCELIER. Vous vouliez d'abord un périmètre de vingt, puis subsidiairement de quatorze, et en définitive, vous ne l'avez obtenu que de six kilomètres; n'est-ce pas plutôt le mécontentement que vous avez éprouvé de cette réduction qui vous a porté à soutenir après coup que vous n'aviez pas cru à la corruption ?

M. PARMENTIER. Jamais je n'ai cru à la possibilité de la concession de vingt kilomètres, ni même de quatorze, et je ne pouvais l'avoir après la connaissance que j'avais de l'avis de l'inspecteur des mines.

M. LE PROCUREUR GÉNÉRAL DELANGLE. Comment le 24 décembre, après l'avis du conseil des mines et du conseil d'État, donniez-vous mandat à M. Cubières de disposer des 200,000 fr. pour l'usage convenu? qu'elle pouvait être l'utilité de cette dissimulation ?

M. PARMENTIER. Je n'ai pas reproduit la dissimulation, je n'ai fait que céder aux exigences de M. Cubières, en me ménageant les moyens cependant d'empêcher l'emploi des fonds.

M. DELANGLE, procureur général. Non, ce n'est pas là la conduite que vous deviez tenir, vous eussiez dit : Nous n'avons pas obtenu tout ce que nous demandions, et au lieu de lui en faire l'observation, de lui reprocher de n'avoir pas obtenu tout ce qui avait été promis, vous ratifiez la dispense de rendre compte, et vous faites des démarches au ministère ; des notes de vous l'attestent.

M. PARMENTIER. C'est là une manière de discuter comme une autre ; je répète que je n'ai pas cru à la corruption.

M. TESTE. Je déclare n'en avoir non plus aucun souvenir.

M. LE PROCUREUR GÉNÉRAL. Croyez-vous que c'était le fait d'un homme d'honneur de renouveler à trois reprises le manége que je vous signale, puis de diriger des menaces contre M. Cubières et contre Mme Cubières elle-même, de dévoiler la correspondance !

M. PARMENTIER. Je voulais obtenir la restitution du réméré, je ne voulais que cela. M. Cubières m'avait offert les vingt-cinq actions au porteur et je n'en avais pas voulu. C'est quand il m'a parlé d'échange d'actions que je me suis fâché et que j'ai commencé mes menaces. Si j'avais cru à la corruption et que je n'eusse pas voulu en payer le prix, sans doute j'aurais fait un usage bien illégitime des lettres ; mais je n'ai pas cru à la corruption, devais-je en payer le prix ? On dit encore que c'étaient là des lettres confidentielles ; je n'ai jamais pu comprendre cette idée. Comment ! on me confie qu'on veut me ruiner, et il faut que je reste silencieux.

Parmi les torts que je reprochais à M. de Cubières, il y avait différens faits ; j'avais cru qu'il tendait à s'emparer, sous le nom d'un industriel, de l'établissement de Gouhenans, en jetant le découragement parmi ses propriétaires. Il avait des relations assez suivies avec M. Tionnier. Telle est une des causes de la lettre de janvier 1846.

Dans cette lettre, je ne manifeste pas l'intention d'obtenir de l'argent autrement que dans les strictes conditions de mon droit ; je voulais qu'il me payât mon réméré ce qu'il valait ; c'est à-dire deux millions et que'ques accessoires... Il voulait l'acquérir pour rien ou presque rien.

On semble aussi m'avoir écrit une lettre adressée à Mme de Cubières ; à cela je répondrai que cette lettre n'était pas écrite pour qu'elle la décachetât, et la preuve, messieurs, vous la trouverez dans la suscription même de la lettre qui portait : Madame Cubières ! (Exclamations.) Sans doute, messieurs, je croyais d'autant moins qu'elle la lirait, que Mme de Cubières était prévenue que je la lui adresserais. (Oh ! oh !)

Enfin, messieurs, ce que je tiens à vous affirmer, c'est que le procès civil intenté par moi à M. Cubières n'a pas été un prétexte, comme on l'a insinué, mais une nécessité de ma position, un moyen extrême pour rentrer dans mes droits et me faire rendre mon réméré : comment ! M. de Cubières n'ayant jamais corrompu ni voulu corrompre, il eût fallu cependant que je lui abandonnasse des sommes destinées à assurer une corruption à laquelle je me suis toujours refusé à croire, et qui, croyez-le, n'a jamais eu lieu.

M. LE CHANCELIER. L'audience est levée et renvoyée à demain midi précis.

Audience du 10 juillet.

M. L. DE LACHAUVINIÈRE donne lecture d'un procès verbal constatant la comparution de M. Cubières par devant M. le chancelier Pasquier, et l'interrogatoire qui a eu lieu. Il est ainsi conçu :

D. Vous avez désiré me parler, je suis prêt à vous entendre ; qu'avez-vous à dire ? — R. Je dépose entre vos mains les minutes des cinq lettres écrites par moi à M. Pellapra, et dont la copie a été lue à la séance d'hier.

M. LE CHANCELIER. On va donner lecture des pièces déposées par le général.

M. LÉON DE LACHAUVINIÈRE fait la lecture indiquée par M. le chancelier.

Voici le texte des pièces déposées par M. Cubières :

Lettre de Cubières à Pellapra.

Strasbourg, 29 août 1844.

Mon cher ami,

J'ai à vous annoncer une chose à laquelle je refusais d'ajouter foi au moment même où elle se passait sous mes yeux et à mes oreilles, tant elle blesse la délicatesse et tant elle dé-

n'est de turpitude. Il ne s'agit ni de la saline, ni de son exploitation, mais de la moralité qui a présidé à des transactions antérieurement consommées. Vous allez en juger par ce récit, aussi exact que possible, de la séance de Lure où j'ai en quelque sorte été mis sur la sellette.

Ayant prévenu, avant de quitter Paris, mon ami Parmentier que je serais à Belfort vers le 15 août, j'y trouvai une lettre de lui, qui m'invitait à venir à Gouhenans avant la réunion générale des copropriétaires, indiquée pour le 10 septembre, insistant principalement sur la nécessité de s'entendre avant de soumettre à l'assemblée générale une question sur laquelle il devenait impossible d'ajourner ses décisions.

Le 23, jour convenu et que j'avais indiqué dans ma réponse à M. Parmentier, je trouvai chez lui deux des principaux actionnaires qu'il avait également convoqués.

On s'entretint d'abord de la fabrication du sel, qui, après avoir rencontré des retards et des difficultés qu'on ne pouvait s'expliquer qu'imparfaitement, avait repris son cours habituel ; de l'écoulement des produits, qui, dans ses limites actuelles, dépasse 7,000 quintaux par mois ; d'un différend survenu entre l'établissement et un entrepreneur de transport par terre, qui a donné lieu à un procès qu'il faudra peut-être porter en appel s'il ne se termine à l'amiable ; des mesures à prendre pour arriver à la transformation de la société, soit comme anonyme, soit comme commandite ; enfin des bases de l'arrangement relatif aux circonscriptions que M. Grimaldi doit venir rectifier en personne, le 15 septembre.

Après avoir épuisé ces diverses matières, nous arrivâmes au sujet principal, que M. P. se chargea d'exposer, ainsi qu'il avait fait des autres questions. Dès lors il prit pour texte les sacrifices inutiles que nous avions cru devoir nous imposer pour obtenir la concession. Il déclara que dans son opinion les sacrifices n'étaient point pécuniaires, que la concession n'aurait pu être refusée ni même différée ; que l'administration des ponts et chaussées, et surtout le ministre qui la dirigeait alors, avaient déjà manifesté des intentions favorables pour qu'un intermédiaire rémunéré fût intervenu ; que lui, P.., n'avait cependant jamais été pris pour dupe par son intermédiaire, et que s'il avait consenti à le satisfaire, c'était moins pour s'assurer son aide que pour l'empêcher de nuire.

A cet égard il invoqua le témoignage de l'un des deux associés présens, lequel crut devoir déclarer que l'un de ses parens, ami intime du ministre T., et le voyant tous les jours, avait été tenu au courant de tout ce qui concerne l'affaire de Gouhenans, et que ce parent était prêt à soutenir devant toute l'assemblée qu'il était faux et calomnieux que quelqu'un du ministère eût, pour arriver à la concession, reçu soit un intérêt dans l'exploitation de la saline, soit une somme en numéraire, ajoutant que quiconque aurait voulu faire croire le contraire serait facilement démenti par la personne en question, qui ne ferait aucune difficulté d'éclairer l'assemblée sur ce point.

M. P..., reprenant et voulant corroborer l'assertion, annonça qu'il avait tenu note, jour par jour, des ouvertures, des promesses et des engagements transmis par l'intermédiaire, et que c'était pour lui autant de preuves que cet intermédiaire n'avait rien stipulé, rien obtenu, qui n'eût été réglé sans lui et de la même manière, tel, par exemple, que l'étendue du périmètre et l'époque de l'obtention de la concession, bien que l'intermédiaire eût pris engagement positif sur ces deux points, d'où M. P... concluait que l'intermédiaire n'a fait que fausses promesses, et que la plupart du temps il ne disait rien au ministre, quoiqu'il se donnât l'air de l'entretenir sans cesse...

Après ce préambule, qui fut plus d'une fois interrompu par moi pour repousser des insinuations dépourvues de vérité et qu'il serait impossible de prouver, M. P... en vint au point décisif.

Il déclara ne pas vouloir consentir à supporter seul *le sacrifice fait* pour l'obtention de la concession, attendu que ce sacrifice avait été fait dans l'intérêt de toute la société ; en conséquence, il annonça l'intention d'exposer à tous les copropriétaires réunis en assemblée générale l'objet de la vente à réméré des cinq anciennes parts d'intérêts cédées par lui à Pellapra, en demandant que le réméré soit annulé, et que la cession des cinq actions créées en plus des cent anciennes remplace pour M. Pellapra la cession consommée aux dépens de lui Parm.

Ainsi donc, il demanderait à l'assemblée générale l'autorisation de disposer en faveur de M. Pellapra des vingt-cinq actions créées par acte notarié sur titre au porteur en outre des cinq cents primitives, à la condition que M. Pellapra donnerait quittance du réméré.

Avant d'aller plus loin, je dois vous faire remarquer qu'il avait été convenu, verbalement il est vrai, entre ces messieurs et moi, que douze des vingt-cinq actions nouvelles serviraient à me couvrir des huit que je vous ai cédées, et à vous remplir des quatre que je vous avais promises, mais il n'y a rien d'écrit à cet égard ; aussi n'en tient-on aucun compte, comme vous voyez.

Sans paraître aucunement m'effrayer de l'espéce de publicité dont M. Parmentier nous menaçait, j'ai demandé pourquoi il ne s'appliquait pas à lui-même les nouvelles actions qu'il entend vous céder par autorisation de la société. Ce à quoi il a répondu que, n'ayant trempé en rien dans les transactions occultes, les désapprouvant, et restant convaincu que l'intermédiaire n'avait rendu aucun service à la société, ni facilité, ni avancé l'obtention de la concession, il entendait rentrer dans ses actions, dont l'aliénation pouvait en outre nuire à son crédit personnel.

J'ai dit ensuite que je regardais comme hors de son pouvoir et de celui de la société de revenir sur un acte consommé, qui ne contenait d'ailleurs aucun indice légal de tout ce qu'il trouvait à propos d'avancer aujourd'hui. M. P... n'a pas craint alors de soutenir qu'il prouverait à la société, et au besoin devant la justice, qu'il n'avait pas reçu la somme stipulée dont il avait donné quittance, qu'il invoquerait mon témoignage et la déclaration sous serment du notaire qui n'avait pas reçu l'acte en son étude, mais au domicile du cessionnaire, ajoutant que le seul moyen d'éviter cet esclandre, qui pouvait compromettre bien du monde et le ministre T... en première ligne, était l'échange qu'il proposait, et qu'au besoin cet échange pouvait se consommer sans la coopération de la société, à laquelle aucun compte ne serait rendu si on voulait traiter à l'amiable.

Après avoir combattu tous ces raisonnemens, sans manquer, comme vous pouvez croire, de qualifier leurs motifs, je ne pouvais conclure qu'en disant que j'aviserais après avoir informé la partie intéressée.

Depuis lors, ce fâcheux incident ne me sort pas de la tête, et voici le résultat de mes réflexions.

Nous sommes tombés dans un guêpier : la société est dans les mains de P., il la fera voter comme il voudra, et ne reculera pas devant un procès plus ou moins scandaleux. La cession de vingt-cinq actions nouvelles, quoique possible et valable avec des gens honnêtes, peut couvrir quelque nouveau piége.

Dans cette situation, pour vous dégager, je ne vois qu'un moyen et je n'hésite pas à vous le proposer, quoiqu'il rejette sur moi tout le poids du sacrifice et une perte considérable. Il me reste dix-neuf actions libres, ou dix neuf cinq cent vingt-cinquièmes du fonds social. Je vous offre la cession de ces dix-neuf actions, dont je vous donnerai quittance. Avec les huit que vous tenez de moi vous serez encore possesseur de vingt-sept, au lieu de trente-trois, il est vrai, mais vous serez à l'abri, et moi j'aurai satisfait à ce que l'amitié et l'honneur me commandent de faire, puisque c'est moi qui vous ai entraîné dans cette galère. Ceci fait, nous serons plus libres de poursuivre la cession des vingt-cinq actions en dehors, et de l'obtenir sans risques, car dès lors P. n'aura plus d'intérêt à brouiller les cartes.

Je resterai moi-même dans l'affaire pour huit actions qui me restent, mais qui ne sont pas entièrement disponibles. Dès que la société sera réorganisée, ce qui ne peut tarder, les actions prendront un cours qui permettra de les réaliser sans perte. Je vous laisse libre de faire par la suite ce que vous croirez possible pour m'indemniser, m'en remettant entièrement à vous, comme toujours.

Le général Cubières à M. Pellapra.

18 avril 1842.

Mon cher ami,

Je réponds à votre lettre du 16, qui réclame de moi le complément de quarante mille fr.

Jusqu'à ce jour, par excès de condescendance et d'abnégation, j'ai eu le tort, gravement préjudiciable aux intérêts de ma famille, de me sacrifier trop légèrement, de m'exécuter trop facilement et aussi promptement que mes moyens me le permettaient. Je vous ai déjà versé vingt mille francs en deux paiemens, quoique en équité la somme que j'ai payée, ainsi que le complément restant à solder, vous fussent dûs par un autre, ce qu'il serait superflu de démontrer ici. Mais il est un terme aux sacrifices comme à l'abnégation ; j'y suis arrivé, et je viens vous le déclarer.

Avant tout, je dois vous dire que si j'avais reçu de vous un prêt d'argent, rien ne me coûterait pour compléter sans délai ma libération, alors surtout que vous la réclamez comme urgente, en me faisant connaître que vous avez un pressant besoin de fonds pour le 25 de ce mois. Mais, vous le savez comme moi, c'est de toute autre chose qu'il s'agit : vous ne m'avez avancé aucune somme, quoique j'aie mentionné le contraire, et il ne s'agit en effet que de satisfaire aux exigences déhontées de M. ***, qui a voulu réaliser un bénéfice à mes dépens, et sans doute aux vôtres, là où la probité la plus ordinaire lui commandait d'y renoncer.

J'aurais dû me révolter plus tôt, je l'avoue, contre ces exigences déhontées ; je pouvais les repousser dès le moment où elles se sont produites, et si je n'ai pas pris une détermination, c'est que j'ai cédé à des considérations qui vous étaient personnelles et qui prenaient leur source dans mon très ancien attachement pour vous.

Aujourd'hui, je ne veux plus être la victime et la dupe de M. ***. Mon parti est pris de me laisser actionner pour me soustraire, s'il est possible, à sa rapacité, afin de ne point payer ce que je n'ai jamais dû, et par conséquent afin de ne récupérer ce que je n'étais point tenu de payer. Je ferai donc connaître tous les faits, sous la foi du serment, et si, par impossible j'étais condamné à payer faute de pièces écrites assez explicites, j'aurais du moins la consolation d'avoir éclairé le public sur la moralité de M. *** en le forçant à se parjurer. Il m'en coûtera d'agir contre un de vos amis ; mais, à ma place, vous n'auriez pas attendu si longtemps et vous ne vous seriez pas laissé duper un seul moment.

Avant d'en venir à cette extrémité, je vous demande au nom de l'amitié de faire une tentative auprès de M. *** pour le ramener à des sentimens d'équité. Je vous prie d'insister pour qu'il me décharge d'une amende exorbitante dont il n'avait pas le droit de me frapper (1) ; enfin, pour obtenir qu'il rende ce qu'il a reçu de vous, et qu'il cesse de l'exiger de moi, qui n'ai profité de rien. Vous devez y parvenir facilement, car il a confiance en vous. Il est, dit-on, devenu très riche, et il ne doit pas être insensible au maintien de sa réputation, que sa position élevée dans la magistrature lui fait, plus qu'à tout autre, une nécessité de conserver intacte.

Dans le cas cependant où vous éprouveriez de la répugnance à vous charger de la négociation que je vous propose de tenter, je pourrai m'adresser à une personne, comme vous dans l'intimité de M. ***. Cette personne serait peut-être en position de la mener à bien ; mais, dans l'une ou l'autre de ces alternatives, il faudrait suspendre vos poursuites contre moi pour mon refus de paiement, et il conviendrait de m'avertir à l'avance du moment où vous seriez décidé à les commencer. Je vous fais cette demande en toute confiance, car vous ne devez pas désirer que je sois la victime de M. *** ; et d'ailleurs mes intérêts ne sont nullement opposés aux vôtres dans cette désagréable affaire, où je vous avais engagé à prendre part en raison des avantages que, dans mes prévisions, elle semblait devoir vous procurer (2).

Cubières à Pellapra.

Paris, 29 avril 1847.

Mon cher ami, il résulte pour moi de quelques paroles échangées entre nous sur l'objet et à l'occasion de ma lettre du 18 de ce même mois la crainte que vous ne compreniez pas la position qui m'est faite pour tout ce qui se rattache à l'affaire de la concession Gouhenans et à la cession gratuite des actions de cette saline ; en mettant sous vos yeux le résumé de cette affaire et son fâcheux résultat pour mes intérêts et ceux de ma famille, j'espère porter la conviction dans votre esprit en faisant ce dernier appel à vos sentimens d'équité et d'ancienne amitié.

Par divers actes notariés, dont l'un d'eux est entre vos mains, et avant l'obtention de la concession de la mine de sel, je suis devenu acquéreur de sept remièmes du fonds social de Gouhenans pour la somme de 165 mille francs, dont cent mille francs payés des deniers de feu M. Buffault, once de Mme de Cubières, de son vivant receveur général des finances.

Dès 1842, vous avez pris part aux démarches que la so-

---

(1) Ce membre de phrase est ainsi figuré dans la minute :
« Je vous prie d'insister pour qu'il me décharge d'une
» amende exorbitante dont il n'avait pas le droit de me frap-
» per. »

(2) Ce membre de phrase est ainsi figuré dans la minute :
« En raison des avantages que, dans ma prévision, elle ne
pouvait manquer de nous procurer. »

ciété Parmentier fut dans le cas d'entreprendre pour obtenir la concession du banc de sel gemme qui se trouvait dans le périmètre de la concession de houille que cette société exploitait à Gouhenans depuis plusieurs années.

Par acte passé devant Lamboley, notaire à Vesoul, le 5 février 1842, les copropriétaires de Gouhenans avaient autorisé la création de vingt-cinq actions ou cinq centièmes en dehors des parts possédées par eux toutefois, je ne comparus point à l'acte du 5 février, de même que M. Delphin Lanoir, qui a toujours refusé de le ratifier.

Cette création d'actions nouvelles avait pour but d'adjoindre à l'entreprise des personnes en position de donner du crédit à la société Vous trouvâtes qu'une société civile comme celle de Gouhenans, ne pouvait pas régulièrement émettre des actions au porteur, et, ne voulant pas les accepter pour rémunération de votre intervention, vous avez dés lors exigé de M. Parmentier une cession gratuite de cinq centièmes à prendre sur sa propre part. Cette vente fut faite sans bourse délier pour l'acquéreur et avec faculté de réméré pour le vendeur dans un délai de deux ans.

Vous exigeâtes en même temps et toujours sans bourse délier une cession d'un centième et trois cinquièmes de centième à prendre sur ma part, ainsi qu'une promesse de quatre autres cinquièmes de centième, mais dans le cas seulement où les vingt-cinq actions afférentes à l'acte du 5 février 1842 pourraient être régularisées. Par cette promesse écrite dans votre cabinet, vous exigeâtes en outre que je déclarasse avoir reçu la valeur des quatre susdits cinquièmes de centième, ce à quoi je n'aurais pas dû consentir, bien que vous ayez essayé de me démontrer que cela était nécessaire pour la légalité de la promesse. Toutefois, aujourd'hui comme alors, votre loyauté me rassure sur les conséquences de cette mention.

Plus tard, M. Parmentier ne pouvant consentir à porter seul le poids de votre rémunération pour une intervention dont, à ses yeux, l'utilité était plus que contestable, ne consentant pas davantage à se couvrir sur les vingt-cinq actions de surérogation de ce que vous aviez exigé de lui, persuadé d'ailleurs (ainsi que je vous le mandai de Strasbourg le 19 août) que votre intervention n'avait pas été réelle et ne devait pas être payée, attendu qu'une ordonnance royale délibérée en conseil d'État n'est point achetable de sa nature, M. Parmentier, disje, exigea à son tour la rétrocession de ses cinq centièmes, ce qui eut lieu par acte, auquel je suis intervenu, passé devant Mᵉ Roquebert, notaire à Paris.

Ce fut seulement alors que vous me déclarâtes que vous vous étiez mis à découvert de 100,000 fr. payés par vous à M. ***, et que les actions reprises par M. Parmentier vous laissaient sans nantissement, ajoutant que ledit M. *** refusait de vous rendre cette somme. En conséquence, vous me proposâtes de vous souscrire un engagement de 40,000 fr. dont il me serait possible de me couvrir sur les vingt-cinq actions à créer en dehors, actions précédemment refusées par vous, mais dont il était probable que la société ne changerait point la destination. Je cédai à vos instances, bien que je dusse conserver peur d'espoir d'obtenir pour vous les actions en question, mais demeurant persuadé alors, comme je n'ai point encore cessé de l'être aujourd'hui, que les 40,000 francs me seraient rendus si les actions n'étaient pas délivrées.

Maintenant, voici le compte de ce que votre intervention me coûterait si je pouvais être tenu de satisfaire à moi tout seul au prix qu'il vous a plu de mettre à vos services. Ce prix, déjà trop exagéré pour la société tout entière, ne saurait retomber sur l'un de ses membres, et j'aime à croire que vous ne refuseriez pas de reconnaître cette vérité, surtout lorsqu'il s'agit de l'un de vos amis.

Compte des charges résultant pour M. Cubières des engagemens et cessions que M. Pellapra a exigés de lui pour son intervention dans la concession de Gouhenans.

1° Une obligation pour tenir compte de ce que M. *** ne veut pas vous rendre, et quoique je ne puisse, à aucun égard, être sa caution envers vous,   40,000 fr.

2° Une cession gratuite d'un centième et trois cinquièmes de centième du fonds social, représentant moi, au prix que j'ai payé lesdites actions, la tant, somme de   40,000

Total à ma charge,   80,000

Je vous demande de quel droit vous pourriez exiger de moi un pareil sacrifice alors que les vingt-cinq actions de surérogation ne peuvent plus y faire face.

Sur le premier article, je vous demande si c'est à moi à

solder la corruption et à vous couvrir des 40,000 fr. que M.T.. vous a extorqués (1).

Sur le deuxième article, je vous demande si votre intervention doit me coûter 40,000 fr. à sortir de ma poche pour aller dans la vôtre.

Enfin, je vous demande ce que vous perdrez en me rendant mes actions, et je réponds d'avance rien, si ce n'est l'occasion de gagner.

M. LE CHANCELIER à M. Cubières. Les minutes des lettres qui viennent d'être lues sont-elles bien celles des lettres écrites par vous et M. Pellapra?

M. CUBIÈRES. Ce sont toutes les minutes des lettres échangées entre moi et M. Pellapra.

D. Pouvez-vous donner quelques éclaircissemens sur la manière dont on a pu prendre connaissance des minutes sur lesquelles ont été prises les copies qui nous sont parvenues par l'individu qui nous les a remises? (Rumeurs.) — R. Ces pièces faisaient partie du dossier d'un premier procès; elles m'ont été plus tard renvoyées; mais j'ignore dans quelles mains elles ont pu passer et on a pu en prendre copie.

D. Vous avez fait un mémoire: les pièces dont copie a été communiquée hier à la cour se trouvaient dans le dossier.... Qui a été chargé de rédiger ce mémoire? — R. M. Cuzon, avocat.

M. LE PRÉSIDENT SÉGUIER. Mais il n'y a pas d'avocat de ce nom.... (Si! si!)

M. LE CHANCELIER à M. le général Cubières. Vous parlez plusieurs fois dans cette lettre d'une rémunération à laquelle M. Pellapra a prétendu; quel était le montant de cette rémunération? — R. La rémunération devait être proportionnée aux actions qu'on aurait eues; elle devait être proportionnée à 25 actions.

D. Vingt-cinq actions; c'est-à-dire qu'elle devait être de cent mille fr. — R. C'était la part de M. Pellapra.

D. Il y avait une autre rémunération dont vous parlez aussi, quel en était le montant? — R. Ce n'est pas moi qui devais arrêter cette rémunération.

D. Les vingt-cinq actions ont-elles été remises à M. Pellapra? — R. Non; elles ne lui ont pas été remises.

D. Mais comment se fait-il que vous vous soyez acquitté envers M. Pellapra d'une somme de cent mille francs en lui payant quarante mille fr.? — R. J'ai payé quarante mille fr. et mes actions.

D. Vous avez pris l'engagement de payer ces 40,000 fr.? — R. Oui, par écrit.

D. Vous avez dit hier que M. Pellapra avait remis 100,000 fr. à M. Teste. — R. Il m'a dit d'abord qu'il les avait promis, puis il m'a dit qu'il les avait donnés.

M. LE CHANCELIER. Si M. le procureur général n'y voit pas d'inconvénient, nous entendrons immédiatement comme témoins MM. Léon de Malleville et Armand Marrast; et si l'avocat dont il a été questioné était ici...

UNE VOIX du milieu de l'estrade qui s'élève derrière les bureaux des accusés. Il y est, monsieur le président! (Mouvement général)

M. LE CHANCELIER. Eh bien, il sera entendu comme témoin.

M. Cuzon quitte la place qu'il occupait au milieu du public et sort de la salle.

M. LE CHANCELIER. Nous allons d'abord entendre M. de Malleville, vice-président de la chambre des députés.

M. de Malleville est introduit.

M. LE CHANCELIER. Vous déposez en vertu de mon pouvoir discrétionnaire; vous n'avez pas, en conséquence, à prêter serment. Dites vos noms, âges et qualité.

M. L. DE MALLEVILLE. Léon de Malleville, âgé de quarante-quatre ans, député. Je n'ai rien à ajouter aux déclarations qui résultent de l'acte de dépôt. Voici les circonstances qui ont amené ce dépôt. M. Armand Marrast, par une confidence que je n'avais nullement recherchée, m'avait communiqué la copie d'une série de lettres qui me semblèrent un élément important de cette affaire.

Je n'hésitai pas, à la vue de ces pièces, à dire à M. Armand Marrast qu'il devait saisir la chambre de ces pièces; il hésita par deux motifs: d'abord parce qu'il lui en coûtait d'expliquer par quelles voies elles lui étaient parvenues;

<hr>

(1) Dans la première rédaction de la minute, cette phrase était ainsi libellée: « Sur le premier article, je demande si c'est à moi à solder l'infâme corruption de M.** pour 40,000 fr. »

ensuite, parce qu'il avait l'espoir que ces documens arriveraient à la cour par une autre voie.

A l'ouverture des débats, ces documens n'étant pas encore parvenus, et M. A. Marrast étant venu me trouver, j'insistai pour la remise sans retard des pièces à la cour, car le premier besoin c'était que la vérité fût connue.

Alors il me remit ces pièces qui, selon lui, devaient servir seulement d'indices. Je transmis ces pièces à M. le chancelier. Je n'ai pas autre chose à ajouter; du reste, je n'ai jamais su ni de M. A. Marrast, ni par aucune autre voie, comment ces pièces lui étaient parvenues.

M. Armand Marrast est introduit.

M. ARMAND MARRAST. Je n'ai rien à ajouter à la déposition dans laquelle j'ai exposé comment les pièces avaient été remises à M. le chancelier. Mon intention n'était pas de faire arriver ces pièces dans les mains de M. le chancelier. Je les avais confiées à M. Léon de Malleville à la suite d'un débat qui avait eu lieu dans un groupe de députés, où l'on me paraissait soutenir que M. le général Cubières était coupable d'escroquerie.

Cette accusation portée contre un lieutenant général m'avait causé une émotion pénible, c'était avec un profond chagrin que je supportais cette accusation, et je cherchais les moyens de me persuader qu'elle était fausse.

Dès lors j'ai cru remplir un devoir et obéir à un bon sentiment en déclarant que j'avais entre les mains la preuve que le fait n'était pas vrai.

Quant à nommer la personne qui me les a confiées, je ne le ferai pas pour deux raisons : la première, c'est que je ne le dois pas ; la deuxième, c'est qu'elle est innocente de ce qui s'est passé.

J'ai copié les pièces sur des notes ; je m'étais promis de ne pas m'en servir, de ne pas les porter à la publicité, et je me suis tenu cette promesse, car je ne les ai pas publiées dans le *National*.

M. Cuzon est introduit.

M. LE CHANCELIER au témoin. Votre nom et votre profession ? — R. Louis Cuzon, avocat à la cour royale de Paris.

D. Vous avez été dépositaire du dossier dans lequel se trouvaient les pièces dont copie a été déposée entre mes mains et dont le général Cubières a remis aujourd'hui la minute au procureur général. Comment étiez-vous en possession de ce dossier ? — R. Je ne répondrai à aucune question avant que M. le général Cubières ait déclaré s'il considère ou ou non ce que j'ai fait comme un acte de conscience de ma part. (Sensation.)

M. CUBIÈRES. Les pièces dont il s'agit ont été remises au dossier d'une affaire sur laquelle M. Cuzon était chargé d'instruire ; je n'ai pas donné d'autorisation pour leur publication ; je suis que M. Cuzon en a souvent parlé avec des membres de ma famille.

M. CUZON. Je prie le général de dire s'il ne croit pas que dans cette affaire ma loyauté soit à l'abri de tout soupçon.

M. CUBIÈRES Quand M. Cuzon a parlé de ces pièces à des membres de ma famille, c'était dans mon intérêt : les intentions de M. Cuzon sont loyales à mes yeux.

M. CUZON. Maintenant, je puis m'expliquer. Il ne me serait pas possible de préciser au juste l'époque à l'époque à laquelle les pièces me sont arrivées. Le dossier qui les renfermait m'a été remis par le général sans qu'il sût précisément ce qu'il contenait.

Après avoir examiné attentivement les pièces dont il s'agit, je me rendis un jour chez le général, très heureux et très joyeux, car je croyais pouvoir lui dire et je lui dis : « J'ai trouvé un moyen qui sauve votre épaulette, je viens vous l'offrir. »

« Quel est ce moyen ? » me demanda-t-il. Je dis alors au général : « Dans les dossiers que vous m'avez remis, j'ai trouvé des pièces qui prouvent que dans l'affaire de Gouhenans vous avez été dupe. Dans le mémoire que je ferai, la pensée sera celle-ci : On accuse le général d'escroquerie, il a été seul escroqué. Qui a reçu ? je n'en sais rien ; je n'ai pas à m'en préoccuper. »

Le général me fit cette observation qu'il passerait pour un diffamateur On dira, ajouta-t-il, que je veux perdre les autres pour me sauver. Je lui répondis : « Général, ces sentimens doivent céder devant des intérêts de l'ordre le plus élevé ; songez à votre dignité de pair. » Je demande pardon de cette leçon, mais j'étais le défenseur du général, et j'aurais cru manquer à mon devoir en ne lui donnant pas ce conseil.... (Murmures d'approbation.) Je lui répondis donc : Songez à votre dignité de pair ; comme soldat, vous devez aussi à l'armée ; comme père de famille, vous vous devez à vos enfans. Quelles considérations peuvent donc dominer celles-là ?... (Nouvelle rumeur d'approbation.)

Quelque temps après il me fut donné mission de faire un mémoire dans le sens que je viens d'indiquer ; je le fis.

Un jour je vis M. Armand Marrast ; il était très animé contre le général, il alla même jusqu'à me dire : Votre Cubières est un escroqueur. —Je demande pardon à la chambre de me servir des mots mêmes qui ont été employés, mais c'est pour être plus fidèle. (Légère adhésion.) Je répondis : Le général n'est pas un escroqueur, mais c'est un escroqué.

Il y eut à ce sujet une lutte assez vive entre M. Marrast et moi ; je lui dis : J'ai la preuve de ce que je soutiens; mais je n'ai pas voulu alors lui communiquer aucune pièce.

Seulement je promis à M. Marrast, quand le mémoire dont j'étais chargé serait terminé, de lui en donner connaissance.

Ici je dois une observation à la cour : je n'étais pas alors l'avocat du général Cubières ; quand l'affaire de Gouhenans était venue, il avait eu recours à un talent que vous connaissez tous ; je n'étais donc pas l'avocat de M. Cubières, de sorte que j'étais beaucoup plus libre dans mes moyens.

Je prévins de la famille du général que M. Marrast avait l'intention de faire une publication en forme de mémoire dans lequel il serait obligé de conclure à l'escroquerie... Je fis comprendre la nécessité de désabuser M. Marrast et je dis même : Je suis à peu près engagé à cet égard ; la personne de la famille à laquelle je m'adressais me répondit : — Vous avez bien fait ; mais tâchez que M. Marrast soit discret. — Il fut convenu entre M. Marrast et moi qu'il garderait la bouche close sur les pièces dont il s'agit ; qu'il serait muet tant que le général et ses conseils n'auraient pas pris une détermination favorable à la publicité à donner à ces pièces.

M. Armand Marrast me rassura à cet égard-là ; il me rassura complétement, et j'avoue que j'ai éprouvé une bien grande surprise quand j'ai appris que la copie des pièces était parvenue à la cour.

Je n'ai pas cru qu'il fût convenable d'entretenir la cour des pairs de moi ; j'ai mieux aimé attendre le moment où il lui plairait de m'appeler, au risque d'accréditer des bruits qui couraient sur moi. (Non ! non!) On a bien voulu m'entendre ; les faits sont maintenant expliqués. (Mouvement général d'approbation.)

Interrogatoire de M. Teste.

M. LE CHANCELIER. Je vous demanderai comment vous expliquez l'intimité très grande qui aurait existé entre vous, M. Cubières et Pellapra ; comment vous expliquez les conférences avec M. Parmentier ?

Je remettrai sous vos yeux une lettre du 26 février 1842 dans laquelle il est question de conférences avec vous, de promesses faites et d'un commencement d'exécution ; on indique même que dans ces conférences le ministre marche droit dans la ligne qu'il avait promis de suivre.

M. TESTE. Je connaissais M. Pellapra ; dans l'instruction j'ai dit n'avoir eu avec lui que des rapports d'homme du monde ; ceci était pour répondre aux exagérations de l'instruction qui parlait d'intimité ; la vérité est qu'il y avait entre nous une bienveillance mutuelle ; je n'ai jamais entendu décliner la responsabilité de ces rapports ; c'est à leur naissance à l'affaire de Gouhenans qu'il faut se reporter pour voir ce que ces rapports ont pu exercer d'influence sur moi.

On l'a dit dès l'ouverture de ces débats, la pensée de corrompre n'était venue à personne. Je l'ai dit, moi ministre, je connaissais le droit de la compagnie, je voulais aller droit et ferme, appuyé sur la loi de 1840. Je savais bien qu'il y avait quelques questions à débattre avec le ministère des finances, mais j'étais déterminé à combattre tout ce qui n'était pas son droit strict.

C'est pour cela que dans les trois lettres on parle de ma détermination d'aller droit et fermement ; on savait mon opinion sur l'affaire.

Eh ! sans doute, mon opinion était bien connue ; on savait que j'appuierais la demande, que je voulais exécuter promptement, sincèrement, dans l'intérêt public, la loi du 16 juin 1840, qui tuait le monopole. Voilà ma réponse à la question de M. le chancelier.

M. LE CHANCELIER. Qu'on me permette de dire que je ne puis me défendre d'un sentiment de profonde douleur quand je vois avec quel excès de crédulité le général Cubières a accueilli les communications qu'il rappelle dans ses lettres.

Eh quoi ! rien ne venait-il donc repousser l'indignité qu'on me jetait à la face ? Il ne sait rien par lui-même, le général ; on le lui dit, et il le croit, et non-seulement il le croit, mais il l'écrit, il le répand. Je lui pardonne cet excès de crédulité, car il doit être bien navré de ce qui a suivi. Vous êtes là pour juger, pairs de France; vous flétrirez ceux qui se sont flétris, mais vous laverez ceux qu'on a voulu flétrir. (Mouvement.)

Quel germe fécond que la croyance au mal! Voyez, il est devenu la matière de la rumeur publique et d'un immense procès. Et contre qui s'élèvent ce procès, cette rumeur publique? Contre moi! Je n'ai pas l'honneur d'être le frère d'armes du général Cubières, je n'ai pas l'honneur de mon épée et de mes épaulettes à défendre; mais toute ma vie, avant, elle a été pure; partout j'avais laissé des souvenirs honorables. Et c'est vis-à-vis d'un homme sans reproches qu'un pareil soupçon se glisse dans l'esprit de M. Cubières, qu'il l'accueille!

Ah! je n'ai pas de colère contre lui, car je le plains trop du mal qu'il a assumé sur sa tête. Eh quoi! lui ministre en 1840, il accepte ces mots: « *Le gouvernement est dans* » *des mains avides et corrompues... et la presse sera bien-* » *tôt étouffée.* » Il les écrit de sa main, il les propage! Mais vous voyez bien qu'il ne croit pas ce qu'il dit; pourquoi voudriez-vous croire ce qu'il ne fait que rapporter?

Voilà ce que je voulais faire entendre au début; en le disant je ne suis pas mû par un sentiment de colère, mais par un sentiment de douleur; le malheur rend indulgent; que celui qui m'accuse puisse moins souffrir que je ne souffre depuis trois mois. (Mouvement d'intérêt.)

M. RENOUARD, rapporteur, sur l'invitation de M. le chancelier, donne lecture d'une lettre déjà publiée.

M. LE CHANCELIER. Qu'avez-vous à dire sur cette lettre?

M. TESTE. Je dis que nous serions bien malheureux si nous, ministres, nous n'avions pas, comme les autres hommes, le côté vraisemblable, le côté qui explique tout. En attendant que la lumière se fasse, et j'espère bien qu'elle se fera jour dans le débat, j'adjure M. le général Cubières de me dire si jamais il m'a fait des propositions de cette nature. Déjà il est entré dans la voie de la vérité; qu'il continue, qu'il fasse la part de tout le monde.

Voulez-vous voir qu'il y a plus que de l'invraisemblance dans cette lettre? elle est d'une date où l'instruction pour Gouhenans n'était pas faite; on n'avait pas l'avis de l'ingénieur ni celui du préfet. On n'avait pas besoin de moi à ce moment, parce que je ne pouvais rien, cela est clair. Et c'est dans de telles circonstances, quand je ne pouvais pas même avoir encore une opinion faite sur une demande particulière, que je ne pouvais avoir un plan arrêté, général pour l'application de la nouvelle loi, qu'on aurait tenté d'acheter une faveur future! Dans ce fait incroyable, je suis soutenu par l'espoir qu'aucun de vous ne pourra accueillir une telle supposition. Je repousse de toute mon indignation les accusations qu'on fait résulter de ces lettres.

M. CUBIÈRES. (Profond silence.) Je déclare qu'aucune des propositions ou des espérances signalées par la lettre dont il vient d'être donné lecture n'ont été faites par moi à M. Teste; que je n'eus, à cette occasion, aucuns rapports avec lui.

Ces dispositions dans lesquelles on disait qu'était le ministre, ces espérances, tout cela nous a été dit par M. Pellapra, c'était M. Pellapra qui espérait obtenir. Je n'ai jamais dit, non plus, que M. Pellapra se fût entendu avec M. Teste pour le prix de sa complaisance.

Voici seulement ce à quoi j'ai participé. J'ai vu avec M. Parmentier M. Teste pour lui indiquer les mesures à prendre, pour le prier de les pousser avec activité, entre autres l'avis du préfet.

M. LE CHANCELIER. Vous persistez bien à dire que des offres ont été faites et peut être agréées?

M. CUBIÈRES. M. Pellapra me le disait, et je le croyais.

M. LE CHANCELIER. Mais vous deviez présumer qui faisait ces offres et ces promesses?

M. CUBIÈRES. C'était M. Pellapra; c'était de lui que me venaient les renseignemens; je n'ai pas eu de communications avec le ministre.

D. Soit; vous n'avez pas eu de communications avec le ministre, mais vous aviez un intermédiaire en qui vous placiez votre confiance : en vous annonçant telle et telle chose, il est impossible qu'il ne vous ait pas dit qui lui faisait ces promesses. — R. Je n'ai pas d'autres explications à fournir.

M. RENOUARD, rapporteur. Il se trouve dans votre lettre du 26 février 1842 le passage suivant :

« Dans votre première lettre, vous serez à même de me faire savoir si toutes les mesures dont l'exécution nous fut annoncée d'avance dans le cabinet de M. T. ont reçu leur

exécution, et particulièrement si le préfet a reçu des instructions propres à hâter l'expédition de son rapport. »

Vous aviez donc eu un entretien avec le ministre?

M. CUBIÈRES. Nous nous étions rendus dans son cabinet avec M. Parmentier, et nous lui avions exposé les principaux motifs qui nous faisaient désirer qu'on hâtât l'instruction de l'affaire, et nous l'avions prié de la faire activer.

M. TESTE. J'ai eu une entrevue avec MM. Parmentier et Cubières; je ne le conteste pas, j'ai vu beaucoup de monde à l'occasion de cette affaire à laquelle s'intéressaient des pairs et des députés : quand MM. Cubières et Parmentier sont venus, j'ai écouté ce qu'ils m'ont dit et il n'y a rien de plus. Et comme je ne me vante pas d'une discrétion dont d'autres se font un grand mérite et que je ne crois, moi, bonne à rien, je leur dis que j'écrirais au préfet; mais jamais je ne me suis engagé ni n'ai promis de lui demander des conclusions favorables, et il y a plus, c'est qu'en définitive, je crois que je n'ai pas écrit au préfet, et ai laissé l'affaire suivre son cours régulier.

Maintenant, vous savez quelle conséquence on veut tirer des rapports de ces messieurs avec moi. Mais vous avez entendu M. Cubières : vous a-t-il dit jamais qu'il ait été question de corruption entre nous? A-t-il tenté de m'amener à une ombre de faveur? Non.

Je fais donc une part fort large en ce qui concerne les communications aux intéressés pour la défense de leurs droits; mais je repousse les impuretés qu'on y veut rattacher.

M. GLANDAZ, avocat général. Je ferai remarquer à la cour que M. Teste a écrit au préfet et cette lettre est contemporaine de celle du 24 février de M. Cubières à M. Parmentier.

M. l'avocat général donne lecture de la lettre adressée au préfet par M. Teste. M. Teste dit au préfet de hâter les délais de l'instruction relative à la concession de Gouhenans, de presser le rapport et de lui faire parvenir en toute hâte ce rapport, et il recommande du reste, en terminant, au préfet de montrer la même activité pour toutes les affaires de ce genre. Je le répète, poursuit M. l'avocat général, cette lettre administrative concorde avec la lettre du 24 février de M. Cubières, et cette lettre administrative est parvenue, car en réponse au passage de sa lettre où M. Cubières lui demande si les promesses faites ont été tenues, M. Parmentier répond qu'elles ont été tenues.

M. Teste donne quelques explications tendant à établir que les populations de l'Est se montraient fort impatientes de voir résoudre les questions relatives aux mines salifères et donner une interprétation définitive à loi du 10 juin 1840.

M. Delangle, procureur général, appelle les explications de MM. Teste et Cubières sur le passage de la lettre du 26 février, dans lequel on parle d'un quatrième concurrent, qu'on nomme demi-concurrent, et dont on craint que le ministre des travaux publics ne semble vouloir faire un moyen pour accroître ses exigences.

M. TESTE. Je ne me souviens pas d'avoir parlé d'un quatrième concurrent; je n'ai pas tenu un semblable langage. Il n'y a jamais eu que trois concurrens, et j'ajouterai que si en effet j'avais voulu élever mes exigences, comme on le dit, je n'aurais pas coupé en deux cette concurrence pour en faire une demi-concurrence.

M. DELANGLE. Général, vous rappelez-vous que le langage dont vous parlez dans votre lettre ait été tenu dans votre entrevue avec M. Teste?

M. CUBIÈRES. Je crois me rappeler que le mot de quatrième concurrent a été tenu.

M. DELANGLE. Et vous, Parmentier, vous rappelez-vous que ce propos ait été tenu?

M. PARMENTIER. Non, je ne m'en souviens pas.

M. CUBIÈRES. Je croyais l'avoir entendu, puisque je l'ai écrit.

M. LE CHANCELIER. Il se trouve une lettre du 10 mars fort importante; elle mentionne un véritable marchandage, une négociation pour satisfaire aux demandes de protecteurs dont on ne pouvait pas se passer.

M. RENOUARD, rapporteur, donne lecture de la lettre, dont il signale surtout ces deux passages :

. . . .
À tout cela, il me fut répondu comme précédemment, que l'on ne se départirait pas ces cinquante, et que si l'on devait rester au-dessous, ce serait de très peu, et qu'on ne s'y déciderait qu'au moment d'en finir sur cette affaire, qui devrait, m'a-t-on dit, être terminée depuis longtemps. Je ne manquais pas de motifs pour justifier les retards dont on avait l'air de se plaindre; ces retards tiennent à notre constitution

en société : ils ne sauraient être attribués ni à vous ni à moi.
J'ai témoigné que ces lenteurs me déplaisaient autant qu'à
personne, et, de crainte qu'elles ne fussent attribuées à un
calcul de ma part dans le but d'engager les protecteurs à
des démarches décisives avant de les avoir satisfaits, je me
suis hâté de déclarer que je demandais moi-même qu'on
ne s'occupât en aucune manière de notre affaire avant le
terme où il nous serait possible de faire une réponse définitive
ux demandes dont je vous ai entretenu . . . .
. . . .
Je suis talonné de manière à ne pouvoir refuser les entrevues qu'on provoque tous les deux ou trois jours. Quand
nous nous séparons, on me demande par quel courrier j'attends de vos nouvelles, et quand nous nous réunissons de
nouveau, je ne saurais faire mystère de vos lettres.

M. LE CHANCELIER. Cette lettre prouve à quel point la rémunération était nécessaire, car on croyait impossible de
s'occuper de rien avant qu'on fut en état de tenir les promesses qu'on faisait.

M. CUBIÈRES. Je n'ai pas prétendu qu'il y ait eu rémunération pour des services rendus.

M. LE CHANCELIER. Je le répète, cette lettre le prouve évidemment ; elle montre qu'il y a eu marchandage pour des services rendus.

M. CUBIÈRES. C'était pour rémunérer M. Pellapra.

D. Vous reconnaissez donc qu'il y avait des services qui
exigeaient rémunération ?

M. TESTE. Je dois faire remarquer que les passages de la
lettre dont on a parlé, que cette prétendue nécessité de préparer des moyens de rémunération, infirment précisément
toute la véracité de cette lettre. En effet, à cette époque on
poursuivait l'instruction locale, et il n'y avait rien à faire à
Paris ; il n'y avait qu'à se croiser les bras ; rien ne pressait
d'intervenir près du ministre, il ne pouvait rien, et ce n'é-
tait pas pour lui le cas de montrer tant d'empressement.

Voilà la foi qu'on doit ajouter à ces correspondances ;
que M. Cubières ait été abusé, c'est ce que je n'ai pas à décider, mais il est évident qu'il y a dans cette correspondance
une invraisemblance complète ; il est certain qu'il y a là un
but imaginaire pour obtenir de ceux qu'on voulait tromper
une rémunération.

M. DELANGLE, procureur général. Ainsi, vous reconnaissez qu'il y a escroquerie de la part de M. Pellapra ?

M. TESTE. Je n'ai pas à servir d'auxiliaire à l'accusation :
je ne suis pas ici pour accuser, mais pour me défendre. Je
crée des hypothèses qu'on peut rencontrer dans une foule de
cas, mais je ne vais pas plus loin. (Rumeurs.)

M. DELANGLE, procureur général. La réponse que vous auriez à faire est tellement naturelle, que je m'étonne que vous
ne la fassiez pas.

Teste, rappelez-vous qu'il faut qu'il y ait ici un ministre
vendu ou une escroquerie. Je vous demande de qualifier le
fait. (Mouvement.)

M. TESTE. Laissez-moi le soin de ma défense ; je sais où je
dois aller, je sais quelles nécessités exige la défense de mon
honneur. (Bruit.)

M. LE CHANCELIER. Il résulte de l'interrogatoire qu'il y a
un ensemble de lettres qui témoignent d'un même but à poursuivre, d'un même désir à réaliser ; ce but c'est la corruption ;
le désir c'est d'arriver à une protection efficace ; elles témoignent de l'individu à qui on s'adresse. Il est incontestable et
certain que de l'ensemble des lettres, car si séparément elles
peuvent présenter quelque incertitude, leur ensemble a une
grande force, il est certain que de leur ensemble, de la conduite suivie dont elles témoignent, il résulte quelque chose
de fort grave.

Teste répond, laisse entrevoir qu'il n'y a là que des
moyens dont il faut expliquer le but par un autre système
que celui qui l'accuse, par un autre délit. (Mouvement.) Il voit
là une grande machination, et dans l'accusation portée contre
lui il voit le résultat d'un autre ordre de crimes.

S'il n'y a pas sincérité dans les déclarations des lettres, il
faut convenir qu'on tombe alors dans une accusation d'escroquerie. Ce système a une grande importance pour les autres
accusés, et les engage à le repousser tandis qu'il se produit dans toute sa force par les conséquences des réponses
de M. Teste.

M. CUBIÈRES. Je répète ce que j'ai dit à la dernière séance :
j'ai fait tous les sacrifices.

M. DELANGLE. Hier, M. Cubières, à l'accusation d'escroquerie, a montré un grand chagrin ; les larmes lui sont ve-
nues aux yeux ; aujourd'hui, en présence des dernières lettres qui ont été produites, comment M. Cubières s'explique-

t-il ? Il semble reporter sa réserve, son indulgence, sur
l'un des accusés, et en accabler un autre. Cependant M. Cubières ne doit pas oublier que dans l'ensemble des lettres les
premières démarches viennent de Cubières et non de Pellapra ; il écrit qu'il a vu Teste.

Eh bien ! si M. Teste disait vrai, si les faits n'étaient pas
exacts, il y aurait eu escroquerie, et si vous attaquez, général, la sincérité de ce qui a été écrit par Pellapra, l'accusation qu'en pourrait celui-ci retombe sur vous, vous êtes complice de Pellapra. (Mouvement.)

Vous ne dites, général, qu'une demi-vérité ; eh ! la cour
n'a-t-elle pas été frappée de ceci : c'est que, lorsque M. Cubières parle d'engager des poursuites, ce n'est point contre
Pellapra, mais contre Teste, si clairement désigné qu'il est
impossible de s'y méprendre. Si donc il voulait faire directement un procès à M. Teste, c'est qu'il avait eu avec lui des
rapports à reus.

S'il en est autrement, cette accusation qui vous faisait
bondir sur votre banc doit se reproduire et retomber sur votre tête pour vous accabler.

M. CUBIÈRES. J'ai dit la vérité tout entière, j'ai dit quels
avaient été mes sacrifices. Maintenant on me demande si j'ai
eu des rapports directs avec M. Teste, mes rapports ont été
tels que vous les connaissez. On s'étonne de ce que je mena-
çais Teste et non Pellapra ; mais celui-ci m'avait dit que l'argent qu'il avait reçu il l'avait remis à Teste. J'ai dit, je le
répète, toute la vérité.

M. DELANGLE, procureur général. Mais alors considérez-
vous M. Pellapra comme ayant été capable de vous tromper ?

M. CUBIÈRES. J'ai dit que M. Pellapra avait remis la somme qui lui a été remboursée.

M. DELANGLE. Vous devez parler, général ; vous avez porté
l'épée du commandement ; vous devez à votre honneur de parler, vous le devez à la justice, à la manifestation de la vérité.

M. CUBIÈRES. Je n'ai pas d'autres déclarations à faire que
celles que j'ai faites.

M. DELANGLE, procureur général. Vous avez déclaré que
vous aviez été poussé par Pellapra ; considérez-vous donc
Pellapra comme un trompeur ?

M. CUBIÈRES. Cette question ne doit pas être posée. Quant
aux sommes remboursées à M. Pellapra, je devais seul supporter les sacrifices, puisque je l'avais engagé dans l'affaire.

M. LE CHANCELIER. Il s'agit de savoir si vous avez pu
écrire tout ce que vous avez écrit au sujet de la corruption
en conservant le moindre doute sur la corruption. En définitive, vous avez dû tout savoir ; vous avez tout su.

M. CUBIÈRES. J'ai cru à la réalité des paroles de M. Pellapra, puisque j'ai fait des sacrifices d'argent.

M. COUSIN. Monsieur le chancelier, voulez-vous me permettre d'adresser une dernière question à M. le général Cubières ? (Parlez.)

M. le général Cubières est évidemment sous le coup de
cette idée qu'il a plusieurs fois exprimée que, quoi qu'il puisse
arriver, il ne veut être le dénonciateur de personne. Cette
idée a pu le saisir par une apparence de générosité. Mais
sans lui, malgré lui, ses lettres, parvenues à la connaissance
de la cour, ont fait ce qu'il ne voulait pas faire ; elles ont dé-
noncé un coupable, elles accusent l'ancien ministre des travaux publics en des termes qui font un grand contraste avec
ses ménagements actuels.

Il faut que M. de Cubières démente ces lettres ou qu'il les
complète ; son ancien système de défense ne s'explique plus
en présence de la situation qu'un hasard heureux lui a faite.
Je rappelle au général, cette phrase de sa lettre du 18 avril
1846 :

« Je ferai connaître tous les faits sous la foi du serment,
et si par impossible, et si par hasard j'étais condamné à
payer faute de pièces écrites suffisantes, j'aurai du moins la
consolation d'avoir éclairé le public sur la moralité de M. ***
en le forçant à se parjurer. »

On ne parle pas ainsi sur la foi d'un autre, on ne parle
avec cette force que sur la foi de sa propre conviction. Le
général Cubières menaçait de dénoncer les exigences débon-
tées de M. ***, et aujourd'hui il se tait.

M. CUBIÈRES. M. Cousin me demande si je prétends démentir les faits contenus dans les lettres publiées contre
ma volonté : je n'ai rien à démentir.

On dit que je ne disais pas hier toute la vérité ; si je ne
la disais pas, c'est que je ne veux être ni dénonciateur ni
accusateur. Quant à mon rôle, je n'ai rien fait de plus que
d'agir près de M. Pellapra ; maintenant il m'a dit qu'il avait
remis les cent mille francs, et je ne sais rien de plus. Dans

mon âme et conscience je n'ai rien à dire au delà. (Mouvement.)

M. LE CHANCELIER. M. Teste, vous voyez que M. Cubières maintenant l'exactitude de sa correspondance, il résulte de là que vous avez dû recevoir 100,000 francs de M. Pellapra. Qu'avez-vous à dire à cet égard?

M. TESTE. Que j'ai reçu une toute autre impression de ce que je viens d'entendre sortir, pour la troisième fois, de la bouche du général Cubières. Qu'a donc dit le général? qu'il avait été mis par M. Pellapra dans l'opinion qu'il y avait corruption; mais il n'a rien dit qui fût de lui; telle est l'impression qui m'est restée des paroles du général.... Si cette impression n'est pas celle de la cour, en vérité je suis bien malheureux.

Et d'ailleurs, si je prends cette correspondance, à l'exception d'une lettre, d'une seule où je suis attaqué directement et où il est parlé de ce qu'on appelle ma grande fortune, dont je mettrai bientôt le triste tableau sous les yeux de la cour, à l'exception de cette lettre, qu'est-ce que j'y trouve? Rien qui ne soit l'effet d'une opinion inspirée par M. Pellapra.

Cette correspondance m'a été communiquée seulement depuis vingt-quatre heures; je la vois passer devant moi comme une erreur dans laquelle M. Pellapra a fait tomber le général Cubières.

Et voyez quel système on pratique à notre égard : d'un côté, on m'a dit à moi : Dénoncez l'escroquerie; de l'autre, on dit au général Cubières : Vous voilà atteint par l'escroquerie, dénoncez donc la corruption. Je demande si c'est là accorder une part égale aux accusés; je demande s'il est possible d'inventer une perplexité plus grande?

Je sens comme au premier moment, avec une profonde amertume, l'absence d'un homme placé sous le poids de la même accusation que ceux qui sont sur ces bancs. A ce moment-là, j'ai prévu qu'on serait enclin à supposer que cette absence était le résultat d'un concert, qu'on avait fait disparaître ce qui devrait être ici et qui n'y est pas pour le salut commun, et qu'on s'apprêtait à rejeter sur lui tout le poids de l'accusation.

C'est là une barrière qui m'a arrêté; si je ne m'étais pas senti en proie à un soupçon, j'aurais pu être plus hardi, plus à l'aise; mais je ne sais pas ce que c'est, moi qui suis ici pour défendre mon honneur, je ne sais pas ce que c'est que de m'instituer l'accusateur d'un homme qui n'est pas là pour me répondre, pour me contredire... Si M. Pellapra était sur ces bancs où il devrait figurer, je m'adresserais à lui et je lui demanderais des explications sur sa correspondance.

J'ai foi que cette accusation de corruption aurait été purgée par le choc d'une contradiction entière.

Pensez-vous que si ma conscience m'avait adressé un reproche, je n'aurais pas dérobé à la justice un coupable?

Mais non, ma conscience est pure, et je viens devant vous, non plus avec mes titres, avec mes dignités, qui auraient peut-être pu me valoir quelque bienveillance de la part de mes juges; je me présente devant vous dépouillé de tout cela... (Mettant la main sur son cœur.) J'ai réfugié là mon honneur; je l'ai commis à votre garde; il sortira de l'épreuve sain et sauf.

M. LE CHANCELIER. Laissons là maintenant le débat général et spécialisons. Quels sont les actes sur lesquels vous désirez que je vous interroge ou bien préférez-vous aller vous-même au-devant des questions dans un ensemble d'explications?

M. TESTE. L'accusation est au chef de corruption, il faut donc parler des actes qui correspondent à la corruption, ce sont les actes administratifs.

M. LE CHANCELIER. Désirez-vous que je vous interroge?

M. TESTE. Oui, monsieur le président, je préfère la forme interrogatoire à toute autre.

M. LE CHANCELIER. Quand le rapport de l'ingénieur des mines a été fait sur la concession de Gouhenans, s'il faut en croire la correspondance, vous en avez arrêté l'émission parce que vous ne trouviez pas ce rapport assez favorable aux prétentions de la compagnie. Tout cela était vrai, était exact, et M. Pellapra le savait de vous.

M. TESTE. D'abord il n'est pas exact de dire, comme on l'a prétendu, que l'instruction de l'affaire ait été satisfaisante. Le rapport est parvenu le 22 juin; je l'ai renvoyé le 25 au conseil des mines. On l'avait porté, je crois, à l'ordre du jour du lendemain. Cet ordre du jour est communiqué la veille au soir au ministre, qui retranche les objets qu'il veut ajourner. J'ai modifié l'ordre du jour; j'en ai retranché le rapport, et l'on voit là une preuve de la corruption.

Mais l'élément de la corruption était prêt dès le 18 juin; pourquoi donc aurais-je tenu cette conduite? Pourquoi l'ai-je tenue? Parce que j'étais convaincu de l'importance de l'affaire, parce que je voulais qu'elle fût l'objet d'un examen sérieux. Et je pars pour Néris, et je vais donner à ma santé des soins dont elle avait grand besoin.

On me reproche d'avoir présidé le conseil des mines; on voit encore là, dit-on, une preuve de la corruption... Mais j'ai présidé le conseil des mines parce que c'était mon droit et parce que c'était mon habitude.

J'ai lu dans l'acte d'accusation que j'y avais soutenu le grand périmètre; en vérité, en conscience, je ne m'en souviens pas; seulement il me paraîtrait étonnant qu'avec mon caractère, après avoir soutenu le grand périmètre, je n'eusse pas voté dans le même sens quand ce grand périmètre a été rejeté à cinq voix contre quatre, moi m'abstenant.

On a parlé beaucoup de mes bonnes dispositions pour ceux qui demandaient la concession; mais qu'on songe un peu que la distance est grande entre la bienveillance qu'aurait pu m'inspirer une concession sollicitée par un pair de France et par un financier haut placé, et le crime honteux de la corruption.

M. LE CHANCELIER. Il est un point sur lequel M. Teste n'a pas donné d'éclaircissements, bien qu'il ait son importance. D'abord devant le conseil des mines il avait soutenu avec animation la concession la plus large; puis dans une lettre au ministre des finances on voit également que vous avouez avoir été disposé à accorder les 44 kilomètres demandés; puis vous aviez donné des espérances à la compagnie Parmentier pour la consoler en quelque sorte de son échec. Ce sont là des indices qui ont de la gravité.

M. TESTE. Ces circonstances m'avaient échappé par leur ténuité même. Il y avait trois demandes en concurrence avec celle de Parmentier; mais ces demandeurs en concurrence n'avaient pas régularisé leur position, ils devaient donc être rejetés; ils ne furent qu'ajournés, et c'est cet ajournement que j'aurais présenté comme un espoir pour l'avenir! mais si cela avait été le complément de la chose promise, se serait-on contenté d'une espérance pareille? Du reste la compagnie Parmentier comptait si peu sur cet espoir, qu'elle n'a pas renouvelé sa demande.

M. LE PROCUREUR GÉNÉRAL. Dans la correspondance, on dit que vous avez fait biffer l'affaire du rôle, parce qu'elle se présentait mal et que le rapport était hostile en la forme et sur certains points peu favorable à un périmètre étendu.

M. TESTE. J'aurais donc fait la promesse fallacieuse de changer la forme et les conclusions d'un rapport. Eh bien! les faits sont encore là pour répondre : quand l'affaire est revenue de nouveau devant le conseil des mines, elle fut discutée sur le même rapport; M. Guenyveau n'avait en rien modifié ses considérations ni ses conclusions.

M. LE PROCUREUR GÉNÉRAL DELANGLE. Oui ou non, avez-vous écrit vous-même ce qu'on appelle le *billet du patron*, c'est-à-dire le billet où se trouvent les paroles que je viens de rapporter?

M. TESTE. Je ne saurais le dire, et il me semble que c'est là une exigence un peu grande après cinq ans de distance.

M. LE CHANCELIER. Avant de lever l'audience, nous avons une dernière question à adresser à M. Cubières. Il a dit qu'il tenait de M. Pellapra que ce dernier avait donné 100,000 fr. à M. Teste. Il a dû avoir une conviction excessivement profonde du fait, car sans cette conviction il n'aurait pas pu en parler si clairement, si positivement dans sa correspondance. (S'adressant à Cubières) : Votre correspondance est claire, formelle; je vous engage une dernière fois à confirmer votre déclaration; dites à la cour que vous êtes convaincu du don de cent mille francs. (Profond silence.)

M. CUBIÈRES. Je déclare que j'ai ajouté foi dans les paroles de M. Pellapra quand il m'a dit qu'il avait remis 100,000 fr. à M. Teste, et c'est parce que j'ai eu foi dans sa déclaration que je lui ai donné les sommes que j'ai déclarées.

Qu'il me soit permis de dire, puisque l'occasion s'en présente, que j'ai renfermé en moi toutes les angoisses que me fait éprouver l'accusation d'escroquerie une seconde fois prononcée dans cette enceinte; je ne crois pas que M. Pellapra soit un escroc, puisque je me suis engagé à lui payer les sommes qu'il a avancées. Hors d'ici comme ici, il n'y a pas d'escroc dans cette affaire. Qu'y a-t-il? C'est à vous, messieurs, à le trouver; pour moi, je n'ai l'assurance personnelle ni de l'escroquerie ni de la corruption.

Audience du 12 *juillet* 1847.

M. LE CHANCELIER. Maintenant il va être donné lecture d'une lettre adressée ce matin à la cour par M. Pellapra, ainsi que d'une lettre adressée par M. Pellapra à sa femme, et d'un certain nombre de pièces qui y sont jointes.

M. LÉON DE LA CHAUVINIÈRE donne lecture des pièces suivantes :

« Monsieur le chancelier,

» Au moment d'une fatale séparation, j'ai reçu de mon mari la lettre que je viens remettre dans vos mains.

» M. Pellapra s'est éloigné de Paris, moins pour satisfaire aux besoins de sa santé déjà fortement ébranlée que pour conserver l'honorabilité de son caractère, qui ne lui permettait pas d'accepter le rôle de dénonciateur qui lui était réservé.

» ... Mes efforts ont été inutiles ; on a interprété son absence avec une perfidie si grande que je dois faire connaître la vérité qui m'a été confiée... Le jour en est venu pour moi ; vous comprenez toute son a-mertume.

» J'ai attendu le dernier moment ; telle a été la volonté de mon mari.

» 12 juillet 1847.   Signé ÉMILIE PELLAPRA. »

Autre lettre ; celle-ci est du 2 juillet 1847.

« Chère amie,

» ..... Au moment de m'éloigner, je te fais remettre, par une main sûre et dévouée, des pièces qui suffiront à établir que si j'ai pu être cruellement compromis dans l'affaire..... je n'ai rien fait qui soit de nature à faire rougir un honnête homme.

» ..... Malgré certaines insinuations..... j'ai mieux aimé, pendant une longue et pénible instruction, rester exposé à d'odieux soupçons que de perdre celui qui a racheté par de si cruelles angoisses un instant de faiblesse..... (Mouvement.)

» Mais il est aussi un point que je ne puis laisser entamer, c'est l'honneur de mon nom.....

» . . . Les papiers qui serviraient au besoin à le couvrir ne peuvent être mieux que dans tes mains...

» ... Sois donc juge du moment où ce serait un impérieux devoir de les produire.

» Dieu fasse que ce moment ne se produise jamais !...

» Signé PELLAPRA. »

M. le greffier donne lecture d'une note par laquelle MM. P. G. et compagnie, depuis longtemps concessionnaires d'une mine de houille de Gouhenans et demandeurs en concession d'une mine de sel gemme dans le même lieu, déclarent que bien que pleins de confiance dans la justice de l'administration, et certains que la concession ne peut leur être refusée, ils comprennent la nécessité, pour écarter toute concurrence, de s'appuyer et de s'aider des conseils d'une personne influente et politique.

« Vous pouvez mieux qu'un autre, dit cette note, être cette personne, et la société est prête à vous concéder, dans ce but, un intérêt qui vous mette en participation avec les actionnaires.

» Le fonds social étant représenté par les mines de houille et de sel gemme, et étant divisé en 525 actions, nous sommes autorisés à disposer de 20 de ces actions en votre faveur. »

M. LE CHANCELIER. Général, si cette pièce n'est pas de votre écriture, la reconnaissez-vous pour l'avoir fait remettre à M. Pellapra ?

M. CUBIÈRES. Cette pièce n'est pas de mon écriture, mais ce n'est là que le résumé de ce qui a été dit.

M. de la Chauvinière soumet à M. Teste diverses pièces émanées de lui, et dont celui-ci reconnaît l'authenticité.

M. LE CHANCELIER. Les pièces dont il va être donné lecture sont des billets émanés de M. Teste, qui les reconnaît. (Mouvement.)

M. le greffier donne cette lecture.

La première des pièces porte en substance :

« 13 avril (sans indication d'année).

» Mon cher ami,

» On ne peut me donner que ce soir les renseignemens que j'ai demandés. Je m'enferme tout demain, mais je ne sais si la journée me suffira, et je voudrais bien avoir également celle de lundi. Envoyez mardi, tout sera prêt. »

Et plus bas :

» Il y a à peine une demi-heure que les renseignemens que j'avais demandés m'ont été remis ; je m'en occuperai demain dès quatre heures du matin. »

Autre billet.

« 16 avril.

» Mon cher ami,

» Quelques renseignemens de détail m'ont manqué ; je fais demander à cet égard une note spéciale. »

M. DE LA CHAUVINIÈRE. La pièce suivante...

QUELQUES VOIX. La note ! la note !

M. LE CHANCELIER. La note n'était pas jointe au billet, et n'a jamais dû y être jointe.

M. DE LA CHAUVINIÈRE. La pièce suivante est un billet du 24 juin, de M. Teste à M. Pellapra. (Mouvement.)

Le lecteur se rappelle que cette date est celle du billet apporté en substance dans une lettre du général Cubières à M. Parmentier, et comme adressée par le patron à M. Pellapra. Voici ce billet :

« Mon cher ami,

» Le rapport a été déposé hier soir, il est tout à fait contraire à mon opinion. Il conclut comme l'ingénieur et est fortement motivé. Il m'a paru utile de ne pas presser la délibération du conseil et de l'ajourner à mon retour, c'est plus sûr ; et ce ne sera qu'un retard de 25 jours. Tâchez que je vous retrouve en bonne santé. »

Une légère agitation succède à cette lecture.

M. LE GREFFIER lit aussi deux autres billets de M. Teste à M. Pellapra des 15 et 16 janvier 1845. Ils ne sont relatifs qu'à un rendez-vous que M. Pellapra demandait à l'ancien ministre en termes assez pressans.

Enfin M. le greffier donne lecture de quelques passages sans intérêt des interrogatoires de M. Pellapra, ainsi que de bordereaux produits par Mme Pellapra, d'où il résulterait que des effets montant à 121,000 fr. auraient été escomptés pour le compte de M. Pellapra par M. Goubie, agent de change, chez M. Grillet et Cie, banquiers, place Saint-Georges, et convertis en bons du trésor au nom de M. T...

M. LE CHANCELIER. Ces pièces seront soumises à l'agent de change dont le nom y est mentionné.

M. CUBIÈRES. La position que j'ai été obligé de prendre, et qui m'a amené ici, le chagrin que j'en ai ressenti, ont pu jeter quelque obscurité sur mes déclarations. Avant que ce débat ne soit terminé, j'ai besoin de résumer ces déclarations.

Oui, j'avoue, quoi qu'il m'en coûte, que j'ai cru à la corruption ; je l'ai crue nécessaire au succès de l'affaire dont je m'étais chargé. Les premières ouvertures ont eu lieu entre M. Pellapra et moi ; j'ai cru, d'après les récits qu'il me faisait chaque jour, aux entretiens qu'il avait avec le ministre, j'ai cru qu'il lui avait promis 400,000 fr. Cependant j'ai abandonné un moment cette idée quand j'ai vu que l'ordonnance royale était si peu d'accord avec les promesses qui avaient été faites. Mais j'ai cru et j'ai dû croire que M. Pellapra avait payé 100,000 fr. quand il me l'affirmait, et si j'avais eu quelque motif de suspecter cette déclaration, je n'aurais pas payé. Or, j'ai remis d'abord 40,000 fr. ; précédemment j'avais remis quarante autres mille francs représentés par 8 actions ; enfin j'ai souscrit la promesse de 4 actions représentant 20,000 fr., ce qui, avec les frais que j'ai payés, représente 105,000 fr.

Voilà la vérité tout entière, complète, et j'affirme sur l'honneur que je n'ai jamais eu de rapports personnels avec le ministre des travaux publics, du moins sur les questions d'argent : c'est M. Pellapra, et j'ajoute que je ne saurais considérer et que je ne considère pas M. Pellapra comme un malhonnête homme. Comme je l'ai fait remarquer, il a réduit mes sacrifices, et il n'est resté à ma charge que 55,000 fr.

Messieurs, c'est avec une douloureuse tristesse que je confirme ces déclarations, et je ne m'y serais pas résolu si mon honneur n'était pas compromis ; je ne me serais pas avancé autant si je n'avais pas dû toute la part de vérité que je possède à mes anciens compagnons de Waterloo.

J'ai dit tout ce que je savais, je n'ai rien de plus à ajouter : vous pouvez me condamner, mais vous ne me déshonorerez pas.

Je sais que la vérité est la seule force près de vous ; mais qu'il me soit permis d'appeler votre attention sur les bruits qui nous environnent et troublent ce débat. Tantôt c'est un accusé absent qui va se représenter ; tantôt ce sont des lettres de Mme Teste qui courent la ville ; on est allé plus loin, on a dit que mon défenseur avait fait des efforts pour m'empêcher de parler : c'est le contraire qui est la vérité. M. Baroche m'a dit : Ne pensez qu'à vous, à votre honneur, à vos enfans. Voilà le rôle qu'il a pris ; c'est le rôle contraire qu'on lui a prêté.

Je ne voulais pas jouer le rôle de dénonciateur, mais quand

j'ai vu l'accusation me placer *entre* cette espèce de tenaille, la corruption et l'escroquerie, quand je me suis vu pressé au nom de mon honneur de dire la vérité, j'ai dit ce que je savais : je n'ai pas un mot de plus à ajouter.

M. TESTE. Je reconnais comme émanant de moi les billets qui ont été lus à l'instant ; l'accusation prétend y trouver une nouvelle force ; j'espère que mes explications démontreront qu'ils sont complétement insignifians.

M. Cubières vient d'achever, en disant ce qu'il appelle la vérité, de me donner le droit dont j'userai de prendre la correspondance dès son début, et d'en faire ressortir l'impossibilité de la corruption ; je montrerai que tout ce qu'on annonce sont des allusions décevantes présentées à la compagnie de Gouhenans.

M. Cubières vient de dire qu'il avait su de M. Pellapra que le pacte de la corruption avait été consommé entre M. Pellapra et moi ; que ce pacte avait été réalisé.

Il oublie qu'hier il a reconnu, comme émanant de lui, d'autres documens sur lesquels j'établirai la discussion.

Je ferai ressortir combien résistent à s'unir, à se confondre le langage actuel et ces documens non suspects qui depuis 36 heures sont l'objet de l'attention de la cour.

Je ne veux pas anticiper quant à présent... Ce dont je me réjouis, c'est que de la part d'un absent arrivent enfin les documens dont j'étais menacé... Cette apparition met, je crois, u n terme aux menaces dont j'étais l'objet ; le procès est complet : il n'y manque plus qu'un homme, et vous devez comprendre maintenant combien étaient sincères mes paroles de la dernière audience...

L'accusation est maintenant directe contre moi et je vois à qui m'en prendre.

Que n'a-t-on pas fait depuis le commencement de ce malheureux procès ? Tantôt c'étaient des lettres de ma femme qui devaient être produites ; tantôt on ne savait comment expliquer l'énorme fortune dont je jouissais. J'avais constitué, disait-on, à mon fils une dot considérable, et j'étais parvenu ainsi à lui faire contracter une alliance opulente.

J'ai porté le défi qu'on administrât une preuve quelconque à cet égard ; j'ai entre les mains la preuve complète que je suis sorti du ministère plus pauvre que je n'y étais entré. (Mouvement.)

Mon patrimoine, vous en aurez bientôt connaissance, les preuves sont entre les mains de mon avocat, elles passeront sous vos yeux.

Le contrat de mariage est là ; mon fils a eu 3 000 fr. de rente ; ma belle-fille est orpheline, l'avenir est fermé pour elle ; elle a 13,4 0) livres de rentes ; voilà mon patrimoine ; où donc ont coulé les flots que la corruption aurait fait entrer dans ma caisse ?

Il a circulé sur mon compte bien des erreurs accusatrices, injurieuses, capables de flétrir mon caractère ; j'attends avec impatience le moment de la discussion, et j'espère alors me justifier complétement.

Le ministère public est armé ; nous verrons quand nous serons sur le terrain de la discussion.

Pour mon compte, j'ai conservé toute ma confiance dans votre justice, et je me borne à solliciter de l'impartialité de M. le chancelier la communication la plus prompte des pièces qui viennent d'être lues.

M. LE CHANCELIER à **M. Teste.** Avez-vous connaissance de la conversion des bons du trésor attestée par les pièces et extraits des livres de l'agent de change lus ce matin même ?

M. TESTE. Comment, M. le chancelier, on vient de lire à l'instant même un grand nombre de pièces qui ne m'ont pas été communiquées et dont j'ai pu à peine saisir le sens à la lecture rapide qui vient d'avoir lieu, et vous voulez que je réponde sur les faits que révèlent ces documens, faits qui, ne l'oubliez pas, se reportent à un délai de cinq années! Je demanderai, avant tout, communication de ces pièces.

PLUSIEURS PAIRS. C'est juste!

M. LE CHANCELIER à **M. Teste.** Ainsi quant à présent vous n'avez pas d'autres observations à présenter ?

M. TESTE. Je les ajourne après le moment où il m'aura été donné de prendre communication de ces nouvelles pièces : je produirai plus tard tous les documens qui pourront éclairer la cour, et puisque c'est une des tristes nécessités de ma position, mon défenseur se chargera de démontrer, pièces en main, que ma fortune loin de s'accroître par mon passage aux affaires, n'a fait que diminuer.

M. LE CHANCELIER à **M. Teste.** N'avez-vous jamais fait d'opérations de finances avec **M. Pellapra ?**

M. TESTE. Peut-être ; mais je ne crois pas que M. Pellapra t jamais négocié pour mon compte d'effets de commerce ; je suis convaincu qu'il n'a pas fait de conversion à mon profit de valeurs en bons royaux ; je n'ai même pu comprendre l'économie du compte sur lequel on veut que je m'explique.

Audition des témoins.

On introduit M. Goubie, agent de change.

M. GOUBIE, appelé en vertu du pouvoir discrétionnaire de M. le chancelier, ne prête pas serment.

On lui représente la note de compte envoyée à la cour par Mme Pellapra.

D. Savez-vous d'où émane cette note ?

LE TÉMOIN (après l'avoir examinée). Elle émane de chez M. Grimet Ce, banquier, place Saint-Georges.

M. LE CHANCELIER invite M. Goubie à collationner les dates des opérations que porte cette note avec ses propres registres, à l'effet de voir si, parmi celles qui seront visées, il y en a qui se rapportent au contenu de la note.

(On apporte une table au milieu de l'hémicycle, et le témoin se livre à cette vérification.)

D. Il y a, sur la note, une opération d'achat de bons du trésor. Cette opération a été faite par vous ?

LE TÉMOIN. Oui, monsieur le chancelier ; elle a bien été faite par mon entremise, car je la trouve sur mon livre.

(Invité à lire les articles de son livre, il résulte de cette lecture que presque tous les articles de la note sont reproduits sur le livre de M. Goubie, et que M. Goubie négociait les effets de M. Pellapra.)

D. Quelle est la date de la principale négociation ? — R. 9 janvier ; les diverses opérations s'élèvent net à 121,620 fr. 81 c., déduction faite de 5 1[2 0[0 d'intérêt.

D. On trouve, sur un compte de Pellapra du 27 février 1843 : Reçu de T... sur Pellapra, le 1er mars, 13,937 fr. 50 c., convertis par vous en bons du trésor. N'avez-vous pas été chargé par M. Pellapra d'acheter, pour M. Teste, pour 94,000 fr. de bons du trésor ?

M. TESTE. Il n'y a, sur le compte Pellapra, qu'une initiale... Il me semble qu'il serait au moins convenable de ne pas combler la lacune, et de la laisser remplir par l'auteur de la note. (Bruits divers.)

M. GOUBIE. Je n'ai pas acheté, à l'époque dont il s'agit, de bons du trésor pour M. Pellapra... J'en ai acheté antérieurement.

M. LE PROCUREUR GÉNÉRAL. Vous avez été chargé de la négociation du billet montant à 121,000 fr. La négociation est du 9 janvier 1843 ; que le témoin s'explique à cet égard.

M. GOUBIE. M. Pellapra était preneur de ces effets pour Paris.

M. LE PROCUREUR GÉNÉRAL. Les billets tombent à échéance au 1er mars.

M. GOUBIE. J'ai acheté le 20 ou le 21 février pour une trentaine de mille francs de bons du trésor pour le compte de M. Pellapra.

M. LE PROCUREUR GÉNÉRAL. Maintenant vous venez de dire que vous aviez acheté au compte de M. Pellapra des bons du trésor. Pour quelle somme ?

M. GOUBIE. Pour 21 à 24 mille francs.

M. LE CHANCELIER. Monsieur Goubie, M. Pellapra était-il dans l'usage de prendre lui-même les bons du trésor ?

M. GOUBIE. Je ne puis rien préciser à cet égard.

M. LE CHANCELIER. Un expert sera commis pour la vérification des diverses opérations dont il a été question.

M. CH. DUPIN. Le registre de M. Goubie constate les sommes qui entrent chez lui ; je lui demanderai les registres constatant les sorties ; car si les entrées étaient constatées, les sorties devaient l'être également.

M. LE CHANCELIER. Aviez-vous un compte courant avec M. Pellapra ?

M. GOUBIE. Non, monsieur le chancelier, cela était inutile ; l'ordre d'achat exécuté pour une quantité de bons du trésor, M. Pellapra me rembourse la somme consacrée à l'achat, et je me borne à passer écriture de la somme dépensée par moi et de la somme qui m'est remise.

M. CH. DUPIN. Cela est acceptable pour les bons du trésor, mais non pour l'opération relative aux 80,000 fr.

M. LE CHANCELIER à **M. Goubie.** Vous avez fait des affaires avec M. Pellapra, vous devez connaître sa manière d'opérer. Il ne tient pas de registres, a-t-il dit, il se borne à des notes mensuelles, sur lesquelles il raye l'indication de ses diverses opérations à mesure qu'elles se terminent.

Sur l'ordre de M. le chancelier, M. le greffier montre une de ces notes à M. Goubie.

M. GOUBIE. J'ai vu souvent des notes semblables, mais j'ignore si M. Pellapra tenait des registres.

M. GLANDAZ, avocat général. Etiez-vous l'agent de change habituel de M. Pellapra?

M. GOUBIE. Il en employait plusieurs.

M. GLANDAZ. Pouvez-vous en indiquer quelques-uns ?

M. GOUBIE. J'ai rencontré chez M. Pellapra MM. Boileau, Laurent...

M. LE CHANCELIER. Nous allons reprendre la suite de l'instruction en commençant l'audition des témoins.

M. BOISSY. Je demanderai si la commission d'instruction a su quels étaient le jour et l'heure du départ de M. Pellapra... (Violens murmures.)

M. LE CHANCELIER. C'est une question qui ne peut ê.re faite qu'en chambre du conseil... La commission ne peut subir ici un interrogatoire. Qu'on introduise le témoin Roquebert.

Cet ordre est exécuté.

Audition du témoin Roquebert.

M. LE CHANCELIER, au témoin. Vos noms et qualités. — R. Roquebert. 42 ans, notaire à Paris.

M. ROQUEBERT. J'ai été non seulement le notaire, mais encore le confident de M. Pellapra. En 1844 il m'a dit qu'il avait bien des choses à réparer ; il m'a fait bien des confidences que je ne crois pas pouvoir livrer à la publicité... Je vous demande si consciencieusement je puis répéter ici ces confidences.

VOIX NOMBREUSES. C'est votre devoir de dire toute la vérité.

M. LE CHANCELIER, au témoin. M. Pellapra ne vous a-t-il pas consulté sur la question de savoir s'il pouvait acheter les vingt cinq actions provenant de l'acte Lamboley ?

M. ROQUEBERT. A une époque que je ne puis préciser, M. Pellapra m'envoya l'acte reçu par Me Lamboley ; il m'a demandé alors s'il pouvait acheter des actions ou prêter dessus.

J'ai examiné l'acte, et au bout de cinq minutes je le lui ai envoyé en lui disant que, dans une société civile, il ne pouvait y avoir d'actions au porteur à côté d'actions nominatives.

M. LE CHANCELIER. Expliquez l'acte qui a été passé devant vous pour le réméré.

M. ROQUEBERT. M. Pellapra m'avertit qu'on lui proposait un réméré de 25 actions nominatives. Je vis alors M. Cubières, que je ne connaissais pas, M. Parmentier, que je ne connaissais pas non plus. Je demandai si les 40,000 fr. avaient été versés, comme l'acte le constatait. Il me fut répondu que c'était une affaire réglée.

Je sortis ignorant complètement l'acte sous seing-privé. Après la signature de cet acte je fus chargé de son enregistrement. Au mois de décembre 1842 la ratification fut signée par madame Parmentier.

Au mois de janvier 1843, M. Parmentier vint chez moi et dit à mon maître clerc qu'il était convenu de faire la cession de huit actions à M. Pellapra ; mon maître clerc prépara l'acte, cet acte contenait l'énonciation en blanc du prix moyennant lequel la vente était consentie.

Je me rendis chez M. Pellapra, et ces messieurs me dirent que le prix était de 40 000 fr., parce que dix actions avaient été vendues précédemment 50,000 fr.

Je n'entendis plus parler de cette affaire jusqu'à l'époque que je vais indiquer immédiatement.

En 1844 M. Pellapra se présenta chez moi un matin, à 9 heures ; il me dit : Le général Cubières va se brûler la cervelle. (Mouvement général.)

M. Pellapra me raconta alors que 100,000 francs auraient été donnés par lui ; qu'on demandait la restitution de ces 100,000 fr. ; qu'on demandait que le réméré fût rendu ; que M. Cubières était tourmenté par M. Parmentier ; que l'acte ne pouvait être défait. Je me rendis bien vite chez M. Cubières et je lui démontrai que l'acte de réméré pouvait être quittancé sans la procuration de M. Parmentier.

MM. Cubières et Pellapra passèrent dans un cabinet ; ce qu'ils y firent, je ne l'ai su que plus tard.

La quittance était prête pour quatre heures ; en route. M. Pellapra me dit qu'il était convenu de laisser pour un tiers à sa charge le sacrifice qu'il avait été obligé de faire pour le paiement de la somme de cent mille francs. Cela faisait à peu près un sacrifice définitif de trente-sept à trente-huit mille francs.

A quatre heures, ces messieurs se trouvaient chez moi ; la quittance était prête, et au moment de signer M. Cubières me demanda un morceau de papier et signa au profit de M. Pellapra un bon de 40,000 fr.

En 1846, au mois de mai, M. Pellapra m'apporta ce bon de 40 000 fr. que je connaissais bien ; il me dit que M. Cubières lui avait payé une somme de 20 000 fr. à valoir sur ce bon de 40,000 fr., mais qu'il se refusait à payer le surplus.

J'écrivis à M. le général Cubières de venir chez moi. Le général se plaignait de M. Pellapra ; il se plaignait d'une vente d'actions.

Je dis au général que je pensais que M. Pellapra lui céderait très volontiers les 8 actions dont il était possesseur. — Très volontiers, déclara M. Pellapra, si le général veut me donner 15,000 fr. Le général dit qu'il n'avait pas d'argent — Qu'à cela ne tienne, répartit M. Pellapra, vous me ferez des billets.

Je dois ici faire une observation. Le général Cubières a énoncé un fait inexact : dans l'instruction, il a dit que j'avais signé un acte que je n'avais pas lu. C'est là une erreur ; j'ai reçu l'acte de rétrocession et j'en ai pris connaissance.

M. Pellapra m'envoya à l'époque des échéances les billets pour les faire toucher chez le général. Maintenant, ajoute le témoin avec une douloureuse émotion, je n'ai plus rien à dire, qu'à regretter que mon nom ait été dans une affaire dont je ne sais rien de plus que ce que je vous ai dit. (Marques générales d'intérêt.)

M. LE PROCUREUR GÉNÉRAL, au témoin. Quels étaient les rapports de M. Pellapra avec M. Teste?... Pouvez-vous le dire?

M. ROQUEBERT. Je savais que M. Pellapra voyait M. Teste.

M. LE PROCUREUR GÉNÉRAL. M. Pellapra vous a-t-il parlé des 100,000 francs qu'il avait donnés à M. Teste? (Mouvement d'attention.)

M. ROQUEBERT (les larmes aux yeux). M. Pellapra m'a dit qu'il avait remis cent mille francs à M. Teste. (Profonde sensation.)

Il m'a dit que les 100,000 fr. avaient été remis quand le réméré a été fait, mais pas avant... (Agitation.)

M. LE PROCUREUR GÉNÉRAL. Une dernière question. M. Pellapra était-il un homme à faire une pareille déclaration si la chose n'avait pas été vraie?... (L'attention redouble sur tous les bancs.)

M. ROQUEBERT. Je dois d'abord exposer à la cour ma position vis-à-vis de M. Pellapra. (Ecoutez ! écoutez !) Je suis, comme je l'ai déjà dit, je suis, non seulement le notaire de M. Pellapra, mais je lui ai de grandes obligations. Quand j'étais maître clerc, quand il s'agit de l'achat de ma charge, M. Pellapra me demanda ce qu'il me fallait : je lui répondis que j'avais besoin de cent mille francs ; il me les avança et je les lui dois encore.

Maintenant, je déclare que M. Pellapra est considéré, en affaires, comme rude, dur, mais en même temps très juste ; quant à commettre une escroquerie, je déclare que M. Pellapra en est incapable.... (Mouvement.)

M. LE PROCUREUR GÉNÉRAL. Vous avez dit tout à l'heure qu'en 1841 M. Pellapra vous avait parlé de torts à réparer.

M. ROQUEBERT. Il s'agissait, je pense, des 100,000 fr. qu'il avait donnés... C'était à un tort bien réparable...... et il devait être bien désolé de ce qu'il avait fait.... (Nouvelle sensation.)

M. LE PROCUREUR GÉNÉRAL. Vous avez dit que M. Pellapra avait donné 100,000 f.... Savez-vous en quels effets, en quelle nature d'espèces?

M. ROQUEBERT. Il m'a dit que ces cent mille francs avaient été partagés partie en un bon, partie en billets de banque..... (Longue et bruyante agitation.) Du reste, ce n'est qu'en 1844 qu'il m'a dit cela.

M. DELANGLE, procureur général. Vous avez parlé de choses mystérieuses.

M. ROQUEBERT. J'entendais par là les cent mille francs dont il s'agit.

M. LE PROCUREUR GÉNÉRAL. N'avez vous pas reçu de M. Pellapra des confidences à cet égard depuis l'ouverture du procès?

M. ROQUEBERT. M. Pellapra m'a répété ce qu'il m'avait déjà dit ; à savoir qu'il avait donné 100 000 fr. et qu'il n'était rentré qu'en partie dans cette somme.

M. LE PROCUREUR GÉNÉRAL. Il avait payé 100,000 fr. et n'avait reçu de M. Cubières que 55,000 fr.

M. ROQUEBERT. Quant à la rétrocession des actions, je ne sais si M. Pellapra n'avait pas payé quelque chose sur le prix de ces actions. Quoi qu'il en soit, M. Pellapra a reçu de M. le général Cubières 40 000 fr.

M. LE PROCUREUR GÉNÉRAL. Voici les points que nous tenons surtout à constater.

C'est qu'en 1844 M. Pellapra a déclaré au témoin qu'il a-
vait donné 100 000 fr. à M. Teste;

C'est qu'en 1846 M. Pellapra a renouvelé cette déclaration;

C'est que depuis le commencement du procès, M. Pellapra
a encore répété cette déclaration... (Nouveau mouvement.)

Sur l'ordre de M. le chancelier, la minute de la note de
comptes lue à l'ouverture de l'audience est présentée au témoin.

M. LE CHANCELIER à M. Roquebert. Cette note est-elle
bien de l'écriture de M. Pellapra? — R. Oui, monsieur, cette
pièce est bien de la main de M. Pellapra.

Je demanderai à présent, ajoute M. Roquebert, je demanderai à M. le général Cubières s'il y a dans ma déposition
quelque chose qui, à sa connaissance, ne soit pas rigoureusement vrai.

M. CUBIÈRES. Je n'ai ici qu'une seule observation à faire,
et c'est dans l'intérêt de M. Roquebert.

Quand on parle, dans l'instruction, de la vente et de la rétrocession des actions, comme M. le chancelier me dit que tout
portait dans cet acte le caractère de la simulation, je fus blessé de ce reproche, et comme je savais qu'un tel reproche pouvait m'atteindre, je le repoussai énergiquement. La cour peut
voir maintenant, d'après les explications que vient de donner
le témoin, qu'il n'y avait aucune simulation dans cet acte.

M. LE CHANCELIER. Le témoin peut se retirer.

Audition de M. Renauld.

M. Ferdinand-Augustin Renauld, propriétaire à Lure, âgé
de 49 ans, prête serment.

D. Vous avez participé aux démarches que le général Cubières faisait pour obtenir la concession? — R. Oui, en 1842.

D. Dites ce que vous savez sur l'entrepôt de Paris. —
R. Cet entrepôt fut sollicité par M. le général Cubières; mais,
pour l'obtenir, l'aurait fallu qu'il s'astreignit à fournir un
cautionnement de 100,000 fr. Le général ne voulait pas le
prendre avec cette charge, et il refusa. Plus tard, la société
donna cet entrepôt à plusieurs de ses membres (et j'en étais),
qui purent fournir le cautionnement. Nous crûmes qu'il était
de juste d'y intéresser le général Cubières, qui le premier
l'avait demandé dans le temps. Quelque temps après, on lui
offrit les bénéfices qui lui en revenaient pour sa part, 15 à
1,600 fr.; le général nous dit : Je vous remercie, car je n'ai
pas pris part aux charges et il n'est pas juste que je prenne
part aux bénéfices.

D. Pouvez-vous dire ce qui a conduit la compagnie à con-
vertir les actions anciennes en un plus grand nombre d'actions? — R. Pour qu'un certain nombre d'actions résultant,
en plus, de la division des anciennes actions, fussent destinées à récompenser les personnes qui, par leurs soins et leurs
démarches, à Paris, seraient utiles à la société, feraient aboutir favorablement la demande de concession. On avait compris qu'il fallait que ces personnes fussent rénumérées. 25 actions furent mises à la disposition de M. Parmentier.

M. DELANGLE, procureur général. Dans les derniers temps,
M. Parmentier ne vous a-t-il pas dit qu'il croyait que le général Cubières voulait tromper la société, et que c'était pour
cela qu'il voulait publier ces lettres?

LE TÉMOIN. Je ne me rappelle pas au juste, mais je cher-
chai toujours à le détourner de cette idée.

D. Ces menaces avaient-elles eu lieu avant l'ordonnance de
concession? — Jamais avant.

M. GLANDAZ, avocat général. Est-ce dans la réunion du
25 août 1844 que, ainsi que vous l'avez déjà déclaré dans
l'instruction, Parmentier vous aurait exprimé la pensée qu'il
n'y avait point eu de corruption? — R. Je crois que c'est à
ce moment-là.

Me DEHAUT, conseil de M. Teste. On vient d'entendre que
M. Parmentier a manifesté la pensée que la corruption n'avait
pas existé, et qu'il l'aurait dit dans une assemblée des intéressés dans l'affaire de Gouhenans. Eh bien, nous trouvons
dans le procès-verbal de cette séance, écrit de la main même
de M. Cubières, que cette assertion ne sortait pas seulement
de la bouche de Parmentier, mais aussi de celle de l'un des
deux autres associés, qui dit expressément qu'il était faux et
calomnieux de dire que quelqu'un du ministère eût reçu une
somme pour faire obtenir la concession. Je prie M. le chancelier de demander au témoin quelle était cette personne.

La question est posée au témoin.

M. RENAULD. Il me semble bien que la personne à laquelle
on fait allusion est M. Capin.

M. LEGRAND, (Baptiste-Alexis-Victor) âgé de 56 ans, sous-
secrétaire d'État au ministère des travaux publics.

La première entrevue que j'ai eue avec M. Cubières remonte au mois de janvier 1842 : M. Cubières s'est présenté chez
moi ; je ne lui avais pas donné d'audience ; mon huissier en-
tendant le nom de M. Cubières et se rappelant qu'il avait été
ministre du roi, crut devoir le faire entrer immédiatement.
L'entretien dura quelques minutes. On comprendra qu'à cinq
années de distance je ne puisse me rappeler les termes d'une
conversation improvisée. Nous étions à l'origine même de
l'instruction de l'affaire ; les demandes étaient seulement affi-
chées; il n'y avait ni avis d'ingénieur, ni avis de préfet, ni
délibération du conseil des mines; je ne pouvais avoir aucune
opinion; je ne pouvais donc éveiller ni craintes ni espérances.
Depuis lors, je n'ai pas revu M. Cubières pour l'affaire de
Gouhenans; je n'ai vu aucun membre de la compagnie à laquelle M. Cubières appartenait, ni aucun membre des compagnies rivales.

Je n'ai pas pu dire non plus que les concessions de mines
se délibéraient en conseil des ministres, puisque, en fait,
depuis quinze ans que j'appartiens à l'administration des travaux publics, jamais concession de mine n'a été délibérée en
conseil des ministres.

M. TESTE. Je demanderai à M. le sous-secrétaire d'État s'il
n'a pas connaissance qu'à mon entrée aux affaires, j'ai exprimé le désir que les affaires relatives au service des mines
prissent une impulsion plus vive et enfin de faire cesser les
lenteurs en usage dans l'administration.

M. LEGRAND. J'ai vu M. Teste s'occuper avec activité des
affaires des mines et apporter souvent dans le conseil des lumières importantes.

M. TESTE. Pourriez-vous dire quelles étaient mes allures,
ma vivacité dans ces affaires?

M. LEGRAND. Chacun apporte dans ces affaires son caractère ordinaire ; mais je n'ai jamais vu que d'excellentes intentions de la part de M. Teste.

M. TESTE. M. Legrand ne sait-il pas que des concessions
ont été souvent accordées contre l'avis du conseil des mines
et le comité du conseil d'État?

M. LEGRAND. Je ne me rappelle pas qu'un semblable fait
se soit produit depuis que je suis attaché à l'administration
des travaux publics.

M. DE CHEPPE déclare se nommer Augustin-César Fran-
çois, être âgé de cinquante-trois ans, maître des requêtes et
chef de la division des mines au ministère des travaux publics. Le témoin revient sur les différentes phases qu'a tra-
versées l'affaire de Gouhenans, sans donner connaissance
d'aucun fait nouveau.

*Audition de M. Guényveau, inspecteur général des mines, en
retraite, âgé de 65 ans.*

M. GUÉNYVEAU. Je n'ai rien de particulier à dire sur cette
affaire; elle a suivi un cours régulier. On m'a demandé si j'a-
vais été l'objet de quelques sollicitations à ce sujet ; je n'ai
été l'objet d'aucune sollicitation qui ne puisse s'avouer. J'ai
vu plusieurs fois M. le général Cubières, un des intéressés;
mais cela se fait toujours ; et cela amène pour résultat d'é-
clairer les rapporteurs. Voilà ce que j'ai à dire.

M. TESTE. M. Guényveau a dit que je l'avais pressé pour
obtenir un rapport, à ce point qu'il avait été obligé de passer la nuit pour le rédiger. Il y a eu deux rapports : pour le
premier, M. le rapporteur a eu deux mois; pour le second, qui
était un travail moins long, on l'a demandé le 25 juillet, et
il a été déposé le août.

M. GUÉNYVEAU. Je crois me rappeler qu'en effet j'ai été
obligé de faire mon second rapport avec beaucoup de précipitation ; quant au premier, je ne puis rien affirmer, mais
je serais fort étonné d'avoir eu deux mois pour le rédiger.

*Audition de M. Thiriat, ingénieur en chef, secrétaire général
du conseil des mines.*

M. THIRIAT. Il y a eu deux séances, l'une le 25 juillet, l'autre
le 5 août. Dans la première, qui a été très courte, on a examiné les demandes des compagnies rivales; dans la seconde,
qui a duré environ une heure, on a fait valoir avec beaucoup
de force les titres de la compagnie Parmentier, son aptitude
à exploiter.

La question la plus vivement débattue a été celle du périmètre : donnerait-on à la compagnie six kilomètres ou lui
donnerait-on toute l'étendue qui recouvre la mine de houille ?
Un vote eut lieu ; M. le ministre s'abstint.

M. TESTE. Comment les voix se sont-elles partagées lors
du vote ?

M. THIRIAT. Il y a eu cinq voix pour le périmètre de six kilomètres, quatre voix contre ; M. le ministre des travaux publics s'est abstenu.

Incident.

M. LE CHANCELIER. Je vais faire donner connaissance à la cour des mesures que j'ai ordonnées afin d'arriver à la découverte de la vérité. Greffier, donnez lecture des pièces. (Mouvement général d'attention.)

M. LÉON DE LA CHAUVINIÈRE donne lecture des pièces suivantes :

« Il sera vérifié 1° si depuis le 20 février 1845 il a été pris par ou pour M. Pellapra des bons royaux à six mois et pour quelle somme.

» 2° Si ces billets sont à ordre ou au porteur.

» 3° Il sera vérifié comment ces billets ont été passés.

» A cet effet, nous avons commis M. Dieudonné, juge d'instruction.»

Suit un procès-verbal dont voici la teneur :

« L'an 1847, le 12 juillet, trois heures et demie de l'après-midi,

» Nous, Michel Dieudonné, juge d'instruction près le tribunal de première instance, etc.,

» Conformément à l'ordonnance de M. le chancelier de France, président de la cour des pairs, en date de ce jour, nous nous sommes transportés au ministère des finances, bureaux du trésor public, où nous avons trouvé M. Lionnet, caissier central, auquel nous avons fait part de notre mission, et après qu'il eut pris connaissance de l'ordonnance, il s'est livré aux recherches nécessaires pour y satisfaire, desquelles il est résulté que le 2 mars 1845 il a été versé par M. Pellapra une somme de 94,000 fr. en capital contre quatre bons, dont trois de 25,000 fr., et le quatrième de 19,000 fr., payables à son ordre à l'échéance du 2 septembre 1845 et payés le 2 septembre 1845, et qu'à la même date du 12 septembre il a été versé par M. Teste, député, une somme de 95,000 fr. en un seul bon à son ordre, payable le 12 mars 1844 et remboursé à l'échéance. Les cinq bons ci-dessus désignés ont été déposés à la cour des comptes à l'appui des comptes présentés par le caissier central, pour la gestion de 1842 et 1844. Ils sont compris, savoir :

« Les quatre premiers, ordre Pellapra, dans la liasse n° 14, gestion 1845.

» Et le dernier, Charles Teste, la liasse n° 5, gestion de 1844.

» Sur notre invitation, M. Lionnet nous a remis en échange les bulletins de versement, certifiés pour la somme de 94,000 fr. par M. Pellapra, et pour celle de 95,000 fr. par M. Charles Teste.

» N'ayant plus rien à constater, nous avons clos le présent procès-verbal.

« Signé DIEUDONNÉ, juge d'instruction;

» Signé CARON, greffier. »

M. TESTE. L'opération dont il s'agit paraît personnelle à mon fils, et, dans tous les cas, je demande communication des pièces.

On reprend l'audition des témoins.

Audition de M. Grillet.

M. GRILLET. J'ai été le premier fondateur de l'affaire de Gonhenans; maintenant je n'y ai plus d'intérêt : cela regarde mes enfants, j'ai assisté à l'acte du 5 février 1842, et à cette époque il n'était nullement question de corruption. Nous pensions d'ailleurs que nous avions des droits trop bien établis pour que nous n'obtinssions pas justice à cet égard. D'un autre côté, ma femme avait des protections capables d'appuyer, de soutenir nos protections, et ici je dois faire une remarque dans mon intérêt personnel, c'est que Mme Grillet n'est plus jeune... (On rit.) elle a quarante-huit ans et possède douze enfants. (Hilarité générale.)

Primitivement, j'avais refusé de signer l'acte du 5 février 1842, parce qu'il s'agissait, le je croyais du moins, de remettre les actions à la disposition de M. Parmentier seul : mais dès que j'ai su qu'elles seraient remises à MM. Cubières et Parmentier, comme j'étais convaincu de la loyauté du général, je n'ai pas hésité à signer cet acte.

Je dois dire que je n'avais pas croyance dans M. Parmentier... Il m'avait fait de mauvais tours, j'ajouterai même qu'il eût été difficile de m'en jouer de plus mauvais... (On rit.) Quant au général Cubières, je n'ai jamais eu qu'à me louer de lui, et je citerai un fait qui prouve que ma confiance en lui était fondée : il avait de moi une quittance de 25,000 fr. pour une somme qui n'avait pas été payée, et jamais la pensée ne lui est venue de m'opposer cette quittance.

Audition de M. Capin.

M. CAPIN. J'ai eu l'honneur de remplir à Nîmes les fonctions de procureur général de 1834 à 1836, et, en ma qualité de magistrat, je me suis trouvé en rapport avec M. Teste.

Quand je quittai la magistrature je vins à Paris et me fis inscrire au tableau des avocats; ma position était difficile, il s'agissait pour moi d'un début. Dans cette circonstance, M. Teste voulut bien venir à mon aide, et je saisis cette occasion de lui en exprimer publiquement ma reconnaissance.

M. Lanoir père était mon parent et mon ami; il avait un grand intérêt dans l'affaire de Gouhenans. De 1841 à 1842, on fit des démarches auprès de M. le ministre des travaux publics pour la concession. M. Lanoir, qui connaissait les rapports que j'avais eus avec M. Teste, me pria d'intercéder près de lui pour faire arriver l'affaire et pour obtenir le plus grand périmètre. J'eus l'honneur de voir M. Teste, qui, sans s'écarter tout-à-fait de la bienveillance qu'il m'avait témoignée jusque-là, ne me dissimula pas que l'affaire présentait de grandes difficultés.

Là se borne mon intervention. Plus tard, comme j'avais l'honneur d'être admis chez M. Teste, je le revis quelques fois, mais nous ne parlâmes nullement de la concession. Ayant su que M. Cubières, lieutenant général, pair de France, s'occupait de l'affaire, je m'étais complètement effacé.

Au mois de janvier 1845, j'appris chez M. Teste que la concession était accordée. Dans le courant de cette année-là j'ai vu M. Lanoir, et comme je le félicitais sur l'obtention de la concession, il m'a dit que dans cette affaire il s'était passé des choses très regrettables.

« M. Parmentier, ajoutait-il, a entre les mains des pièces très graves qui, si elles voyaient le jour, amèneraient un grand scandale. »

J'interrogeai M. Lanoir, et comme j'avais la conviction que M. Teste s'était conduit loyalement, je lui dis :

« Je suis persuadé que M. Teste n'a rien reçu et que personne au ministère des travaux publics n'a rien reçu non plus. »

M. Lanoir me répondit :

« Oh! non, assurément, ni M. Teste, ni aucun de ces messieurs, n'ont rien reçu : ni M. Teste, ni aucun de ces messieurs n'ont reçu un centime; mais nous avons été trompés par quelqu'un dans cette affaire-là, et quelqu'un a gardé les valeurs qu'on avait remises à MM. Cubières et Parmentier. »

Je vis aussi plus tard M. Parmentier, et il me confirma ce qu'avait dit M. Lanoir, à savoir qu'il avait entre les mains des pièces très compromettantes.

M. LE CHANCELIER. Il va être procédé à l'audition des témoins à décharge; la cour va entendre la déposition de M. Mazères.

M. TESTE. Je n'ai pas fait citer M. Mazères comme témoin à décharge, mais seulement parce qu'il a été mêlé à cette affaire.

Déposition de M. Mazères.

M. MAZÈRES déclare être âgé de cinquante-huit ans, et être actuellement préfet du Cher.

M. LE CHANCELIER. Dites ce que vous savez au sujet de la demande de concession et la part que vous avez eue à cette affaire.

M. MAZÈRES. Avant de déclarer ce que j'ai su ou vu de l'affaire de Gouhenans, je dois dire qu'il existe depuis de longues années des liens intimes entre moi et la famille Cubières ; je suis uni par des sentiments de profonde et longue affection avec M. de Cubières ; cela ne peut m'engager en rien à altérer la vérité, mais j'ai pensé que je serais plus libre après cette déclaration.

Au moment où fut rendue la loi du 17 juin 1840, la compagnie Parmentier entra en instance pour l'obtention de la concession d'un gîte salifère. L'instruction fut faite avec soin et régularité. Mais dès le principe, bien M. Parmentier me permette de le dire, la compagnie Parmentier a montré des craintes, des défiances, non contre l'administration, mais contre le gouvernement, craintes qui du reste n'étaient pas fondées, mais qui s'expliquent par la position de M. Parmentier, qui avait antérieurement exploité sans autorisation des eaux salines. La compagnie craignait que ce précédent n'exerçât une influence fâcheuse sur sa demande. Il y a une autre circonstance que je dois signaler, c'est que l'hospitalité gracieuse que j'avais reçue de M. Kœch in lorsque j'assistai à l'inauguration du chemin de Bâle avec M. le ministre des travaux publics, ne pouvait être non plus une raison pour faire admettre plus facilement la demande ; le droits de tous les concurrens ont été examinés avec une même équité.

Une autre inquiétude de la compagnie Parmentier naissait de la question du périmètre. La compagnie avait un grand désir de la voir résoudre selon ses vues.

Je dois, à cette occasion, du reste, signaler la conduite de M. Cubières, qui, malgré les liens d'amitié qui nous unissaient, n'a nullement cherché à peser sur moi d'aucune manière.

Maintenant, il faut dire que l'acte du 25 février, par lequel la compagnie a créé 25 actions de réserve, n'est pas resté complétement secret. On n'en connaissait ni les clauses ni le texte, mais l'esprit, et on disait d'abord que les actions de réserve devaient être cédées à des capitalistes, puis on en vint à dire qu'elles devaient être données à des hommes puissans et on répandit des bruits de corruption. (Rumeurs.)

Pour moi, messieurs, je ne crois pas à la corruption ; et certain de moi, je n'ai pas pensé que dans une sphère plus élevée on pût être moins pur. Au moment où le dossier de l'affaire de Gouhenans flottait entre le conseil des mines et le conseil d'État, une autre affaire m'appela à Paris, et me mit en rapport précisément avec M. le ministre des travaux publics ; je lui parlai incidemment de l'affaire Gouhenans, et je le trouvai, je ne dirai pas indifférent, mais calme et froid.

Quelques jours plus tard je lui parlai de la nécessité de terminer cette affaire en lui faisant remarquer que la compagnie se plaignait, que les populations attendaient avec impatience une solution, comptant, à tort ou à raison, sur de grands avantages de cette exploitation. Alors, je connaissais déjà les bruits de corruption, et peut-être en aurais-je parlé à M. le ministre des travaux publics, avec toute la réserve convenable, si je ne l'avais pas vu si calme. Mais je me suis arrêté en me disant : On a eu une mauvaise pensée de corruption, mais on y a renoncé ou elle ne s'adressait pas au ministre.

M. TESTE. Pourriez-vous dire si je vous ai adressé aucune lettre pour hâter les formalités relatives à la concession ?

M. MAZÈRES. Je n'ai pas reçu d'autres lettres que la correspondance officielle.

Audition de M. Lanoir.

M. LANOIR fils, étudiant en droit, appelé à la requête de M. Parmentier.

M. PARMENTIER. Je voudrais que le témoin dit quelle a été, jusqu'à la mort de son père, la nature des relations qui ont existé entre M. Lanoir père et moi.

M. LANOIR. Ces rapports étaient excellens et intimes.

M. PARMENTIER. Ne se souvient il pas aussi que j'ai manifesté la pensée que jamais je n'avais cru à la corruptibilité de M. Teste, ni de tout autre fonctionnaire ?

M. LANOIR. Je me rappelle que cette opinion a été manifestée par M. Parmentier devant ma mère, M. Capin et moi.

L'audience est levée à six heures et renvoyée à demain.

Audience du 13 juillet 1847.

Il est midi 20 minutes et la cour ne paraît pas encore, quoique l'audience ait été indiqué pour midi précis.

Un huissier annonce la cour.

Quand MM. les pairs ont pris place, tous les regards se dirigent vers la porte par laquelle arrivent d'ordinaire les accusés.

M. Despans-Cubières, accompagné de son défenseur, paraît le premier.

Le second était hier M. Teste. L'assemblée tout entière est immobile d'attention.

Quelques instans s'écoulent, et enfin c'est M. Parmentier qui se présente avec son fils et se rend à sa place accoutumée.

Le siége de M. Teste reste vide.

M. LE CHANCELIER. L'audience est ouverte.

M. LE CHANCELIER. Il va être donné lecture des procès-verbaux qui ont été dressés hier.

M. LE GREFFIER ADJOINT, lisant :

« L'an 1847, le 12 juillet, à neuf heures trois quarts, nous, François-Paul Monval, commissaire de police de la ville de Paris, auxiliaire de M. le procureur du roi, informé que M. Teste, détenu à la prison du Luxembourg, venait de tenter de se suicider,

» Nous nous sommes rendu immédiatement à ladite prison, et, conduit dans une chambre au deuxième étage, nous avons trouvé M. Teste couché dans son lit et ayant près de lui M. Bayle, docteur.

» Nous étant approché de M. Teste, nous l'avons interrogé, et il nous a répondu ce qui suit :

« Il est vrai que j'ai tenté de me suicider parce que j'ai toujours préféré l'honneur à la vie. Je regrette de n'avoir pas réussi.

» Je ne veux pas faire connaître la personne qui m'a procuré des armes : tout ce que je puis dire, c'est que ce n'est pas mon fils ; si c'était lui, je l'en remercierais comme d'un acte de véritable piété filiale. »

» Lecture faite, M. Teste a signé la présente déclaration.

» A cet instant j'ai prié M. le docteur Bayle de vouloir bien faire un rapport sur l'état de l'accusé, et après avoir prêté serment, il a déclaré ce qui suit :

« Ce soir, vers neuf heures environ, j'ai été appelé par M. Cauchy, greffier de la cour des pairs, pour constater l'état dans lequel se trouvait M. Teste, qui venait de tenter de se suicider.

» A mon arrivée dans cette chambre, nous avons trouvé M. Teste dans son lit, couché sur le dos. Nous nous sommes assurés de l'état dans lequel il se trouvait. Le pouls était plein sans être fréquent. Lui ayant demandé où était le siége de la blessure, il m'a montré le côté gauche, et j'ai remarqué de ce côté une légère tache de sang ; une autre tache se trouvait sur le gilet, et cependant il n'existait aucune trace de blessure vive.

» Nous avons remarqué, au-dessous du sein gauche, une contusion de quatre à cinq centimètres, recouverte d'une légère couche de sang.

» Nous avons fait changer de chemise, et nous nous sommes fait représenter celle que M. Teste portait au moment de l'accident, et nous avons remarqué, dans la portion qui recouvrait la région du cœur, une pression telle que celle qu'aurait pu faire une balle qui n'aurait pu entrer.

» Les phénomènes que nous venons de retracer ne peuvent s'expliquer que par l'application immédiate du pistolet sur la poitrine, ou par la légèreté de la charge.

» Nous avons conseillé à M. Teste l'application de sangsues ; il a refusé, et n'a consenti qu'à l'application d'un cataplasme émollient.

» Nous avons considéré que la contusion du côté gauche était le résultat du coup de pistolet, dont la balle n'a point pénétré.

» Lecture faite, M. le docteur Bayle a signé avec nous.

» Sur notre demande, M. le directeur de la prison nous a fait le dépôt de deux pistolets, dits coups de poing, paraissant neufs ; l'un paraît avoir été chargé d'une capsule éclatée, l'autre paraît armé d'une balle.

» Il nous a fait également le dépôt de la chemise que portait M. Teste au moment de la tentative. Cette chemise porte, au côté gauche, une large tache noirâtre et une large dépression qui présente une teinte noire plus prononcée que le reste, et qui dénote la pression de la balle.

» Nous mettons ces différentes pièces sous le scellé, avec les deux pistolets dont il s'agit, pour être transmises à qui de droit comme pièces de conviction.

» Au même instant, M. le procureur général du roi est intervenu et nous a invités à continuer nos investigations, ce que nous avons fait sur-le-champ. Nous avons, en effet, fait rechercher la capsule et la balle dont les pistolets avaient été chargés. »

(Le procès-verbal constate ici que la capsule et la balle ont été immédiatement retrouvés sur le plancher, à l'endroit où avait été commise la tentative de suicide.)

M. le procureur général a signé avec les parties.

« L'an 1847, le 12 juillet, nous, François-Paul de Monval, commissaire de police de la ville de Paris, procédant à une enquête, par suite de tentative de suicide de M. Teste, détenu à la prison du Luxembourg, nous avons entendu les personnes ci-après, qui nous ont fait les déclarations suivantes :

» Premièrement : M. Trezel, directeur de la prison du Luxembourg, lequel a déclaré :

« Ce soir, vers neuf heures, me promenant dans la cour de la prison, j'ai entendu une légère détonation ; j'ai cru que c'était un soldat de garde qui faisait ce bruit ; je le lui ai demandé et il m'a répondu négativement.

» Je me suis rendu alors à l'escalier de la prison, au bas duquel j'ai trouvé le sieur Gospidin, qui m'a dit : —Montez, monsieur. Alors je suis monté avec précipitation, et arrivé près de la porte, j'ai trouvé le domestique de M. Teste, pâle et ne pouvant articuler un seul mot. Je me suis précipité dans la chambre à coucher de M. Teste et j'ai trouvé M. Teste debout, la main droite étendue vers la région du cœur. Aussitôt qu'il m'aperçoit il me dit : — Qu'avez-vous donc, M. le directeur ? — Je craignais qu'il ne vous fût arrivé quelque accident. Je pris la main de M. Teste pour lui tâter le pouls et aussi pour voir s'il n'était pas blessé.

» J'ai envoyé aussitôt le brigadier qui m'accompagnait prévenir M. le chancelier et M. le grand référendaire; j'ai fait appeler en même temps M. le docteur Rouget. En son absence, j'ai fait venir M. le docteur Bayle. M. le préfet de police fut aussi prévenu. Je quittai alors M. Teste pour interpeller son domestique : il était encore dans le même état de stupeur et incapable de répondre à mes questions.

» Rentré près de l'accusé, je voulus rechercher les armes : Epargnez-vous cette peine, me dit il, vous les trouverez dans ce carton de mon bureau.

» 2° Le nommé Arbousse, chef de la comptabilité au Luxembourg, a déclaré confirmer les déclarations de M. Trevel dans toute leur étendue. Prévenu par M. Trevel, a-t-il dit, pendant qu'il était allé prévenir M. le chancelier et M. le grand référendaire, je suis resté près de M. Teste, qui était fort calme. J'ajouterai, ainsi que M. Trevel, que j'ai entendu une détonation comme le choc d'une planche.

» 3° Piognard (Etienne-Joseph), valet de chambre au service de M. Teste, et demeurant rue de Lille, 88 bis, a déclaré ce qui suit :

» M. Teste fils est venu accompagner son père à la prison du Luxembourg à la fin de l'audience, et l'a quitté pour retourner dîner avec sa mère; il est revenu vers huit heures et a trouvé M. Teste avec MM. Paillet et Dehaut, qui avaient dîné avec lui et passé la soirée avec lui. Ils sont bientôt partis, et je suis resté seul avec M. Teste, qui se trouvait toutefois dans sa chambre, dont la porte était poussée légèrement. Je m'étais jeté sur mon lit, quand, après quelques minutes, j'ai entendu un léger coup, et j'ai vu une petite clarté. Je me suis précipité dans la chambre, où M. Teste était assis sur une chaise, en m'écriant : Ah! mon Dieu! M. le président.... Taisez-vous, me dit-il avec calme. Je suis aussitôt sorti pour appeler au secours, mais la force m'a manqué, et je suis resté anéanti.

» M. Teste avait dîné comme à l'ordinaire; rien ne faisait pressentir sa détermination. J'ignore qui a apporté les pistolets : je n'en ai jamais vu à M. Teste, et il y a six ans que je suis à son service; je n'en ai non plus jamais connu à M. Teste fils. »

M. LE CHANCELIER. Il va être maintenant donné lecture d'une lettre que M. Teste m'a adressée ce matin.

M. RENOUARD, rapporteur, lisant :

» Paris, 13 juillet 1847.

» Monsieur le chancelier,

» Les incidens de l'audience d'hier ne laissent plus de place à la contradiction en ce qui me concerne, et je considère à mon égard le débat comme terminé et clos définitivement.

» J'accepte d'avance tout ce qui sera fait par la cour en mon absence.

» Elle ne voudra pas sans doute obtenir une présence inutile à l'action de la justice et à la manifestation de la vérité... (Impression douloureuse), ni triompher par la force d'une résistance désespérée.. (Sensation.)

» Je la prie d'être bien convaincue que cette résolution irrévocable de ma part se concilie avec mon profond respect pour le caractère et pour l'autorité de mes juges.

Signé TESTE. »

M. LE CHANCELIER. Greffier, donnez lecture d'un autre procès-verbal dressé ce matin.

M. LÉON DE LA CHAUVINIÈRE lisant :

« L'an 1847, ce 13 juillet, onze heures du matin, nous Jean-Baptiste Jouanne de Beaulieu, huissier assermenté, en vertu d'un ordre de M. le chancelier, nous nous sommes rendu à la prison de la rue de Vaugirard, à l'effet d'extraire de cette prison les trois accusés qui y sont détenus.

» M. Cubières et M. Parmentier ont déclaré qu'ils étaient prêts à me suivre.

» Quant à M. Teste, il s'y est refusé.

» Sur ce refus je me suis présenté de nouveau dans la chambre dudit accusé, cette fois assisté de la force publique et en vertu de l'ordre de M. le chancelier.

» Je l'ai sommé au nom de la loi d'obéir à justice et de comparaître devant la cour des pairs, lui déclarant qu'à défaut par lui de se rendre devant la cour, il sera procédé conformément à l'article 9 de la loi du 9 septembre 1836.

» M. Teste m'a déclaré que tout en protestant de son respect pour la cour, il lui était impossible de consentir à reparaître devant elle, par les motifs exprimés dans la lettre adressée par lui à M. le chancelier.

» Qu'il suppose que sa comparution est désormais inutile, en présence des preuves acquises de l'unique faiblesse qu'il ait eue à se reprocher dans sa vie, et qu'il expie si cruellement. (Sensation pénible.) Il persiste donc à dire que, s'en remettant, quant au surplus, à la justice de la cour, il refuse de comparaître de nouveau devant elle.

» De tout ce que dessus, j'ai dressé le présent procès-verbal pour être remis à M. le chancelier.

» Et a, ledit sieur Teste, signé avec moi, etc. »

M. LE CHANCELIER. Nous, président, usant du droit qui nous est conféré par la loi du 9 septembre 1836, ordonnons que, nonobstant l'absence de l'accusé Teste, il sera passé outre au débat.

La parole est à M. le procureur général. (Mouvement d'attention.)

M. LE PROCUREUR GÉNÉRAL. Messieurs les pairs, le procès est fini. Il n'est plus besoin de discuter, de rechercher la culpabilité des accusés. Elle est constante, et la déclaration faite par M. Teste, en minant dans sa base la défense depuis longtemps préparée par Parmentier, met un terme complet au débat.

Quand les accusés ont pris soin eux-mêmes de lever les doutes; quand, amenés par l'enchaînement fatal des circonstances, ils sont réduits à renoncer à des systèmes de défense qui ne les auraient pas sauvés, notre tâche est finie, la vôtre commence. (Sensation.)

Un grand crime a été commis; l'expiation doit être éclatante... (Agitation.) Le pays le demande; il faut épouvanter les fonctionnaires qui seraient tentés de sacrifier leurs devoirs à des intérêts d'argent; il faut épouvanter les hommes cupides qui seraient tentés d'acheter de ces fonctionnaires ce qu'ils ne peuvent obtenir par le bon droit.

Le général Cubières a encouru toutes les sévérités de la loi.

Qu'il soit exclu de l'armée, qu'il a déshonorée.. (Agitation); qu'il soit exclu de la pairie, que sa présence souillerait désormais ! (Pénible impression.)

Que pourrait-on dire? Qu'il a expié en partie sa faute par les angoisses au milieu desquelles il a vécu depuis 1843, par sa position humiliée devant un homme tel que Parmentier, par des pertes d'argent, par les cruelles douleurs qu'a dû lui causer une accusation d'escroquerie incessamment suspendue sur sa tête... A cela je réponds par un mot : N'oubliez pas que c'est de lui qu'est partie la première pensée de la corruption ; n'oubliez pas qu'il a cherché avec une persistance déplorable à égarer la justice ; n'oubliez pas qu'il a eu l'honneur de siéger dans les conseils de la couronne et qu'il est d'autant plus coupable d'avoir conçu une pensée de corruption.

Pour M. Teste, d'après ce qui a été lu, je ne me sens pas le courage de mesurer l'abîme au fond duquel il a été entraîné par son avidité.

Pour Parmentier, pour cet homme qui a spéculé sur sa propre turpitude, que la main de la justice s'appesantisse sur lui.

On comprend que dans un sentiment patriotique, on joue le rôle qu'il a joué; mais quand on ne prend ce rôle que dans l'intérêt de sa cupidité, pour punir une résistance à une exaction illégitime, il y a la quelque chose qui doit appeler sur le coupable toute la sévérité des peines portées par la loi.

Et, quant à Pellapra, qu'il apprenne dans l'asile où se cache sa vieillesse déshonorée, que la justice sait atteindre le crime partout où il se réfugie.

Maintenant, qu'il me soit permis de présenter à la cour deux observations qui naissent de ce procès.

Un bruit a été accrédité, un bruit fâcheux pour le pays, c'est qu'il est des coupables qu'on ne peut atteindre, c'est qu'il est des crimes pour lesquels il n'y a pas de châtiment... Quel plus éclatant démenti pour ces rumeurs injustes que le procès actuel?

Jamais l'égalité devant la loi a-t-elle été plus vraie? Jamais l'action de la justice a-t-elle été plus ferme? sa volonté plus inébranlable d'atteindre et de punir les coupables, à quelque rang qu'ils soient placés?... On dit que la corruption déborde, qu'elle envahit le corps social, qu'elle le menace de décomposition. On dit qu'aujourd'hui le devoir est immolé au culte des intérêts matériels... Qu'il me soit permis de dire que ce procès offre encore à cette accusation une réponse péremptoire.

Tout a été examiné, fouillé, recherché. Au ministère des travaux publics, au ministère des finances, on a recherché la trace de la corruption, et les fonctionnaires les plus élevés comme les plus obscurs, ont été trouvés désintéressés, purs, honnêtes.

L'opinion publique est devenue plus susceptible. Il faut y applaudir ; ce qui, en d'autres temps, eut à peine éveillé l'attention, trouble la société ; elle s'exagère le mal ; la plainte évidemment va au delà du but ; votre arrêt rassurera les bons citoyens.

Depuis 1830, des défis audacieux ont été jetés à la juridiction de la cour des pairs ; elle y a répondu noblement ; elle a contribué à rétablir l'ordre et à propager le respect pour les institutions. Aujourd'hui vous avez à raffermir la morale ébranlée, à venger la société des atteintes qui y ont été portées ; c'est un grand devoir qui vous est échu ; vous le remplirez, nous en sommes convaincus, vous remplirez ce devoir comme on l'attend de vous. Et nous avons aussi cette conviction que jamais plus utile arrêt n'aura été rendu que celui qui va intervenir... (Mouvement prolongé.)

La parole est au défenseur de M. le général Cubières.

M° BAROCHE. Messieurs les pairs, après les incidens si nombreux et si graves qui viennent d'éclater à la fin de ces débats, ap ès la terrible catastrophe qui les a terminés, en proie à une émotion dont je n'ai pas besoin, je crois, de m'excuser devant vous, j'ai à peine la force de recueillir les idées que je voulais vous présenter dans l'intérêt de M. le général Cubières.

Je ne voulais le défendre devant vous qu'en vous démontrant que dans ses dernières déclarations et depuis que des révélations inattendues et non provoquées par lui avaient dû vaincre les scrupules de sa conscience, il vous avait dit toute la vérité, la vérité comme il la savait, comme elle lui avait été révélée par M. Pellapra, de qui seul il pouvait l'apprendre. Je voulais vous faire connaitre par quel triste enchainement de circonstances il avait été entrainé dans cette voie fatale dont son honorable inexpérience ne lui avait pas permis d'apercevoir tous les périls, et au bout de laquelle sa faiblesse, la bonté de son cœur, son inaltérable attachement à la foi jurée, envers ceux-là mêmes qui l'avaient si gravement compromis, devaient creuser un abîme profond au fond duquel son honneur a failli s'engloutir à jamais.

Eh bien ! messieurs, tous ces faits que je voulais faire connaitre, vous les connaissez maintenant ; personne de vous ne peut au moins douter aujourd'hui de la vérité des explications qui vous ont été données par M. de Cubières. Vous avez déjà compris à quel fatal entrainement il a cédé. Aurais-je encore (je ne le croyais pas avant les laconiques et si cruelles paroles de M. le procureur général), aurais-je encore à défendre devant vous son honneur contre ces accusations qui depuis longtemps planent sur sa tête ? Son honneur, auquel, lui aussi, il tient plus qu'à la vie ; son honneur, dont il doit compte à l'armée, dans les rangs de laquelle il occupait une si haute position, à cette assemblée, dans laquelle il a eu l'honneur de siéger.

Les faits, vous les connaissez ; je me permettrai seulement de les résumer en quelques mots.

M. de Cubières était intéressé avant 1840 dans l'exploitation des mines de Gouhenans ; il devait dès lors exercer une influence dans la compagnie ; c'est surtout en effet à leur origine qu'il faut prendre les faits pour en comprendre l'enchaînement.

C'est ainsi que le 5 septembre 1841 M. le général Cubières acheta trois centièmes d'actions. Plus tard, à partir de mars 1842, deux autres parts furent achetées par lui à M. Grillet, membre de la société de Gouhenans ; puis enfin, trois autres à diverses personnes, de sorte que, à cette époque, son intérêt dans l'affaire s'élevait à 159,000 f.

Ainsi, au mois de mars 1842, le général Cubières n'avait que deux parts d'intérêts, tandis que Parmentier, au contraire, en possédait cinquante centièmes.

C'est en Parmentier que semble se personnifier l'entreprise au moment où le général Cubières intervient dans l'affaire. A ce moment tous les associés dans cette affaire étaient tous beaucoup plus intéressés que le général à son succès.

Lorsque, en 1840, le monopole des salines de l'Est fut supprimé, et que la compagnie Parmentier eut formé une demande en concession de Gouhenans à l'autorité administrative, Parmentier vint à Paris, il se mit en rapport avec le général Cubières, et sollicita son intervention auprès de l'autorité supérieure. C'est par Parmentier que le général Cubières fut lancé dans les sollicitations, et, certes, le général sollicita bien plutôt dans l'intérêt de Parmentier que dans le sien propre. Vous avez, messieurs les pairs, entendu à cet égard M. le préfet de la Haute-Saône, dont le général était l'ami d'en-

fance, et qui vous a déclaré que le général s'était abstenu, tant que l'affaire avait été entre les mains de cet administrateur, d'intervenir auprès de lui.

Jusqu'à la fin de 1841, l'intervention du général, qui n'avait pas franchi les limites de la sollicitation, n'avait donné lieu à aucun blâme, tout le monde le reconnait ; mais, selon l'accusation, c'est à la fin de 1841 que se place la première intervention blâmable.

Mais vous le savez, messieurs, et cela n'a pas besoin de vous être démontré, ce n'est pas le général qui a eu le premier la pensée de la corruption : cette pensée appartient à Parmentier ; sa présence à Paris, qu'il y fût réellement ou par correspondance, l'établit au delà de toute nécessité.

Parmentier, messieurs, était irrité de la résistance que le ministre des finances opposait à la concession de Gouhenans.

« Le ministre, écrivait Parmentier, est intéressé dans la saline de Dieutz ; il désire évidemment une alliance avec une compagnie qui lui fait concurrence, il faut conclure une alliance avec lui, et alors les difficultés s'aplaniront devant nous... »

Relisez la correspondance de Parmentier, messieurs, et, à chaque ligne, vous y rencontrerez la preuve de l'excitation à une tentative de corruption.

En conscience, en morale, avec l'intelligence qui vous caractérise, vous ferez la part de chacun.

La première pensée, le premier germe de corruption a été déposé dans l'esprit du général Cubières par Parmentier.

Peu de temps s'était écoulé depuis la première ouverture lorsqu'une nouvelle insinuation fut faite au général. Qu'arriva-t-il ?

Les antécédens fâcheux de la société de Gouhenans lui rendaient extrêmement difficile l'obtention de la concession. D'un autre côté, des concurrens assez bien appuyés se présentaient, et quelque justes que fussent les demandes de la nouvelle société organisée pour l'exploitation des mines de Gouhenans, il fallait bien en suivre la solution avec la plus grande sollicitude, quoique la demande fût on ne peut plus juste, cela était reconnu.

Ce fut alors que le général eut le malheur de parler de l'affaire à M. Pellapra, et que se manifesta la pensée d'arriver par des moyens illégitimes à un résultat légitime.

M. Pellapra était ami du ministre, et lancé depuis longtemps dans les grandes entreprises. L'idée a pu surgir dans la pensée de M. Pellapra, mais elle ne pouvait pas naitre dans la conscience du général Cubières.

Parlerai-je maintenant des déclarations faites par le général ? Parlerai-je de ces individus qu'il n'a pas voulu nommer et qui l'auraient circonvenu en venant murmurer à ses oreilles le mot de corruption, et qui étaient placés au dernier degré de l'échelle sociale ?

Sans doute le général a persévéré bien longtemps dans une voie fâcheuse de réticences ; mais est-ce sérieusement qu'on lui imputerait à crime ces réticences ? Non, messieurs, non, et les motifs du général ont été très bien appréciés dans la séance de samedi par un membre de la cour.

Depuis l'origine de l'instruction, le général était placé sous le poids de cette idée que, quoi qu'il pût arriver, il ne voulait pas être dénonciateur. Eh bien ! messieurs, je dis qu'il y a quelque chose d'honorable dans cette persistance.

Il n'avait, il n'a encore qu'une seule pensée, c'est d'avoir compromis les autres accusés et d'avoir ainsi encouru une pesante responsabilité. Cette pensée, il la ressentait encore hier, lorsqu'au moment d'une fatale catastrophe il versait des larmes amères. Mais je le lui dis : Cette douleur vous honore, mais vous n'avez pas le droit de la ressentir, et si le sang d'un homme que nous avons estimé avait coûté hier, savez-vous sur qui en retomberait la responsabilité ? Sur celui qui n'a pas craint, par un esprit de vengeance et de haine, d'ouvrir cette voie fatale où vous avez été entrainés. (Mouvement.)

Le général Cubières a tort de se faire un cas de conscience, de se reprocher d'avoir compromis les autres accusés ; il n'a compromis personne ; il n'a même pas été dupe, comme on l'a prétendu ; non ! il a été victime !

Maintenant, messieurs, que vous comprenez le motif qui a si longtemps imposé silence à M. de Cubières, vous devez ajouter d'autant plus de confiance aux déclarations qui ont été arrachées malgré lui à M. de Cubières ; à ces déclarations devant lesquelles il reculait de tout son pouvoir, à ce point qu'au moment où se produisait une lumière irrésistible, il essayait encore je ne sais quelles dénégations.

Croyez donc M. le général Cubières quand les faits sont d'accord avec les paroles, lorsqu'il dit que tout lui a été suggéré ; et d'ailleurs, permettez-moi de vous le faire remarquer, il n'est pas même possible que cette pensée vînt de lui, que lui-même en conçût et en préparât l'exécution.

Messieurs, avant de franchir le seuil du cabinet du ministre, tout son sang, ce sang dont une partie a coulé sur le champ de bataille, ce sang eût reflué vers son cœur, il eût réfléchi, et il se serait immédiatement arrêté. Non, il a été entraîné par son intermédiaire, et cet intermédiaire faisait illusion au général sur ce que ces négociations avaient de fâcheux.

Sans doute le général a commis une faute, une faute grave, mais il l'expie cruellement aujourd'hui, et il y a encore cette atténuation dans sa conduite qu'il n'était pas seul intéressé, qu'il croyait défendre un intérêt commun, et il y avait cette considération, qui lui faisait illusion, que la demande était juste et que peut-être il ne voyait pas un crime à chercher les moyens d'en hâter le succès. Et permettez-moi de vous rappeler un précédent éclatant. Ce n'est pas la première fois que des faits semblables sont déférés à la justice. Vous vous rappelez sans doute qu'un membre de l'administration municipale fut, il y a quelques années, traduit devant la justice pour avoir cédé à des promesses, pour avoir à ce prix promis la faveur. Eh bien ! dans ce procès, cet homme coupable, qu'il est inutile de nommer, fut condamné. Mais savez-vous le rôle qu'on fit jouer à celui dont la promesse écrite de rémunération fut cause de la condamnation? il fut appelé comme témoin et vint, libre, déposer de cette promesse qu'il avait fait faite. N'y avait-il pas là une raison, un précédent, qui a pu faire illusion à M. de Cubières ?

Eh bien ! c'est avec ce précédent que je tenais à constater que M. de Cubières était intéressé secondairement à cette opération, qu'il n'a pas agi spontanément.

Arrivé à ce point du débat, il n'est point sans intérêt cependant de vous faire, bien que l'accusation d'escroquerie ait été écartée, je ne crois pas sans intérêt, dis-je, de vous faire remarquer combien toute la conduite de M. le général Cubières éloigne le reproche. Tout d'abord il presse M. Parmentier de venir à Paris pour s'associer aux démarches qu'il doit faire; dans une autre lettre, quelque temps après, il dit : Je ne consens pas à me charger seul de la négociation, la société s'en rapporte à vous et à moi et vous devez me seconder. Je le déclare, à ce point de vue sur lequel a un instant insisté l'accusation, et qui est rappelé dans l'acte de renvoi, M. le général Cubières n'a pas un seul reproche à s'adresser, et tout démontre, je le répète, que le système établi pour peser sur lui à cet égard est privé de fondement. Ainsi, dans l'acte du 25 février, c'est à la disposition de Parmentier seul que sont mises les 25 actions de réserve, et c'est seulement sur la demande de M. Grillet que M. de Cubières fut adjoint à Parmentier et que le mandat fut partagé entre eux. Mais le général comprend que ce mandat ne lui permet pas d'agir seul, et il l'écrit à diverses reprises à Parmentier.

M. Parmentier dit qu'il a hésité à accueillir les ouvertures qui lui étaient faites par le général. Lui hésiter ! lui qui en 1841 cherchait à intéresser le ministre des finances à l'affaire de Gouhenans! Non, il n'a pas hésité; non, il n'a pas joué cette singulière et honteuse comédie qu'il prétend avoir jouée: pendant six mois, il en a joué une autre non moins honteuse. (Sensation.)

Je disais que le général n'avait pas été présent à l'acte du 25 février, mais le premier il annonce que ces actions ne sont pas négociables, et c'est alors qu'intervient la vente à réméré, cette vente à réméré dans laquelle le général a été complètement sacrifié. Quand je vous disais que le général a eu le rôle de victime !

Examinez, en effet, cette vente à réméré et vous verrez qu'en résultat le général est le seul sacrifié, compromis et grevé en définitive d'une somme de 200,000 fr., dont pas la moindre partie n'était entrée dans sa caisse.

Est-ce la conduite d'un homme qui comprend la gravité de ses actes et veut résolument et à tout prix corrompre? Non! c'est la conduite d'un homme trompé, abusé, inexpérimenté dans ces sortes d'affaires. Aussi, rappelez-vous que M. Renauld vous déclarait que devant lui Parmentier disait avec joie : Je le tiens !

En effet, à mesure qu'il avançait, le général était davantage sacrifié.

On a reproché, messieurs, à la correspondance du général Cubières d'être exagérée et mensongère; le général, interpellé sur ce point, a répondu : « Tout ce qui vient de moi est, je crois, exact; quant à ce qui me vient de M. Pellapra, je ne puis affirmer qu'une chose, c'est que cela m'a été affirmé par lui, et quant au récit si exagéré de cette séance qui, prétendait-on, avait duré neuf heures, remarquez que le récit ne

peut émaner de M. de Cubières, qui avait été absent de Paris depuis le 12 juillet jusqu'au mois de septembre.

Ainsi jusqu'ici vous voyez combien est faible la part des reproches adressées au général. J'arrive maintenant à l'époque du 5 janvier et aux deux actes de vente qu'on a reprochés au général et dont on s'était appuyé pour cette odieuse accusation d'escroquerie.

Me Baroche, après avoir fourni quelques explications sur ces actes et avoir démontré qu'ils n'avaient pour objet que de faire face aux sacrifices qu'on exigeait de M. de Cubières, poursuit ainsi : C'est ici que commence une expiation dure et cruelle pour le général Cubières; depuis ce moment, vous le voyez constamment pressé entre M. Pellapra, qui veut rentrer dans les fonds qu'il a déboursés, et Parmentier, qui arrive à la dernière limite de la fraude et du dol. (Mouvement.)

D'abord, M. Cubières rend les vingt-cinq actions de réserve, et si elles ne sont pas annulées, c'est parce que Parmentier ne l'a pas voulu. Après le renvoi des vingt-cinq actions de réserve on exige d'autres sacrifices : d'abord, Parmentier veut rentrer à tout prix dans son réméré, et pour cela il essaye toutes les combinaisons, et d'exigences en exigences, il est arrivé à l'assemblée du mois d'août 1844, où se trouvaient seuls les deux plus forts actionnaires. Alors Parmentier lève le masque, menace de tout révéler à l'assemblée générale des actionnaires, il menace d'un éclat et montre assez ouvertement ses intentions pour que M. Cubières ait alors écrit à M. Pellapra : Nous sommes tombés dans un guêpier ! et c'est alors que sont poursuivies, qu'interviennent les transactions que vous connaissez.

Ne voyez-vous pas tous les efforts de Parmentier pour faire retomber à la charge du général toutes les charges résultant des négociations? Les mauvaises pensées, les pièges de Parmentier ne vous apparaissent-ils pas plus clairs, plus positifs à chaque pas que nous faisons dans cette affaire? Oui, le général, qui n'avait jamais baissé la tête devant les balles ennemies, a été obligé de fléchir devant Parmentier, et rien, non, rien dans toute cette affaire ne pouvait imposer au général une plus cruelle nécessité. (Rumeurs d'approbation.)

Qu'est donc le général dans cette affaire? Mais il est la victime de tout le monde. Ses sacrifices ont été plus grands que ceux des autres; il n'a pas moins payé, pour sa part dans la négociation, de 50 et quelques mille francs... Est-ce assez? Non ! non ! on veut le forcer à acheter pour deux millions la part d'un individu dans l'affaire de Gouhenans... et cet individu, vous le devinez... c'est Parmentier... Parmentier qui dit : Vous êtes libre d'acheter ou de ne pas acheter ma part, mais moi je suis libre de publier certain mémoire auquel je travaille, et qui contiendra certaines lettres dont la publication pourrait bien vous causer plus d'un embarras... Oui, cela a été dit, et cependant le général ne pouvait ajouter foi à une pareille lâcheté, lâcheté qui a été commise.

Que Parmentier jouisse maintenant de son triomphe; qu'il compte ses victimes en se félicitant de leur nombre, mais que, devant vous, il soit tout seul responsable de ces malheurs; que le général Cubières n'en soit pas responsable, lui qui a poussé les sacrifices personnels jusqu'à ses dernières limites.

Voilà, messieurs, le triste drame que je voulais dérouler devant vous; c'est à vous à prononcer le dernier mot sur cette déplorable affaire; c'est à vous à dire s'il faut que le général perde en un instant ce qu'il a mis quarante-cinq ans à gagner : son honneur et sa gloire.

Je ne viens pas discuter devant vous, messieurs, une question de droit criminel : c'est à l'omnipotence de votre haute juridiction que je m'adresse, et je vous demande s'il n'est pas vrai, pourtant, en examinant la chose avec la lumière de la raison, que les mêmes pénalités qui atteignent le corrompu ne doivent pas atteindre le corrupteur, car, ici, celui qui a corrompu a été provoqué lui-même à corrompre.

Je dis qu'il faut plaindre le général d'avoir rencontré les exigences en présence desquelles son bon droit pouvait périr si ces exigences n'étaient pas satisfaites. Placé entre Parmentier qui, en 1841, lui proposait d'attaquer le ministre avec les armes de l'intérêt personnel, et Pellapra, qui lui offrait de lui vendre un ministre moyennant des sacrifices, voilà la situation du général, chargé d'intérêts qui ne sont pas les siens, et qui crut devoir transmettre aux principaux intéressés les ouvertures qui lui étaient faites.

Quoi ! je serais coupable ! Vous m'avez dit : J'ai donné 400,000 fr. au ministre. Quand m'avez-vous dit cela? quand la chose était faite. Ainsi, le général n'a pas été l'acteur de la corruption. Il n'est pas ce corrupteur dont parle la loi pénale, ce corrupteur qui est responsable tout à la fois de son crime et de celui qu'il fait commettre à un autre.

Examinez la conduite du général depuis le commencement jusqu'à la fin de cette affaire, et vous verrez qu'il n'a point été cet agent, mais qu'il a été traîné à la remorque, qu'il n'a été qu'un triste et passif intermédiaire par la bouche duquel sont passées les paroles qui lui ont été déposées par un autre, mais il n'a jamais dirigé d'attaques à la conscience de qui que ce soit.

Vous considérerez tout cela, messieurs, et vous verrez que la présence sur ces bancs du général est une expiation suffisante et complète ; elle est complète pour tout le monde, j'oserais dire presque pour Parmentier !

Permettez-moi de vous dire en terminant, messieurs les pairs : Songez sur qui vous avez à prononcer votre arrêt, songez à qui des épreuves aussi cruelles que celles de ces débats étaient réservées. Permettez-moi, maintenant, de vous dire, en quelques mots, la vie du général.

Il est entré au service à dix-sept ans comme sous-lieutenant ; à vingt ans il était colonel. Tous les champs de bataille avaient été les théâtres de ses exploits ; s'il fallait vous exposer tous ses faits d'armes, je lasserais votre patience, quel que soit votre amour pour la gloire. Je n'en citerai qu'un, un seul, qui a excité l'admiration de nos ennemis eux-mêmes.

Au combat des Quatre-Bras, le général de Cubières reçut onze coups de sabre ; son sang coulait à flots ; il ne pouvait plus se servir de son bras ; mais chez lui la force de l'âme commandait à l'épuisement du corps ; mais chez lui l'amour du pays l'emportait sur la douleur : le lendemain de cette affaire, il marchait à l'ennemi dans les plaines de Waterloo à la tête de sa colonne. Son cheval est tué ; il tombe : les Anglais étaient à trente pas : ils pouvaient le fusiller à bout portant... Mais tel est le prestige de la valeur, que pas un coup de fusil ne fut tiré sur le général... Il se dégagea de dessous son cheval et s'éloigna en saluant ses ennemis généreux.

Voilà comment le général Cubières a gagné ses épaulettes que l'accusation veut lui arracher aujourd'hui... Voilà comme il a mérité l'insigne honneur de s'asseoir sur vos bancs et de siéger un jour dans les conseils de la couronne.

Ah ! je le disais tout à l'heure, si la loi a le droit de reprocher avec sévérité à un homme la seule mauvaise action qu'il ait commise dans une longue carrière toute d'honneur et de dévouement, la justice veut qu'un seul jour d'erreur et de faiblesse ne puisse faire perdre soixante années de gloire.

Si le général Cubières a commis une faute, il l'a déjà assez cruellement expiée.

En présence d'une vie pure pendant soixante ans, en présence de quarante-cinq années consacrées tout entières au service de la patrie, en présence de ces faits si brillans que je viens de rappeler, vous ne voudrez pas qu'une des illustrations de notre armée périsse en une seule journée, qu'elle périsse des mains glorieuses qui ont si souvent serré la sienne ; vous ne voudrez pas vous tous, messieurs, qui vous êtes illustrés comme lui par de bons et loyaux services, vous ne voudrez pas l'immoler pour une erreur d'un instant.... Croire à une condamnation, ce serait douter de la justice de la cour des pairs.

Ce n'est pas pour rien, messieurs, que cette haute justice, qui n'a pas d'autre règle que sa raison, ce n'est pas pour rien que cette justice a été instituée... A vous il appartient d'apprécier la valeur des actes et le mérite des hommes... Vous n'êtes pas, comme un tribunal ordinaire, enfermé dans le cercle étroit de la loi ; vous avez une haute et complète indépendance ; c'est à cette indépendance que je fais un appel, et je crois maintenant pouvoir dire qu'il aura été entendu... (Marques nombreuses d'intérêt.)

M. DEHAUT, conseil de M. Teste. Messieurs les pairs, l'accusé dont la place reste vide devant vous aurait voulu en appeler immédiatement à la justice divine et épargner à la cour la triste mission qui lui reste à remplir ; mais le sort ou la Providence le condamne à la justice humaine.

Il a voulu que ce fût moi qui vins, comme pour lui rendre les derniers devoirs, apporter à la cour les seules paroles qu'il croit encore pouvoir lui adresser au lieu d'une défense impossible.

Vous me pardonnerez l'émotion avec laquelle j'accomplis ce mandat ; c'est un acte de reconnaissance pour celui qui, dans des temps meilleurs, a guidé au barreau mes premiers pas.

Je viens vous dire la plus grande douleur qui au milieu des angoisses lui déchire le cœur : c'est l'étrange fatalité qui en révélant devant vous une faute unique et exclusivement personnelle, a mêlé dans cette triste affaire le nom de son fils innocent, de son fils pour lequel le moindre soupçon d'une com-

plicité morale serait la plus affreuse injustice, de son fils dont l'attitude pendant tout ce débat n'a certainement laissé personne sans émotion.

Cette protestation constante contre tout soupçon qui pourrait peser sur ce fils échappe constamment de sa bouche, et je voudrais pouvoir la faire retentir à vos oreilles avec cette énergie qu'il savait donner à ses paroles.

Voilà la seule chose qu'il m'a chargé de vous dire. Mais si, dans sa résignation, il s'oublie, vous qui êtes ses juges, vous n'oublierez pas de lui tenir compte de ses inexprimables angoisses.

S'il a eu l'incroyable faiblesse d'accepter une rémunération offerte volontairement par un tentateur infernal, du moins il n'a rien accordé que la plus stricte justice n'eût accordé. Qu'il me soit permis, en vous rappelant cette circonstance, de vous prier de ne pas oublier cette parole empruntée à Bossuet : « Que la miséricorde est partie intégrante de la justice. » (Mouvement.)

L'audience est suspendue.

A trois heures et demie l'audience est reprise et la parole est donnée au défenseur de M. Parmentier.

M° BENOIT CHAMPY. Messieurs les pairs, M° Berryer devait vous présenter la défense de Parmentier. Un événement indépendant de sa volonté ne lui a pas permis d'accomplir cette tâche. On me l'a confiée. En me résignant à cette triste et périlleuse mission, j'en ai compris toutes les difficultés.

Il faut qu'au milieu des émotions innombrables de ce procès, je prenne un homme écrasé sous le poids de l'accusation qui pèse sur lui ; il faut, au nom du droit sacré de la défense, il faut que j'appelle votre attention sur tous les faits, sur toutes les circonstances qui nous entourent.

Un mot en commençant, et dans ce mot que je vais vous dire se trouve toute la défense de l'accusé. Il y a, dit-on, quelque chose d'impossible, d'inconcevable dans le système présenté par Parmentier. C'est ce qu'il faut examiner. Que vient dire Parmentier ? qu'a-t-il toujours soutenu ? Si une somme d'argent a été demandée, à qui a-t-elle dû être remise ? à un des accusés. Était-il certain que cette somme d'argent devait passer de la main d'un intermédiaire dans la main du fonctionnaire public ? Voilà ce qui a toujours été un doute ; voilà ce qui serait resté encore un doute sans les événemens qui viennent d'avoir lieu.

Je ne vous demande qu'une seule chose, mais je vous la demande avec confiance : N'admettez pas comme vraie cette version ; j'y consens ; mais, dégageant vos esprits de ces préventions si naturelles que vous devez avoir, admettez-la comme une hypothèse qui ne soit pas impossible.

Maintenant si, par un récit très bref des faits, des circonstances qui ont accompagné et suivi la concession, vous ne voyez pas cette hypothèse prendre les apparences d'une réalité, alors dites que le système de défense est mauvais, condamnez-le.

Je me suis séparé, et séparé vivement de quelques points de la cause que j'ai à défendre devant vous.

Vous comprenez que je me suis séparé de ce qui a été dit par le défenseur du général Cubières. Vous avez certainement une omnipotence absolue, mais elle doit être renfermée dans le caractère dont vous êtes revêtus. Je parle devant une cour de justice. Ce sont des magistrats qui sont là devant moi. Si le doute pénètre dans vos consciences, il doit profiter à l'accusé.

Celui que je viens défendre a été abreuvé d'outrages et d'injures... Eh bien, moi, fidèle à la défense comme un soldat fidèle à son drapeau, je me lève au nom de la justice, non pour le justifier, mais pour vous dire encore une fois que je vous conjure de m'entendre, sans vous laisser assaillir par les rumeurs qui viennent du dehors.

Quelques instans d'attention, messieurs, et je promets à la cour de ne pas abuser de sa patience.

M° B. Champy, entrant ici dans le détail des faits relatifs à la corruption, insiste sur cette considération que la compagnie se croyait un droit, qu'elle ne croyait pas que la corruption fût nécessaire, et qu'en ce qui concerne d'ailleurs Parmentier, aucune preuve de complicité n'est apportée. Et d'ailleurs, poursuit le défenseur, remarquez d'après la correspondance même que Parmentier a pu avoir en 1841 une pensée de corruption, mais en 1842 il ne l'a plus eue. En effet, examinez l'instruction avec attention, et vous y verrez évidemment qu'il a cédé à l'initiative de M. Cubières, et plus tard aux instances de celui qu'on nomme l'intermédiaire ; et voyez, quand il cède, voyez sa position : il avait été l'inventeur de cette exploitation minière, après bien des efforts, il avait obtenu le succès, un arrêt de la cour royale de Besançon avait déclaré l'existence légale de ces mines ; c'est alors, quand il a, après tant de peines, réalisé cette grande entreprise, qu'on lui vient faire comprendre que pour sauver sa fortune il faut faire un sacrifice.

Messieurs, on nous rappelait un procès dans lequel celui même qui avait tenté de corrompre n'a pas été condamné : c'est qu'en effet l'intérêt personnel pèse d'un poids qu'on ne saurait méconnaître dans nos déterminations, et il était naturel que Parmentier, qui a non pas un fils, mais des enfans, cédât à cette proposition. J'ajouterai que Parmentier n'avait pas seulement en vue la défense de son intérêt, il avait aussi en vue la défense des intérêts de M. Renauld et Lanoir, ses coassociés.

Le défenseur s'efforce, par l'analyse des différentes pièces et lettres réunies dans l'instruction, d'établir que Parmentier n'a fait que céder, et céder difficilement, aux instigations de M. Cubières, et que celui-ci a dirigé ; sa conduite l'a poussé à l'accomplissement de tous les actes importans de l'affaire.

Examinant ensuite le système de défense adopté par Parmentier, système d'après lequel il prétend que jamais il n'a cru à la réalité, à l'accomplissement de la corruption, M. B. Champy maintient que malgré les faits contraires, Parmentier n'a jamais cru que la corruption fût exercée ; que, lors de la vente à réméré, lors de la demande de régularisation des vingt-cinq actions au porteur, lors du renvoi de ces actions par M. Cubières, à toutes ces époques Parmentier a douté que la corruption fût exercée ; et en effet, dit-il, rappelez-vous que dans cette réunion du mois d'août, dont on a tant parlé, Parmentier annonce [qu'il veut soumettre sa conduite aussi bien que celle de M. de Cubières à l'assemblée des actionnaires. S'il avait participé à la corruption, l'eût-il fait? Je ne le pense pas. Je le déclare donc, M. Parmentier n'a pas cru à la corruption.

On a parlé des souffrances, des tortures qu'avaient subies les autres accusés ; permettez-moi de vous dire que j'ai profondément souffert dans ces débats, non pour moi, mais pour lui, et surtout pour ses enfans (Le défenseur montre le fils de M. Parmentier assis à ses côtés.); lui aussi est en but à ces persécutions, à ces accusations qui ont frappé son père.

M. DELANGLE, procureur général. Messieurs les pairs, je ne veux pas prolonger le débat, mais je manquerais à tous mes devoirs si je ne protestais au nom des lois et de la morale du pays contre les espérances exprimées par le défenseur du général Cubières.

Si je l'ai bien compris, il a essayé, non de désarmer la cour, on ne le pourrait pas, mais d'affaiblir assez la culpabilité pour demander un acquittement. J'en ai été tellement étonné qu'à peine puis-je en croire ce que j'ai entendu.

Comment! la plus audacieuse corruption aurait été commise, avouée et c'est à vous qu'on viendrait demander un acquittement! ce serait le plus grand scandale que jamais un tribunal eût donné! (Mouvement.)

Et en faveur de qui réclame-t-on cet acquittement? Pour un général, un pair de France, un ancien ministre qui, par conséquent, s'est bien rendu compte de son action, qui a su ce qu'il voulait, ce qu'il faisait, et c'est en son nom qu'on demande un acquittement?

Que direz-vous alors à l'homme jeté dans les derniers rangs de la société, qui, poussé par la cupidité, aura commis un acte condamnable? Que direz-vous au pays qui vous demandera compte de votre conduite?

Ce sont ceux qui sont placés à la tête de la société qui lui doivent l'exemple de la vertu, et à l'égard de ceux qui, au lieu de donner cet exemple, ont donné l'exemple contraire, vous devez être impitoyables.

Et sur quels motifs se fonde-t-on pour réclamer l'indulgence de la cour? Le général n'a pas eu, dit-on, l'initiative de la corruption. Pour toute réponse je le condamne à relire ses lettres du mois de janvier 1842, cette lettre du 14 janvier surtout, dans laquelle il déclare qu'il ne faut pas compter sur son bon droit, que le gouvernement est dans des mains avides et corrompues.

Il faut rendre justice à tout le monde. Non! l'idée de la corruption n'est pas venue d'abord de Parmentier. En 1841, elle lui était venue par le ministre des finances, mais en 1842 c'est à Cubières qu'elle est venue ; il en a eu l'initiative, et en quelles mains sont versés les fonds de corruption? dans les mains de Cubières ; à qui remet-on ces fonds? c'est à Cubières.

Qu'on ne vienne donc pas parler d'atténuation.

A ce premier tort on en ajoute un autre : la cour, en effet, n'a-t-elle pas été frappée du silence gardé à l'origine du procès? Le général, a dit la défense, a été retenu par un faux

point d'honneur. Non. Il a gardé le silence jusqu'au moment où il n'a pu se soustraire autrement à l'infamie d'une accusation d'escroquerie ; et, en dernier lieu encore, il n'a dit qu'une demi-vérité qui lui a été arrachée.

On parle de ses tortures depuis trois mois ; oui ! c'est là le cortége ordinaire des mauvaises actions et il devait les subir : mais il n'a pas expié son crime devant la société. Il a mené une vie désespérée depuis trois mois, il a subi des exigences abominables ; mais qui a amené deux anciens ministres sur ces bancs, qui en a poussé un au suicide? c'est lui, et il n'est pas exonéré par ces tortures dont on parle. Ce n'est pas assez ; il a manqué à l'honneur, comme ministre et comme général ; il a avili le pouvoir, tenté une conscience faible, fait douter des institutions du pays, et on viendrait demander pour lui l'impunité! Non ! pas d'impunité!

Je le répète, il y a ici un crime énorme commis ; et quand on entend dire que l'honneur français s'affaiblit, que le culte des intérêts matériels se propage ; dans ces circonstances, il est du devoir du juge de se montrer sévère. Non, il n'y a aucune atténuation pour aucun des accusés.

Vous venez d'entendre la défense de Parmentier ; ce serait abuser de la patience de la cour que d'essayer de prouver la culpabilité de Parmentier. Il a préparé les moyens de la corruption ; que le châtiment qu'il a mérité l'atteigne.

Nous sommes arrivés dans ce procès avec des hypothèses et aujourd'hui nous sommes en présence d'une vérité éclatante : je demande que la peine soit éclatante comme la vérité.

Me BAROCHE. M. le procureur général a été bien sévère pour le général Cubières et pour son défenseur.

Si j'avais mérité les reproches qu'on m'a adressés, je serais bien coupable ; mais non : je sais à qui je m'adresse ; je sais de quels noms sera signé l'arrêt qui doit être rendu ; je dis que ces noms le feront respecter quel qu'il soit... J'ai demandé et je demande encore l'acquittement de M. le général Cubières, et je ne comprends pas quelle menace on fait à des hommes comme vous de l'opinion publique protestant contre votre jugement!... D'ailleurs je maintiens, moi, que l'acquittement du général Cubières serait accueilli avec faveur par le pays tout entier.

Qu'il me soit permis, maintenant, d'adresser encore un mot à l'accusation : il ne suffit pas d'écraser un homme sous le poids de quelques paroles dures, il faut encore prouver ; et c'est ce qu'on n'a pas fait.

On dit : Le général Cubières a eu l'idée de la corruption, il a corrompu ; mais, encore, à côté de quel nom se trouve donc ici le nom de M. le général Cubières? à côté de celui de M. Pellapra ; ne suffit-il pas de rapprocher ces deux noms pour que chacun désigne le corrupteur?... Je n'en veux pas dire davantage d'un absent.

M. le procureur général ne trouve pas suffisantes les tortures endurées par le général Cubières ; il faut encore qu'il paie sa dette à la société... Ah ! messieurs, ne voulez-vous pas des tortures que lui a imposées pendant trois ans l'accusé Parmentier, dites-moi si ce n'est pas assez pour un homme comme le général Cubières, si ce n'est pas assez expier une faute que de la payer de sa présence pendant huit jours sur le banc des accusés !..... Ah! M. le procureur général, inventez si vous pouvez un châtiment, je vous défie d'en trouver un plus cruel que celui que subit le général Cubières depuis une semaine.

Mais j'ai confiance dans les juges du général ; je suis convaincu qu'aucun d'eux ne déclarera que le général a manqué à l'honneur.

M. le procureur général a dit que le général Cubières devait être exclus de l'armée, qu'il avait déshonorée! Non! non ! M. le procureur général !... M. Cubières trouvera toujours asile au milieu de ses compagnons d'armes, de ceux qui l'ont suivi depuis 1804 sur tous les champs de bataille.

On a fait appel à l'égalité devant la loi ; mais ce que je vous demande, c'est l'application de ce principe lui-même... Rappelez-vous ce qui s'est passé devant la justice ordinaire : un fonctionnaire a été condamné comme corrompu ; il y avait apparemment un corrupteur ; eh bien, aucune peine ne l'a atteint.

L'égalité devant la loi ! mais cette égalité consiste précisément à tenir compte des différences qui existent entre les mérites des individus ; c'est ce que nous voulons.

Si l'on veut poser la question ainsi : Le général Cubières a-t-il manqué à l'honneur? le général Cubières a-t-il cessé d'être digne du rang qu'il occupe? — j'y consens bien volontiers. J'attends avec une confiance parfaite la réponse de ses juges.

M. Parmentier se lève comme pour parler, puis il se rassied aussitôt.

VOIX NOMBREUSES. Parlez! parlez!

M. PARMENTIER. Messieurs les pairs, j'éprouve un besoin impérieux, c'est celui de déclarer devant vous que personne n'est plus sincèrement et plus profondément affligé de la suite funeste mais bien imprévue qu'a eue la publicité donnée aux pièces que je possédais.

J'éprouve un autre besoin, c'est celui de protester avec énergie contre les imputations qui ont été dirigées contre moi par l'accusation et par le général Cubières lui-même.

Non! je ne suis pas l'homme qu'on vous a déclaré ; non! ce n'est pas une basse cupidité qui a été le mobile de toute ma conduite envers le général Cubières. Entraîné invinciblement à croire que M. Cubières avait voulu me tromper et qu'il avait persévéré dans cette intention, c'est sous l'empire de cette idée, que je crois devoir reconnaître aujourd'hui erronée, que j'ai agi constamment.

Ces vérités, elles finiront par se faire jour, et j'ose espérer que vous serez les premiers à les reconnaître.

M. LE PROCUREUR GÉNÉRAL a la parole pour donner lecture de ses réquisitions.

En voici la substance :

« En ce qui concerne le délit d'escroquerie attribué au général Cubières, comme il ne résulte ni de l'instruction ni des débats preuve contre lui, nous demandons qu'il plaise à la cour de le renvoyer de ce chef.

» Mais attendu qu'il est suffisamment établi par l'instruction et les débats,

» D'une part, que Cubières et Parmentier ont corrompu Teste, ministre des travaux publics, en vue d'obtenir une concession de mines de sel gemme ;

» D'autre part, que Teste a reçu de Cubières et Parmentier des dons pour des actes de ses fonctions qui n'étaient pas sujets à rétribution,

» Crimes prévus par les articles 177, 179, 54 et 55 du code pénal,

» Demandons qu'il plaise à la cour déclarer Cubières, Parmentier et Teste coupables desdits crimes, et leur faire application des peines portées par lesdits articles. »

M. LE CHANCELIER au général Cubières. Avez-vous quelque chose à ajouter pour votre défense ?

M. LE GÉNÉRAL CUBIÈRES. Je n'ai rien à ajouter à ce qu'a dit mon défenseur.

M. LE CHANCELIER. Et vous, Parmentier ?

M. PARMENTIER. Je n'ai plus rien à dire, M. le président.

M. LE CHANCELIER. Et les défenseurs de M. Teste ?

Mᵉˢ PAILLET ET DEHAUT. Nous n'avons rien à ajouter, monsieur le président.

M. LE CHANCELIER. Je déclare que les débats sont clos.

L'audience publique est continuée au jour qui sera indiqué pour le prononcé de l'arrêt.

La cour se sépare en proie à une vive agitation.

Audience du 17 juillet 1847.

A cinq heures moins vingt minutes, la cour est entrée en audience publique.

Conformément aux précédens de la cour, les accusés sont absens. Mᵉ Paillet et Mᵉ Baroche seuls prennent place au banc de la défense.

M. le chancelier se couvre et prononce au milieu d'un profond silence l'arrêt dont voici le texte :

La cour des pairs,

Vu l'arrêt du 26 juin dernier, ensemble l'acte d'accusation dressé en conséquence contre

Amédée-Louis Despans-Cubières, pair de France,
Marie-Nicolas-Philippe-Auguste Parmentier,
Jean-Baptiste Teste ;

Ouï les témoins en leurs dépositions et confrontations avec les accusés ;

Vu l'ordonnance de M. le chancelier de France, président de la cour, en date du 12 juillet présent mois, rendue en exécution de l'article 9 de la loi du 9 septembre 1835 et portant que nonobstant le refus fait par Jean-Baptiste Teste de comparaître à l'audience, il sera passé outre aux débats ;

Vu les sommations et procès-verbaux constatant qu'à l'égard de cet accusé, il a été satisfait aux prescriptions des articles 8 et 9 de ladite loi du 9 septembre 1835 ;

Ouï le procureur général du roi en ses dires et réquisitions, lesquelles réquisitions par lui déposées sur le bureau de la cour sont ainsi conçues :

Réquisitoire.

Nous, procureur général du roi près la cour des pairs,

Attendu qu'il n'existe pas de preuves contre Amédée-Louis Despans-Cubières,

D'avoir commis un délit d'escroquerie ou de tentative d'escroquerie,

Requérons qu'il plaise à la cour le renvoyer de l'accusation sur ce chef.

Mais attendu qu'il résulte de l'instruction et des débats la preuve que

Amédée-Louis Despans-Cubières,
Marie-Nicolas-Philippe-Auguste Parmentier,

Sont coupables, d'avoir, en 1842, corrompu par offres, dons et présens, le ministre des travaux publics pour obtenir la concession d'une mine de sel gemme située dans le département de la Haute-Saône ;

Que Jean-Baptiste Teste est coupable d'avoir, à la même époque, étant ministre des travaux publics, agréé des offres et reçu des dons et présens, pour faire un acte de ses fonctions non sujet à salaire ;

Que les crimes ci-dessus spécifiés et qualifiés sont prévus et punis par les articles 177, 179, 54 et 55 du code pénal,

Requérons qu'il plaise à la cour :

Déclarer Amédée-Louis Despans-Cubières, Marie-Nicolas-Philippe-Auguste Parmentier, Jean-Baptiste Teste, coupables desdits crimes, et leur faire application des peines prononcées par les articles cités.

Fait au parquet de la cour des pairs, le 15 juillet 1847.

Le procureur général du roi,

DELANGLE.

Après avoir entendu 1° Jean-Baptiste Teste en personne, et par Mᵉ Paillet, son défenseur, aux audiences du 8, 9, 10 et 12 juillet, et Mᵉ Dehaut en ses observations pour le même accusé à l'audience du 13 juillet ; 2° Amédée-Louis Despans-Cubières et Mᵉ Baroche, son défenseur ; 3° Marie-Nicolas Philippe-Auguste Parmentier et Mᵉ Benoît-Champy, son défenseur ;

Et après en avoir délibéré dans les séances des 14, 15, 16 et 17 de ce mois :

En ce qui concerne le délit d'escroquerie ou de tentative d'escroquerie,

Attendu qu'il ne résulte des débats contre Amédée-Louis Despans-Cubières aucune preuve d'avoir commis le délit d'escroquerie ou de tentative d'escroquerie,

Déclare

Amédée-Louis Despans-Cubières acquitté de l'accusation portée contre lui sur le chef d'escroquerie ou de tentative d'escroquerie ;

En ce qui concerne le crime de corruption :

Attendu que

Jean-Baptiste Teste est convaincu d'avoir, en 1842 et 1843, étant ministre des travaux publics, agréé des offres et reçu des dons et présens pour faire un acte de sa fonction non sujet à salaire ;

Attendu que

Amédée-Louis Despans-Cubières et Marie-Nicolas Philippe-Auguste Parmentier sont convaincus d'avoir, en 1842 et 1843, corrompu par offres, dons et présens le ministre des travaux publics pour obtenir la concession d'une mine de sel gemme située dans le département de la Haute-Saône,

Déclare

Jean-Baptiste Teste

Coupable d'avoir, en 1842 et 1843, étant ministre des travaux publics, agréé des offres et reçu des dons et présens pour faire un acte de sa fonction non sujet à salaire ;

Déclare

Amédée-Louis Despans-Cubières, Marie-Nicolas-Philippe-Auguste Parmentier,

Coupables d'avoir à la même époque corrompu par offres, dons et présens le ministre des travaux publics, pour obtenir la concession d'une mine de sel gemme située dans le département de la Haute-Saône,

Crimes prévus par les articles 177 et 179 du code pénal, ainsi conçus :

Art. 177. Tout fonctionnaire public de l'ordre administratif ou judiciaire, tout agent ou préposé d'une administration publique, qui aura agréé des offres ou promesses ou reçu des dons ou présens pour faire un acte de sa fonction ou de son emploi, même juste, mais non sujet à salaire, sera puni de la dégradation civique, et condamné à une amende double de la valeur des promesses agréées ou des choses reçues, sans que ladite amende puisse être inférieure à deux cents francs.

La présente disposition est applicable à tout fonctionnaire, agent ou préposé de la qualité ci-dessus exprimée, qui, par offres ou promesses agréées, dons ou présens reçus, se sera abstenu de faire un acte qui eût trait dans l'ordre de ses devoirs.

Art. 179. Quiconque aura contraint ou tenté de contraindre par voie de fait ou menaces, corrompu ou tenté de corrompre par promesses, offres, dons ou présens, un fonctionnaire, agent ou préposé de la qualité exprimée en l'article 177, pour obtenir, soit une opinion favorable, soit des procès-verbaux, états, certificats ou estimations contraires à la vérité, soit des places, emplois, adjudications, entreprises ou autres bénéfices quelconques, soit enfin tout autre acte du ministère du fonctionnaire, agent ou préposé, sera puni des mêmes peines que le fonctionnaire, agent ou préposé corrompu.

Toutefois, si les tentatives de contrainte ou corruption n'ont eu aucun effet, les auteurs de ces tentatives seront simplement punis d'un emprisonnement de trois mois au moins et de six mois au plus, et d'une amende de cent francs à trois cents francs.

Attendu que les peines doivent être graduées selon la nature et la gravité de la participation de chacun des coupables aux crimes commis ;

Vu les art. 54, 55, 52, 53. 56 et 180 du Code pénal, ainsi conçus :

Art. 54. La dégradation civique consiste :

1° Dans la destitution et l'exclusion des condamnés de toutes fonctions, emplois ou offices publics ;

2° Dans la privation du droit de vote, d'élection, d'éligibilité, et en général de tous les droits civiques et politiques, et du droit de porter aucune décoration ;

3° Dans l'incapacité d'être juré-expert, d'être employé comme témoin dans des actes, et de déposer en justice autrement que pour y donner de simples renseignemens ;

4° Dans l'incapacité de faire partie d'aucun conseil de famile, et d'être tuteur, curateur, subrogé tuteur ou conseil judiciaire, si ce n'est de ses propres enfans, et sur l'avis conforme de la famille ;

5° Dans la privation du droit de port d'armes, du droit de faire partie de la garde nationale, de servir dans les armées françaises, de tenir école, ou d'enseigner et d'être employé dans aucun établissement d'instruction, à titre de professeur, maître ou surveillant.

Art. 55. Toutes les fois que la dégradation civique sera prononcée comme peine principale, elle pourra être accompagnée d'un emprisonnement dont la durée, fixée par l'arrêt de condamnation, n'excédera pas cinq ans.

Si le coupable est un étranger ou un Français ayant perdu la qualité de citoyen, la peine de l'emprisonnement devra toujours être prononcée.

Art. 52. L'exécution des condamnations à l'amende, aux restitutions, aux dommages-intérêts et aux frais, pourra être poursuivie par la voie de la contrainte par corps.

Art. 55. Tous les individus condamnés pour un même crime ou pour un même délit seront tenus solidairement des amendes, des restitutions, des dommages-intérêts et des frais.

Art. 56. Tous arrêts qui porteront la peine de mort, des travaux forcés à perpétuité et à temps, la déportation, la détention, la réclusion, la dégradation civique et le bannissement, seront imprimés par extrait.

Ils seront affichés dans la ville centrale du département, dans celle où l'arrêt aura été rendu, dans la commune du lieu où le délit aura été commis, dans celle où se fera l'exécution, et dans celle du domicile du condamné.

Art. 180. Il ne sera jamais fait au corrupteur restitution des choses par lui livrées, ni de leur valeur : elles seront confisquées au profit des hospices des lieux où la corruption aura été commise.

Déclare :

Aux termes de la loi, confisquée au profit des hospices du lieu où la corruption a été commise, la somme de 94,000 fr. livrée à Jean-Baptiste Teste pour consommer la corruption ;

Condamne en conséquence, et par corps, ledit Jean-Baptiste Teste à verser ladite somme dans la caisse des hospices de la ville de Paris.

Condamne

Jean-Baptiste Teste à la peine de la dégradation civique, à 94,000 fr. d'amende et à trois années d'emprisonnement.

Condamne

Amédée-Louis Despans Cubières à la peine de la dégradation civique et à 10,000 fr. d'amende.

Condamne

Marie-Nicolas-Philippe-Auguste Parmentier à la peine de la dégration civique et à 10,000 fr. d'amende.

Ordonne que chacun desdits condamnés sera tenu personnellement et sans solidarité des condamnations pécuniaires qui précèdent.

Condamne

Jean-Baptiste Teste,

Amédée-Louis Despans-Cubières,

Marie-Nicolas-Philippe-Auguste Parmentier,

Solidairement aux frais du procès, desquels frais la liquidation sera faite conformément à la loi, tant pour la portion qui doit être supportée par les condamnés que pour celle qui doit demeurer à la charge de l'État ;

Fixe à cinq ans la durée de la contrainte par corps qui pourra être exercée à raison des condamnations pécuniaires prononcées par le présent arrêt ;

Ordonne que le présent arrêt sera exécuté à la diligence du procureur général du roi, imprimé, publié et affiché partout où besoin sera, et qu'il sera lu et notifié aux condamnés par le greffier en chef de la cour.

Fait et délibéré le 17 juillet 1847.

Cet arrêt a été lu le soir même aux condamnés.

MM. Cubières et Parmentier ayant déposé au greffe le montant de l'amende et leur part proportionnelle dans les frais, ont été mis en liberté.

M. Teste a été transféré à la Conciergerie.

Paris. — Imprimerie Lange Lévy, 16, rue du Croissant.

COMPARUTION DE M. PELLAPRA.

Quelques jours après celui où cet arrêt fut rendu, M. le chancelier annonça, dans une séance de la chambre des pairs, que M. Pellapra, qui s'était soustrait par la fuite à son mandat de comparution devant la cour, était revenu à Paris et s'était constitué prisonnier.

La cour des pairs fut en conséquence convoquée de nouveau pour statuer contradictoirement sur le sort de ce quatrième et dernier accusé.

Audience du 23 juillet 1847.

M. Pellapra est vêtu de noir. Il est assisté de M⁰ Chaix-d'Est-Ange, son défenseur.

M. LE CHANCELIER. Accusé, levez-vous et dites vos noms, prénoms, âge, lieu de naissance, profession et demeure.

M. PELLAPRA. Leu-Henri-Alain Pellapra, âgé de soixante-quinze ans sept mois, né à Lyon, ancien receveur général, demeurant à Paris, quai Malaquais, n 17.

M. LE CHANCELIER. Je vais procéder à l'interrogatoire de l'accusé.

Il résulte de l'instruction, il résulte des interrogatoires déjà subis par vous que vous avez été constamment l'intermédiaire entre la compagnie de Gouhenans ou ceux qui la représentaient dans cette affaire et le ministre des travaux publics. C'est par vous, c'est par vos mains qu'est passé le prix de la corruption. Comment êtes-vous entré dans cette voie et de quelle manière vous êtes-vous chargé du rôle que vous avez joué ? (Mouvement d'attention.)

M. PELLAPRA, d'une voix extrêmement faible. Avant de répondre aux questions qui me sont adressées, mon premier devoir est de demander pardon à la cour d'avoir semblé vouloir me soustraire à la justice.

Telle n'a jamais été ma pensée; telle n'a jamais été mon intention ; mais je n'ai pas eu le courage de venir altérer encore une fois la vérité ; mais je n'ai pas eu le courage de venir rendre impossible, par des révélations forcées, la défense de deux hommes dans la position malheureuse où ils se trouvaient. (Agitation.)

J'éprouve un profond regret d'avoir mis la cour dans l'obligation de se réunir encore une fois pour s'occuper de cette déplorable affaire.

Les tortures morales et physiques auxquelles je suis en proie ; les insomnies, dans un âge aussi avancé que le mien, sont déjà un châtiment bien cruel, qui, je l'espère, me fera obtenir l'indulgence de la cour. (Léger mouvement.)

M. LE CHANCELIER. Je demande que vous fassiez connaître à la cour comment vous avez été conduit à faire ce que vous avez fait ; comment vous êtes entré dans l'affaire ; comment vous avez accompli la corruption ?

M. PELLAPRA. Malgré les efforts de M. de Cubières et de M. Parmentier, lequel je ne connaissais pas, l'affaire de Gouhenans ne marchait pas.

M. le général Cubières me pria alors de faire à mon tour des démarches auprès de M. Teste, que je voyais souvent.

Je lui parlai de cette affaire, sans prévoir, du reste, à cette époque-là qu'il pourrait y avoir un cas de corruption, sans prévoir que j'aurais à m'occuper de corruption.

Les actionnaires des mines de Gouhenans attachaient une grande importance à obtenir le grand périmètre ; mais ils en attachaient une plus grande encore à ce que l'affaire fût terminée promptement, et surtout avant les vacances.

J'en parlai à différentes reprises à M. Teste, qui me dit qu'il était surchargé d'affaires, qu'il ne pouvait répondre à toutes les demandes à la fois.

Cependant un jour vint où il me dit : — « C'est une grande affaire, une excellente affaire que l'affaire de Gouhenans. »

Me rappelant une ouverture qui avait été faite par M. le général Cubières ; me rappelant alors que M. le général Cubières m'avait fait entrevoir que s'il fallait donner des actions, la compagnie serait disposée à s'imposer un sacrifice, j'eus un tort, un tort grave, ce fut de dire au ministre : — « Si vous croyez que c'est une si bonne affaire, pourquoi n'y prendriez-vous pas un intérêt ? »

Il me répondit : — « A la bonne heure, mais je n'ai pas d'argent... » (Agitation.)

J'ajoutai : Il est possible qu'on ne vous en demande pas ; et la conversation s'arrêta là.

Plus tard, en parlant de l'affaire des mines de Gouhenans, M. Teste me dit : — Je ne puis pas avoir des actions dans une affaire de cette nature ; je ne puis y figurer comme actionnaire ; et il ajouta qu'il préférerait recevoir le montant des actions. (Bruit.) — Combien d'actions donneriez-vous ? demanda-t-il. — 25, je crois. — Qu'est-ce qu'elles valent ? — Je n'en sais pas le prix ; je ne connais nullement la valeur de ces actions ; mais j'ai entendu dire à ces messieurs que cela valait 100,000 fr.

Ce fut tout jusqu'au jour où les 100,000 fr. furent donnés par moi. (Mouvement.)

M. LE CHANCELIER. Mais avant d'arriver à ce jour-là il y a eu une correspondance entre le général Cubières et vous. Dans cette correspondance avec l'intermédiaire de la corruption, on voit que celui-ci dit : Il faudrait quatre-vingts actions, puis soixante, puis quarante-cinq ; et enfin il déclare qu'il croit qu'on ne peut rien faire à moins de quarante.

Cette correspondance vous montre donc non-seulement agent actif de la corruption, mais elle vous montre encore marchandant avec le général Cubières, avec la compagnie, les sommes qui seront mises à votre disposition.

M. PELLAPRA. Je n'ai pas le moindre souvenir de ce qui vient d'être rappelé par M. le chancelier.

M. LE CHANCELIER. Il paraîtrait qu'il a été demandé plus d'actions qu'il n'était nécessaire pour faire la somme de 100,000 fr, d'après la valeur qu'on avait donnée à ces actions.

M. PELLAPRA. Par momens ma mémoire disparaît à un tel point qu'il m'est bien difficile de me rappeler des faits déjà éloignés de moi.

La seule chose dont je me souvienne, c'est que je ne savais pas la valeur réelle des actions, et que quand M. de Cubières me demanda de payer 100,000 fr. sur les actions, je réclamai sa garantie personnelle, qu'il me donna.

M. LE CHANCELIER. Est-ce qu'il n'a pas été question d'autre rémunération que celle destinée au ministre des travaux publics?

M. PELLAPRA. Pour moi, je n'ai jamais demandé, je n'ai jamais reçu aucune rémunération dans l'affaire.

M. le général Cubières voulait m'y intéresser ; il me poussait à prendre des actions ; je résistai, alléguant que je ne connaissais pas l'entreprise, que je ne croyais pas que les actions eussent de la valeur. Il insista ; nous finîmes par convenir que je prendrais huit actions pour le prix de 18,000 francs. Il voulait que j'en prisse douze, mais je tins bon sur ce point ; je n'en pris que huit.

M. LE CHANCELIER. Mais ce prix de 18,000 fr. pour huit actions était bien inférieur au prix qui a été donné de trois autres actions qui ont été vendues 15,000 fr., à l'époque où vous avez pris les vôtres.

M. PELLAPRA. Je crois que j'étais au delà du vrai en donnant 18,000 francs pour les huit actions dont il s'agit.

Je n'exagère rien ; la preuve c'est que quand j'ai voulu négocier ces actions, je n'ai pu en trouver un écu ; aussi quand M. Roquebert est venu me dire que M. Cubières les reprendrait pour 15,000 fr., je me suis empressé de les lui donner.

M. LE CHANCELIER. Il s'agit de bien constater votre situation ; et d'abord tous les actes relatifs à vos huit actions portent le caractère de la simulation ; vous dites que vous les avez achetées 18,000 francs ; mais vous ne les avez pas payées. Il est bien difficile de ne pas croire que, comme le général Cubières l'a dit et écrit, ces actions, il ne vous les avait pas données gratuitement ; et alors se présente l'idée de la rémunération appliquée à vous comme à M. Teste.

M. PELLAPRA. Je déclare que j'ai accepté ces huit actions sans aucune intention de rémunération ; la preuve, c'est que M. Cubières me pressait d'en prendre douze, et que je n'en ai pas voulu ; j'ai pris ces huit actions comme croyant faire une bonne action (Bruit.); je les ai prises pour lui faire plaisir. (Légères rumeurs.)

M. le greffier adjoint, sur l'ordre de M. le chancelier, se rend auprès de l'accusé et met sous ses yeux les pièces adressées à la cour par Mme Pellapra dans le cours du procès précédent.

M. PELLAPRA, après les avoir examinées. Je reconnais parfaitement ces pièces.

13

M. LE CHANCELIER. Dans ces pièces il y a une espèce de compte dont il va vous être donné lecture.

M. RENOUARD, rapporteur, lisant le compte dont il s'agit : «Reçu de T..., sur Paris, au 1er mars, 13,957 fr. 30 c. sur Gautier, à Lyon, au domicile de Pillet-Will ; 25.000 fr. idem; 27,000 fr. sur Robin et C°, au Havre, au domicile Jacques Laffitte ; 27,750 fr. idem, au domicile Fould et C°. Total, 93,687 fr. 50 c. à employer en bons du trésor à six mois pour son compte. »

M. LE CHANCELIER à M. Pellapra. Expliquez comment vous avez reçu de l'argent de M. Teste, vous qui lui en aviez donné. (Mouvement d'attention.)

M. PELLAPRA. Quand j'eus compté à M. Teste la somme dont j'ai parlé, il la mit dans son tiroir. Quelques jours après il me dit : J'ai là mon argent qui dort ; puisque vous voulez bien être mon banquier. voudriez-vous employer cette somme? j'ai besoin de 7 à 8,000 fr.; vous emploierez le reste. J'y consentis. Voilà l'explication du fait.

M. LE CHANCELIER. Vous aviez donc versé les 100,000 fr. entre les mains de M. Teste?

M. PELLAPRA. Oui, monsieur le chancelier.

M. LE CHANCELIER. En quelles espèces?

M. PELLAPRA. En billets de banque.

M. LE CHANCELIER. Sur cette somme M. Teste retint 8,000 francs ?

M. PELLAPRA. Sept, monsieur le président.

On présente à l'accusé les bons du trésor acquis au moyen de l'argent provenant des 100,000 fr. donnés à M. Teste.

M. LE CHANCELIER. Parmi ces valeurs il y en a de deux espèces ; les unes que vous avez endossées ; les autres au nom de M. Teste fils.

M. PELLAPRA. Les bons du trésor s'endossent presque toujours en blanc, parce qu'ils sont transmissibles comme les effets au porteur.

M. LE CHANCELIER. Vous reconnaissez que les bons qui vous sont présentés sont bien ceux qui provenaient de la somme que M. Teste vous avait donnée pour être convertie en bons du trésor ; vous reconnaissez bien que toute cette opération a été faite par vous?

M. PELLAPRA. Je ne me rappelle qu'une seule opération faite en bons du trésor pour le compte de M. Teste. Si c'est de celle-là qu'il s'agit, ce sont les bons...

M. LE CHANCELIER. Assurément c'est de celle-là qu'il s'agit. Le ministère public a-t-il quelques questions à adresser à l'accusé?

M. LE PROCUREUR GÉNÉRAL. Non, monsieur le chancelier.

M. LE CHANCELIER. En ce cas, vous avez la parole pour votre réquisitoire.

Réquisitoire.

M. LE PROCUREUR GÉNÉRAL. Messieurs les pairs, ce n'est pas sans regret que nous ramenons les regards de la cour sur quelques circonstances du procès qui a si longtemps et si douloureusement occupé vos esprits.

Deux anciens ministres, convaincus, l'un d'avoir eu l'intention de corrompre et d'en avoir préparé les moyens, l'autre de s'être laissé corrompre, ont é é frappés par votre justice.

Il s'agit aujourd'hui de prononcer sur le sort de l'homme par l'entremise duquel est accompli la honteuse négociation.

Cet homme, c'est le sieur Pellapra.

Effrayé de l'éclat du procès, de la responsabilité qui pèse sur lui, il avait pris la fuite ; mais il a bien fallu comprendre que la peine morale qui le menace l'atteindrait jusque dans son refuge, que les biens qu'il n'avait pu emporter à l'étranger offraient à la condamnation pécuniaire toute garantie pour son application, et que l'absence ne ferait qu'ajouter à la rigueur du châtiment.

Aujourd'hui, il est revenu ; le voilà devant vous : il s'offre de lui même à l'expiation.

Il ne s'agit pas de prouver sa culpabilité ; elle a été résolue par les pièces qui ont passé sous vos yeux.

Il avoue sa faute ; il la déplore ; il invoque la pitié de ses juges.

Messieurs, il est pénible d'accabler la vieillesse, car la vieillesse qui ne se respecte pas a encore droit à des égards ; cependant il faut rechercher la part que chacun a eue dans le crime ; car la peine doit être proportionnée à l'étendue de la faute.

Vous avez entendu la défense prononcée au nom de M. le général Cubières ; s'il faut l'en croire, c'est M. Pellapra qui, le premier, aurait parlé de la nécessité d'un sacrifice pour surmonter des concurrences redoutables.

L'accusé se défend de cette inculpation ; selon lui, à M. de Cubières seul appartient la pensée de corruption. Cela est-il vrai ?

La correspondance le dément, et ce qui le dément bien plus encore, c'est que M. Pellapra a reçu une rémunération pour son entremise, pour son intervention. Dans l'instruction, M. Pellapra a nié cette rémunération ; il la nie encore, et cela se conçoit.

(Quoi de plus indigne qu'un capitaliste vingt fois millionnaire recevant huit actions pour ce honteux marché? (Sensation.)

Vingt-cinq actions étaient estimées 100,000 fr. Le 3 janvier 1843, la concession a été accordée ; le 17, huit actions passent entre les mains de M. Pellapra ; ces huit actions valaient 40,000 fr. M. Pellapra les a-t-il payées? Non. Vous le voyez donc bien, il a reçu une rémunération, et cette rémunération est représentée par ces huit actions valant 40,000 fr.

Il ne faut pas aujourd'hui profiter de l'absence de M. le général Cubières pour dénaturer les faits ; il ne faut pas profiter de son absence pour venir dire que M. Pellapra a voulu lui faire plaisir en prenant huit actions dans une entreprise où il était intéressé.

C'est à la lueur de la correspondance qu'il faut examiner les faits, et l'on arrive à ce point évident qu'il y a une rémunération de 40,000 fr. donnée à M. Pellapra.

On comprend bien qu'il repousse avec énergie ce reproche ignominieux d'avoir voulu se faire payer par un ami pour le conduire dans une voie coupable ; mais qui croira aujourd'hui à ses dénégations, en se rappelant que dans l'instruction M. Pellapra a juré sur l'honneur que des faits établis plus tard par les débats, que ces faits n'avaient pas eu lieu?.. Il est obligé de les avouer aujourd'hui ; il n'a pas dit vrai dans l'instruction ; aujourd'hui, il ne dit pas la vérité à l'audience.

Est-il besoin d'en dire davantage? Non ; il est démontré à tous que non-seulement M. Pellapra a été l'agent de la corruption, mais encore qu'il en a été l'agent rémunéré.

Messieurs les pairs, les émotions pénibles qu'ont dû vous causer ces débats, nous les avons ressenties comme vous, et nous y avons vu un enseignement qui, nous l'espérons, ne sera pas oublié dans l'avenir.

M. Teste avait admis dans son intimité un homme dont toute la vie s'est écoulée dans le culte de l'argent, un homme dont chaque jour a été consacré au service des intérêts matériels, un homme spéculant sur toutes choses, un homme spéculant sur les passions même de ses amis et s'étant longtemps étonné que l'acte qu'il a commis ait excité autant de réprobation. M. Teste a expié bien cruellement cette liaison... Je n'insiste pas ; ces quelques mots suffisent pour démontrer à la cour la nécessité de la rigueur.

Ce n'est pas seulement de sa faute qu'il faut demander compte à M. Pellapra ; c'est de la faute de ceux que vous avez frappés.

Il faut punir ce millionnaire d'avoir poussé un ministre à oublier que le premier des devoirs d'un homme public c'est la probité... (Mouvement.)

M. le procureur général termine par la lecture de ses réquisitions qui tendent à ce qu'il soit fait application à M. Pellapra des dispositions du code qui punissent la corruption.

M. LE CHANCELIER. La parole est au défenseur.

Plaidoirie.

M° CHAIX-D'EST-ANGE. Messieurs les pairs, tout à l'heure l'accusé a demandé, avant même de répondre à la question qui lui était adressée par M. le président, la faveur d'expliquer à la cour les motifs de son absence et de lui soumettre ses excuses. Il l'a fait, ce me semble, dans des termes qui sont de nature à lui concilier l'indulgence de ses juges.

Ce n'est pas pour se soustraire à la justice de la cour qu'il a fui ; c'est devant le rôle de dénonciateur qu'il a reculé ; et dès que l'intérêt personnel de son honneur est venu alarmer sa famille entière ; dès que, pour le sauver, sa famille a été obligée d'envoyer à la cour les pièces qui faisaient connaître le véritable état des choses, il a songé à se présenter devant vous

Cependant, cette fuite généreuse mais imprudente, elle a compromis sa situation ; elle embarrasse aujourd'hui sa défense ; elle a laissé le débat s'accomplir et les convictions se former en son absence. Il est arrivé que ceux qu'il avait voulu servir ; il est arrivé, eh mon Dieu! je le comprends bien, il est arrivé que ceux-là même ont fait bon marché de M. Pellapra ; que, poussés par le besoin excusable de la défense, ils ont cherché à tout rejeter sur lui.

Dans ce moment on a fait courir les bruits les plus dénués de fondement ; on a attribué à M. Pellapra des paroles qu'il n'a jamais prononcées ; on lui a préé des actes dont il est incapable ; toute sa vie est là qui le prouve, et maintenant c'est avec ces précédens que nous arrivons devant vous.

Heureusement la prévention n'a pas d'accès dans cette enceinte ; heureusement il n'est jamais trop tard pour votre justice, et j'espère qu'avant de juger vous voudrez entendre la défense de M. Pellapra... (Marques générales d'intérêt) Quand je dis sa défense, je me sers d'un mot trop ambitieux, j'aurais dû dire quelques explications très brèves, très simples, pour bien préciser la part qui lui revient dans l'affaire.

Il y a quelques instans, j'ai entendu M. le procureur général dire qu'il ne fallait pas profiter de l'absence de M. de Cubières pour changer la situation ; mais j'en aurais honte, si je pouvais oublier que M. de Cubières n'est pas là pour se défendre, si je pouvais oublier qu'il gémit sous le poids de l'arrêt qui l'a frappé, si je pouvais oublier qu'il doit être sacré pour moi.

Non ! non ! je ne me servirai pas de l'absence de M. de Cubières ; mais enfin, si je me trouve en contradiction avec lui, je serai bien obligé d'accepter cette situation.

Voyons d'abord si, comme on l'a dit bien à tort, M. Pellapra a été l'ange tentateur de la corruption.

Pendant la première partie de l'affaire, à cette époque où l'on organise la corruption, il n'est pas même question de M. Pellapra ; c'est quand il n'était rien dans l'affaire, c'est quand on ne songeait pas même à lui que le plan de la corruption a été dressé, que l'acte Lamboley a été conclu.

Souvenez-vous aussi des premières démarches auprès du ministre : un actionnaire en avait chargé M. Capin. Qu'est-il arrivé ? Que M. Capin s'est effacé, qu'il est resté à l'écart ; pourquoi ? Parce qu'il avait appris qu'un lieutenant général, qu'un pair de France, que M. de Cubières enfin s'occupait activement de l'affaire.

Quand donc M. Pellapra est-il intervenu dans l'affaire ? Quelle est la date de son intervention ? Cette date se trouve dans une note qui lui a été remise pour l'éclairer sur l'affaire, et qui, d'après la commission d'instruction elle-même, doit être du mois d'avril 1842, c'est-à-dire alors que tout était terminé, arrêté quant au plan de la corruption.

C'est le 11 ou le 12 avril 1842 que M. Pellaprá a parlé pour la première fois de l'affaire à M. Teste ; c'est à cette même époque que M. Teste a écrit pour la première fois à M. Pellapra au sujet de la demande de concession.

D'ailleurs, si nous consultons la correspondance de M. Cubières, que voyons-nous ? que bien loin d'avoir été entraîné par M. Pellapra dans la corruption, c'est lui, au contraire, qui l'y a entraîné. En effet, ouvrez la lettre adressée de Strasbourg par M. Cubières à M. Pellapra, et vous y lirez ceci : « J'aurai du moins satisfait aux devoirs de l'amitié, puisque c'est moi qui vous ai entraîné dans cette galère. »

Ainsi, il eût été impossible à M. de Cubières de soutenir, en présence de M. Pellapra, qu'il avait été, lui, M. Pellapra, qu'il avait été dans cette affaire le génie du mal, le démon tentateur.

Quelle a donc été l'intervention de M. Pellapra ? Je vais vous le dire. Écoutez.

On demanda à M. Pellapra d'user de son crédit pour faire réussir l'affaire. L'obligeance de M. Pellapra est connue de tous ceux qui ont eu des rapports avec lui ; il répondit : « Je vous servirai », et M. de Cubières ajouta : « Votre influence, votre crédit, ne suffiraient peut-être pas ; s'il faut faire des sacrifices, la compagnie est prête à les faire. »

M. Pellapra commença les démarches auprès de M. Teste pour rendre service à M. de Cubières, intéressé dans l'entreprise. D'abord bien accueilli, M. Pellapra ne tarda pas à s'apercevoir que M. Teste se refroidissait ; et enfin il arriva un jour, jour de malheur, où une parole échappa à M. Teste. Cette parole M. Pellapra l'interpréta mal peut-être.

Mais c'est une belle affaire que l'affaire de Gouhenans, dit M. Teste. — M. Pellapra crut comprendre qu'il y avait là une envie, un désir, un regret ; il se rappela ce que lui avait dit M. le général Cubières ; et, dans un moment de faiblesse impardonnable, c'est là son tort, il faut qu'il le proclame et je le proclame en son nom, dans ce moment, M. Pellapra répondit :

—Pourquoi ne vous intéresseriez-vous pas dans cette belle affaire ? — Je n'ai point d'argent. — On ne vous en demandera pas. — A la bonne heure ! — Il y a vingt-cinq actions disponibles. — Combien valent-elles ? — Je n'en sais pas au juste la valeur ; ces messieurs disent qu'elles valent 100,000 fr. Le surplus, vous le connaissez, je n'ai pas à vous en parler.

Mais est-ce sérieusement tout-à-l'heure que M. le procureur général vous a parlé d'un tentateur s'adressant à l'inexpérience et à la misère pour l'entraîner ?... — Où le voyez-vous donc ce tentateur de l'inexpérience et de la misère ? D'un côté, un homme qui prévoyant la nécessité de corrompre en a préparé les moyens ; de l'autre un ministre qui montre ces dispositions ; et vous venez dire que placé entre les deux, M. Pellapra a été le tentateur de l'inexpérience et de la misère. Ah ! vous n'y songez pas !

Il est une circonstance capitale sur laquelle je demande la permission de m'expliquer. M. Pellapra s'est jeté dans cette affaire pour rendre service à un ami ; on l'accuse maintenant d'avoir reçu une rémunération pour son intervention ; on lui reproche d'avoir accepté huit actions pour prix de ses démarches.

Comment les choses se sont-elles passées ? M. le général Cubières avait un grand intérêt dans l'affaire ; il se dit qu'il fallait y intéresser un homme capable, influent, un grand capitaliste, M. Pellapra enfin, qui n'est pas, comme on l'a prétendu, un homme professant le culte de l'argent, mais au contraire un homme qui a mérité qu'une bouche sincère vînt dire ici : Il est ferme, dur, mais il est loyal, généreux.

M. le général Cubières voulut intéresser M. Pellapra dans l'affaire de Gouhenans ; prenez douze, prenez huit actions, disait-il ; — pourquoi ? répondait M. Pellapra. Je ne la connais pas, moi, cette affaire.

On prétend que les actions avaient une grande valeur : M. Cubières, il est vrai, les estimait 5,000 fr., mais M. Cubières avait foi dans l'affaire ; dès lors son exagération est toute naturelle.

La vérité est ceci : Au moment où M. Pellapra était poussé à prendre un intérêt dans l'affaire, on vendait les actions de Gouhenans 2.400 fr. ; M. Pellapra a pris huit de ces actions, à 2,400 fr. cela donne un peu plus de 19.000 fr ; mais M. Pellapra n'était pas engoué de l'affaire ; bien loin d'accueillir avec empressement les offres qu'on lui faisait, il était tout prêt à les repousser ; il marchanda donc ; et il obtint les huit actions pour 18 mille francs... Les a-t-il payés, ces 18 mille francs ? non certainement ; et il ne devait pas les payer, par cette raison que M. Cubières était son débiteur de 100 mille fr.

Le défenseur entre ici dans l'explication des actes auxquels ces huit actions ont donné lieu ; puis rappelant la déposition de M. Roquebert, notaire de M. Pellapra, il s'attache à en faire ressortir la preuve que l'accusé, ayant reconnu que M. le général Cubières avait été obligé de supporter un grand sacrifice, il avait voulu s'y associer pour la somme de 55,000 fr.

Me Chaix-d'Est-Ange ajoute ensuite :

Voilà celui qu'on vous a représenté comme un homme d'argent. Il avait dit : J'ai des torts à réparer ; ce sont ses propres propres paroles ; M. Roquebert vous les a répétées ; il avait dit : J'ai des torts à réparer ; j'expierai ma faute en m'imposant pour moi seul un sacrifice de 55 000 fr. ; M. Cubières m'a garanti des 100,000 fr. qui ont été donnés ; il consent à reprendre pour 15,000 fr. des actions que j'ai payées 18, des actions dont je ne voulais pas et que je ne veux plus ; qu'il les reprenne : qu'il me fasse un billet de 40,000 fr., et je le tiens quitte du reste.

Maintenant il y a une autre phase au procès dont j'aurais mieux aimé ne pas vous entretenir ; mais l'intérêt de la défense m'y oblige.

En 1846, M. le général Cubières s'est jeté à l'égard de M. Pellapra qui demandait le paiement des billets qu'on lui avait faits, dans un système... qui n'était pas bon, dans un système qui avait été employé contre lui par Parmentier.

A cette époque, 1846, M. Cubières nia tout ce qui s'était passé précédemment entre lui et M. Pellapra. En 1844, M. le général Cubières lui avait dit : « L'honneur me fait un devoir de vous couvrir. » Et, en 1846, il écrit : « Vous avez mis tout cela dans votre poche ; je consens à perdre 6 à 8 mille francs, c'est tout ce que je puis faire ; maintenant songez si vous voulez voir dans un procès votre nom accolé à celui de Teste... Je suis déterminé à faire ce procès, quoi qu'il arrive. »

On dit que M. Pellapra n'a pas protesté contre cet engagée ; cela n'est pas exact : M. Pellapra a répondu par une protestation que je dois mettre sous vos yeux. Voici la lettre qu'il a adressée au général : « J'ai 74 ans, et cinquante années de

bons et loyaux services répondent suffisamment pour moi…»
Et il lui annonce qu'il va le faire poursuivre.

Voilà la troisième et dernière phase du procès. Est-ce qu'il faut croire ce que dit M. le général Cubières en 1846? est-ce qu'il faut croire que M. Pellapra réclame un salaire, la rémunération de ses services? Mais non, il ne faut pas le croire; les faits sont là. Le général n'a-t-il pas dit lui-même, d'ailleurs, devant la cour : « Je n'ai pas donné gratuitement les huit actions, non, mais je les ai cédées, peut-être un peu au-dessous de leur valeur… » Au-dessous de leur valeur? M. Pellapra les a achetées 18,000 et vous les lui avez reprises pour 15; il a donc encore perdu 3,000 fr. dans cette opération.

Il me reste maintenant à demander pardon à la cour : j'ai fatigué son attention, j'ai prolongé inutilement ce débat, et je m'en excuse devant vous.

Je voulais vous présenter les paroles les plus simples, les explications les plus brèves; mon intention n'était pas d'agrandir ma cause ; je voulais au contraire, par la brièveté et la simplicité de mes observations, me conformer au rôle de celui que je défends, d'un homme qui n'a pas trempé dans la pensée de la corruption, qui a été entraîné à l'exercer comme intermédiaire, mais qui s'en est puni lui-même en déclarant qu'il avait des torts à réparer.

Tout à l'heure M. le procureur général a dit qu'il fallait proportionner la peine à l'étendue de la faute; M. le procureur général a raison : à chacun sa part, je le dis comme lui ; et nous sommes devant une cour qui apprécie les circonstances, les détails, les faits et qui proportionnera certainement la peine à la part que l'accusé a prise dans l'affaire.

Ainsi, celui qui est le dépositaire de la puissance publique, qui a les honneurs, l'autorité, les avantages de toute sorte et de toute nature, qui est comme un exemple donné au monde; celui-là, s'il a manqué à ses devoirs, s'il a commis une faute, qu'il me pardonne de le lui dire, qu'il me le pardonne à moi qui l'ai vu vêtu de ma robe marcher à notre tête, celui-là, il est vrai, est sans excuse; pour celui-là il faut être sévère.

S'il se rencontre à côté de lui un homme qui a été aussi dépositaire de la puissance publique; qui a été appelé à en comprendre tous les devoirs ; qui s'est placé dans une de ces positions qui commandent le respect ; qui appartient à un de ces corps où il semble que l'honneur soit solidaire; celui-là, s'il a conçu la pensée de la corruption, s'il en a tracé le plan, s'il y est revenu avec complaisance ; s'il l'a développé, préparé, exécuté; oh! alors laissez-moi dire que noblesse oblige ; laissez-moi dire que l'éclat même de ses services lui imposait une plus grande réserve ; laissez-moi dire que les souvenirs glorieux qu'il avait laissés dans cette armée à laquelle il a appartenu devaient le retenir dans une voie irréprochable.

Mais si à côté de ces hommes il s'en est trouvé un qui a passé sa vie dans les affaires, qui n'a pas conçu la pensée du mal, qui s'y est prêté par une complaisance coupable et qui doit être punie, qui l'est maintenant, par une complaisance dont il s'accusait en termes vagues mais amers dans le sein de M. Roquebert, il me semble que vous ne pouvez pas lui faire la même part qu'aux autres… Au nom de cette justice éternelle dont vous êtes les représentans, quand, la main sur la conscience, vous vous interrogerez, vous vous répondrez qu'ici la part du crime n'est pas égale.

On a dit à M. Pellapra de cacher sa vieillesse déshonorée… Oh! il ne la traînera pas longtemps après le coup dont il a été frappé… mais pourquoi le prendre aux portes du tombeau pour lui infliger une flétrissure qu'il léguerait à ses petits-enfans!… (Sensation profonde. M. Pellapra se couvre le visage de son mouchoir pour cacher ses larmes.… Ne serait-ce pas une justice qui, pour être égale, cesserait d'être équitable ?

Voilà ce que je vous confie, à vous que de pareils faits soulèvent, indignent, révoltent, mais qui savez compatir à la faiblesse humaine, et qui voulez que le châtiment n'excède pas la part que chacun a prise dans les faits… (Mouvement prolongé.)

M. LE CHANCELIER. Accusé, vous n'avez rien à ajouter à votre défense?

M. PELLAPRA d'une voix profondément émue. Non, monsieur le chancelier.

M. LE CHANCELIER. Les débats sont clos. (M. Pellapra se retire avec son défenseur.) La cour va se former en comité secret pour en délibérer. Qu'on fasse évacuer les tribunes.

Cet ordre est exécuté par les huissiers.

Arrêt.

A cinq heures un quart, la cour rentre en audience publique. Les tribunes sont aussitôt envahies par les curieux qui se tenaient aux abords du palais.

Me Chaix-d'Est-Ange est seul assis au banc de la défense.

Après l'appel nominal, M. le chancelier prononce un arrêt qui renvoie M. Pellapra de la prévention d'escroquerie, conformément aux réquisitions de M. le procureur général.

Et attendu que Leu-Henri-Alain Pellapra est convaincu d'avoir corrompu par offres, dons et présens le ministre des travaux publics pour obtenir la concession d'une mine de sel gemme située dans le département de la Haute-Saône, crime prévu par l'art. 179 du code pénal.

Vu les art. 34, 35, 52, 55, 56 et 180 du code pénal;

Condamne ledit Pellapra à la peine de la dégradation civique et à 10,000 fr. d'amende, sans solidarité pour les condamnations précédemment prononcées contre Teste, de Cubières et Parmentier;

Fixe à cinq ans la durée de la contrainte par corps;

Ordonne que le présent arrêt sera exécuté à la diligence de M. le procureur du roi, publié, imprimé et affiché partout où besoin sera, et qu'il sera lu et notifié au condamné par le greffier en chef de la cour.

FIN.